BRÖSELBÄR
VERLAG

Zum Buch

Zu Tränen rührend, aber auch zum Lachen komisch. So waren die ersten Jahre von Wolfgang Weiss, seine Geschichten, Erlebnisse und Abenteuer. Als er und sein älterer Bruder Schlimmes auf einem Pflegeplatz in Tirol erlebten. Erst die Jahre im SOS-Kinderdorf Altmünster machten aus den beiden wieder das, was sie schon immer sein wollten: glückliche Jungs, die sich vor *nix und neamd* fürchten wollten.

Wobei dies beim kleinen Bruder nicht so einfach über die Bühne ging. Als jämmerlicher Angsthase, wie er sich selbst bezeichnete, inszenierte er seinerzeit jedoch manche Lausbubenstücke, um sich im Kreise hunderter Kinderdörfler zu behaupten. Und sein Recht zu fordern. Das Recht auf eine glückliche, abenteuerliche Kinderzeit.

Seine sich stets um ihn sorgende Mama im SOS-Kinderdorf führte Wolfgang mit viel Liebe und Geduld durch diese Zeit und bereitete ihm so die schönsten Kinderjahre.

Zum Autor

Wolfgang Weiss, 1950 in Hall/Tirol geboren, wächst im SOS-Kinderdorf Altmünster am Traunsee auf. 1968 übersiedelt er nach Mödling bei Wien, beginnt seine Berufslaufbahn als Grafiker, Texter & Komponist und gründet 1980 das Creativhaus. Nach 35 gestressten Jahren in der Werbebranche wendet er sich Neuem zu – dem Leben als Schriftsteller.

Wolfgang Weiss lebt und arbeitet in Mödling, Wien und Berlin.

Wolfgang Weiss

Sechster Sechster Fünfzig

Roman

Vom Glück,
in einem
SOS-Kinderdorf
zu leben.

Im BröselBär® Verlag erschienen:

»Sechster-Sechster-Fünfzig«, Roman
ISBN 978-3-902578-00-6
»Frühlingsrolle«, Mellers erster Fall, KrimiRoman
ISBN 978-3-902578-01-3

In Vorbereitung:

»Todesfälle«, Mellers zweiter Fall, KrimiRoman
ISBN 978-3-902578-02-0

1. Ausgabe/Jänner 2007, BröselBär® Verlag, 2340 Mödling
Alle Rechte vorbehalten
Copyright © 2005 by Wolfgang Weiss
Cover-Design: Eva Weiss
Fotos: Eva Weiss, Wolfgang Weiss Privatarchiv
Satz: Creativhaus, 2340 Mödling
Druck und Bindung: Mails & More, 3441 Baumgarten
Printed in Austria

ISBN 978-3-902578-00-6

www.wolfgang-weiss.at

Für Marion und Astrid

Erzähltes wird einfach viel zu schnell vergessen.
Geschriebenes hält länger. Viel länger.
Darum dieses Buch.

Einleitung

Schreiben, Komponieren und Malen waren immer meine Leidenschaften. Habe ich doch in bisher 35 Berufsjahren unendlich viel geschaffen. Als *Creativer*.

Etliche Zeilen hätte ich mir dabei liebend gerne erspart, denke ich an so manch schwachsinniges Produkt, das überzeugend an den Mann (die Frau) zu bringen war. Dennoch schrieb ich sie. Schließlich – wie es im Leben so ist – musste ich von etwas leben. Musste für zwei Kinder, Frau(en), Miete, Strom, Lebensmittel, Autos (plus unzählige Strafmandate fürs Falschparken), Urlaube, Geschenke, Freunde... *ächz-ächz*... letztendlich aufkommen.

Dies ist keine Entschuldigung dafür, dass ich für manchen Mist werben musste, der besser nicht produziert worden wäre. Aber – hätte ich ihn nicht beworben, wäre ein anderer *am Ruder gewesen*, wie man so schön sagt.

Zu meiner Ehrenrettung: neunundneunzig Prozent aller Produkte, für die ich mich creativ ins Zeug schmiss, waren voll in Ordnung, wären von mir ebenfalls gekauft worden. Hätte ich sie gebraucht.

Rund um die Uhr vibrierten meine Gehirnwindungen für treue Kunden. Ich konzipierte, tippte *ha-ha*-geniale Texte (erst auf einer Olympus, später am Apple), bastelte das grafische Outfit (erst am Zeichentisch, später am Apple) rund um bewährte oder neue Produkte – und fertig waren sie, die Zauberwerke, die millionenschweren. Ich machte (fast) alles, um mir ein gutes Leben leisten zu können. War fleißig, sozusagen ein *Workaholic*(er). Leistete mir einiges. Auch anderes, das ich mir besser nicht hätte leisten sollen.

Jetzt, nach so vielen Jahren, wagte ich mich an mein erstes Buch. Ein kluger Mann meinte einmal, die Weisheit zum Schreiben bekäme man erst im Alter. Ist 55 bereits das Schreibealter? Ich denke schon. Dennoch fühle ich mich immer noch wie der zwölfjährige *Wolfgang, Wolfi* bzw. *Wuffi*, der ich einmal war.

Nicht alles in meinem Leben war toll. Besonders der Beginn war ein trauriger, ein tragischer. Jedoch dem (Buch)Ende zu bekam ich das Glück zu spüren, das jedem Menschen zusteht.

Die Dialoge sind nicht mehr wortgetreu wiederzugeben. Sie könnten aber genauso gesprochen worden sein, weil sie – so wie das Erlebte sich abspielte – naheliegend sind. Die Ereignisse geschahen tatsächlich so.

All jene, die in meinem Buch erwähnt werden, haben sich dies zurecht verdient.

Jene, die dabei nicht so gut wegkommen, können mir ruhig böse sein. Sie haben es sich selbst zuzuschreiben. Dies als meine späte Rache für längst Verjährtes.

Zuletzt jene, die überhaupt nicht aufscheinen. Sie hinterließen bei mir keinen nachhaltigen Eindruck. Sie habe ich schlichtweg vergessen.

Dieses Buch. Es ist ein Schlussstrich. Den ich immer wieder setzen wollte. Nach jeder schlaflosen Nacht. Von denen es schon so viele gab – die es hin und wieder immer noch gibt.

Mödling, Mai 2005

1950 – 1956

*Meine ersten Jahre
in Solbad Hall und
Neder*

*In den fünfziger Jahren
hatte ich mehr Glück
als Verstand...*

1 Ich sterbe

November 1954. Ich begann zu leben – und gleichzeitig zu sterben. Meine ersten fühlbaren Erinnerungen waren geprägt von einem Erlebnis in meiner Heimatstadt Solbad Hall in Tirol. Mein Bruder, andere Kinder und ich kauerten vor einem Brunnen in der oberen Stadt. Es war bereits dunkel – sicher die Zeit vor Weihnachten. Das Brunnenwasser rann an einer Stelle über den Rand, bildete eine Pfütze, von der wir Kinder geschickt ein Rinnsal quer über das grob verlegte, von vielen Fuhrwerken malträtierte, Pflaster leiteten. Diese alte Münzstadt Hall und ihr Pflaster haben eine jahrhundertlange Geschichte, eine Tatsache, die uns Kinder keineswegs berührte. Vielmehr waren wir eifrig bemüht, diesen kleinen Wasserfluss so weit wie möglich und unbeschadet über den Platz zu leiten.

Mein Bruder, fast drei Jahre älter als ich, spielte schon immer gerne den Anführer. Er führte unser Unternehmen mit gebieterischem Ton, befahl, wer wo das Wasser stauen, über welchen Stein es führen sollte. Mich störte dieses Befehlen und so machte ich mich daran, etwas Wasser vom Hauptstrom abzuzweigen. Sofort gesellte sich ein zweiter Junge zu mir. Wir nahmen dem Hauptfluss zuviel Wasser weg, sodass dieser zwischen den klobigen Pflastersteinen fast versiegte.

»Was machst du da«, brüllte er mich an und stürzte sich mit einem, »ich bestimme, wo das Wasser hinrinnt«, auf mich.

Ich, in Kampfstellung: »Das ist mein Fluss, den habe ich

gegraben. Er fließt wohin ich will und überhaupt hat er schon viel mehr Wasser als deiner, ätsch!«

Kawumm – er knallte mir eine und schon wälzten wir uns auf den harten, abgewetzten, geschichtlichen Pflastersteinen. Mein Bruder, weil älter, war größer als ich (natürlich auch viel stärker) und drückte meinen Kopf in das sich im gespenstischen Licht der Straßenlaterne spiegelnde Rinnsal – in meinen Fluss. Ich versuchte mich aus seiner Umklammerung zu befreien und heulte auf. Nicht nur aus Wut, weil ich mich nicht losreißen konnte, sondern auch vor Schmerz, weil meine Nase plötzlich zu bluten begann, ich keine Luft bekam und deswegen zusätzlich erschrak.

»Ich blute«, brüllte ich. Es gelang mir, mich loszureißen.

»Hilfe, hiilfee!... ich verblute... ich muss sterben... wegen dir... du hast mich ermordet!«

Was uns allen entging – Neugierige sahen unserem heftigen Ringen schon eine Weile zu, ohne sich einzumischen. Ich stand jetzt, nass mit zerfetzter Jacke, mit Schrammen im Gesicht und blutender Nase (die Mütze noch im Rinnsal) und wollte mich sofort wieder auf ihn stürzen. Da packte mich eine kräftige Hand an der Jacke und zog mich vom Kampfplatz weg. Im Wegziehen schnappte ich noch meine Mütze und hielt sie krampfhaft, sodass Wasser von ihr tropfte.

Verdammt, meine Hose hatte ein Loch, dazu noch einen Riss. Das sah ich, während ich von der unsichtbaren Krafthand aus dem Kampfring gezogen wurde. Die anderen Spielgefährten standen stumm – keiner traute sich meinem Bruder zu widersetzen.

»Recht hast, lass dir nichts gefallen«, hörte ich die kräftige Hand sagen und blickte in ein von schwerer Arbeit gezeichnetes, ledriges Bartstoppelgesicht. Wer es auch war, er hatte mich doppelt verlieren lassen. Mein Fluss versiegte allmählich, wegen mangelnden Nachschubs und der Kampf war für mich verloren, wegen eines Erwachsenen, der sich in unser »heiliges« Spiel, einen Fluss entstehen zu lassen, einmischte. Schande über mich Verlierer. Vor Wut brüllte ich noch mehr.

Mein Bruder sah mich kampfesfreudig an und erwartete einen erneuten Tobsuchtsangriff von mir. Der elende Schuft war nur neidig auf meinen größeren, längeren Fluss. Jetzt war er zerstört, versiegt.

Das Bartstoppelgesicht aber reichte mir eine Semmel, die er aus seiner Jackentasche zauberte.

»Da nimm und iss. Wenn du groß genug bist, nimmst du es mit ihm locker auf.«

Frisch und knusprig roch ich – trotz blutender Nase – die Semmel, die ich an mich riss, um sofort hineinzubeißen, in ein unerwartet erbeutetes Siegesgut.

»Wenn du willst, kaufe ich dir was Süßes... musst nur mitkommen«, hörte ich das Bartstoppelgesicht zu mir sagen.

Da aber mischte sich mein Bruder, jetzt jedoch schützend, ein, stellte sich vor mich und erwiderte rotzig dem Alten, dass er auf seinen Bruder aufpasse und keiner, den er nicht kennt, dürfe ihm etwas geben. Daraufhin murmelte der Alte etwas von *Sau-Fratzen* und ging wackelig seines Weges.

»Her mit der Semmel.« Mein Bruder hielt gebieterisch die Hand auf und wartete auf die Herausgabe meiner Eroberung – das duftende, braungebrannte Gebäck, vom Nasenblut markiert, zwischen meinen Fingern. Gleichzeitig stopfte ich ein weiteres Stück davon in meinen noch vollen Mund.

»Bist du verrückt, die ist vergiftet!«, schrie er nun und riss mir den Rest der Semmel aus der Hand.

»Die machen das immer so«, klärte er mich auf.

»Damit betäuben diese Verbrecher die kleinen Kinder, verschleppen sie und ermorden sie... und dann werden sie aufgefressen.«

Vor Schreck spuckte ich aus, ohne zu merken, wie mein Bruder den ergatterten Rest des frischen Gebäcks selbst in seinen Mund schob...

2 Mein Urschrei

Ich kam am 6. Juni 1950 mit einem kräftigen Schrei um genau 5.00 Uhr früh in Solbad Hall, das liegt etwa zehn Kilometer östlich von Innsbruck, auf die Welt.

Mein Vater Fred war Kunstmaler und ein armer Hund. Wenn ich meinen Daseinszustand mit allen anderen Gefühlen für Menschen, Umgebung und Schicksale so präzise angeben kann, so liegt das daran, dass ich erst jetzt mit über fünfzig Jahren beginne, meine Vergangenheit aufzuarbeiten, mich von ihr zu lösen.

Schlimmes hatte sich in meinen ersten Lebensjahren ereignet. Aufgestaut – wie dieser Fluss vom Stadtbrunnen, in der *oberen Stadt* von Solbad Hall. Damals im Dezember, bereits zu dunkler Stunde, so knapp vor Weihnachten.

Ja, mein Vater Fred war ein armer Schlucker, ein sensibler, Kunstmaler, der infolge allgemeiner Hungersnot durch die Nachkriegszeit alles andere als ein gut situiertes oder gar geruhsames Leben führen konnte. Er war verheiratet mit der Kellnerin Gertrude – sehr unglücklich verheiratet.

Ich bekam erst in späteren Jahren alle diese für mich so wichtigen Informationen. Meist hinter vorgehaltener Hand, vor allem aber durch mein unbequemes Hinterfragen und Nachbohren (...wie war denn dies... wie konnte jenes passieren...), von meiner Großtante Anna und von meiner Großmutter Luise. Und aus den Berichten der Akten des Jugendamtes.

Mein Lebensweg – schön der Reihe nach.

Was meine Mutter Gertrude für mich so unsichtbar machte, sie war es tatsächlich: einfach nicht existent. Keine Sprache, kein Bild, kein Gefühl, kein Geruch – nichts. Ich habe keinerlei Erinnerung an sie. So wurde ich mutterlos geboren.

Meine Eltern, zwei junge, völlig unerfahrene Menschen. Vater Fred, gerade mal 21 Jahre jung, talentierter und hoffnungsvoller Kunstmaler. Meine Mutter Gertrude, ein Jahr jünger und schon schwanger (mit meinem Bruder Alf). Beide arm, wie die biblischen Figuren Josef und Maria. Sie heirateten am 10. Juni 1947, zwei Jahre nach Kriegsende. Wohnung gab es keine, nicht mal ein Kellerloch bekamen sie.

Beide fanden aber kurzzeitig Unterschlupf bei Vaters Tante Anna.

Ich frage mich, obwohl noch keineswegs berechtigt, weil ich ja erst drei Jahre später die Bühne dieser Welt betreten werde, nach dem Sinn, in solch eine bescheidene – nein, triste – Situation hineingeboren zu werden.

Wer befahl meinem Bruder und später mir diese so kaputte Welt (gerade wieder von einem Weltkrieg zerschossen und halbwegs davon erholt) als neuer Erdenbürger zu betreten. Verwandte ausrufen zu lassen ... *mein Gott, welch süßes Baby!* Gemeint ist natürlich mein Bruder Alf.

Ich konnte – nein, durfte – diesen Freudenruf bei meiner Geburt nicht hören. Meine Großtante Anna erzählte mir immer wieder, welch süßes Baby mein Bruder doch war. Was mich als Kind eifersüchtig machte und ihr manchen Teller, manches Glas oder Häferl wegen dieser Feststellung kostete. Weil mir diese Essensbehälter aus der Hand fielen. Berechtigt und voll mit Absicht natürlich.

Genauso war es. Bei meiner Ankunft stieß niemand mehr Freudenrufe aus. Nicht, weil ich etwa wie ein hässlicher Zwerg aussah. Nein, einfach deshalb, weil ich schon ein Gewohnheitswurf war, das zweite Kind eben, bei dem schon alles Routine war. Schwangerschafts- sowie Geburtsablauf...

Vor allem aber auch, weil die Ehe meiner Eltern bereits den Bach runter ging – so gut wie keine mehr war.

Da machte niemand mehr viel Aufsehen um *meinen* irdischen Auftritt. Obendrein waren unsere Eltern jetzt auf ewig zerstritten. Eine zerrüttete Ehe – laut Scheidungsbericht – und wir zwei Buben, Alf und Wolfgang, die Kinder derselben.

Also, hier war ich. Auf diesem Planeten Erde gelandet. Und es gab etwas Geheimnisvolles – rund um meine Entstehung – was bei meinem Bruder Alf nicht war: das Zeugungsgeheimnis.

Meine Mutter galt als ein *biblisches Wunder*, denn ihre neuerliche Schwangerschaft wurde von ihrer Periode, die sie weiterhin regelmäßig bekam, *verheimlicht*. Sie wurde lediglich fester, was ihr in diesen Hungerzeiten gar nicht so schlecht stand. Dünn und mager wie sie sonst war. Nach Untersuchung der Ursache ihrer Gewichtsszunahme konnte ihr der Arzt statt eines vermuteten Unterleibsgeschwürs eine erneute Schwangerschaft bestätigen.

Bei meinem Vater läuteten sämtliche Alarmglocken. Sie, von ihm monatelang abgelehnt, aber noch seine Frau, schwanger? Von wem? Er war es nicht, das konnte er nicht gewesen sein.

Bei Gott, das Kind war nicht von ihm.

Selbst als ihm seine Frau Gertrude an den Vorfall, den Liebesfall, eindringlich erinnerte: Irgendwann, so neun Monate vor meinem Erstschrei, sei er wieder – nach wievieltem Male Streit und Trennung wohl? – mit ihr in seinem Atelier zusammen gewesen. Versöhnend zu neu entflammender Liebe bereit. Damals im Atelier, als er die vielen Plakattafeln malte.

Der Vollzug dieses urtrieblichen Aktes, die Befruchtung, passierte aber ganz woanders. Das gestand mir meine Mutter Jahrzehnte später, im April 1983 in der Schweiz.

Denn zu diesem Zeitpunkt sah ich mit 33 Jahren meine leibliche Mutter zum zweiten Mal in meinem Leben.

Meine erste Muttererkennung erlaubte sie mir 16-jährig, als sie mich in Hallstatt, in der Bundesfachschule für Holzbearbeitung, besuchte. Ich sie lediglich verwundert und fremd mit meinem pubertär-pickeligen Gesicht anstarrte. Zu keiner Antwort fähig und mich sträubte, weil sie ihr eigen Fleisch und Blut stürmisch an die Brust drücken wollte.

...mein Kind, mein Sohn, wie groß du schon bist und so hübsch...

Ihr Geständnis, eine Erklärung in stockenden Sätzen, eine versuchte Reinwaschung ihrer Schuld. Ein gestottertes Herumeiern, damals im April 1983 in ihrer Wohnung in Rohrschach in der Schweiz. Beim Betrachten vergilbter Fotos.

...ach, ja. Wie lang ist das her. Damals war dein Vater Fred – wie so oft – in einer depressiven Stimmung. Es war überhaupt seine prinzipielle Grundhaltung, seine seelische Verfassung. Besonders litt er aber darunter, wenn er sich wieder mal in ein anderes Mädchen verguckte und sich in eines dieser Flittchen verliebte.

Ich wusste, er war nicht glücklich mit mir. Aber ich erwartete ein Kind von ihm, deinen Bruder Alf, also mussten wir heiraten. Du weißt, wegen der Leute, dem Gerede... und irgendwann wäre die Liebe schon gekommen. Auch bei deinem Vater, so hoffte ich.

Was konnte ich denn dafür, wenn er nur grantig in seinem Atelier saß und mit mir nichts mehr zu tun haben wollte. Ich konnte ihm ja auch nicht helfen. Er verstand mich sowieso nie. Aber mit anderen Frauen, da trieb er sich rum, mit denen konnte er. Die verstanden ihn und er sie. Der Schuft.

Ich jedenfalls hielt immer zu ihm. Zumindest am Anfang unserer Ehe. Ich war ja auch totunglücklich. Damals. Als unsere Ehe zerbrach.

Das müsstest du doch verstehen...

Was war denn so Beziehungstragisches passiert?

Mein Vater Fred besuchte sie wieder mal – nach Wochen des Streits und der Trennung – im Kaffeehaus, wo sie bediente und bat sie, ihm bei einer größeren Arbeit zu helfen, da er alleine nicht zurechtkomme.

Er musste in seinem Atelier riesige Plakattafeln für ein Fest in der Stadt bemalen. Der Termin war schon knapp bemessen, daher benötigte er schnellstens Hilfe, um diese riesigen Flächen mit Pinsel und Walze einzufärben. Meine Mutter versprach zu helfen. Bis in die Nacht pinselten und rollten sie mit Farbe – in Eintracht und Frieden wie schon lang nicht mehr – eifrig Fläche für Fläche und tranken dabei auch einiges an Alkohol.

Sie hatten eine Art Waffenstillstand, Frieden auf kurze Zeit, geschlossen. Im Sinne seiner Arbeit, des knappen Termins und seiner Kunst, die sie ja doch nie verstand (das erzählte mir mein Vater Jahre später).

Wie auch immer. In dieser gemeinsamen Streicherei und Rollerei und in alkoseliger Stimmung fanden ihre Herzen, ihre Körper wieder zueinander.

Doch die endgültige liebesberauschende Vereinigung der beiden passierte, nach wochenlanger Abstinenz und Frustration, im Bett meiner Großtante Anna. In ihrem Doppelbett und in ihrem Beisein.

Schockierend musste es für meine Großtante gewesen sein.

Sie, die immer vorzog, höchst moralisch durchs Leben zu gehen, so auch jeden Abend nüchtern und fromm ins Bett zu steigen.

Jetzt kamen aber meine Eltern nach getaner Arbeit, nach Wochen endlich wieder fröhlich vereint, aber ziemlich beschwipst in die gemeinsame Wohnung.

Wo es passierte.

Sie gaben sich, völlig nackt wie sie der gütige Herrgott schuf, der längst überfälligen und unendlich lustvollen Liebesvereinigung hin. Zuerst flüsternd, kichernd und tuschelnd, weil ja meine Großtante Anna in der Mitte des einzigen Bettes schlief. Jedoch wurde sie durch den Rhythmus der innigheftigen Bewegungen des Liebespaares unsanft aus ihren Träumen gerissen. Starr vor Schreck und Scham lag sie und tat so, als schliefe sie und wäre in einem tiefen Traum gefangen.

Dank der Menge Alkohol, die das selig glückliche Paar im Laufe des Abend in sich geschüttet hatte, merkte es nicht, dass meine Großtante peinlich berührt neben ihnen im Bett ausharrte.

Aber auch trotz Wein und Schnaps gelang meinem Vater Fred der erfolgreiche Schuss, der mich mit solch göttlicher Wucht von meinem unbekannten Herkunftsplaneten in den wahrlich irdisch jugendschönen, lustvoll saugenden und weibsfeuchten Schoß meiner Mutter einspritzte.

Aahh... oohh... uuhh!

Oh Gott, oh Gott, oh Gott... welche Lust, welches Geilsein, welch freudvolles Wälzen im Bett meiner Großtante. Harmonie und Kommen auf höchster, gottähnlicher Ebene zweier schöner Körper.

Aber auch mein Kommen war es, meine Vorniederkunft. Sie begann mit meiner Erdumkreisung – zur Kontrolle und Freigabe an den Schöpfer – mein in die Erd-Atmosphäre-Eintauchen, um zur Landung anzusetzen:

Hello, hello Solbad Hall...!

Ich komme! Gemeinsam mit meinem Vater! Bitte sofort die Landebahn freihalten!

Doch dieses Mal war nicht mein Vater Fred der Neuankömmling. Er lebte schon 23 Jahre lang auf diesem Planeten und kam bloß so. Weil es ihm sein Körper in diesem Glückszustand befahl.

Ich war es, der kam. Ich, der neu geboren Werdende. Der neue Stolz seiner Eltern! Gebt mir neun Monate Zeit und ich werde mich euch zeigen, euch beglücken. Ich werde euch die Windeln füllen, euch die Nächte rauben und all die schlimmen

Sachen – die ach so süße Babys machen.

Es war höchst tragisch für meine Großtante.

Als die Ekstase der beiden Glücklichen ihren Höhepunkt erreichte, das lebensspendende Sekret – inklusive mir – in die göttliche Leibeslichtung geschossen wurde, stahl sich meine Großtante Anna vom knarrend ächzenden von Lust und Liebe zerwühlten Bett und verdrückte sich schmollend in ihre Küche. Wo sie den Rest dieser so unmoralischen Nacht auf einem Küchenstuhl dösend verbrachte.

Sie ließ es sich jedoch nicht nehmen, am folgenden Morgen beide darauf hinzuweisen, dass sie nackt und sich wild gebärdend, unflätige Worte, Laute und Geräusche von sich gebend, sie aus dem Bett gedrängt und ihr den so nötigen Schlaf genommen hätten. Es folgte eine, um die Ohren geworfene, gehörige Moralpredigt.

…die heutige Jugend, maßlos und ziellos… hat keinerlei Achtung mehr vor Gott, vor Liebe und Moral… ein Zerfall von allem Guten und Reinen… kein Wunder, wenn es immer wieder Kriege gibt…

Meine arme, arme Großtante Anna, die ich so sehr liebte und schätzte und für die ich, solange ich lebe, immer wieder eine Kerze anzünden und beten werde. Wenn ich in meinen Urlauben – meiner kulturellen Leidenschaft erliegend – architektonisch interessanten Gotteshäusern einen Besuch abstatte.

Meine gute alte Großtante, die den Lauf des Lebens und der Menschheit längst nicht mehr verstand. Die sich hoffnungslos in ihr Alter, in ihr Alleinsein, in ihre Einsamkeit zurückzog und der realen Welt immer mehr entfloh…

Ja, meine Großtante Anna hatte es mit ihren persönlichen Ansichten über die reine Liebe, über Moral und Anstand wahrlich nicht leicht.

Vater, Mutter und später auch mein Bruder wohnten, weil es einfach nirgends eine Wohnmöglichkeit gab, vorerst bei meiner

Großtante. Alles in allem war die Wohnung nicht größer als dreißig Quadratmeter. Doch für damalige Nachkriegszustände ein wahrer Palast!

Tagsüber ging Vater in sein Atelier und malte oder trieb sich – laut Mutter – mit *anderen Weibern* herum. Die Mutter schuftete sich in einem Haller Kaffeehaus als Kellnerin ab.

Dann endlich hatte Großtante Anna ihre spärlichen Wohnquadratmeter allein für sich bzw. kümmerte sich später um meinen Bruder Alf.

Großtante Anna kam mit meiner Mutter einfach nicht zurecht. Doch sie musste mit dieser jungen Frau in ihren vier Wänden gemeinsam leben und auskommen. Sie, meine *böse Mutter*, die sich *ihren Fred* (der ja von ihr teilweise großgezogen wurde) schnappte und ihn sogar heiratete.

Ihre winzigkleine Wohnung bestand nur aus Küche, Wohn-/Schlafzimmer und Speiskammerl-WC.

Die Küche mit Fenster und Platz für einen kleinen Tisch, samt Eckbank und zwei Sesseln. Ein abgeschlagenes Email-Abwaschbecken mit Kaltwasser, eine Küchenkredenz, ein uralter Ofen mit Backrohr und Heißwasserbehälter, als einzige Möglichkeit, warmes Wasser zu bekommen. Der Ofen war mit Holz und Briketts beheizbar, was im Sommer die Küche in eine Sauna verwandelte. Dafür bekam man aber warmes Essen und das notwendige Wasch- und Badewasser.

Zur Wohnungstür hin gab es eine fensterlose Nische mit einem uralten knarrenden und verstaubten Diwan. Meistens war er belegt mit übervollen Schachteln – allerlei Hausrat, Zeitungs- und Einpackpapier zum Vorheizen.

Nebenan befand sich ein WC mit Lüftungsfenster, das gleichzeitig als Speiskammerl für die paar wenigen Lebensmittel diente, die von einem Vorhang verdeckt auf einem schmalen Regal gestapelt auf ihren Verzehr warteten. Es war der kühlste Raum der Wohnung. Im Winter der kälteste – was für den Hintern eisig frostig, für die Lebensmittel jedoch ideal war. Man ersparte sich einen Kühlschrank, zu damaligen Zeiten ohnehin unerschwinglich. Doch dieses WC innerhalb der Wohnung war der pure Luxus, weil man es nicht mit anderen Hausparteien teilen musste.

Das Wohn-/Schlafzimmer mit einem putzigen Tiroler Erker diente nur zum Schlafen. Eine klobige Anrichte, zwei mächtige Kleiderkästen und ein genauso wuchtiges Doppelbett waren das gesamte, bunt zusammengewürfelte Mobilar.

Für diese paar Quadratmeter Wohnfläche bezahlte meine Großtante eine horrende Miete, die ihr ein Leben in Armut garantierte.

Das Schlimmste aber für meine Großtante war, dass sie mit meiner Mutter auch noch im selben Bett schlafen musste. Mit meinem Vater alleine im Bett, da gäbe es sicher keine Probleme. Jetzt aber auch noch mit dieser fremden, jungen Frau.

Es gab aber nur dieses Doppelbett, als einzig brauchbare Schlafmöglichkeit für alle drei. So war sie gezwungen, sich dem Schicksal und der Räumlichkeit zu beugen. Sie erwartete jedoch – wenn schon, denn schon –, dass meine Eltern je links und rechts außen zu liegen hatten. Sie legte sich, die Liebenden brutal trennend, in die Mitte. Nacht für Nacht.

Eine äußerst problemlose Schlafnorm für solide, platonische Beziehungen. Aber auf keinen Fall eine dauerhafte Lösung für die Zukunft meiner liebes- und triebfreudigen jungen Eltern.

Wenn also mein Vater und meine Mutter ihren kraftvollen ungestümen Verlangen nach Lusterfüllung erlagen, mussten sie – um ein paar Schilling die Stunde – ein billiges Hotel finden. Was im hochmoralischen Solbad Hall fast ein Kunststück war.

Hin und wieder erbarmte sich auch der Chef meiner Mutter. Auf ihre verschämte Bitte hin. Wenn er den Liebeshungrigen des öfteren sein Büro, inklusive gemütlicher Couch (gnädigerweise und augenzwinkernd) für ein schwaches Stündchen überließ... *eine halbe Stunde reicht aber, gell...*

Mehr Zeit war nicht drin. Hätten sie aber benötigt, um sich auch seelisch innig kennenzulernen.

So eilten sie nur hastig stolpernd – weil freudig erregt – die enge Treppe hoch in den ersten Stock. In das Chefbüro, auf die besagte Couch, um innerhalb dreißig Minuten ihre körperlichen Bedürfnisse mit *uuhh und aahh und oohh* auszuleben.

3 Schicksalshafte Adresse

Mein Ururgroßvater väterlicherseits war Schuhmachermeister und kam aus Böhmen/Mähren nach Krieglach. Sein Sohn, mein Urgroßvater, war Beamter bei der KuK-Reichsbahn, durchlief eine typische Eisenbahnerlaufbahn und wurde letztendlich als Magazinmeister nach Solbad Hall beordert.

Er übersiedelte inmitten der Kriegswirren 1916 samt Frau und Kindern – mein Großvater Josef und meine Großtante Anna – von Krieglach nach Solbad Hall. Dort bezog er in der Galgenfeldstraße 8 eine Mietwohnung.

Als mein Großvater Josef, inzwischen zum feschen Jüngling herangereift, sich in seine schöne Luise – meine Großmutter – verliebte und sie ehelichte, zog er mit ihr in eine große Dachwohnung in der Ritter Waldauf-Straße 5, ebenfalls in Solbad Hall.

Der familiäre Ursprung meiner Großmutter lag in der Gegend um den Achensee (Maurach/Eben), aus anfänglich wohlhabendem Hause, mit späterer, kriegsbedingter Verarmung – wie mir berichtet wurde. Was aber beim Betrachten der vergilbten Fotos meiner Urahnen nicht ersichtlich ist.

Was mir ebenfalls noch wichtig erscheint:

Als mein Großvater Josef noch in Krieglach lebte, durfte er als Schüler Peter Roseggers Waldschule besuchen.

Nachdem mein Großvater aus der Wohnung in der Galgenfeldstraße 8 ausgezogen war, lebte meine Großtante Anna –

jetzt mit etwas mehr Platz – weiterhin glücklich bei ihren Eltern. Diese erkrankten im Laufe der Jahre, wurden jedoch bis zu ihrem Tode liebevoll von ihrer Tochter Anna gepflegt.

Nun hatte meine Großtante diese Wohnung für sich alleine. Durch die jahrelange Pflege ihrer Eltern konnte sie nie eine Beziehung zu einem Mann aufbauen. Vielleicht lag ihr nicht soviel daran – in diesen Hungerzeiten. Wenn sie sah, wie schwierig es war, Kind und Kegel durch diese Wirren zu bringen. Damals hatten die Menschen ja gar nichts, zumindest von allem zuwenig.

Ich höre noch die Worte der Großmutter Luise in meinen Ohren. So als wäre es gestern gewesen. Als sie noch lebte und ich sie in den 60er Jahren hin und wieder besuchte

...ja mei, dar Wollfi... wie giahts da... hasch immar viel Arrbeit, weilsch ma nia schreibsch... ja mei, wia die Zeit varrgeht... furrchtbar warr des damals... mir ham ja garr nix ghabb, nitt amol was Gscheits zum Essn... zum Hoazn...

Wobei ich nie wusste – meinte sie dabei die Kriegs- und Nachkriegszeit. Oder meinte sie jene Zeit, als mein Bruder und ich durch behördliche Veranlassung auf einen Pflegeplatz abgeschoben wurden. Vielleicht um sich zu entschuldigen, weil sich niemand unserer Sippe um uns beide wirklich kümmerte.

Mein Vater Fred wurde nicht von seiner Mutter – meiner Großmutter Luise – aufgezogen, sondern hauptsächlich von meiner Großtante Anna. Luises Mann war seit 1939 im Krieg, schon seit Jahren verschollen, gefangen, vielleicht gar tot.

Wie so viele Millionen andere Männer, die ihren Kopf, ihr Leben, für einen Führer und seinen Krieg hinhalten mussten. Sie alle waren verschwunden. Verwundet, dem Feind überlassen oder gar erschossen auf einem Schlachtfeld verwesend. Zerfielen als unbekannte Soldaten zu Erdenstaub.

Die Großmutter war seelisch einfach nicht in der Lage, in den

Kriegsjahren ihren ältesten Sohn (meinen Vater Fred) durchzufüttern. Es gab noch die Tochter Helga und einen Nachzügler, das dritte Kind, den Sohn Josef. Somit der letzte Liebesakt meines Großvaters vor seinem tragischen Verschollensein und der Gefangenschaft.

Meine Großtante Anna erfüllte ebenfalls vor Gott und Familie christliche Nächstenliebe. Mein Vater Fred wurde während des Krieges und auch später von ihr aufgenommen. Als alleinstehende Frau konnte sie den kleinen Fredi schon aufpäppeln. Und Luise hatte nur noch zwei Mäuler zu stopfen.

Meine Großtante liebte Fred abgöttisch. Er wurde *ihr Kind* – jahrelang mit Herz und Nachsicht betreut, sicher verzogen und verhätschelt. Zu verstehen, bei dem herzigen Bub.

Das Ergebnis dieser fast göttlichen Liebe:

Mein Vater Fred wurde ein komplizierter Seelen-Junkie, obendrein ein begnadeter Kunstmaler. Sein Talent schöpfte er aus den unendlichen Quellen seiner Ahnen, einer Kunstmaler-Familie.

Mein Vater hatte noch zusätzliche Attribute geerbt: feinfühlend und jungen Frauen sehr gefallend, weil er sich zu einem interessanten, fast schönen Mann entwickelte.

Mit gefühlvollen, romantischen Gedichten betörte er unzählige, nach Liebe schmachtende Mädchenherzen.

Allerdings, beim Erfüllen der Sehnsüchte dieser romantischen Damen verfiel er ihnen rettungslos. Worauf sein junges Leben ein einziges Chaos von fleischgewordenen Wunschträumen wurde. Letztendlich ein Horrortrip, der durch jahrelange Alkoholexzesse fast zu seinem Tode führte. Im Ertränken seiner Frustrationen war er wahrlich ein Weltmeister.

4 Tragödie im luftigen Loft

Mein armer, verunsicherter (Er)Zeuger Fred. Zum zweiten Mal wurde er Vater eines gesunden Buben. Diesmal 3.250 g schwer und 50 cm groß.

Aber – er lehnte mich ab, er wollte mich nicht!

Als die Verwandten mich samt Mutter im Krankenhaus besuchten, tauchte auch mein Vater auf – um das Produkt seiner *angeblichen* Zeugung zu begutachten. Ich schnappte ihn ganz fest am Daumen und ließ ihn nicht mehr los.

»Schau wie putzig«, bestätigten ihm die Verwandten. »Der kleine Wolferl weiß genau, wer sein Vater ist!«

Seine finsteren Blicke und seine düsteren Gedanken nahm wahrscheinlich niemand wahr. Ich jedenfalls spürte sie, tief drinnen in mir, in meinem noch babyhaften Körperlein. Und hielt daher noch fester seinen Daumen, damit ja alle sehen konnten, dass er wirklich mein Vater war.

»Ich bin es, dein zweiter Sohn, dein Wolferl«, würde mein Vater Fred von mir zu hören bekommen, könnte ich schon sprechen. So quiekte ich nur wie ein Baby.

Meine Eltern hatten sich schon längst total und endgültig zerstritten. Hauptsächlich wegen mir, weil er nach wie vor glaubte, ich sei ein *Kuckucksei*.

Kein Wunder, dass sich die folgende Zeit zur Katastrophe entwickelte.

In Großtante Annas Wohnung war mit bestem Willen kein Platz mehr. Nachdem mein Bruder Alf, inzwischen fast dreijährig, die winzige Wohnung täglich mehrmals umdrehte, dadurch die Nerven der überforderten Großtante blank rieb, wurde mein Vater Fred endlich aktiv.

Nach zwei Jahren und sich endlos wiederholenden Ansuchen zum Erhalt einer Sozialwohnung gab es endlich eine etwas größere Unterkunft. Ein luftiger Dachboden in der oberen Stadt von Solbad Hall, in der Eugenstraße 11. Dorthin zogen nun 1952 die sich momentan wieder mal vertragenden Eltern mit uns beiden Kindern.

Eine Dachwohnung! Das klingt heute natürlich vornehm und elitär, nach Loft mit Exklusivität.

Es war aber nur ein Rohdachboden, ohne Isolierung, durch den der Wind erbarmungslos blies. Die Dachziegel hingen von unten sichtbar im Dachgebälk. Links und rechts in den Dachschrägen befanden sich ein paar verglaste Dachbodenlöcher als Fenster. Offen hängende Stromkabel, wie in Neapel die Wäscheleinen in den schmalen, malerischen Häuserzeilen, gaben der Behausung die Boheme eines Künstlers – ähnlich dem Carl Spitzweg Gemälde *Der arme Poet*.

Eine extrem steile und abgetretene Holztreppe führte vom letzten Stock des Hauses in das neue Heim. Ein paar Glühbirnen, die mit ihrem schmutzig-trüben 40-Watt-Licht versuchten, etwas Glück in das Leben der jungen Familie zu leuchten. Was ihnen nicht gelang.

Wasser gab es keines in der Wohnung. Einen Stock tiefer am Gang befand sich eine Bassena als einzige Wasserquelle. Ebenfalls ein WC, zu teilen mit den anderen Hausparteien.

Mein Vater Fred war jedoch ein sehr geschickter Mann. Durch sein handwerkliches Talent baute er aus diesem windigen Dachloch ein zwar sehr bescheidenes, aber doch halbwegs bewohnbares Zuhause. Auch die Möbel für die Küche, die Kästen für die Kleider, die Kinderbetten und das Ehebett – alles hatte er selbst gezimmert, gehobelt und verleimt. Für damalige Nachkriegszustände bei Gott keine Designermöbel, dafür aber nutzbare Stücke.

Sogar einen Kinderwagen baute er für seine zwei Söhne. Ein Prachtstück, das meiner Mutter in der Stadt neidvolle Blicke der anderen Frauen einbrachte, wenn sie uns damit spazieren führte. Wobei ich mir sicher sein konnte, dass diese pompöse Kinderkutsche nur für meinen Bruder Alf gedacht und gebaut war.

Leider, mich hatte mein Vater nie richtig anerkannt. So war ich auch sicher Ursache und Beginn für den Zerfall der Ehe meiner Eltern.

...selber schuld, werter Herr Vater. Hättest du auf mich gehört und meinen Griff nach deinem Daumen richtig gedeutet. Nach meiner Geburt, vor all deinen Verwandten. Ich hätte dir beweisen können, dass ich dein Sprössling bin. Aber so...

Mein Vater glaubte – seit meiner Geburt – seiner Frau kein Wort mehr. Überall sah er männliche Rivalen. Ihre Arbeit als Kellnerin, zuerst in einem Kaffeehaus, später in verschiedenen Gaststätten, war nicht gerade die ideale Ausgangsbasis für eine so fragile Beziehung, wie sie meine Eltern führten.

Immer wenn es zwischen den beiden zu Eifersuchtsszenen kam – das geschah in der Zwischenzeit fast täglich, erzählte mir meine Großtante Anna –, litten natürlich wir Kinder darunter am meisten.

Zwei Erlebnisse, wie stumme Bildabläufe aus früherer Zeit, brannten sich wie ein Rinderstempel in mein Hirn.

Der erste Bildablauf:

Es war Morgen und noch finster. Im einem schlecht beleuchteten Raum stand mein Bruder mit nasser Hose. Er hatte ins Bett gemacht. Mein Vater hielt ihn mit einer Hand fest, zog ihm die Hose runter und schlug mit der anderen Hand auf seinen nackten Po. Mein Bruder heulte vor Schmerz auf und wollte sich von Vaters Hand befreien. Die Mutter fuhr dazwischen und riss ihm meinen Bruder aus der Hand. Die Eltern schrien sich an, sie brüllten. Ich versteckte mich unter dem Tisch, begann ebenfalls zu weinen und machte vor Angst auf den Boden. Dann verschwand mein Vater endlich aus dem Raum.

Der zweite Bildablauf:
Mein Vater Fred hatte sich den Arm gebrochen. Er war die Treppe hinuntergestürzt. Man munkelte, seine Frau hätte ihm einen Schubs gegeben, weil er wieder mal besoffen nach Hause kam, seine Kinder aufwecken und mit ihnen spielen wollte.

Es war ein komplizierter Armbruch mit ausgekegelter Schulter. Im Krankenhaus wurde sein gesamter Schulterbereich inklusive Arm über ein offenes, dreieckiges Gittergerüst geschient, sodass sein Oberarm waagrecht abstehend, im fast rechten Winkel zum Körper wegstand, um besser zu heilen.

Das Drahtgitter unter seiner Achsel benutzte er als eine Art Behälter, in dem er die Holzscheite für den Küchenofen – der einzige Ofen in der Dachbodenwohnung – wie ein Tanzbär, steif wankend, dabei ein Liedchen pfeifend, über die enge steile Treppe in die Wohnung schleppte.

Soviel zu meinen ersten Erlebnissen. Mein Bruder Alf weiß wesentlich mehr zu berichten. Aus dieser düsteren Zeit, im Dachloch in der Eugenstraße 11. Denn er war drei Jahre älter, erhielt ein Vielfaches mehr an Schlägen und Prügel. Er weigert sich jedoch bis heute, die Geschehnisse aus seiner Sicht zu erzählen. Ich verstehe ihn. Schmerzvolle, bittere Erlebnisse für uns zwei Tiroler Buben.

Es lief nie gut mit unseren jungen Eltern.

Erst recht nicht, als sich meine Mutter – wegen einer längeren Streitphase mit ihrem Mann – erstmals mit anderen Männern einließ. Davon lernte sie als Kellnerin ja genug im Kaffeehaus kennen. Wobei man das *Einlassen* als sehr harmlos sehen musste, wie sie mir Jahrzehnte später erklärte.

Vielmehr war es ein Sich-Ausweinen bei einigen Stammgästen, denen ihre seelischen up-and-downs nicht verborgen blieben. Wie es eben Stammkunden sofort spürten. Sie erfuhren schon immer mehr, als der eigene Partner daheim. Sicher auch in ihrem Fall. Obendrein muss ich meiner Mutter in diesem Falle zugute halten, dass mein Vater bei Gott kein Heiliger war.

Das Original eines Briefes, den mir meine Mutter in die Hand drückte, ist noch heute in meinem Besitz. Ein Liebesbrief – geschrieben von einer Geliebten meines Vaters. Aus Rattenberg und datiert mit 13. Januar 1950.

Ja, mein Vater hatte ein Verhältnis mit einer anderen weiblichen Schönheit, während seine Frau mich schon seit Monaten intus hatte, unter ihrem Herzen. Dieser Lump.

Doch halt – er wusste damals noch nichts von jener Schwangerschaft (meine Mutter ja auch nicht). Aber immerhin war er verheiratet und hatte einen fast dreijährigen blondgelockten Sohn, meinen Bruder Alf.

Dieser Brief jedoch drückte eine unendliche Liebe und Sehnsucht aus. Bei dieser, sicher auch jungen, schönen Frau hätte ich als Spermant meinem Vater sofort zugestimmt:

»Ja, diese junge Schönheit anerkenne ich als meine Mutter. Lass mich der Erste sein, der ihr vor Sehnsucht wartendes Ei, durchbohren darf!«

Doch schade, leider zu spät. Es ging nicht mehr. Denn ich war schon seit Monaten im Leib meiner Mutter, startklar zur Menschwerdung, als ihr 50 cm Bub Wolferl.

Jener Brief eines unglücklichen jungen Fräuleins, das ich sicher liebend gern als meine Mutter auserkoren hätte:

Rattenberg, 13. Januar 1950

Mein lieber Bub!
(Kunstvoll geschwungen unterstrichen)

Gleich zu Anfang sendet Dir, mein kleiner Spitzbub, viele liebe Grüße und viele heiße Küsse Deine Liesl. Wie schön wäre nur das, wenn ich jetzt bei Dir sein könnte und Du mich ganz fest in Deinen Armen halten würdest, damit ich all Deine Liebkosungen erwidern könnte. Möchtest Du dies nicht auch??? Aber eben leider muß ich noch ein wenig Geduld haben, bis Du kommst und Deine kleine Ungeduld wieder liebkost. Darum muß ich mich eben mit ein paar lieben Zeilen bei Dir einstellen, damit Du mich nicht ganz vergißt. All meine Gedanken weilen jetzt bei Dir. Ich wäre sehr neugierig, was Du wohl jetzt machen würdest. Ob Du ein klein wenig an mich denkst oder ob Du mich schon vergessen hast?

Bei mir ist dies nicht der Fall, denn immer schwebt mir Dein liebes Gesicht vor Augen, das ich nie mehr vergessen kann, was immer auch kommen mag. Meine Liebe zu Dir wird nie vergeh'n, solange noch ein Fünkchen Atem in mir ist.

Eines aber bitte ich Dich von ganzem Herzen. Gib mir Bescheid, wie es zwischen Dir und mir steht. Du bist doch nicht anderweitig gebunden, oder???

Glaub mir Liebster, meine Liebe ist so groß, daß, wenn ich nachts oft erwache, leise Deinen Namen rufe. Könnte ich Dich nur herbeiwünschen, all meine große Sehnsucht nach Dir und Deiner Liebe. Ich wäre sehr, sehr glücklich.

Glaub mir, alles was einmal war, war für mich nur Jugendschwärmerei. Doch mit Dir, Du mein über alles geliebter Mann, habe ich die große wahre Liebe gefunden. Erst jetzt weiß ich, was es heißt, einem Menschen was zu bedeuten. Früher war es nur Schwärmerei. Doch diesmal sitzt es fest in meinem Herzen und keine Macht der Welt kann sie mir herausreißen – und wenn ich kämpfen muß bis zum letzten Atemzug.

Vielleicht lächelst Du über mich. Tu das bitte nicht. Vielleicht ist meine Liebe und Sehnsucht nach Dir gerade deshalb so groß, weil ich sagen kann, daß Du nun wirklich meine erste und wahre Liebe bist...

In dieser Art und noch viel inniger, heißer, ging es – acht Seiten lang, handgeschrieben – bis zum Ende weiter:

...und viele heiße Küsse sendet Dir Deine kleine Liesl.
P.S. Komme aber bitte recht bald. Mein Herzchen schlägt so unruhig nach Dir.

Hin und wieder, beim Suchen meines Lebens, meiner Vergangenheit, in Fotoalben oder in meiner Erinnerungsschachtel, in der die Kleinode – die Herzen aus Email, geheimnisvolle Muscheln und Steine aus den sieben Meeren, Postkarten, Briefe – eben alle diese schicksalshaften Erinnerungen liegen, fällt mir dieser Brief in die Hände.

Dann lese ich ihn, diesen Brief. Die einzige schriftliche Bestätigung einer glücklichen Liebesbeziehung meines Vaters.

Ich stelle sie mir vor. Wie mag sie wohl ausgesehen haben, diese Geliebte meines Vaters. War sie groß und schlank, war sie klein und niedlich. War sie blond, brünett oder gar schwarzhaarig. Mein Vater hatte gern etwas in der Hand (wie er mir einmal gestand) *...a bisserle a Fleisch, a feschtes muass schon dran sein, an so an Weibsbild, weil sunsch schpürt ma nix, vaschtesch mi...*

Also war diese heimliche Geliebte meines Vaters sicher eine handfeste Dorfschönheit aus Rattenberg.

Leider konnte ich ihm dieses Geheimnis nicht entlocken. Als mein Vater 1973, gerade mal 47 Jahre alt, an einem Mundbodenkarzinom starb, war dieser Brief, dieses Geständnis einer reinen wahren Liebe, noch nicht in meinen Händen. Nicht in meinem Besitz.

In den späten 80er Jahren hatte ich allerdings daran gedacht, nachzuforschen. Wagte es dann doch nicht. Ich wollte nach so vielen Jahren niemanden damit in Verlegenheit bringen.

Sie, die seinerzeitige Geliebte meines Vaters, müsste heute – im Jahr 2005 – etwa 75 bis 80 Jahre alt sein. Ob sie wohl noch lebt?

Wenn ich schon beim Aufblättern intimster Geheimnisse aus meinem Familienalbum bin:

Es gab noch zwei weitere Briefe, die mir meine Mutter – sozusagen als Beweis (und für sich als Schuldbefreiung) für das lasterhafte Leben meines Vaters – in die Hand drückte.

Sicher wurden in dieser Zeit sämtliche Gefühle, Liebe, Emotionen in erster Linie durch das Schreiben von Briefen dokumentiert und verewigt. Als sichtbares Zeichen gegen die Vergänglichkeit ewiger Schwüre und dadurch erst recht für die Vergangenheit – zuletzt für meine Erinnerungsschachtel.

Ein Brief war die Antwort meiner Mutter an eine unbekannte Rivalin. Es musste nach 1950 gewesen sein, da sie in ihrem Schreiben bereits *Kinder* anführte. Also war ich, der kleine Wolferl, schon auf der Welt.

Wie sie allerdings wieder zu ihrem eigenen Brief kam, kann ich mir nur so erklären, dass die Geliebte meinem Vater wegen seiner Verheimlichung, dass er verheiratet sei, die Hölle heiß machte und ihm den Brief seiner Frau ins Gesicht schleuderte. Aus seiner (durchsuchten) Jackentasche gelangte er wieder in die Hände seiner Frau. Eine reine Vermutung meinerseits.

Der eine Brief (ohne persönliche Anrede):

(ohne Datum)

Der Zufall wollte es, daß ich Ihr Schreiben an meinen Mann in die Hände bekam und zwar durch den Postboten selbst.

Ich möchte Ihnen nur sagen, sich in Zukunft die Männer besser auszusuchen und sich nicht gleich in sie zu verlieben, ohne zu wissen, ob derselbe nicht schon gebunden ist.

Mein Mann war bis jetzt immer aufrichtig zu mir und erzählte mir auch von Ihnen. Darum nehme ich es meinem Mann nicht übel, wenn er sich einmal einen Scherz erlaubte.

Wir leben seit Jahren in glücklicher Ehe, haben auch Kinder und verstehen uns in jeder Beziehung sehr gut. Sie müssen sich nun mit dem Gedanken abfinden, daß alles nur ein Scherz war.

Darum sind Sie in Zukunft vorsichtig und nicht so freigiebig mit Ihrer großen Liebe, sonst könnt es Ihnen einmal schlecht ergehen. Wenn Sie noch so jung sind, dann werden Sie schon noch Ihr Glück finden... (der Rest ist nicht lesbar)...

In Wirklichkeit ist immer alles anders.
Gerti W.
Hall in Tirol

Mysteriös, ja sogar drohend klingt das zweite anonyme Schreiben, das ich seit Jahrzehnten in meiner Erinnerungsschachtel aufbewahre:

Solbad Hall, 30. 9. 1952

Frau W.!
Sind Sie vorsichtig! Ihr Mann sitzt stundenlang im Bräuhaus, weil er verliebt ist in die Martha. Er war auch schon dreimal in Sistrans, obwohl Martha schon vergeben ist. Es könnte einmal ein Unglück geschehen. Gehen Sie mit, lassen Sie Ihren Mann nie allein.
Ein Freund!

Welch bittere Zeit für meine Mutter. In ihrer jungen, unerfahrenen Liebe zu einem talentierten, sensiblen Kunstmaler, meinem Vater Fred.

Sie berichtete mir diese Erlebnisse, als ich sie 1983 in der Schweiz besuchte. Weil ich damals erstmals den Mut fand, sie nach den Ursprüngen meiner zerrissenen Familie zu befragen.

5 Einsame Nächte

Als die Beziehung meiner Eltern vollends unerträglich wurde, mischte sich meine Großtante Anna lautstark in unsere Familie ein. Sie versuchte zu vermitteln, was völlig daneben ging. Im Grunde konnte sie meine Mutter nicht leiden, weil sie so eine *liederliche Weibsdirn* war, die ihrem armen Fred den Kopf völlig verdreht hatte.

Nachdem mein Vater immer öfter seinen Frust im Alkohol ertränkte – seine Frau gab ihm, seiner Meinung nach, genug Anlass – kam er anfangs immer später, zuletzt fast nie mehr nach Hause. Er lebte bei einer gewissen Martha, unbekannter Herkunft, hieß es.

In unser Dachbodenheim kehrte, dank Vaters Abwesenheit, kurzfristig Ruhe und Frieden ein. Allerdings lernte auch meine Mutter in der Zeit ihres Alleinseins andere Männer kennen und sicher lieben. Es wurde ihr ein reger Verkehr mit französischen Besatzungssoldaten nachgesagt.

Uns beiden Kindern bescherte dies ein nächtelanges Alleinsein in einem dunklen Dachboden. Aber ich hatte ja meinen großen Bruder bei mir, der mich beschützte. Trotzdem fürchteten wir uns zu Tode und füllten deshalb die Betten allnächtlich kräftig mit Lulu-Wasser.

Mein Vater hatte anfangs noch kein eigenes Atelier. Jeder der ihn beschäftigte, stellte ihm auch einen Raum oder einen Schuppen zur Verfügung, damit er seine Arbeit erledigen konnte. Meist waren es Wirtsleute, für die er Ankündigungsplakate für verschiedene Veranstaltungen malte. Oder er dekorierte Galträume mit seinen Malereien für Feste, Hochzeiten, Faschingsbälle...

Die Auftragslage war schlecht und die Bezahlung dürftig. Er hatte auch nicht den Weitblick, Geschäftssinn und schon gar nicht soviel Glück wie sein Onkel Tony, der rechtzeitig nach Südamerika (Argentinien und Brasilien) auswanderte. Dem dort eine sagenhafte Karriere als Kunst- und Portraitmaler gelang (drei Fotos – in meinem Besitz – bezeugen sein geniales Talent). Vielleicht hätte mein Vater seinem Onkel Tony nachfolgen sollen. Sich von ihm in die höchsten Geld-, Politiker- und Gesellschaftskreise einführen lassen, in denen dieser zu verkehren pflegte und von denen er seine lukrativen Aufträge erhielt.

Aber mein Vater war nur ein sehr talentierter Kunstmaler, kein Geschäftsmann. Ihm reichte das wenige Geld, das er für seine Kunstwerke erhielt. Aus Geld machte er sich sowieso nie besonders viel. Nicht selten wurde sein Honorar nur in Naturalien ausbezahlt. Von den Wirtsleuten in Form von Wein und Schnaps.

Damit begann die eigentliche Tragödie, der Abstieg eines jungen sensiblen Talentes, wie es mein Vater war.

Einer seiner Auftraggeber war Besitzer einer Schnapsbrennerei und eines Lokals. Der es verstand, das Können und die labile seelische Verfassung meines Vaters für seine fetten Gewinne zu nutzen. Mein Vater malte für seine Firma Plakate und erledigte andere grafische Arbeiten.

Als Bezahlung bekam er hauptsächlich Schnaps. Ob dieser Schnaps- und Likörproduzent ein Jugendfreund meines Vaters war, konnte ich nicht mehr in Erfahrung bringen. Er war aber *mit* Wegbereiter für seine Alkokarriere. Und dieser feine Herr unterzeichnete sogar als Pate meine Tauf-Urkunde.

Seinen Liebesfrust löste mein Vater nun hauptsächlich mit

Schnapshonoraren. Folglich wurden seine Probleme heftiger und eines Tages unlösbar. *Mein Vater Fred – der stadtbekannte, armselige Trunkenbold.* Nachdem er an einer nie versiegenden Quelle saß, brauchte er nur zu arbeiten und schon war er wieder *flüssig.*

In den Jahren 1965 bis 1968 bekam ich die Lebens- und Leidensgeschichte meines Vaters aus seinem eigenen Mund zu hören.

Aus der Traum. Die Liebe, die Ehe unserer Eltern war tot. Beide hatten mit ihrer Unfähigkeit den Sinn des Lebens – ihr gemeinsames Glück – zerstört.

Jetzt machten sie sich kaputt. Mit gegenseitigen Anschuldigungen, Liebesbetrug und Herzlosigkeit. Mitten auf ihrer Lebens-Achterbahn blieben wir Kinder liegen ...*wie zwei kleine Hunde, die keiner mehr wollte – aus dem Auto geworfen, weil sie bei ihrer neuen Lebensplanung hinderlich waren...*

Im Herbst 1954 wurde meine Mutter mit zwei Freundinnen in Salzburg von der Polizei aufgegriffen, als sie sich mit amerikanischen Soldaten vergnügten. Sie wurden inhaftiert und wieder über die Zonengrenze, zurück nach Tirol, abgeschoben.

Damals waren in Tirol die Franzosen und in Salzburg die Amerikaner stationiert. Es war für junge Frauen nicht so einfach, ohne weiteres über die Zonengrenze zu kommen.

Dann – eines Nachts verschwand meine Mutter für immer.

Da saßen wir nun, wir zwei Gschrappen. Allein in der Dachwohnung, in die hin und wieder unser Vater kam. Um uns etwas zum Essen und Trinken zu geben. Immer öfter begleitete ihn seine neue Freundin Martha und blieb über Nacht. Um uns Kinder kümmerte sich keiner der beiden. Was ging sie seine Brut an. Wir vegetierten neben den beiden wie zwei zufällige Mitbewohner und verlotterten mehr und mehr.

Welch Glück, dass unsere Beschützerin, Großtante Anna, so

oft sie konnte, bei uns reinschaute. Sie erkannte die tragische Situation und kümmerte sich von nun an um uns, als wäre sie unsere Mutter.

Uns Kindern wurde später gesagt, die böse Mama habe uns im Stich gelassen. Sie ging mit einem fremden Mann weit weg, der sogar eine Frau mit sechs Kindern im Stich ließ.

Sie, unsere Mutter, war verschwunden, irgendwann im September/Oktober 1954 und über Nacht. Überließ zwei Kinder, ihr eigen Fleisch und Blut, einem ungewissen Schicksal.

Sie, die Rabenmutter, die ihre eigenen Kinder im Stich ließ! Und unser Vater rührte daraufhin keinen Finger mehr, um seine beiden Söhne vor dem sittlichen Verfall zu retten.

Er hatte selbst zwei gewaltige Probleme, die ihn in das soziale Out trieben: Seine tägliche Schnapsflasche und seine nächtliche sündig-feurige Martha, der er mehr und mehr verfiel.

So nahm sich Großtante Anna – wie schon des öfteren – von Herzen gern um den siebenjährigen Alf und um mich, den vierjährigen Wolferl, an. Mir war dies recht, die Großtante mochte ich schon immer. Sie erzählte so schöne Geschichten und las uns immer eine zur *Guten-Nacht* vor.

Wir übersiedelten kurzfristig wieder in die Galgenfeldstraße 8, wo die Großtante schon meinen Vater großgezogen hatte. Wir schliefen im selben Bett, saßen in derselben Küche, löffelten aus denselben Tellern, tranken aus denselben Häferln.

Großtante Anna war die erste von mir anerkannte Mama, die ich lieb hatte, wie ein Kind eine Mutter nur lieb haben konnte. Unsere »Annatant«, eine gütige, ruhige und alleinstehende Frau mit endlos viel Liebe und Geduld für zwei so verwahrloste und verlauste Fratzen, die wir zwei waren.

6 *Bei der Annatant*

Und so schließt sich der Kreis. Denn ich bin wieder im Jahr 1954, beim Brunnen in der Oberstadt von Solbad Hall angelangt.

Bei meinem Bruder Alf und anderen Kindern, beim Bau eines künstlichen Flusses. Bei unserem Kampf um die Flussrechte, bei dem bösen Fremden (der zu mir gar nicht so böse war) und bei der knackfrischen, duftenden Semmel. Jener Semmel, von der mir mein Bruder versicherte, dass sie vergiftet sei und dass böse Männer damit ihre Opfer – kleine Kinder – anlocken, betäuben, entführen und anschließend auffressen.

Also spuckte ich vor Schreck mein Gekautes aus und sah nicht, wie mein Bruder den mir entrissenen Rest der Semmel in seinem Mund verschwinden ließ.

»Meine Hose ist kaputt«, jammerte ich, »ich trau mich so nicht nach Hause zur Annatant!«

Unsere Großtante Anna. Sie wurde von uns nur »Tante Anna« (= Auskunft gebend, wenn uns ein Fremder zum Beispiel fragte, wo wir denn wohnen) oder nur »d'Annatant« (= gebräuchlich unter uns Kindern) genannt. Die Großmutter Luise hatte es uns so eingetrichtert.

Ich weiter: »Sie wird sicher mit mir schimpfen…«

»…und du Alf bist schuld, dass die Hose jetzt zerrissen ist – meine neue Hose noch dazu!«, heulte ich verzweifelt auf. Jetzt mehr aus Selbstmitleid, jedoch auch noch aus restlicher Wut wegen des verlorenen Kampfes.

Mein Bruder: »Hättest du nicht meinen Fluss zerstört, dann hättest du jetzt kein Loch in der Hose. Überhaupt ist es eh nicht so arg. Sag halt einfach, du bist ausgerutscht und hingefallen. Dabei ist dann deine blöde Hose zerrissen... und jetzt komm, wir müssen heim, es ist schon finster.«

Er schnappte mich an der Hand – ich widerstrebend – und zog mich über meine ausgespuckte Semmel. Weg von den anderen Kindern – nach Hause zur Annatant.

Dieser Vorfall ist, wie alle anderen Kindheitserlebnisse, eine in meine Seele, in mein Hirn eingebrannte, ewig bleibende Erinnerung.

Die kindliche Sprache war sicher auch eine andere. Ebenso der Dialekt. Wir hatten eine typisch tirolerische Aussprache. Das starkbetonte, wie im Hals ewig steckende *»K«*, das derbe *»SCH«*, das Verschlucken der Endsilben und andere charakteristische Eigenheiten dieser harten, sehr merkwürdigen Sprache.

Ein Tiroler könnte sich nirgends auf dieser Welt verstecken. In welcher Sprache er sich mitteilen würde, mit seinem *»K«* und seinem *»SCH«* würde er sich verraten. Die Sprache klingt wirklich wie eine Halskrankheit, ist aber keine.

Es ist eben eine Eigenheit, die den Tirolern, neben ihrer Sturheit, bereits in den Genen verankert ist – so in ihre Wiege gelegt wurde. Ich denke mir, es sind die Felsen und wuchtigen Berge, welche die Tiroler in ihrer Aussprache hörbar zeigen wollen oder gar müssen.

Wenn ich also jammerte: »Mei Housn isch kkaputt, i trau mi sou nitt hoam zurr Annatant!« Dann wäre es sicher treffender, authentischer formuliert, aber äußerst schwierig und ermüdend zu lesen. Diese Lesehürde möchte ich niemandem antun, daher schreibe ich Dialoge in neutraler, schuldeutsch-verständlicher Form.

Jedoch alle meine Erinnerungen, meine damaligen Gefühle, die Authentik der Geschehnisse trifft es immer voll.

Es gibt noch eine, für mich sehr schmerzhafte Erinnerung an meine Zeit als Vierjähriger. Noch heute prangt sie wie ein Zeichen, ein Stigma, am Mittelfinger meiner rechten Hand. In Form einer 4 cm langen Schnittnarbe, unterhalb des Fingernagels. Eine gezackte Narbe, immer etwas heller als die sie umgebende Hautfarbe des Fingers.

»Eine Nachkriegsverletzung ist das«, hatte ich damit später immer großspurig vor meinen Schulfreunden angegeben, wenn wir uns die Narben – die Spuren vergangener Indianerkämpfe oder Räuber- und Gendarmspiele – zeigten.

Der wahre Grund dieser Narbe am Finger:

Meine Großtante war gerade beim Schneiden von Karotten und Kohlrabi für unser Mittagessen. Ich kniete auf einem Küchenstuhl vorm Tisch und sah ihr gebannt zu, wie sie flink und fingerfertig mit der scharfen Klinge, knapp am Finger vorbei, eine Karotte in gleichmäßige Scheiben verzauberte. Hin und wieder rollte ein Karottenstück zur Seite über den Tisch – geradewegs in meinen Mund.

Sie erlaubte es mir lächelnd: »Iss nur Bub, damit du groß und stark wirst. Bist eh so dünn und schmal.«

Bei Gott, das war ich wirklich. Mein Bruder (von Geburt an immer schon etwas pummeliger) war zwar etwas weniger schmal, er war ja auch schon größer, aber ebenfalls auffallend dünn. Der Grund: die unregelmäßige und dürftige Nahrungsaufnahme, als wir in der Dachbodenwohnung hausten. Unsere Eltern, beeinträchtigt durch ihre Beziehungskämpfe, hatten schon längst den Überblick, leider auch das Interesse für unsere notwendige, ausgeglichene Ernährung verloren. Damit aus uns was werde – nämlich zwei kräftige Tiroler Burschen.

Aber die Großtante wirkte mit ihrem guten und nahrhaften Essen in kürzester Zeit Wunder. Die Hungersnöte waren schnell vergessen und unser Appetit auf ihre Tiroler Schmankerln gut sichtbar – anhand der Bilder in meinem Fotoalbum.

Wir zwei Buben hatten bei unserer Großtante Anna ordentlich »reinghaut«. Wer wusste schon, was uns die kommende Zeit an Essbarem noch bringen würde.

Ich kniete also auf einem Küchenstuhl, an Großtante Annas Arbeits- und Küchentisch – mein Bruder Alf war in der Schule – und starrte gebannt auf die Karottenscheibchen, die sie durch ihre flinken Messerschnitte herbeizauberte. Jedes Scheibchen, das den Tisch hinunterzurollen drohte, war für immer verloren. In meinem Mund gestorben – zerbissen, zerkaut und von mir grinsend vertilgt.

Großtante Anna lächelte und freute sich darüber, wie ich eifrig den flüchtenden Karottenscheiben nachjagte. Sicher ließ sie absichtlich ein paar der Scheiben in meine Richtung, zur Tischkante hin, rollen. Das Todesurteil für ungehorsame Karottenscheiben.

Es läutete. Der Briefträger kam, wie immer zur selben Zeit. Großtante Anna legte das Messer beiseite, wischte sich die Hände in ihre umgebundene Schürze. Mit einem Blick auf mich, der soviel bedeutete wie, *rühr mir bitte ja nicht das scharfe Messer an, sondern warte bis ich wiederkomme,* ging sie, um die Tür zu öffnen und ihre Neugierde auf die tägliche Post zu befriedigen. Regelmäßig bekam sie die Zeitung, hin und wieder eine Ansichtskarte, sehr selten einen Brief oder gar ein Paket.

Ein kleiner Plausch mit dem Postmann, man kannte sich ja schon seit Jahren.

Doch dann – ein Schrei!

Ein durch Mark und Bein gehender Schrei, schrill und grell. Ein schmerzerfüllter Schrei, ausgestoßen, rausgebrüllt von mir.

Daraufhin verdächtige Stille – Totenstille.

Nein, doch nicht Totenstille, sondern ein Hereinstürzen von Großtante Anna und dem Postboten.

Ich hielt der Versuchung – dem Nur-mit-einem-Blick-gesagten-Verbot, das Messer nicht in die Hand zu nehmen – nicht stand. Vielmehr nahm ich ehrfürchtig das etwa 30 cm lange und äußerst scharfe Messer in meine kleinen dünnen Kinderhände.

Meine zarten Kinderfinger umschlossen vorerst zaghaft (weil verboten), dann selbstsicher (weil neugierig) den Griff der unheilbringenden Waffe, um der bereits angeschnittenen Karotte den Rest zu geben.

Natürlich glitt das von mir geführte Messer von der harten Karotte ab und schnitt sich dafür umso heftiger in den Mittelfinger meiner rechten Hand. In das zarte, rosafarbene unschuldige Kinderfleisch meines vierjährigen Mittelfingers.

Warum es der Mittelfinger der rechten Hand war? Ich bin Linkshänder. Was aber bei diesem plötzlichen, schockartigen, wahnsinnigen Schmerzaufkommen die nebensächlichste Rolle spielte.

Entsetzlich viel Blut floss aus der hässlichen Wunde, aus dem Finger und verfärbte die unmittelbare Umgebung in blutiges Rot. Vor Schreck und Panik verschwand der Finger in meinem Mund. Und wieder heraus, um vor Schmerzen zu brüllen, dabei den Finger samt der Hand von mir schleudernd. Eine Blutfontäne verwandelte die kleine Küche innerhalb von Sekunden in einen Schlachthof. Mein Gesicht, von Blut und Tränen verschmiert, erinnerte an einen Indianer, der siegreich im Kampf, aber doch letztendlich heldenhaft zu Boden ging.

Meine Großtante wurde bleich und musste sich setzen. Der Postmann schnappte mich, zog meine verletzte Hand über die Küchenspüle und ließ eiskaltes Wasser auf die blutausstoßende Wunde fließen.

»Ich muss bestimmt sterben, weil mein ganzes Blut rausrinnt«, weinte ich und Tränen kullerten mir über die Wangen.

»Aber nein«, meinte der gütige Briefträger, mit einem Blick auf die bleiche, ebenfalls weinende Großtante Anna.

Er wechselte ein paar Worte mit ihr. Großtante Anna holte aus dem Schlafzimmer ein frisches, weißes Tuch, das sie ihm mit zitternden Händen hinhielt. Ich bekam einen notdürftigen Verband, einen dicken eingebundenen weißen Stumpf statt meiner rechten Hand.

Ich musste ins Krankenhaus, denn es blutete durch den weißen Stoff. Sofort begann ich wieder zu heulen, auch weil der weiße Verband unaufhaltsam das Blut durchsickern ließ.

»Ich verblute. Da schaut her, ich verblute. Mein ganzes Blut rinnt aus meinem Körper und dann bin ich tot!«

Der Postmann hatte ein Moped mit einem dranhängenden kleinen zweirädrigen Holzwagerl. Er meinte zur Großtante, dass er mich damit ins nahegelegene Krankenhaus fahre. Die Ärzte werden die Wunde schon nähen, so schlimm wäre es nicht.

Ich dachte dabei an Nähmaschine mit spitzer Nadel und sah förmlich vor mir, wie die Nadel meinen Finger durchstach, als würde sie einen Stoff darüber nähen. Bei dieser Vorstellung heulte ich erneut auf.

Also wurde ich in das Anhängerwagerl, zwischen Poststücke, Briefe, Pakete und Zeitungen verfrachtet und ab ging die Post. In Richtung Krankenhaus, das am Schulweg meines Bruders lag. Meine Großtante ließ es sich nicht nehmen und kam, so schnell sie ihre Füße trugen, nach.

Der Arzt im weißen Kittel war zu mir freundlich und untersuchte den Finger genau. Ein Zuckerl, das er mir in den Mund schob, erleichterte ihm die Untersuchung. Die Wunde wurde fachgerecht genäht und medizinisch behandelt. Leider gab es auch eine Spritze, die mir der freundliche weiße Arztkittel unter geschickter Ablenkung verpasste, sodass ich erst beim Anblick der Nadel aufschrie, die er aus meiner Hinternhälfte herauszog.

Inzwischen war meine Großtante Anna im Krankenhaus eingelangt und durfte mich schon wieder mit nach Hause nehmen. Erleichtert zogen wir ab und gingen zur Schule, um meinen Bruder, dessen Unterricht zu Ende war, abzuholen.

Jetzt hatte ich einen tollen Verband, den ich Alf stolz unter die Nase hielt. Vorbei waren die Schmerzen, die todesnahe Gefahr, vergessen das Schimpfen meiner Großtante, das ich den Weg lang bis zur Schule über mich ergehen lassen musste. Ich versprach ihr, nie-nie-wieder ein Messer anzufassen.

Es kam von ihr ein *Messer, Gabel, Scher' und Licht, sind für kleine Kinder nicht.* Diesen Kinderspruch, vor mir hersagend und kindhaft trällernd, ging ich – den beiden folgend – nach Hause.

*...Messsaa, Gaabel, Scheer und Liicht,
sind füa kleine Kindaa niiicht...*

So kam ich zu meiner »Nachkriegsverletzung«, die bei späteren Narbenvergleichen mit Gleichaltrigen oft mit Ehrfurcht bewundert wurde.

7 Winzigkleines, kurzes Glück

Die einzigen unbeschwerten Tage und Wochen erlebten wir im Herbst/Winter 1954 bei unserer Großtante Anna in der Galgenfeldstraße 8. Eine wunderschöne Zeit. Die Großtante liebte uns. Mir ging der – meist betrunkene – Vater nicht ab. Und an meine Mutter hatte ich nicht einmal einen Funken Erinnerung.

Da die Großtante als Haushaltshilfe beschäftigt war, konnte sie uns natürlich tagsüber nicht so recht betreuen.

Als im Herbst mein Bruder zur Schule kam, wollte ich vormittags nicht allein in der Wohnung sitzen. Ich begleitete ihn also jeden Tag zur Schule. Der Weg war nicht weit. Er führte über ein paar Felder zum oberen Stadtkern, in unmittelbarer Nähe der Dachbodenwohnung in der Eugenstraße 11.

Wenn ich Lust hatte, blieb ich vor der Schule sitzen. Mit dem Wasser des Stadtbrunnens herumpritschelnd wartete ich nur bis der Unterricht zu Ende war. Oder ich streunte allein durch die engen Gassen der Stadt, wie die Hunde und Katzen, die ebenfalls herrenlos durch die Gegend trotteten. Pünktlich zum Unterrichtsende aber saß ich wieder vor der Schule und begleitete meinen Bruder nach Hause.

Wir Kinder verbrachten den Nachmittag meist allein in der Wohnung, spielend und lärmend – ohne Beaufsichtigung. Wenn sich andere Mieter über unseren Krach beschwerten, verkrümelten wir uns und trieben uns in der Stadt herum.

Ein einziges Weihnachtsfest erlebten wir bei unserer Großtante. Ein winzigkleines, bescheidenes Bäumchen stand am Küchentisch. Kekse und Kletzenbrot gab es, dazu heißen Tee mit viel Honig drin.

...da – ein Flügerl vom Engerl, das uns das Bäumchen brachte... es verschwand lautlos durch das Fenster. Ich schwöre es, ich hatte ihn gesehen, den Engelsflügel. Meine Großtante wollte es mir aber nicht glauben.

So zog auch das Jahr 1955 ins Land und wir waren zu dritt fröhlicher Dinge und unbeschwerter Lust.

Der Winter bescherte uns immer viel Schnee. Hinterm Haus lag eine große, langgestreckte Hügelkuppe, von der wir – wie auch andere Kinder – eifrig mit dem Schlitten hinuntersausten.

Wir verbrachten bei unserer Großtante endlich eine gesunde, zufriedene aber auch abenteuerliche Kinderzeit. So könnte es unverändert weitergehen.

Doch es kam anders. Erschreckend anders. Im wahrsten Sinne des Wortes: knüppeldick anders.

Die Besitzerin der Wohnung untersagte der Großtante, dass wir zwei Kinder bei ihr weiterhin wohnten. Beschwerden der Mieter wegen täglichen Lärmens der unbeaufsichtigten Kinder zwangen sie zu dieser Entscheidung.

Sie blieben ungehört, die Ermahnungen unserer Großtante, wenn sie uns bat, in ihrer Abwesenheit *um Himmelswillen* doch leise zu sein. Wenn wir unserem unbändigen Spieltrieb erlagen, wurde es laut und lauter, bis die Fetzen flogen. Wir rannten durch die Wohnung. Stockauf, stockab durch das ganze Haus. Als wir uns – der Ruhe im Haus wegen – eher in der Stadt herumtrieben, waren wir bald bekannte Gesichter bei den Leuten und bei der Gendarmerie.

...Was machen die zwei den ganzen Tag auf der Straße? Wo sind die Eltern? Gibt es niemanden, der auf sie aufpasst?...

Wir mussten wieder in das schreckliche, dunkle und windige Dachbodenloch in der Eugenstraße 11, zu unserem alkoholkranken Vater und seiner Martha, übersiedeln.

In dieser Zeit zerstritten sich Oma und Großtante. Als nämlich die Großtante sie bat, ja regelrecht anflehte, ihre Enkelkinder doch zu sich zu nehmen. Aber unsere Oma sah sich nicht in der Lage – obwohl sie eine größere Wohnung besaß – uns vorübergehend bei ihr wohnen zu lassen.

Großes Pech für uns und unsere Großtante. Die Oma versprach ihr zwar, uns in der Dachbodenwohnung zu besuchen. Hin und wieder. Wahrscheinlich hatte sie Angst vor ihrem alkoholkranken Sohn, sicher aber mehr vor dieser unheimlichen, bösartigen Martha – Vaters Geliebte.

Unsere Großtante aber kam so oft sie konnte, um wenigstens ein warmes Abendessen im Blechhäferl mitzubringen ...*was Warmes für meine zwei armen Hascherln*...

Die Stromzufuhr wurde inzwischen abgesperrt und versiegelt, da unser Vater keine Rechnungen mehr bezahlte.

Mit meinem Bruder und mir ging es nun senkrecht bergab. Hunger und Kälte wurden unsere Dauergäste im Dachbodenloch.

Die staatliche Fürsorge schaltete sich ein.

Vater Fred hatte durch seinen Alkoholkonsum enorm an Gewicht verloren – immerhin war er eine stattliche Figur, um die Eins-Achtzig groß.

Durch seine Zechtouren, sein tägliches Trinken härtester Alkoholika, fand er kaum Gelegenheit, normale und feste Nahrung zu sich zu nehmen. Es fehlte ihm einfach die Kraft dazu. Letztendlich wog er schwache 45 Kilo. Für seine Größe ein absolutes Gesundheitsrisiko.

Die Ursache für seine Trunksucht war im Prinzip das Herumtreiben seiner Frau mit anderen Männern und ihr endgültiges Verschwinden auf Nimmerwiedersehen.

Als sie mit einem anderen durchbrannte, wurde ihm bewusst, wie sehr sie ihm fehlte, wie sehr er doch an seiner Rolle als Ehemann und Vater hing. Eine Verpflichtung, die er seiner Frau aber nicht erfüllte, als er sie noch um sich hatte.

Er war am Ende. Sein Leben – sein Stolz, Mann zu sein – fiel in sich zusammen. Er, mein Vater Fred, war zerstört. Wie ein Luftballon, dem nach und nach die Luft entwich, bis er als schlabbriges Etwas am Boden liegen blieb.

Die Luft war raus. Er verkraftete nicht mehr die ablehnende Haltung seiner Verwandten, das Gespött der Saufkumpanen, die er bei seinen Lokalrunden durch sämtliche Gasthäuser und Kneipen in der Stadt kennen lernte. Er wurde eine tragische, lokale Größe, trinkwörtlich gemeint. Der arme Hund.

Eines Nachts, als ihn Wirtsleute zur Sperrstunde – abgefüllt mit billigem Fusel, teuer bezahlt – wieder aus dem Lokal verwiesen, fiel er in seinem torkelnden Zustand auf das harte Kopfsteinpflaster der geschichtsträchtigen Münzstadt Solbad Hall. Er schlug sich die Birne wund, wurde aber, wie schon so oft, von Passanten aufgefunden und im Krankenhaus abgeliefert.

Gott sei Dank sei er gestürzt, erzählte er mir. Denn nach der ärztlichen Behandlung hatte man ihn direkt in die naheliegende Nervenheilanstalt eingeliefert. Und wieder einmal war für Wochen und Monate absoluter Alkoholentzug angesagt. Insgesamt achtmal in seiner schlimmsten Zeit.

Das Sozialamt wurde eines Tages über die Zustände der Familie W. informiert. Erst durch die Schulleitung, dann durch den Bürgermeister. Die Gendarmerie erhob den Tatbestand:

Vater Fred hatte zwei Kinder, meinen Bruder Alf und mich, den kleinen Wolferl. Und er kümmerte sich nicht um sie, ließ sie links liegen, fast verhungern und verwahrlosen.

Seine Frau Gertrude, die Mutter, verschwand über Nacht und verstand es geschickt, sich nicht um ihr leibeigenes Fleisch und Blut zu sorgen, ihre zwei Buben. Obwohl seine Frau bei einer

Gerichtsverhandlung, zu der sie vorgeladen wurde, vom Richter ermahnt wurde, dass sie sich *als Mutter gefälligst um das Wohl ihrer zwei Kinder zu kümmern hätte,* nachdem sie dem Richter kaltschnäuzig wissen ließ, dass die Kinder ja beim Kindesvater lebten. Also solle sich dieser um ihre zwei Gschrappen scheren. Was für eine Rabenmutter!

In lichten Momenten besann sich mein Vater natürlich seiner Sprösslinge. Das war aber in diesen Tagen und Nächten sehr, sehr selten der Fall. Was für ein Rabenvater!

Diese Tragödie war Vaters dunkles Geheimnis. Sie bescherte ihm zeitlebens ein schlechtes Gewissen. Ich befreite ihn nie davon. Er hatte mir und meinem Bruder zuviel angetan – indem er nichts für uns, seine Kinder, tat.

Aber ich gab ihm die Chance, seinen Kummer von der Seele zu reden. Einfach weil ich selbst aus seinem Mund seine Sicht über das Warum und Wieso erfahren wollte.

Vaters Geständnis.

Er erzählte es mir 1967, in den zwei Wochen, als ich als 17-jähriger das erste Mal bei ihm zu Besuch war, in seinem damaligen kleinen Atelier im Sulzgassl. In Solbad Hall.

Ich, ein hochgeschossener Junge, mit Pickelgesicht und gewaltigen Komplexen deswegen, hörte zu und sah ihm dabei fest in seine Augen. Ich wollte, dass ihn meine Blicke schmerzten. Ich wollte ihn in die Knie zwingen, meinen verhassten Vater, den ich so gern geliebt hätte, wie man einen Vater lieben sollte.

Er sah mir nicht ins Gesicht. Zuerst sprach er mit leiser Stimme. Zögernd und stockend, sich unendlich schämend, dann aber offen – unbarmherzig zu sich selbst. Er gestand mir – als legte er vor mir seine Lebensbeichte ab – seinen dramatischen Körper-und-Seele-Absturz.

8 Amtliche Übernahme

Die staatliche Fürsorge legte die Hand auf uns zwei Buben.
Da war es unerheblich, ob sich eine Blutsverwandte, nämlich unsere Großtante Anna, in Liebe und Fürsorge um uns kümmerte. So sehr sie sich bemühte, sie hatte letztendlich – auch durch das Veto ihrer Vermieterin – keinerlei Möglichkeit, uns wieder bei sich aufzunehmen.

Eine soziale Fachkraft *nahm* unserer Großtante *ihre* beiden Buben kurzerhand weg und verfrachtete sie auf einen Pflegeplatz.

Nach Neder, in das wunderschöne Stubaital.

Ein Riesenschock für uns. Wir zwei Minderjährigen wurden über Nacht in eine völlig fremde Umgebung, zu fremden Leuten gesteckt. Da half kein Weinen, kein Heulen unsererseits.

Wir – vor allem ich – wurden unserer Großtante Anna buchstäblich aus den Armen gerissen. Lieblos und herzlos, dem Gesetz Folge leistend.

Es wurde keine der Möglichkeiten durchdacht, um unserer Großtante – die Einzige, die sich um uns kümmern wollte – die Chance zu geben, uns zu behalten. Ihr dafür Pflegegeld zukommen zu lassen. Mit ihrer Wohnungsvermieterin eine zeitliche Vereinbarung zu treffen, damit die beiden Kinder in ihrer liebevollen Umgebung aufwachsen könnten. Solange, bis sich unser familiäres Desaster etwas beruhigt hätte. Es gab ja noch die

Mutter unseres Vaters und es gab seine Schwester. Man hätte mit ihnen allen gemeinsam einen Krisenplan erarbeiten können, damit die Großtante uns bei sich behalten dürfe. Wir Kinder wären bei einem geliebten Menschen, bei unserer Großtante Anna, bestens aufgehoben gewesen.

Sicher, für eine Sozialbehörde war es einfach und dem Gesetz entsprechend, den nächstbesten, nächstgelegenen, freien Pflegeplatz auszuwählen. Aber man hätte ihn und die Pflegemutter wenigstens sorgfältig prüfen müssen.

Wie wir Kinder diesen schweren Schock verkraften sollten, damit musste sich keine Sozialkraft auseinander setzen.

Wir fielen, sprichwörtlich, vom Regen in die Traufe und noch viel schlimmer. Denn es dauerte fast zwei Jahre, bis man die Missstände und Misshandlungen auf unserem Pflegeplatz aufdeckte und dagegen endlich Schritte unternahm.

Aufgedeckt durch unsere Großtante Anna. Die nach ihren monatlichen Pflegeplatz-Besuchen immer wieder hartnäckig bei der Fürsorge vorsprach, um von den dortigen Grausamkeiten zu berichten, damit diesen endlich ein Ende bereitet würde.

Machtlos wie unsere Großtante Anna waren auch wir zwei Buben diesem tragischen Gerichtsbeschluss ausgeliefert.

Meine frühen Kindheitserlebnisse konnte ich vor allem aufgrund von Erzählungen, die ich im Laufe der Jahre von allen Beteiligten bruchstückweise zu hören bekam, rekonstruieren.

Sie zeichnen – wenn auch in der Nachkriegszeit – eine wahrlich traurige Lebensentwicklung. Wäre daher nicht eine gewisse Toleranz und Nachsicht meinen Erzeugern gegenüber angebracht?

Ich denke nicht.

Denn der folgende kleine Auszug amtlicher Berichte – aus einem etwa 20 cm hohen Aktenberg – belegt ungeschminkt den brutalen Verlauf einer Tragödie für zwei minderjährige Buben aus Solbad Hall in Tirol:

Solbad Hall, am 9. Dezember 1954

An das Jugendamt Innsbruck.

Durch eine Lehrperson der Volksschule Hall wurde dem städtischen Fürsorgeamt zur Kenntnis gebracht, dass die zwei minderjährigen W.-Kinder aus der Eugenstraße 11, sich den Großteil des Tages auf der Straße herumtreiben und von ihren Eltern arg vernachlässigt werden.

Der schulpflichtige Ältere gab der betreffenden Lehrperson gegenüber an, daß er zu Mittag manchmal gar kein Essen oder aber nur warmen Kaffee erhalten würde. Aufgrund dieser Angaben wurden die Verhältnisse durch die Gendarmerie erhoben.

Es wird gebeten, geeignete Maßnahmen zu ergreifen, damit die beiden minderjährigen Kinder nicht weiterhin der Verwahrlosung preisgegeben sind.

Der Bürgermeister.

Solbad Hall, am 22. Jänner 1955

Interne Aktennotiz.

Es stimmt, dass die Wohnung von W. aus einem Raum besteht und in recht schlechtem Zustand ist. Die Kinder sind beide recht mager. Angeblich soll der Vater seinen Verdienst zum Teil vertrinken.

Ich fand ihn um zehn Uhr vormittags im Bett vor. Außerdem war seine Lebensgefährtin Martha H. da. Es ist ohne Zweifel, dass es den Kindern nicht besonders gut geht. Ich würde vorschlagen, den Vater vorzuladen und ihm die Abnahme der Kinder wenigstens anzudrohen.

Es ist aber in Betracht zu ziehen, dass im Falle der Abnahme die Kinder ganz sicher der Öffentlichkeit zur Last fallen.

Die Fürsorgebeamtin.

Solbad Hall, am 29. Jänner 1955

Bezirksgericht Solbad Hall.
Es erscheint die Kindesmutter der beiden minderjährigen Kinder Alf und Wolfgang W. und gibt an:
Ich nehme den Antrag der Jugendfürsorge vom 27. Jänner 1955 zur Kenntnis, wonach meine beiden ehelichen Kinder anderweitig in Pflege und Erziehung untergebracht werden sollen.
Es ist richtig, dass ich seit Oktober 1954 von meinem Mann weggezogen bin. Derzeit bin ich im Gasthof »Zum Löwen« in Solbad Hall als Kellnerin beschäftigt und verdiene meinen Unterhalt selbst. Richtig ist, dass mein Mann, von dem ich mich scheiden lassen werde, mit einer Karrnerin, namens Martha H. zusammenlebt und die Kinder daher nichts Gutes sehen.
Nach Maßgabe der freien Zeit kommt die Tante meines Mannes und schaut öfters nach den Kindern. Mein Mann ist derzeit arbeitslos.
Ich bin daher einverstanden, dass die Jugendfürsorge Innsbruck zum Sachverwalter meiner Kinder bestellt wird und dass meine beiden ehelichen Kinder anderweitig untergebracht werden. Ich bin selbst nicht in der Lage, meine Kinder bei mir zu behalten.
Unterfertigt von der Kindesmutter.

Solbad Hall, am 31. Jänner 1955

Bezirksgericht Solbad Hall.
Es erscheint der Kindesvater der beiden minderjährigen Kinder Alf und Wolfgang W. und gibt an:
Ich nehme den Antrag der Jugendfürsorge Innsbruck zur Kenntnis und erkläre mich, nach Belehrung und mit Rücksicht auf die derzeitigen erzieherischen und pflegerischen Verhält-

nisse bei mir, mit einer anderweitigen Unterbringung meiner ehelichen minderjährigen Kinder Alf und Wolfgang W. einverstanden. Sollten sich meine Verhältnisse in erzieherischer und pflegerischer Beziehung bessern, so werde ich die notwendigen Anträge auf Rücküberführung meiner Kinder stellen.

Ich bin seit einem Jahr arbeitslos und verrichte nur Gelegenheitsarbeiten. Gegenwärtig lebe ich mit Martha H. in Lebensgemeinschaft.

Unterfertigt vom Kindesvater.

Solbad Hall, am 6. März 1955

An das Jugendamt Innsbruck.

Da für die Kinder der Eltern Fred und Gertrude W. ernstliche Gefahr besteht, daß sie in körperlicher, moralischer und sittlicher Hinsicht verwahrlosen, wird folgendes berichtet:

Die Eheleute haben nach dem Krieg geheiratet. Sie genießen einen denkbar schlechten Leumund. Der Kindesvater geht keiner geregelten Arbeit nach und ist schon sehr dem Alkohol ergeben. Der Kindesmutter kann wohl nicht nachgesagt werden, dass sie eine Trinkerin wäre, doch ist ihr Leumund in sittlicher Hinsicht denkbar schlecht.

Im September letzten Jahres hat die Kindesmutter die Familie verlassen und wohnte dann in Solbad Hall in einem Gasthaus oder sie trieb sich sonst wo herum. Schon vor zwei Jahren hielt sie sich mit noch zwei gleichaltrigen Frauenspersonen für zwei bis drei Wochen in einem Gasthaus in Ampass auf und empfing dort Männerbesuche. In letzter Zeit ist sie im Gasthof »Zum Löwen« in Solbad Hall als Kellnerin tätig und kümmert sich überhaupt nicht mehr um die Familie.

Angeblich soll sie nun in Scheidung stehen. Ihr Mann bezeichnet sie als untreu und will, dass sie nicht mehr zu ihm zurückkehrt.

Wie bereits erwähnt, ist die Kindesmutter im hiesigen Postenrayon als sittlich minderwertige Frauensperson bekannt und es kann ihr gewerbsmäßige Unzucht ohne weiteres zugemutet werden.

Der Kindesvater wohnt mit seinen beiden Kindern in Solbad Hall, Eugenstraße 11. Um die Beaufsichtigung und Wartung der Kinder kümmert er sich herzlich wenig.

Er überlässt dies meist seiner Tante Anna W. in Solbad Hall, Galgenfeldstraße 8. Anna W. darf jedoch laut Verbot ihrer Vermieterin die Kinder nicht in ihre Wohnung aufnehmen. Da Anna W. selbst auch einen Haushalt führt, erscheint die Aufsicht ihrerseits über die Kinder als nicht ausreichend.

Ab und zu kümmert sich auch ein wenig die Mutter des Kindesvaters, Aloisia W., wohnhaft in Solbad Hall, Ritter Waldauf-Straße 5, um die Kinder und bringt ihnen etwas zum Essen. Von beiden Frauen geschieht diese Wartung der Kinder jedoch nur aus Mitleid zu ihnen.

So ergibt sich, dass die Kinder Alf und Wolfgang W. sehr viel auf der Straße herum laufen, sehr oft allein in der Wohnung sind und Ersterer öfters ohne Frühstück, ungewaschen und zu spät in die Schule kommt.

Die Kinder sind auch ungenügend bekleidet und die Wohnung des Kindesvaters besteht aus einer sehr schlecht eingerichteten Dachkammer. Wegen Mietzinsrückstände ist ihm die Wohnung gekündigt. Auch das elektrische Licht fehlt meistens, weil der Kindesvater zur Bezahlung des Stromes kein Geld aufbringt. Wenn der Kindesvater jedoch für eine Gelegenheitsarbeit Geld bekommt, geht er in das Gasthaus und lebt dort über seine Verhältnisse. Bei solchen Gelegenheiten wurde er schon wiederholt von Gendarmerieorganen des hiesigen Postens in betrunkenem Zustande angetroffen.

Da der Kindesvater, wenn er den Willen aufbringt, in seinem Fach als Maler sehr gute Arbeit leistet und wenn er sich etwas mehr um eine Arbeitsstelle kümmern würde, könnte er ohne weiteres ein geregeltes Dasein führen.

Zur Zeit unterhält der Kindesvater mit einer gewissen Martha H. intime Beziehungen. Diese nächtigt auch ständig bei ihm in Anwesenheit seiner beiden Kinder.

Vor 14 Tagen konnte ein Gendarmerieorgan des hiesigen Postens bei einem dienstlichen Besuch die Beobachtung machen, dass der Kindesvater mit dieser Martha H. um neun Uhr vormittags noch in einem Bette lag und der kleine Wolfgang, wohl angezogen aber ungewaschen, im gleichen Raum umherlief. Er besorgte auch das Öffnen der Kammertüre und wurde deswegen nachher beschimpft. Martha H. genießt in Solbad Hall ebenfalls in sittlicher und moralischer Hinsicht einen schlechten Ruf.

Aufgrund dieser Umstände erscheint es nun, dass die beiden Kinder in körperlicher, moralischer und sittlicher Hinsicht vollkommen verwahrlosen und dass ihre Unterbringung in Pflegeplätze dringend notwendig ist.

Über das sittenpolizeiliche Verhalten der Kindesmutter wurde bereits schon am 15. Oktober 1954 an die Erhebungsabteilung beim Landesgendarmeriekommando für Tirol eine Mitteilung gemacht. Außerdem erfolgte am 6. Dezember 1954 an das Stadtamt Solbad Hall eine Mitteilung über die mangelhafte Wartung der beiden Kinder Alf und Wolfgang W.

Der Postenkommandant.

Wenn ich heute im Jahr 2005 die Unterlagen von damals durchblättere, muss ich leider feststellen, dass die Jugendfürsorge mit meiner Mutter einen insgesamt 20-jährigen Kampf führte. Weil sie nie bereit war – es auch äußerst geschickt anstellte –, die von ihr gesetzlich verlangten Unterhaltszahlungen für ihre zwei minderjährigen Kinder zu leisten.

Letztendlich verzichtete das Jugendamt im März 1974 auf die noch ausständige Summe und stellte das Verfahren ein.

Ich schäme mich unendlich für »meine Mutter«.

Der Vater leistete im Laufe der Jahre seine anteiligen Unterhaltszahlungen.

Jetzt 2005 – nach 50 Jahren bin ich erst in der Lage, darüber zu berichten. Mir meine Angst, meinen Schmerz, diesen damaligen Wahnsinn von der Seele zu schreiben. Diese zum Himmel schreiende Ungerechtigkeit von mir zu schleudern.

Ich kann nicht anders. Es treibt mir immer wieder Tränen in die Augen, denke ich an diese Höllenzeit zurück.

Je detaillierter ich mich in meine Kinderzeit zurückversetze, mich in ihr verliere, mich wieder auf den unseligen Pflegeplatz versetzt fühle, desto stärker dringen die immer wieder verdrängten, aber noch längst nicht verarbeiteten Erlebnisse an die Oberfläche. Unbarmherzig steigen sie hoch. Wie Leichen – im tiefsten See versenkt.

Böse Erinnerungen jagen mich durch meine Nachtträume. Treiben mich durch den Alltag. In Gedanken, in Bildern und mit unterschiedlichen Reaktionen. Meine aus dem Nichts kommende Nervosität, mein andauerndes Handflächenreiben. Meine Migräne-Attacken bei kleinsten Unstimmigkeiten. Meine panische Angst vor Armut, Verlassenwerden und Einsamkeit. Meine unablässigen Existenzängste undundund...

Daher schreibe ich erstmals mein Erlebtes. Von Beginn an. Ab dem Schnittpunkt, wo das Bewusstsein es mir ermöglicht.

In Form eines chronologischen Ablaufes, eine Art Lebensbuch. Ein Seele-Körper-Geist-Erlebnistagebuch. Mein ureigenes Leben. Nachträglich recherchiert aus dem Innersten meiner Seele.

Das Schreiben wirkt wie eine Therapie – an mir selbst. Als Selbstheilung, als Loslösung von all dem Wahnsinn, der sich so viele Jahre in mir versteckt hielt. Eingekrallt und wieder vervielfältigt mit jeder neu geborenen Zelle.

Aber jetzt ist Schluss. Aus und Ende.

Ab dem Tippen der Zeilen für dieses Buch beginnt meine neue Zeit. Die losgelöste, wie eine Zwiebel abgeschälte, erneuerte Haut-Ära. Frei von allen Zwängen.

Immerhin dauerte es 50 Jahre, bis ich mit meiner Vergangenheit Frieden schließen konnte.

Und eine weitere Bestimmung für mein Leben zu erfüllen, die ich mir schon lange vornahm. Die ich nun abhaken kann:

– Ein Kind zeugen. *Ich habe zwei Kinder gezeugt.*
– Einen Baum pflanzen. *Deren mehrere gepflanzt.*
– Ein Haus bauen. *Ebenfalls einige gebaut.*
– Ein Lied komponieren. *Schon viele komponiert.*
– Ein Bild malen. *Viele bereits gemalt.*
– Ein Buch schreiben. *Wird hiermit abgehakt.*

Mein erstes Buch. Je länger, je mehr ich daran schreibe, mich darin verliere, desto mehr Ruhe umschließt mich, kehrt ein in meine Seele. Desto mehr Zufriedenheit strömt in mich.

Ich bin Kriegsberichterstatter...

Ich berichte aus meiner Zeit, von einem Kind, das ich einmal war. Das Schlimmstes durchmachen musste. Von einem Überlebenskampf in den Tiroler Berghängen. In einem Bauernkaff. In Neder bei Neustift, im wunderschönen Stubaital.

Ich schreibe über einen Überlebenskampf, der in einem Haus am Waldesrand, auf engstem Raum passierte.

Eine tragische Zeit. Ein ungleicher Kampf an feindlicher Front. Mein fast achtjähriger Bruder Alf und ich, der fünfjährige Wolferl, gegen die Übermacht einer Pflegemutter.

Zwei Davidknirpse gegen ein Goliathmonster. Was für ein ungleicher, unfairer Kampf.

9 *Die Hölle von Neder*

Sie begann am 9. März 1955. Im wunderschönen Stubaital.

Der Stall, in den halboffenen Keller eingebaut, war niedrig. Es stank nach Ziegenkot, Ziegenpisse und gärendem Streu.

Grelles Nachmittagslicht floss durch das winzige Kellerfenster und durch den Holzverschlag. Die Sonne kämpfte mit ihren Strahlen gegen meine Angst und gegen das Dunkle, Finstere des Ziegenstalles.

Die Stalltür war aus Holzlatten, abgesperrt mit einem klobigen Vorhangschloss. Sie warf durch das Sonnenlicht ein Muster, ein Gefängnisgitter, an die Wand gegenüber.

Und dieses Gitter raunte mir zu: »*Bleib nur, hier bist du sicher.*« Ich wollte aber nicht gefangen sein! Ich wollte hier raus!

Das Sonnenlicht, messerscharf geschnitten durch diese Holzlatten, ließ Millionen winziger Staubteilchen sichtbar werden. Staubkörner tanzten in Zeitlupe. Wie Sterne einer unendlichen Galaxie im sonnenbestrahlten, sichtbaren Teil – auf der Sonnenseite des Lebens – des abgegrenzten Kellerabteils.

Auf der Schattenseite war es finster, zum Fürchten schwarz. Ein weiterer Sonnenstreifen aus Millionen winziger Sternenstaubteilchen. Und wieder ein Schattenstreifen, messerscharf geschnitten. Und noch ein Sonnenstreifen, der mit tanzenden und glitzernden Sternen die Luft als dichte Materie erscheinen ließ.

Das grelle und doch warme Sonnenlicht zerteilte durch die

Lattenwand mein niedriges Gefängnis in Sonnen- und Schattenteile – in Leben und Tod.

Mein gewohntes Gefängnis. In das ich gesteckt wurde, wenn ich schlimm war. Weil ich nicht alles aufaß, was ich vorgesetzt bekam.

Weil ich Angst hatte. Angst vor allem.

Angst vor der bösen Hand und ihren Schlägen. Angst vorm Eingesperrt-Werden. Angst vorm Nicht-aufessen-Können. Angst vor dem Löffel, der zu große, eklige Portionen in meinen Mund schieben wollte.

Angst auch, weil ich, wie mein Bruder, im Winter vor Kälte immer und immer wieder ins Bett machte. Aus Angst vor Schlägen.

Vor Schlägen mit der Hand, mit der Rute, mit einem Stock oder besonders schmerzhaft, mit einer Weidengerte.

Was das Essen betraf, hatte mein Bruder einen Vorteil – und doch wieder nicht. Für ihn gab es immer zuwenig. Schließlich war er älter, größer, kräftiger. Er bekam aber nicht mehr als ich. Nachdem ich vor Angst nicht viel runter brachte, wurde meine Portion kurzerhand reduziert – leider auch die Menge auf dem Teller meines Bruders.

Das Essen wurde stets getrennt eingenommen.

Morgens, mittags, abends. Täglich, wöchentlich, monatlich. Fast zwei Jahre lang.

Wir aßen unter Kontrolle der Pflegemutter. Anschließend, wenn ihre Familie schon gegessen hatte. Wenn ihre Familie aus der Stube war, ging unsere Fütterung vonstatten.

Dann durften, nein mussten wir essen. Unter ihrer strengen Aufsicht, denn Sprechen war verboten.

Mir war nie nach Sprechen. Ich hatte genug damit zu tun, meinen Fraß runterzuwürgen. Ich wusste nicht, was ich aß. Meine Geschmacksnerven waren betäubt, waren abgestorben. Ich sah nur wie mein Bruder löffelte. Also tat ich es ihm nach.

Runter damit, bis mir das Zeug wieder hochkam. Zurück auf den Teller.

Wieder in meinen Mund, weil die böse Hand kam, erst drohend, dann schlagend. Tränen salzten mein Erbrochenes. Mein Gaumen war taub, ich schluckte und würgte nur...

Wo war meine Großtante Anna?

Wo war ihre gütige Stimme? Wo waren ihre tröstenden Worte, wenn ich mich verletzte und sie mich im Arm hielt. Wo waren ihre so schönen Gute-Nacht-Geschichten?

Was hatte ich angestellt, dass ich ich hier gelandet war?

Nach manchem Mittagessen wurde ich in den Ziegenstall gesperrt. Weil ich nicht alles aufgegessen hatte, nicht alles aufessen konnte. Weil der Fraß einfach zum Kotzen war.

Die Stunden im Ziegenstall zogen sich träge dahin. Wäre wenigstens eine der jungen Ziegen bei mir – es gab ein paar kleine Zickerl – dann könnte ich mir die Zeit vertreiben. Die einsamen, dunklen Stunden mit Spielen und Streicheln totschlagen.

Vier Fotos in Schwarz-Weiß

Unsere Pflegemutter hatte ebenfalls zwei Buben, etwas älter als wir es waren. Ob es einen Mann in ihrem Leben gab – ich weiß es nicht. Ich kann mich an keine männliche, erwachsene Person an ihrer Seite erinnern.

Ich besitze lediglich ein Foto, auf dem die Pflegemutter zu sehen ist. Mit ihren zwei Söhnen – daneben sitzen mein Bruder und ich.

Und diese böse Pflegemutter hielt uns fast zwei Jahre lang wie Tiere. Es war unsere Hölle auf Erden.

Dieses Bild sehe ich immer wieder vor mir, auch wenn es im

Fotoalbum klebt. Es klebt in meiner Seele, es fließt in meinem Blut, es bestimmt und dirigiert meine Ängste.

Diese Pflegemutter hat einen Namen. Nicht für mich. Für mich ist sie das Böse schlechthin. Der Teufel in Menschengestalt. Ja, es gibt ihn, meinen Satan:

Die Pflegemutter.

Jenes Foto erhielt ich – neben anderen Bildern – Jahrzehnte später von meiner Großtante. Leider nicht mehr von ihr persönlich. Denn meine Großtante Anna starb mit 79 Jahren am 13. Februar 1979 im Krankenhaus von Solbad Hall.

Wir wurden von Verwandten benachrichtigt. Mein Bruder lebte damals in Berlin und ich in Hinterbrühl bei Wien. Wir trafen uns in Solbad Hall. Gemeinsam gingen wir die Gassen durch die Stadt, die wir von früher her kannten. Das Gefühl einer in den Magen gerammten Faust befiel uns. Schmerzvolle Stille und Wehmut – in Erinnerung an unsere schreckliche Kindheit.

Ein grauer Regentag, ein paar Menschen und tröstende Worte vor dem offenem Grab der Großtante Anna. Nach dem Begräbnis wurde uns eine Schachtel, der gesamte Besitz unserer Großtante, übergeben. Eine Schachtel, gefüllt mit Fotos, dem einzigen Beweis ihres stillen, bescheidenen und aufopfernden Lebens.

Es war ihre Fotoschachtel, die man uns überließ. Ich fand darin noch weitere drei Schwarz-Weiß-Bilder aus unserer Zeit auf dem Pflegeplatz in Neder, im schönen Stubaital.

Das erste Foto

Links stehe ich, mit verkniffenem, furchtsamen Gesicht. Bekleidet mit einem weißen, kurzärmeligen Hemd, hellen, wasserziehenden Kniestrümpfen und einer kurzen, dunklen Stoffhose mit Trägern. Markante Hosenträger, denn sie sind über meiner Brust mit einem Steg verbunden. Damit ich Träger und Hose nicht verliere. Die festen Halbschuhe scheinen schwarz zu sein.

Rechts neben mir steht unser Großvater Josef, im zugeknöpften, dunklen Sakko und heller Stoffhose. Mit schräg gestreifter Krawatte und einem um den Hals hängenden Fernglas. Auf seinem Kopf, als Schattenspender, ein typischer Sonntags-Ausgeh-Hut. Seine linke Hand hält er abgewinkelt am Fernglas fest. So angespannt fest, als würde er jeden Augenblick ein lohnendes Objekt – einen heimischen Raubvogel, ein Reh oder gar einen kapitalen Hirsch – vor die Linsen bekommen.

Daneben steht seine Frau, unsere Großmutter Luise, im dunklen, langärmeligen Sonntagskostüm. Ein, die Zeit der 50er Jahre charakterisierendes, bieder-schlichtes Kleidungsstück. In welchem sich wohl sämtliche Omas dieser Tage an Sonn- und Feiertagen, zumindest an ihren Ausgehtagen, zeigten. Unter ihrem Hals wird das Kostüm mittig von einer undefinierbaren Brosche verschönert, fast aufgewertet. Ihre noch sehr flotten Beine stecken in hellen Halbschuhen, mit je einer kleinen, dunklen Masche auf der Oberseite des Lederwerks. Dass sie blickdichte Strümpfe trägt, bestätigt ihre hochmoralische Einstellung.

Ihre linke Hand hält den rechten, widerstrebenden Arm meines Bruders fest. Dessen Arm verschwindet am rechten Bildrand. Abgeschnitten, als wollte mein Bruder nicht mit auf dem Bild sein.

So, als würde Großmutter zu ihm sagen:

»Komm doch mit auf das Foto. Das Vogerl beißt doch nicht.«

Dagegen würde mein Bruder antworten:

»Ich will aber nicht. Ich will weg von hier. Bitte nehmt uns wieder mit. Dann lass ich mich auch mit euch fotografieren.«

Doch wir mussten hierbleiben.

Das zweite Foto

Auf dem Bild stehe ich wieder links, in gleicher Aufmachung wie am ersten Foto. Halte jedoch etwas in meiner linken Hand, das wie ein rundes Keks aussieht. Denn wir bekamen von unseren Großeltern immer Kekse, bei Besuchen oder viele Jahre später, in den von uns geliebten »Fress-Paketen«. Ich kaue gerade etwas davon. Was mir einen verzerrten Gesichtsausdruck beschert, eine Lippenform, in etwa…*oouuhh*.

Rechts von mir steht wieder Großvater, mit einem Blick in Richtung Nirgendwo. Diesmal ohne Fernglas. Eigentlich steht er hinter uns. Als würde er uns Kinder beschützen wollen (machte er damals leider nicht).

Neben ihm mein Bruder Alf. Ebenfalls wie ich in kurzer dunkler Stoffhose. Gehalten von breiten Gummiträgern, über die Schulter gespannt, deren Enden sich gabeln und mit je zwei Knöpfen an seiner Stoffhose festgekrallt sind. Das karierte und helle, langärmelige Hemd ist an beiden Armen bis knapp über seine Ellbögen aufgekrempelt. Um den Hals hängt das Fernglas von Großvater Josef, das er ebenfalls mit beiden Händen umklammert. Die Füße stecken in ein Paar schwarzen Sommerschuhen, geschnürt und leicht aufgebogen. Wie meine Schuhe. Alt, aber sehr robust. Fast zu klobig für unsere kleinen Beinchen. Seine mittelhellen Kniestrümpfe rutschen ihm ungleich hoch von den Beinen. Es scheint, als wären die Einziehgummis seiner Stutzen festere Waden als die meines Bruders gewohnt. Sein Blick sagt nichts. Denn sein Blick schweigt. Trotzig, kämpferisch und doch hilflos und verzweifelt. Mein großer, starker Bruder, der weder mir noch sich selbst helfen kann.

Das dritte Foto

Wir zwei Buben sitzen in der Wiese. Ich links. Mein Bruder rechts von mir. Kleidung und Aufmachung dieselbe wie vorhin.

Wir, von der Sonne geblendet (und von der Pflegemutter regelmäßig verprügelt, was sie nicht wissen) versuchen krampfhaft, unseren Großeltern die Freude zu bereiten, ein lachendes Gesicht zu zeigen:

»Macht doch ein fröhliches Gesicht. Gleich kommts Vogerl.«

Was scherte uns dieses verdammte Vogerl, das wir doch nie sahen. Wir wollten weg von hier. Die Großeltern wollten lediglich ein fröhliches Lächeln, eingefangen mit dem Fotoapparat. Ein verbissenes, ein hilfloses und verzweifeltes Mundverziehen gelingt uns.

Unser stummer Hilfeschrei, unsere Anklage an die Großeltern:

»Was treibt ihr mit uns, ihr naiven Alten! Seht ihr nicht, was hier mit uns passiert!«

Nein, sie sahen es nicht. Sie konnten unsere Grimassen nicht deuten. Sie konnten die Verzweiflung nicht aus unseren Augen lesen. Alte Menschen haben kein Empfinden, kein seelisches Auge mehr für kleine Kinder. Sie sehen, was sie sehen wollen. Vielleicht, wenn Kinder Hunger oder Durst haben, weil sie nach Essen und Trinken betteln. Oder wenn Kindern kalt ist. Äußerlich. Uns war aber innerlich kalt. Vor Angst eiskalt. An diesem heißen Sommertag, an dem diese Bilder entstanden.

Im Hintergrund dieser drei Bilder ist jeweils die linke oder rechte Seite des Hauses, eigentlich nur die Umzäunung zu sehen. Jenes Horror-Hauses, in dem wir misshandelt und geschlagen wurden. In dem wir stundenlang mit Tieren eingesperrt waren, im dunklen Stall, im dunklen Keller.

Das vierte Foto

Das einzige Bild mit der Pflegemutter. Ein Bild, das in mir düstere Erinnerungen weckt – wie eine nie heilende, immer wieder aufplatzende Wunde.

Ich sehe eine rauh verputzte weiße Hauswand. Links ein Fenster mit Fensterkreuz für sechs kleine Scheiben. Die Fensterumrandung ist andersfarbig, etwas dunkler. Vor der Hauswand eine Bank, auf der wir wie die Spatzen aufgereiht sitzen.

Die Pflegemutter, eine maskuline Frau, ihr Alter schwer zu schätzen – etwa um die vierzig und bildbestimmend. Die dunklen Haare zu einem Zopfkranz streng nach hinten gebunden. Sie trägt ein mittelhelles, gemustertes und kurzärmeliges Kleid, aus der kräftige Arme und Hände herausragen. Die Hände hat sie – leicht abgewinkelt – auf ihrem Schoß übereinander gelegt. Die rechte leicht auf der linken Hand liegend. Das Kleid sowie eine umgebundene Schürze fallen über ihre Knie und bedecken zur Hälfte die Beine. Weiters trägt sie helle Strümpfe und dunkle, streng geschnürte Schuhe. Ihre Beine hat sie, halb im Schatten, schräg nach hinten und unter die Bank geschoben.

Ihr Gesicht drückt aus, was sie ist: Hart und brutal, selbst wenn sie lacht. *Großvater, warum hast du dir dieses Gesicht auf dem Foto nie näher angesehen!*

Mehr gibt es zu diesem Gesicht nicht zu sagen.

Ich sehe ihre Hände, diese zuschlagenden Pranken. Ihr Gesicht. Immer wieder diesen sadistischen Ausdruck. Direkt in die Kamera gegrinst. Dem Fotografen – meinem Großvater – keck in die Linse geschleudert.

Neben ihr sitzen die zwei Söhne, zuerst der ältere, der etwa 15 Jahre alt sein könnte. Den jüngeren schätze ich auf 12 Jahre. Ich kann es nicht mit Bestimmtheit sagen. Daneben schaut mein Bruder Alf hilflos in die neutrale Kamera. Eingezwängt zwischen ihrem jüngeren Sohn und mir. Zuletzt sitze ich, leicht angelehnt und mit einer kümmerlichen Miene neben meinem

Bruder.
Mein Bruder und ich stehen und sitzen auf den paar Fotos, als hätte man uns sogar *dazu* gezwungen. Vor allem diese Gruppenaufnahme. Mit der von uns gefürchteten und verhassten Pflegemutter.

Wenn ich diese Bilder, vor allem das mit der Pflegemutter betrachte, spüre ich förmlich – wieder und wieder – meine damaligen Ängste. Es ist erschreckend, wie das Hirn Erlebnisse speichert, Geschehnisse in den hintersten Seelenwinkeln aufbewahrt, um sie immer wieder an die Oberfläche kommen zu lassen. Wobei Lebensjahre überhaupt keine Rolle spielen. Vielmehr, je älter ich werde, desto schärfer treten diese Erinnerungen hervor. Stimmungsbilder, Gerüche, ja einzelne Wortfetzen, tauchen plötzlich auf und projezieren sich wie ein Film vor mein seelisches Auge.

Diese vier Bilder sind mir geblieben. Von fast zwei Jahren Hölle in Neder. Im wunderschönen Stubaital.
Wegwerfen kann ich sie nicht. Will ich auch nicht.
Sie belegen eine Tragödie, meine schreckliche Kindheitsgeschichte. Und wie verrückt: Die Fotos aber helfen mir auch. Immer wieder – sogar noch heute – wenn ich in depressiver Stimmung bin. Wenn Dinge für mich nicht so laufen, wie ich es gerne hätte.
Ja, diese Bilder trösten mich und machen mich stark, weil wir dieser Hölle letztendlich doch noch rechtzeitig entronnen sind.
In meinem Leben gab es viele und unglaubliche Wendungen. Und immer wenn ich in brenzligen Situationen zu entscheiden habe, kehren meine Gedanken zurück in die Hölle von Neder. Zur verhassten Pflegemutter, zu meinem Gefängnis-Ziegenstall.

10 Der Wartungsvertrag

Es mag eigenartig klingen, aber an die beiden Söhne der Pflegemutter habe ich keinerlei Erinnerung. Es gibt auch keine Erlebnisse, die ich – beim Betrachten des vierten Fotos – mit ihnen teilen könnte.

Es gab null Kontakt mit ihnen. Die Pflegemutter schottete uns völlig ab und hielt uns von ihren Kindern fern, so als wären wir Aussätzige, Menschen letzter Klasse. Ausgegrenzt von allem, was Familienzugehörigkeit und ein solides Zuhause bedeutet. Wir wurden von ihr absolut isoliert *behandelt*.

Mein Bruder und ich. Wir waren stets auf uns allein angewiesen. So hatten wir wenigstens uns – in den Zeiten, wo wir nicht getrennt eingesperrt wurden. Schlimmer war es, wenn die Pflegemutter uns einzeln inhaftierte. Je nach Grad des von uns angestellten oder verursachten *Vergehens*.

Der Ziegenstall war eher meine Zelle. Der Vorratskeller das Gefängnis meines Bruders. Zu zweit lochte sie uns immer im Vorratskeller ein. Sicher weil dieser geräumiger war.

Unsere Pflegemutter war in erster Linie auf das Geld scharf, das sie für uns vom Staat bekam. Ihr einzig wahrer Grund zur *Wartung* von uns zwei Kindern. Statt Fürsorge und liebevoller Zuwendung – die Grundvoraussetzungen für eine gute Pflegemutter.

Wartung von Kindern, wie es in der Jugendfürsorge-Amtssprache hieß. Damals war es ein lukratives Geschäft, kleine Kinder in Pflege zu nehmen. So auch für unsere Pflegemutter. Wenn sie schon zwei Mäuler in der Familie zu stopfen hatte, war es ein Leichtes, zwei weitere Kinder durchzufüttern.

Sie brauchte nicht viel mehr Lebensmittel für zwei zusätzliche Esser. Geld dafür bekam sie mehr als ausreichend. Da bin ich mir sicher.

Ich weiß, wie wenig ich gegessen hatte. Denn es war undefinierbar, was ich essen musste (ich möchte es bei Gott auch nie wissen). Und ich weiß, wie schmal, wie dünn und unterernährt wir waren, als wir nach fast zwei Jahren diese Hölle verlassen durften.

Ich weiß auch, wie mein Bruder darunter litt. Immer zuwenig zu Essen zu bekommen. Immer hungrig ins Bett zu gehen. Jeden Abend vergossene Tränen dafür und mit einem noch schlimmeren Hunger wieder aufzuwachen.

Das Stehlen von Essbarem, heimlich in der Nacht. Entsetzliche Angst vor dem Erwischtwerden und dann erst recht erwischt werden. Die brutalen Schläge dafür...

Ich kenne das grausame Gefühl: Nie ein liebes Wort zu hören. Niemals eine liebe Umarmung zu spüren. Niemals ein tröstendes Wort zu hören.

Niemand lachte mit mir. Niemand freute sich mit mir. Niemand interessierte sich für mich. Aber dafür Prügel, Schläge, Hiebe bekommen... Wurde ich dafür geboren?

Wer war ich eigentlich?

Kein Hund, keine Ziege und auch nicht ihr Hausschwein. Denn ihre Tiere behandelte die Pflegemutter mit wesentlich mehr Sorgfalt.

Wir waren nur zwei Individuen, die man am Leben erhalten musste. Laut eines Wartungsvertrages, ausgehandelt zwischen der Pflegemutter und dem Fürsorge-Vater-Staat.

Wären wir verhungert, hätte es bestimmt Schwierigkeiten

gegeben. Welche Argumente gegenüber der Gendarmerie angeben? Vielleicht wäre sogar die Mordkommission erschienen, um diesen Fall zu untersuchen.

Die zwei hätten ja genug zu futtern bekommen, aber sie wollten einfach nicht essen...

Dann wäre auch die monatliche Zahlung von der Fürsorge ausgefallen. Diesen finanziellen Verlust, den wollte niemand. Schon gar nicht unsere Pflegemutter. Nein, Schwierigkeiten sollte und wollte hier in Neder niemand bekommen.

Der Krieg war noch nicht allzulange vorbei. Er steckte noch in den Herzen dieser einfachen Bauern. Die Menschen lebten auch hier in der ausklingenden Nachkriegs- und Besatzungszeit. Die Erinnerung an einen eventuellen Hungertod steckte noch in vielen Köpfen, war noch nicht vergessen. Er könnte noch immer vorkommen.

Aber mehr musste auch nicht getan werden. Für diese zwei Sozialfälle, wie wir zwei Buben waren. Auf einem Pflegeplatz. Mit einer Pflegemutter.

Wer schon Futter ausgab, hatte das Recht, zu bestimmen wieviel, was und wie. Auch im Befehlston, herrisch und züchtigend.

Was auf den Tisch kam ging niemand etwas an. Futter war Futter. Und wenn es zuwenig war? Wer sah das schon. Wer wusste das schon. Nach außen hin bekam niemand etwas mit.

Wir parierten und zogen den Schwanz ein. Wie kleine, dressierte Hunde. Die Angst machte uns gefügig. Ja, sogar dankbar. Für den Fraß, der uns vorgesetzt wurde. Er stillte wenigstens ein bisschen den schlimmsten Hunger.

Und wer nicht so gehorchte, wie es die Pflegemutter wollte, der bekam Schläge. Schläge mit der Hand. Schläge mit allem, was gerade verfügbar war...

11 Tage und Nächte des Horrors

Im wunderschönen Tiroler Stubaital liegt Neder. Vom größeren Neustift etwa zwei Kilometer entfernt. Der Ort Neder liegt etwa 1.000 Meter über dem Meeresspiegel in einem engen, malerischen Tal, wo aber die Sonne nicht allzuviel zu sagen hat. Denn hohe Berge wehren ihre Strahlen erfolgreich ab, sodass immer ein herbes Klima herrscht. Nur kurzzeitig, im Hochsommer, wenn die Sonne am Zenit steht, zwingt sie auch diese Berge in die Knie. Widerstrebend geben sie dann das Tal für eine großzügige Sonnenausleuchtung frei.

Neder war in den 50er Jahren ein winziges Bauernkaff. Seine Einwohner lebten damals in erster Linie von der Viehzucht und Holzwirtschaft.

Neder ist ein lieblicher, ruhiger Ort in einer äußerst reizvollen Gegend, was aktuelle Übernachtungszahlen des örtlichen Fremdenverkehrsamtes gerne bestätigen werden. Sommer wie Winter. Der Sommer mit einem gesunden, kräftigen Futter für das Vieh und mit voll belegten Fremdenzimmern.

Im Winter ist die Schneegarantie das Kapital dieser Region. Atemberaubende Abfahrtsmöglichkeiten, Schi-Schaukeln, *Snow and Fun and Après-Ski* sowie voll ausgebuchte Hotels und Pensionen. Einfach paradiesische Zustände...

Aber ich gebe mich nicht der Fremdenverkehrswerbung für diesen Ort, diese Region, hin. Dafür gibt es die zahlreichen, bunten und billig-kitschigen Hochglanzprospekte.

Es war Sommer...

...und eine laue Sommernacht.

Wir waren noch nicht lange auf dem Pflegeplatz, als in Neder für ein Wochenende der Kirtag Einzug hielt. Mit Blasmusik, Tanz, Schießbuden, Marktständen, Ess- und Trinkbarem. Mit all den Vergnügungen, die einen Kirtag zum Erlebnis des Jahres in so einem kleinen Dorf machte. Ein fröhliches Allerlei, um den hart arbeitenden, einfachen Bauern den Alltag kurzzeitig vergessen zu lassen.

Mein Bruder und ich waren in unserer Schlafkammer eingesperrt. Wir wurden über Nacht immer weggesperrt. Gemeinsam mit einem Nachttopf für uns beide. So hatte die Pflegemutter keine Arbeit mit uns.

Dieser Raum, unser *Schlafzimmer*, war die sogenannte Speisekammer. Ein enger, länglicher Schlauch. An einer Wand stand unser Kinderstockbett, vis-a-vis befand sich ein winziges Fenster, in Richtung Tal zeigend.

Sämtliche Lebensmittel waren in dieser Kammer rund um unser Stockbett verschlossen, verstaut und aufgestapelt. Leider wurde auch das Schweinefutter, der sogenannte *Trank*, in diesem Raum offen aufbewahrt. Die Koch- und Essensreste eines Tages wurden in einem Behälter geschüttet und dümpelten stinkend samt dem zugemischten Schweinefutter als ekliger Brei vor sich hin. Ein grässlicher, säuerlicher Gestank war Dauerzustand in unserem *Schlafzimmer*.

Die Pflegemutter hielt sich, wie alle Kleinhäusler in dieser Gegend, ein paar Ziegen, Hühner und ein Hausschwein.

Ein Schwein zu besitzen war praktisch und mit minimalen Kosten verbunden. Essensreste fielen täglich an. Der Schweinestall, ein niedriger Holzverschlag mit einem kleinen Auslauf für das Schwein, war direkt an das Haus angebaut.

Im Sommer war unser *Schlafzimmer* fast angenehm kühl.

Aber nur an den paar heißen Sonnentagen in diesem engen Tal. Das änderte sich schlagartig, wenn das Wetter umschlug, es regnerisch wurde und die kälteren Jahreszeiten Einzug hielten. Die Tiroler Wintermonate waren harte, eiskalte Realität.

Aber so lange hausten wir zur Zeit noch nicht auf unserem Pflegeplatz. Nachdem wir im März dorthin übersiedelt wurden, spürten wir doch noch die kalten Nächte frosthart am eigenen Leib. Dabei hatte sich der Winter bereits wortlos aus den Taltiefen verabschiedet. Lediglich Reste hartnäckig liegen gebliebener Schneeflecken hingen noch in den Schattenseiten des Stubaitales.

Wir zwei Buben hatten schon die ersten paar Höllenmonate mit den vielen Schlägen und Wegsperrbehandlungen bis zum Sommer durchlitten. Wir kannten das Züchtigungsritual schon und wussten, was täglich auf uns zukam.

Als dieser Kirtag im Sommer den Einwohnern von Neder viel Freude bescherte, saßen wir in unserem Multifunktionsraum, dem Schlaf-Speis-Stink-Kammerl.

Eingesperrt und bei offenem Fenster hockten wir in unseren Bettchen, starrten in den lauen Sommernachtshimmel und lauschten den fernen Klängen der zu uns heraufwehenden Blasmusik und dem jubelkreischenden Stimmengewirr.

Beide träumten wir vom Karussell, mit dem wir nie einen Kreis ziehen würden. Wir träumten von Süßigkeiten, von Eissorten, die wir nie schlecken würden. Von den Kindertrompeten, aus denen wir nie einen Ton hervorzaubern würden.

Da sagte mein Bruder Alf:

»Komm Wolferl, wir hauen ab. Wir steigen durchs Fenster und gehen zum Kirtag runter. Und dann flüchten wir zur Annatant.«

Mir klopfte das Herz und ich sagte nichts. Er weiter:

»Irgendwie kommen wir schon durch. Vielleicht finden wir dort unten wen, der uns mitnimmt.«

Leise, ganz leise – in die Schuhe schlüpfen, die Jacke überziehen – und raus durch das kleine Fenster.

Es blieb nicht ungehört.

Wir liefen, hetzten, flüchteten. Bergabwärts, dem Kirtaglärm entgegen. Doch die Pflegemutter war wachsam und hörte uns. Als hätte sie nur darauf gewartet, dass wir ihr entfliehen.

Sie war schneller, entsetzlich drohend schneller als wir.

Wir wurden von ihr eingeholt. Eingefangen wie junges, hilfloses Wild. Und in unsere Kammer zurückgesteckt. Das Fenster blieb zukünftig geschlossen. Es gab kein Entrinnen mehr.

Dafür gab es Hiebe und Schläge für unseren missglückten Ausbruchversuch. Grausam schmerzhaft – ein Wahnsinn.

Mein Bruder war stark, tapfer und trotzig. Er war mein Beschützer und ich tat ihm alles gleich. Wir machten vor Wut und Verzweiflung ins Bett. Zuerst absichtlich und gewollt. Wir protestierten stumm mit unserer Bettpisserei gegen die Schläge der Pflegemutter.

Später passierte es ohne es zu wollen. Wir pissten – volle Blase, volles Rohr – in unsere Betten. Wir konnten nicht mehr anders. Wir waren täglich zu erschöpft. Von zuwenig Essen – dem undefinierbaren Fraß. Von zuviel Angst. Von zuviel Kälte. Wir schliefen immer hungrig und wie erschlagen ein.

Wir wurden in den Nächten einfach nicht mehr rechtzeitig munter, um uns aus dem Bett zu quälen und auf den Nachttopf zu setzen, der unter unserem Stockbett schlummerte.

In den Übergangszeiten...

...vor allem im Winter waren die Nächte besonders grimmig. Die Kammer strotzte vor Eiseskälte. Wir zogen uns alle vorhandenen Hemden, Hosen und Strümpfe an, damit wir nicht so frieren mussten. Dick eingemummt in mehreren Kleiderschichten lag ich in meinem Bett. Eine Pudelmütze am Kopf, tief in mein Gesicht gezogen. Oberhalb im Stockbett fror mein Bruder. Ebenfalls fest eingewickelt schlotterte er vor sich hin. Denn die Kälte war erbarmungslos. Unser Atemhauch stand – wie festgenagelt – sichtbar im Zimmer.

An der Wand, an der unser Stockbett stand, bildete sich in der Winterzeit immer eine Eisschicht, die im Mondlicht unheimlich und schaurigschön glitzerte. Mit kalten Fingern kratzte ich Figuren in die Eiswand. Eine vergängliche Höhlenmalerei.

Diese Eiswand war meine Sternenwelt, mein Fantasie-Universum. Meine Traumwelt, in die ich mich flüchtete.

Ein unbekanntes Wesen aus einer fremden Welt holte uns aus dieser Erdenhölle und nahm uns mit auf seinen Heimatstern. Mit einem Raumschiff. Einem edlen, schnittigen Weltraumschlitten, der uns von allen irdischen Gefahren wegriss.

Wir schwebten lautlos über unserer Folterstätte, dem kleinen Haus am Waldesrand. Ich sah durch das Rundfenster des Raumschiffes hinunter auf die Eiseskälte, auf unsere Eishölle. Mit einem vibrierenden Zittern wendete das Raumschiff und zischte in einer gewaltigen Kurve in Richtung Weltall.

Weg von dieser wahnsinnigen Pflegemutter. Hinauf zu fremden Planeten oder noch besser, wieder nach Hause. Zurück nach Hall, zur geliebten Großtante Anna.

Oh Gott, wie sehr fehlte sie mir, fehlte sie uns. Ihr kuscheliges Bett. Die kleine Küche mit dem kraftvollen Feuer im Ofen. Ihr gutes Essen, die Kekse, das frische Obst. Ihre vertraute, gütige Stimme. Ihre sanften Hände. Ihre wunderschönen, fantastischen Gute-Nacht-Geschichten. Ihr wohligwarmes Zuhause.

Oh, Tante Anna, komm und sieh, was wir hier durchmachen müssen! Bitte, bitte komm und hole uns hier weg!

Am frühen Morgen...

...wurden wir aus den Betten gejagt, hinaus ins Freie. In unmittelbarer Nähe des Hauses gab es einen Brunnen. Dort mussten wir uns waschen. Täglich. Solange wir an diesem gottverdammten Fleck der Erde gefangen waren.

Im Sommer war es nicht so schlimm. Wir waren das harte, bäuerliche Leben bald gewohnt.

Jedoch auch im Winter trieb uns die Pflegemutter in die beißende Morgenkälte, in den tiefen Schnee hinaus. Als ob es ihr eine besondere Freude bereitete, uns zitternd mit unserer mehrschichtigen, nassgepinkelten Nachtkleidung vor dem Brunnen zappelnd stehen zu sehen.

Der Brunnen, ein Steinbecken in das eine Holzrinne hinein ragte. Im Winter völlig vereist, von Eiszapfen umschlossen. Lediglich an der Stelle, wo das Gebirgswasser in das Steinbecken floss, gab es ein eisfreies Loch.

Von dort holten wir uns mit zittriger Hand und einem braunen Bakelitbecher Wasser. Um uns die Zähne zu putzen. Mit eiskaltem Schmelzwasser, zaghaft und sehr, sehr schnell.

Dann kam das Gesicht dran. Die klammen Finger in das winterliche Nass getaucht und das eiskalte Wasser wurde übers Gesicht verteilt. Es schmerzte auf der Haut, auf den Zähnen.

Diese tägliche oberflächliche Katzenwäsche hatte wenigstens einen kleinen Vorteil: Die Pflegemutter war nie dabei. Es war ihr zu kalt, draußen neben uns zu stehen. Um uns zu kontrollieren.

Meine Vermutung: Es war ihr egal, ob und wie wir uns waschten und putzten.

Ich bin mir sicher, in dieser Zeit verbreiteten wir einen ähnlichen Geruch wie ihr Hausschwein. Aber für diese Bergbäuerin war unser Odeur tägliche Gewohnheit.

Jedoch unser Gesundheitszustand verschlechterte sich von Tag zu Tag.

Weder Geburtstag, Ostern...

...und Weihnachten wurde mit uns gefeiert, noch erlebten wir je ein Fest gemeinsam mit der Pflegefamilie. Nichts gab es, womit uns die kleinste Freude beschert wurde.

Doch, ein einziges Geschenk bekamen wir. Es war zu Weihnachten 1955. Ich weiß allerdings nicht, von wem diese Kartonschachtel kam.

Ein Wunder – ein wahres Wunder! Wir hatten ein Geschenk bekommen! Wer dachte noch an uns?

Mein Bruder und ich erhielten je einen kleinen Blechpanzer. Bunt, glänzend und mit rasselndem Motor. Zwei kleine Blechpanzer, die man mit einem Schlüssel aufziehen konnte.

Mein Blechpanzer!

Mit gezackten Gummiketten als Antrieb, kletterte dieses kriegerische Ding über Stock und Stein. Gleichzeitig kam oben beim Ausstiegsloch ein kleines Blechmännchen hervor und verschwand. Immer wieder hochkommend, um abermals zu verschwinden.

Im Inneren des Blechpanzers entstanden – mittels Feuerstein und rauem Schwungrad – kleine Blitze, die unentwegt einen Funkenflug aus dem Kanonenrohr schleuderten.

Ich war perplex. Total begeistert. Fasziniert von diesem Wunderwerk der Kriegstechnik. Wie liebte ich ihn, meinen bunten, wendigen Blechpanzer.

Ich baute für ihn aus Polster und Tuchent Hindernisse im Bett, die er mühelos überwand. Immer wieder zog ich das Motorenwerk meines Blechspielzeuges auf. Und nochmals. Der Panzer tuckelte und ruckelte über Gänsefedern, versteckt in gelbfleckiger, vollgepisster Stoffhülle...

...*ratta-tack... ratta-tack...*

Mein bunter Blechpanzer fuhr durch Feindesland. Mein kleiner Soldat, mein großer Held, besiegte alle unsere Feinde. Auch die Pflegemutter.

Über Berg und Tal, durch Schluchten und Hochebenen zog er seine siegreiche Todesspur. Durch Tunnels, geknickt aus einem Stück Karton und in A-Form aufgestellt.

Mein bunter Blechpanzer hatte den ersten Winter überlebt. Er war mir ein treuer Spielgefährte geblieben. Im Frühling, im Sommer und bis zur Übersiedlung auf einen anderen Platz dieser Welt. Er war überall mit dabei.

Mein geliebter Blechpanzer. Mein einziges, mein wertvollstes Spielzeug.

Jeden Sonntag…

…war Kirchgang angesagt. Wir wurden in eine etwas bessere Kleidung gesteckt und mussten in den angrenzenden Ort Neustift zur Kirche gehen.

In den ersten Monaten gingen wir – unter Bewachung der Pflegemutter und mit einem gehörigen Respektsabstand – hinter ihr zur Kirche.

Später, als uns Fluchtgedanken – aus Angst vor angedrohter Prügelstrafe – nicht mehr in den Sinn kamen, durften wir ohne ihre Aufsicht die Heilige Messe in der Neustifter Kirche besuchen.

Dafür gab es für uns zwei Möglichkeiten.

Der eine Weg führte hinter dem Haus, am Waldesrand entlang, vorbei an einer Zisterne, mehr ein kreisrundes, gemauertes Loch im Boden. Ohne Deckel, bereits ohne Wasser und ein paar Meter tief. Gerade so, dass man mühelos bis zum Zisternenboden sehen konnte.

Irgendwann musste sich eine große Schlange in dieses Bodenloch verirrt haben. Sie lag gut sichtbar in ihrem Grab. Ihr gleichmäßig gezacktes Schlangenmuster glitzerte bunt und gefährlich. Es ließ uns ein höchst giftiges Reptil vermuten, dem wir diesen Tod gönnten. Denn es hätte uns sicher gebissen, meinten wir. So hatte die Schlange ihre gerechte Strafe ereilt. In den Brunnen gefallen, gefangen, verhungert – tot.

Sie war aber unsere sonntägliche Attraktion. Meistens gingen wir diesen Weg. Nur um unsere tote Schlange zu besuchen, zu bestaunen und den Grad der Verwesung festzustellen. Sie mit einem Ast herauszuholen war uns zu gefährlich.

Wir könnten sie unabsichtlich berühren, uns mit ihrem Leichengift anstecken oder gar in die Zisterne fallen, in dieses tiefe geheimnisvolle Loch. In ein neues Gefängnis stürzen – eine schreckliche Vorstellung.

Weiter führte uns der Weg an einigen Bauernhäusern vorbei. In einem der Nachbarhöfe wohnte eine alte, verwirrte Frau. Sie wurde von allen nur *d'Nahmaschin* genannt. Warum, das wussten wir nicht. Für mich war sie ein freundliches, immer lächelndes, altes Mutterl.

Schließlich gelangten wir in den Ortskern von Neder.

Über eine öde Asphaltstraße verlief unser Sonntagsweg weiter bis nach Neustift. Um die Zeit zu vertreiben, zählten wir die wenigen Autos, die an uns vorbeifuhren. Wir versuchten, deren Autotypen zu erraten. Oder uns soviele Autoummern wie möglich zu merken. Vor allem aber hofften wir, dass sich einer unser erbarmen würde und zur Kirche mitnahm. Denn vor allem in den Sommertagen brannte die Sonne unbarmherzig auf den Asphalt und auf unsere Köpfe hernieder.

Der andere Weg ging vom Haus weg, an der linken Seite des Hanges entlang, direkt nach Neustift.

Heute sicher ein wunderschöner Wanderweg. Für uns Kinder aber damals kein besonders spannender Kirchweg. Mit einer Ausnahme: die Brücke mit dem Gebirgsbach.

Man durchschritt eine Talsohle mit einer Holzbrücke, die über den Gebirgsbach führte, aus dem wir auch das Wasser – beim Steinbrunnen vorm Haus – für unsere morgendliche Katzenwäsche schöpften.

An diesem Bach, direkt bei der Brücke, schnitt ein kleines Sägewerk Bäume aus den Berghängen. In Bretter, Pfosten, und Latten...

Diese Brücke und der Gebirgsbach waren für uns das Abenteuer pur. Erholsame Abwechslung in diesen tristen Tagen.

Denn nur an Sonntagen konnten wir – mit Zeitschinden oder gar den Kirchgang weglassend – an der Brücke spielen und die Natur entdecken. Das Wasser stauen, kleine Seen bilden. Unserer Fantasie endlich freien Lauf lassen...

Eines Sonntags passierte das Unglück. Mein Bruder verletzte sich schlimm. An herumliegenden Glasscherben. Er stieg mit hochgekrempelter Hose barfuß auf Flaschenscherben – und schon schoss sein Blut, sein Lebenssaft. Entsetzlich schnell und endlos. Er schrie, brüllte und krümmte sich vor Schmerz.

Ich lief aufgeregt und verzweifelt nach Hause. Erzählte der Pflegemutter atemlos und eine saftige Strafe ahnend, was meinem Bruder passiert war.

Sie eilte mit mir wieder zurück zur Brücke, zur schicksalshaften Unglücksstelle.

Nachdem mein Bruder mit seinem Gebrüll auch andere Leute heranlockte, hatte jemand geistesgegenwärtig die Rettung verständigt. Die endlich mit Blaulicht und *tatü-tata* auftauchte.

Mein Bruder blutete entsetzlich. Die Sonntagshose, das Sonntagshemd, die Sonntagsstutzen, die Sonntagsbrücke. Alles, wie auf einem Schlachtfeld voller Blut.

Ich hatte Angst um meinen Bruder. Angst, dass er sterben müsse. Dann wäre ich ganz allein. Allein dieser schrecklichen Pflegemutter ausgeliefert. Ich betete still, dass mein Bruder nicht verblutet, dass er das überlebt.

Mit Sirene und Blaulicht wurde Alf zu einem örtlichen Doktor gefahren, dort fachgerecht verarztet, blutstillend verbunden – eine Spritze in seinen Hintern gedrückt – und nach Hause entlassen. Wieder mit der Rettung, diesmal ohne Blaulicht und

Sirene.

Mir hatte dieses blutige Abenteuer allerdings wieder einen Nachmittag in meinem Ziegen-Gefängnis-Stall, plus Schläge auf den freigelegten Hintern, eingebracht. Weil sich mein Bruder so verletzt hatte und weil unsere Kleider nass waren und weil…
Scheußlicher Sonntag.

Mein Bruder ging…

…in die Volksschule in Neder. Jeden Tag musste ich ihn von dort abholen. Das war die Zeit, wo ich für mich allein die Welt entdecken konnte.

Mit Absicht ging ich – im Blickfeld der Pflegemutter – langsam. Doch kaum war ich außer ihrer Sichtweite, wieselte ich flink dahin. Tauchte ein, in die Geheimnisse der Natur. Gab meiner Fantasie und mir den Auslauf, der mir sonst verwehrt wurde.

Ich hatte meine Lieblingsplätze längst auserkoren und für mich in Beschlag genommen.

Die vertrocknete Zisterne mit der toten Schlange. Diese riesengroße verwesende Schlange, die so wehrlos meinen Blicken und meiner Fantasie ausgeliefert war. Zu der ich Steine hinunterwarf. Versuchte, sie am Kopf zu treffen. Ein Treffer – und ich konnte mir was wünschen. *Weg von der bösen Pflegemutter, für immer…*

Es gab den morschen Baumstamm im Waldstück hinter dem Haus, den ich mit einem scharfen, länglichen Stein und einem kräftigen Holzstab bearbeitete. Regelrecht aushöhlte. Um den Stamm herum zog ich Schützengräben, warf Erde auf und veränderte den kleinen Flecken Waldboden, damit mein bunter Blechpanzer sein ideales Kampfgebiet bekam. Mein kleiner Kriegsschauplatz. Tannenzapfen waren die Soldaten. Ich grub ihnen Mulden und Höhlen zur Deckung. Doch mein Panzer traf sie alle. *Ssssst – bumm – puff...* Im hohen Bogen flogen die Tannenzapfensoldaten durch die Luft, in den Wald hinein.

Aber mein Traumspielplatz war der Bach unter der Brücke. Mit unserem Stausee und den künstlich gebauten Abflüssen. Auch hier war mein Blechpanzer mit dabei. Über Schotter und Kieselsteine zog er seine kleinen Kreise, spuckte Feuer, ratterte in Sanddünen, blieb stecken, musste befreit und gesäubert werden.

Über kleine Holzbrettbrücken baute ich Wege und breite Straßen. Das Wasser war mein Element. Dieses nasse Flüssige forderte mich, hob mich auf eine Wolke, eine Welt voller Fantasie und Spiel. Dort vergaß ich – wenn auch nur für kurze Zeit – meine Ängste, die Schläge, die Pflegemutter.

Im Beisein der Pflegemutter machte ich prinzipiell alles langsam, stellte mich äußerst dumm an und ließ oft absichtlich Geschirr und andere Dinge fallen.

Meine Ungeschicklichkeit wurde als gegeben, mehr übel als wohl, hingenommen. Durch meine Lahmarschigkeit kam die Pflegemutter nie drauf, was ich, in der von ihr nicht bewachten Zeit, für Möglichkeiten zum Ausleben meiner Abenteuer hatte. Ungestört und mit der Hingabe eines fast sechsjährigen Jungen genoss ich die wenigen unbewachten Augenblicke um spielerisch meine Sinne für eine bessere Zeit zu schärfen.

Das alles passierte auf dem Hinweg zur Schule, um meinen Bruder abzuholen. Zum Greißler einkaufen gehen und wieder zurück – gemeinsam mit meinem Bruder – zur gefürchteten, verhassten Pflegemutter.

Bei meinem täglichen Pflichtgang musste ich nämlich für die Pflegemutter Kleinigkeiten vom Dorfgreißler mitnehmen. Ein Zettel mit ihren gewünschten Waren wurde mir in die Hosentasche gesteckt, ein Einkaufsnetz in die Hand gedrückt.

Abmarsch. Hinunter in das kleine Dorf mit mir. Wortlos den

Zettel und das Einkaufsnetz über die Theke gehalten. Ebenso stumm wartete ich, bis man es mir wieder gefüllt zurück gab. Und ab, wieder raus aus dem Laden.

Sicher war ich für die Leute im Dorf ein sturer, unhöflicher Fratz. Aber ich sah keinen Grund, Wörter oder gar Sätze für sie zu verschwenden. Sie waren sie nicht wert. Weder die Leute und schon gar nicht die Pflegemutter. Nicht das Dorf und auch nicht die Gegend.

Solange ich hier verprügelt wurde, solange schwieg ich. Bis ich von hier wegkam. Das war mein stummer, hilfloser Schwur.

In meiner Zeit in Neder hatte ich mit der Pflegemutter oder anderen Erwachsenen fast nichts gesprochen. Nur das Notwendigste. Die erforderlichen Antworten auf an mich gerichtete Fragen wurden von mir (aus Angst) lediglich mit *Ja* oder *Nein* beantwortet. Meine einzigen, freiwillig abgegebenen Antworten auf Fragen oder Befehle: *...joo... naa...*

Und leider auch die Schreie bei Verprügelungen. Diese allerdings wurden erzwungen, mir durch Schmerzen entlockt, meinem Körper mit Gewalt entrissen.

Mein Schweigen war die dicke, seelische Hornhaut, die ich mir zulegte, die mich schützen musste, vor fehlender Liebe, vor Schlägen. Mein Schweigen war mein Protest, mein Panzer. Meine stumme Anklage.

Der hilflose Protest des kleinen Wolferl.

Jeden Sonntag tonlos hinausgebrüllt. Gerichtet an den geschnitzten Herrgott am Holzkreuz. In der Kirche in Neustift. An ihn, der dort selbst angenagelt hing und der mir, trotz innigem Beten, Bitten und Betteln, nicht half.

Der über diese Misshandlungen, über die Verbrechen, die an mir und meinem Bruder verübt wurden, hölzern starr hinwegsah. Obwohl er helfen konnte, wenn er nur wollte. Jederzeit. Selbst angenagelt von seinem Kreuze aus.

Wie verzweifelt war ich, weil er die Pflegemutter nicht in die verdiente Hölle schickte.

Mit meinem Bruder und Großtante Anna aber konnte ich reden. Da sprudelten Wörter und Sätze geradezu aus mir heraus. Wenn ich von meinen Entdeckungen berichtete, von meinen Erlebnissen erzählte und fantasierte.
Mein Bruder war mein großer Beschützer. Obwohl ich mir sicher war, dass er mich ebenso brauchte. Wir zwei Hilf- und Wehrlose hielten uns aufrecht, stützten uns gegenseitig ab.
Wie zwei zusammen gelehnte Krücken.
Ein »A« – stehend für: Alles wird wieder gut.
Nur wann?

Eines Tages...

...wurde das Hausschwein geschlachtet. Es kamen benachbarte Bauersleute und halfen der Pflegemutter, dem Schwein den Garaus zu machen.
Mein Bruder und ich standen abseits und starrten gebannt auf das grausige Mordsgeschehen. Nachdem ein Mann das vor Angst quiekende Schwein zwischen seine Beine nahm und festhielt, schlug ein anderer mit der stumpfen Seite einer Axt auf den Kopf der armen Sau. Wie vom Blitz getroffen verstummte ihr Angstgequieke. Sie streckte alle Viere von sich. Nach einem schnell ausgeführten Messerstich spritzte warmes, rotes Schweineblut in eine von der Pflegemutter bereit gehaltene Schüssel.
Tot war sie, die arme Sau.
Deren Futter unsere Schlafkammer in ein dauernd stinkendes Loch verwandelte. Trotzdem, mir tat sie leid. Hilflos, wie wir zwei Kinder der Pflegemutter ausgeliefert waren, so erging es auch dem Schwein. Doch jetzt war es erlöst und im Schweine-

himmel. Doch dorthin wollte ich nicht. Ich wollte nur fort von diesem grausamen Ort, von dieser Schweinemörder-Pflegemutter.

Heißes Wasser wurde von den Männern in einem Holztrog herbeigeschafft. Das tote Vieh – plumps – hineingeworfen, auf zwei Eisenketten, die schon im Wasser lagen. Nun zerrten und zogen vier Bauersleute an den Ketten hin und her, sodass der Schweinekadaver in der heißen Brühe mal nach links, mal nach rechts rutschte. Dabei lösten sich die steifen Borsten von der Schwarte. Die Pflegemutter rieb noch zusätzlich kräftig mit einer Bürste den Wanst des fetten Tieres, sodass auch die letzten Borsten vom toten Schwein abfielen.

Gereinigt von allem Schmutz der Erde, wie friedlich schlummernd, lag das Schwein zu Füßen seiner Schlächter. Jedoch nicht lange. Auf einem stabilen Metallgestänge baumelte kurze Zeit später, mit dem Kopf nach unten, das malträtierte Vieh. Ein langer Messerschnitt und die Eingeweide quollen dampfend sichtbar aus der Körperwunde. Erblickten erstmalig das Licht der Welt.

Geschäftig und mit einer fröhlich-derben Ausgelassenheit zerlegten die Bauern das Tier mit Messer und Axt. Alles Tierische wurde verwertet, bis vom Ganzen nicht mehr übrig blieb als ein Haufen verschieden großer Fleischteile:

Rippenstücke, Schweinekopf, Bauchschwarten, Vorderbeine, Hinterteile und Innereien. Selbst das Blut für Blutwürste stand schon brodelnd auf dem Herd der Pflegemutter. Mein Bruder und ich mussten mit anpacken und die Fleischteile ins Haus schleppen. Zuletzt den Platz des Todes mit Wasser, Bürste und Besen reinigen.

Ein tödlich-schauriges Erlebnis mit so viel Brutalität, Gestank und Blut. Und dem Effekt, dass mir seit damals vor Schweinefleisch ekelt.

Ein andermal...

...mussten mein Bruder und ich beim Schlachten von Hühnern dabei sein. Vielmehr, uns wurde befohlen, die Hühner einzufangen. Die toten Hühner.

Ein Bauer, wiederum als Schlachter engagiert, hielt ein paar Hennen der Pflegemutter in einem Drahtkäfig gefangen. Schlachtort war die Wiese, etwas weiter weg vom Haus. Deshalb, damit das Haus nicht von Hühnerblut besudelt wurde.

Er griff sich das erste Huhn, um es auf dem Hackstock und mit der Axt in die Ewigkeit zu befördern. Ein Gegacker und Geflatter, ein Hieb – und der Kopf fiel ab. Purzelte ins Gras.

Die geschockten Augen des Huhns blinzelten noch krampfhaft in die Sonne, bis sie sich für immer schlossen. Der Schnabel zuckte, als wollte er ein letztes Mal nach Wasser oder Futter krächzen.

Der Rest des Federviehs jedoch flog – kaum vom Bauern in die Wiese geworfen – heftig, aber kopflos auf und davon.

Als würde es vor seinem Mörder reißaus nehmen und sich in Sicherheit bringen. Wenn es nur wüsste wohin, so ohne Kopf und Augen. Im Blindflug – das arme, tote Huhn.

Mein Bruder und ich mussten nun die reißaus-freudigen Hühner einfangen und am Boden festhalten. Während sie weiterhin mit ihren Flügeln wild um sich schlugen. Ihren blutenden Halsstumpf heftig hin und her drehten, sodass wir selbst bald wie blutige Mörder aussahen. Voll besprizt mit Blut. Und Hühnerkot, der durch das Nachlassen der Nervenstränge kraftlos aus den toten Tieren floss. Es dauerte Minuten, bis so eine geköpfte Henne ihren Geist aufgab.

Der Bauer machte sich einen Spaß daraus, uns hinter den fliegenden, toten Hühnern nachlaufen zu sehen. Immer schneller und immer mehr Hühner hauchten durch seine kräftigen Axthiebe ihre Hühnerseele aus.

Grausam. Schrecklich, so sterben zu müssen...

Das Schuftige aber war, dass wir zwei von der Pflegemutter wegen unserer blutigen Kleidung mit Ohrfeigen *belohnt* wurden.

Im Haus am Waldesrand...

...gab es im Obergeschoss ein Appartement für Sommergäste zu mieten. Eine steile Holztreppe führte in diese kleine Wohnung.

An einem Sommertag, einem friedlichen Sonntag, war ich dort oben. Das einzige Mal und nur, weil eine freundliche Frau – ein damaliger Sommergast – mich zu sich eingeladen hatte.

Zu einem Zeitpunkt, als die Pflegemutter gerade mal nicht anwesend war. Wahrscheinlich bekam jene freundliche, fremde Frau mit, wie die Hausherrin mit uns zwei Buben umsprang.

Sie wollte von mir wissen, wer wir waren, warum wir hier wohnten usw. Ich hielt meinen Mund fest geschlossen und traute mich nicht zu antworten. Sie hatte sicher Mitleid mit mir und meinem Bruder. Eine Bensdorp-Schokolade steckte sie mir zu. *Wahnsinn, eine ganze Tafel Schokolade!*

Ich stolperte die Holztreppe hinunter, rannte damit zu meinem Bruder und teilte mit ihm das kostbare und süße Stück Schokoladen-Glück.

Das musste die inzwischen zurückgekehrte Pflegemutter mitbekommen haben. Sofort wurden wir zur Strafe in ihren Vorratskeller gesperrt. Weil wir von Gästen etwas angenommen, sogar was erbettelt hatten.

Hatten wir aber nicht. Nichts da – ab in den Keller.

Wegen einem Stück geschenkter Schokolade! Wir weinten, protestierten, rebellierten.

Da saßen wir nun. Verzweifelt. Wieder einmal in diesem dunklen Loch. Hilflos und wehrlos unseren Ängsten ausgeliefert.

Mein Bruder war wütend auf mich.

Ich allein sei diesmal schuld, dass wir da sitzen mussten und sicher wieder geschlagen werden. Und er könne überhaupt nichts dafür.

Ich schwor meinem Bruder, bei meiner Ehre, bei meinem Blut, bei meinem geliebten Blechpanzer, bei allem was ich hatte (der Panzer war auch schon alles), dass mir diese Frau die Schokolade einfach so geschenkt hatte, dass ich nie – nie und nimmer – gebettelt hätte. Und dass ich gar nichts gesagt hatte. Nicht mal ein *Danke* kam über meine Lippen.

Beleidigt zog ich mich in eine Ecke des Kellers zurück. Ich geriet über meine missliche Lage immer mehr in Verzweiflung.

Meine Augen gewöhnten sich langsam an die Dunkelheit. Allmählich sah ich, trotz Finsternis, die Umrisse von Dingen und Geräten, die im Raum umherstanden.

In der Ecke befanden sich fünf bis sechs große schwere Gläser. Alle mit Wasser gefüllt und bis zum Rand vollgestopft mit Hühnereiern. Eine damals gebräuchliche Aufbewahrungsart für Eier in Kalkwasser.

Da überkam mich plötzlich ein unendlicher Zorn.

Eine Wut, wie ich sie noch nie in meiner kleinen Seele verspürte. Sie sprengte fast meine schmächtige Brust. Aber sie musste raus – endlich raus aus meinem Körper!

Wie ferngesteuert taumelte ich zu einem der Gläser, nahm wortlos ein Ei heraus und wog es in der Hand. So, als würde ich überlegen.

Mein Bruder sah mich unsicher an, ging in Abwehrstellung und deckte seinen Kopf mit den Händen und Armen ab. Er glaubte sicher, dieses Ei galt jetzt ihm. Für seine heftigen Anschuldigungen.

Ich aber drehte mich zur Seite und knallte das Ei mit voller Wucht an die gegenüber liegende Wand. Die zähe Masse tropfte träge von der Mauer.

Dann wieder ein Griff ins Glas.

Das nächste Ei – klatsch.
Schweigend, mechanisch.
Wieder ein Ei – und klatsch.
Jetzt, Ei für Ei für Ei für Ei... klatsch und patsch.
Mein Bruder sah meiner Aktion gebannt und fasziniert zu. Dann stand auch er auf und krallte sich sein erstes Ei aus einem Kalkwasserglas.

Und ebenfalls: erhobene Hand, Abwurf und klatsch.

Ei für Ei. Je mehr Eier an die Wand klatschten, desto verbissener wurde unser Eierwerfen.

Unser erster und einziger Feldzug gegen die verhasste, uns immer schlagende Pflegemutter.

Für mich hieß die Klatsch-Eier-Aktion:

Jedes an die Wand geklatschte Ei war eine symbolische Antwort für jeden Schlag und jede Ohrfeige, für alle Prügel, die wir von der Pflegemutter bis jetzt ausfassten.

Ei für Ei. Hieb für Hieb.

Jedes Ei auf den Rücken der Pflegemutter – klatsch.

In das Gesicht der Pflegemutter – klatsch.

Auf sie geworfen, auf sie geknallt – klatsch und patsch.

Ich wehrte mich grausam. Mit voller Kinderkraft. Mit ihren Eiern. Keines ihrer eingelegten Eier durfte überleben, oder gar ihrer Familie vorgesetzt werden. Nicht im Gugelhupf und nicht in der Panier der Sonntagsschnitzel.

Alle ihre Eier würden jetzt sterben. Sinnvoll als Symbol unserer Rache. Sinnlos für sich selbst und vor allem keinen Heldentod für Kuchen oder Fleisch. Nur einen jämmerlichen, lächerlichen Mauertod. Kein Schwein wird ihren verdammten Eiern nachweinen, außer die Pflegemutter selbst.

...und weiter mit der Eierwerferei.

Ei für Ei – klatsch und patsch...

Mein Bruder und ich zielten jetzt um die Wette. Jedes geworfene Ei knallte mit unbarmherziger, todbringender Wucht an die

Schandmauer der Pflegemutter. Jedes ihrer sorgsam aufbewahrten Kalkeier starb einen anonymen, aber wohlverdienten Tod.

Geworfen... mit einem Klatsch, zerschellt... und tot.

Lediglich eine leblose Masse – das tote Nichts – floss träge die Wand hinab und bildete bereits einen kleinen See, der sich drohend unseren Füßen näherte. Die zerbrochenen Schalen und die gelblich-transparente Eierfarbe waren durch das Dunkel des Kellerloches für uns nicht sichtbar. Aber wir rochen diesen Duft. Den Duft der Rache. Er machte uns unverwundbar.

Es waren über zweihundert Eier, die von uns in die ewigen Jagdgründe geschleudert wurden.

Das tat guuut – unbeschreiblich guuut!

Unsere, wie oft schon geschworene, Rache hatte sich endlich erfüllt. Vollstreckt an der Pflegemutter. Mit ihren Eiern, in unserem Keller-Gefängnis.

Als unser Rache-Rausch vorbei und verflogen war, sahen wir mit grimmiger Genugtuung, ja fast heiliger Ehrfurcht, unser gewaltiges Zerstörungswerk. Bestaunten wir die wabbelige Masse, in der wir bereits mitten drin standen.

Das gab fürchterliche Sonderhiebe, das wussten wir und harrten der Dinge, die nun auf uns zukommen würden. Aber diesmal wollte ich meine Prügel wissentlich bekommen. Für meine Klatsch-Eier-Aktion!

Wir bekamen sie.

Härter als erwartet. Noch härter und unmenschlich brutal. Wir wurden aus unserem Gefängnis gezerrt und mussten uns ausziehen. Vollkommen nackt.

So standen wir nun vor dem Haus bei untergehender Sonne und die Pflegemutter verprügelte uns. Mit einer Peitsche, mit dem Knauf der Peitsche und mit unbändigem Hass schlug sie auf uns ein.

Glaubten wir doch, dass Rachegefühle uns unverwundbar, für Schmerzen unempfindlich machte. Es half nicht.

Nachdem die ersten Schläge zischend auf meiner nackten Haut Striemen abzeichneten, dachte ich *jetzt sterbe ich...*

Ich schrie, mein Bruder schrie – wie ein schlecht abgestochenes Schwein. Vor Schmerzen, in Todesangst. Schmerzblitze im Gehirn, sprühende Funken vor Augen. Die Hölle, der Tod besuchte uns...

Die Pflegemutter genoss unsere Auspeitschung, die sie mit einem Wortschwall an Flüchen unterstrich, während sie auf Teufel-komm-raus auf uns eindrosch.

Fleisch und Nerven wurden taub. Ein Zustand von Schwerelosigkeit – wie in Watte eingepackt – machte sich in mir breit. Ich stand abseits von mir. Ich sah mich brüllen, sah meinen Bruder schreien. Wir wanden uns wie Würmer auf einer heißen Herdplatte. Bis wir nur noch röchelten und vor Erschöpfung zu Boden fielen. Umkippten.

Peitschenhiebstille.

Nur noch unser Röcheln und Wimmern.

Ein rettender Engel kam. In Menschengestalt. Der freundliche Sommergast, jene Frau, die mir die Bensdorp-Schokolade in die Hand drückte.

Von ihrem Fenster aus sah sie das grausame Züchtigungsritual der Pflegemutter und polterte daraufhin die Treppen runter.

Sie stellte die Pflegemutter zur Rede, gebot ihr sofort Einhalt und drohte ihr, dass sie die Gendarmerie verständigen werde. Die Pflegemutter ließ von uns ab.

Der Sommergast war es, der uns half. Der uns das Leben rettete. Unser Bensdorp-Schokoladen-Engel. Diese Drohung mit der Polizei hatte die Pflegemutter samt ihrer gefürchteten Peitsche in die Flucht geschlagen, in ihr Haus zurück.

Wir waren gezeichnet. Wundgeprügelt der Körper und die Seele. Nackte Haut, brennend mit blutroten Streifen. Ein teuflisches Netz von Striemen, kreuz und quer geschlagen. Blutend und wahnsinnig schmerzend.

Der Rotz rann uns aus den Nasen. Tränenverschmiert zitterten, wimmerten und schluckten wir – heftig nach Luft japsend.

Der Bensdorp-Engel tröstete uns. Er half uns vorsichtig beim Anziehen von Hemd und Hose.

Ob sie eine Meldung machte, wussten wir nicht. Gendarmerie tauchte keine auf. Aber wir ahnten jetzt, die Pflegemutter war nicht unverwundbar.

Während wir uns in die Speise-Schlaf-Kammer verdrückten, um unsere Wunden (wortwörtlich) zu lecken, stand Glanz in unseren Augen. Reste vergossener Tränen und erstmals ein Triumph: Unser Sieg gegen sie mit ihren Eiern.

Dieses Mal hatten wir gewonnen, böse Pflegemutter!

In meine Seele...

...lebenslang eingebrannt:
Das tägliche, tragische Ritual »Eierschalen essen«.

Wir erhielten jeden Morgen einen Blechnapf mit zerstampften Eierschalen und Zucker vermischt.

Kalk sei wichtig für die Knochen, hieß es.

Daher mussten wir vor den Augen der Pflegemutter diese Hühnerkalk-und-Zucker-Kacke runterwürgen. Löffel für Löffel. Damit die zerstampfte Mampfe überhaupt den Schlund hinunterrutschte, bekamen wir kaltes Wasser zum Nachtrinken.

Ein Schlucken und Kotzen. Das Morgengebet.

Unser tägliches Übergeben gib uns heute...

Und ich gab es mir. Täglich mit saftigen Watschen begleitet: Schlucken... Kotzen... Watschen... Weinen...

Und wieder: Schlucken... Kotzen... Watschen... Weinen...

Auch wenn es noch die fünfziger Jahre waren. Es gab damals schon Kalktabletten, die denselben Effekt ergaben: genügend

Kalk für unsere Kinderknochen.

Kalktabletten, die sicher mit dem Pflegegeld zu finanzieren gewesen wären. Sie hätten uns diese allmorgendliche Qual und mir sicher meine jahrelange Brechüberreizung und andere Ess-Neurosen erspart.

Aber es gab Hühner auf dem kleinen Nebenerwerbsbauernhof, daher auch genügend Eierschalen. Die kosteten nichts. Für Kalktabletten gab die Pflegemutter keinen Schilling des monatlichen Pflegegeldes für uns aus.

Also, weiterhin täglich die Hühnerkalk-und-Zucker-Kacke: Schlucken... Kotzen... Watschen... Weinen...

Dann erst ging es ab in die Schule. Vorerst nur mein Bruder.

12 Schule und Schiefertafel

Ab September 1956 begann auch für mich die Schulzeit. In Erinnerung habe ich noch, dass ich täglich verheult und verbissen in der Klasse saß. Leider war ich auch in der Schule stumm wie ein Fisch. Geschockt, sprachlos. Obwohl ich gern zur Schule ging. Aber es half nichts. Aus mir brachten sie keine Silbe heraus. In dieser Zeit befand ich mich in einem Trancezustand.

In der ersten Klasse gab es für uns Kinder eine kleine schwarze Schiefertafel mit Holzrahmen. Etwa so groß wie ein Briefpapierblatt. Daran hingen an Schnüren ein Stofffleckerl und ein Stück Schwamm. Der Schwamm diente zum Abwaschen und Löschen, das Stofffleckerl fürs Trockenwischen der beiden Tafelflächen. Die eine Seite der Schiefertafel hatte für Rechen- und Schreibübungen vorgedruckte helle Linien. Die Rückseite war nur schwarz, vorgesehen zum Zeichnen.

Dazu besaß ich eine hölzerne Kassette, in der sich mehrere Griffel unterschiedlicher Härte und ein Griffelspitzer befanden. Die Griffel waren ebenfalls – wie die Tafel – aus Schiefergestein. Ihre Form war die stärkerer Mikadostäbchen.

Der Griffelspitzer. Ein zehn Zentimeter langes Holzstück, das der Länge nach eine tiefe und in Keilform schräge Kerbe eingeschnitten hatte. Diese wiederum war mit einer gerillten, rauen Metallfläche belegt, an der die Schreib- und Zeichengriffel zugespitzt wurden. Oder zugeschliffen, in einem beliebigen Winkel für unterschiedliche Strichstärken.

Dabei musste man sorgsam aufpassen, dass die Griffel nicht abbrachen. Jedoch auch für abgebrochene Griffel gab es noch Verwendung: einen ausgebohrten Holzschaft. In diesen wurden die Griffelstummel gesteckt. So konnte man diese Griffel fast bis zum Ende aufbrauchen.

Meine große Leidenschaft: das Zeichnen.

Die nichtlinierte Seite meiner Schiefertafel war stets vollgekritzelt mit meinen Fantasien.

Ziegen, Berge, Panzer, Soldaten... Kriegsthemen waren allgegenwärtig in meinem Kinderhirn. Maschinengewehre, Tod und Verderben. Oft ließ ich auch die Pflegemutter auf meiner Schiefertafel entsetzliche Tode sterben. Aus berechtigten Gründen.

Im November fielen bereits riesige Mengen an Schnee.

Unser Schulweg führte uns wie immer, abkürzend über kleine Feldwege, die zu schneefreien Zeiten ohne Schwierigkeiten begehbar waren.

Jetzt aber, an diesem ersten Novemberschneetag, stand mir kleinen Knirps der Schnee fast bis zum Hals.

Eine einzige weiße, tiefverschneite Landschaft. Die entfernten Bauernhäuser konnte man nur durch die emsig rauchenden Schornsteine ausnehmen. Sämtliche Wege und Pfade waren verschwunden. Versteckt unter einer sanften aber beharrlichen Schneedecke.

Mit meinem Schulranzen am Rücken stapfte ich in den jungfräulichen Schnee hinaus. Das Stoffflecker und der Schwamm hüpfen außerhalb des Schulranzens im Takt meiner ersten Schritte. Die Hausaufgabe für diesen Tag hatte ich fein säuberlich geschrieben. Zeile für Zeile und so gut ich konnte. Auf der linierten Schiefertafelseite ein paar Buchstabenübungen »EEEE... LLLL... IIII... FFFF«.

Die Rückseite war vollgezeichnet. Mit allen möglichen Wintermotiven. Denn im Zeichnen war ich einsame Spitze, der Stolz der Frau Lehrerin.

Die Schule – das Schreiben, vor allem das Zeichnen – war meine Chance, meine Selbstverwirklichung. Obendrein eine willkommene Abwechslung für den Wahnsinn im Pflegemutter-Haus.

Schulunterricht – wie freute ich mich schon darauf. Besonders im Winter. Denn das Klassenzimmer war kuschelig warm und nicht so eisig kalt, wie die Schlafkammer bei der Pflegemutter.

Die Lehrerin mochte mich. Das spürte ich, sicher weil ich so gerne und viel zeichnete. Der erste Mensch aus diesem Dorf, der sich mit mir befasste und mich lobte. Der schönen Zeichnungen wegen.

So stapfte ich tapfer hinter meinem Bruder in Richtung Schule. Vor mir sah ich nur seinen Schulranzen, und Schnee, nichts als Schnee. Irgendwann blieben wir mitten in einer Mulde stecken und konnten weder vorwärts noch zurück. Wir verschwanden glattweg unter den gewaltigen Schneemassen...

Trotzdem schafften wir es, kamen aber völlig durchnässt, aufgeweicht und halb erfroren in der Schule an. Zwei Stunden zu spät. Doch die Hausaufgabe, meine schönen Zeichnungen auf der Schiefertafel. Alles verschwunden. Weggewaschen durch den Schnee, der in meinen Schulranzen eindrang.

Ich stand vorne – vor allen Kindern in der Klasse, mit meiner schneenassen, tropfenden Schiefertafel. Aus Verzweiflung und vor Wut rannen mir die Tränen über die Wangen. Rotz und Wasser heulend erzählte ich der Lehrerin, dass der Schnee meine Hausaufgaben weglöschte. Meine schönen Zeichnungen vernichtete.

Ich war untröstlich, in Grund und Boden zerstört...

13 Wer rettet uns?

Ja, unsere Eltern und Verwandten waren Schufte. Sie vergaßen uns. Ließen uns hier in Neder, im schönen Stubaital, glatt hängen – überließen uns einem grausamen Pflegemutter-Schicksal.

Ein einziges Mal tauchten Oma und Opa auf, streichelten uns zwei Buben mitleidig die Köpfe und fotografierten uns (davon verblieben mir jene vier Fotos). Ein paar Kekse und Zuckerln wurden uns zwischendurch in unsere hungrigen Mäuler gesteckt.

Das wars dann. Niemand aus der zahlreichen Verwandtschaft kümmerte sich mehr um uns.

Einzig allein unsere Großtante Anna. Sie besuchte uns regelmäßig, weil sie sich um *ihre zwei Buben* große Sorgen machte.

Monatlich erschien sie auf unserem Pflegeplatz. Sehr zum Missfallen der Pflegemutter. Gegen einen Besuch von Verwandten durfte sie von Amtes wegen nichts einwenden. Konnte auch nicht verhindern, dass sich unsere Großtante nie anmeldete, wenn sie zu uns kam.

Selbst unseren Eltern war das Besuchsrecht nicht verwehrt. Wir zwei Buben wurden ihnen lediglich von der Jugendfürsorge zur *Wartung* (vorläufig) abgenommen, um eine solide Erziehung und ausreichende Verpflegung zu erhalten. Damit aus uns einmal ordentliche Staatsbürger werden.

Laut eines Gerichtsbeschlusses vom 31. Jänner 1955 wurden wir am 9. März 1955 auf den Pflegeplatz nach Neder abgeschoben.

Doch Vater und Mutter hatten kein Interesse an uns. Auch nicht am Bezahlen der Wartungsgebühr für ihre zwei Kinder.

Unsere Eltern waren wirklich Rabeneltern. Die Mutter verschwand über Nacht mit einem anderen Mann, der ebenfalls sechs Kinder samt Frau im Stich ließ. Und unser armseliger Vater saß, wegen seines Kummers über die verschwundene Frau sowie zuviel Hochprozentigem in Leib und Seele, in der Alkohol-Entzugsanstalt.

Später saß er auch noch für ein paar Monate in Haft. Weil er dem Staat zwischenzeitlich den Unterhalt für uns nicht zahlen wollte (auch nicht konnte), der labile, hilflose Vater.

Auch die Mutter zeichnete sich durch geschicktes Verschleiern ihres jeweiligen Wohnortes aus, um so der Zahlung der Pflegekosten nicht nachkommen zu müssen. Auch sie wurde deswegen zu einer Haftstrafe verurteilt.

Weder er noch sie fühlten sich für uns verantwortlich. Wenn sie schon nicht liebend und erzieherisch für unser Gedeihen zur Verfügung standen, dann hätten sie doch wenigstens die paar Schillinge monatlich für ihr eigen Fleisch und Blut aufbringen können – für die Pflegeplatzkosten.

Allerdings für einen Horrorpflegeplatz. Aber das wussten die Rabeneltern ja nicht. Das wussten nur wir und unsere liebe Großtante Anna.

So gesehen hatte die Pflegemutter ein unvorhergesehenes Auftauchen unserer Eltern nie zu befürchten.

Aber Großtantes Besuche galten in erster Linie ihrer berechtigten Angst und Sorge um *ihre zwei kleinen Hascherln*.

Sie hatte allen Grund dazu.

Denn bei ihren unangemeldeten Besuchen bekam sie sofort mit, wie es um uns stand, was sich auf diesem Pflegeplatz mit uns abspielte. Sie wurde misstrauisch und kam der Pflegemutter schnell auf die Schliche. Dass wir von der Pflegemutter misshandelt, geschlagen und weggesteckt wurden. In Keller- und Stallöcher.

Obendrein bekam unsere Großtante von uns alle diese schrecklichen Erlebnisse – wenn auch stockend und aus kindlichem Mund – erzählt.

Immer wenn sie kam, brachte sie Schokolade, Zuckerln und Kekse mit, die wir sofort in ihrer Gegenwart wegputzten. Später wären sie von der Pflegemutter konfisziert und von ihr sicher an die eigenen Kinder verteilt worden. Wir hätten sie jedenfalls nie wieder gesehen, die leckeren Zahnzerstörer.

So war es nur logisch, wenn mein Bruder Alf und ich unserer Großtante Anna die Süßigkeiten regelrecht aus der Hand rissen, um sie schnellstens in unsere Mäuler zu stopfen.

Bauchweh, Durchfall oder Verstopfung waren die unmittelbare Folge. Diese Unpässlichkeiten nahmen wir aber gern in Kauf. Hauptsache, wir konnten uns endlich den Bauch voll schlagen, uns endlich wieder richtig satt essen. Aber eben nur mit Süßigkeiten.

So bekam ich es Jahre später von der Großtante erzählt:
Jedes Mal nach ihren Besuchen und der Ausspionierung wegen unserer tristen Behausung – der Speise-Schlaf-Kammer, dem Keller-Gefängnis, meinem Ziegenstall-Kerker – und der wenigen und undefinierbaren Fressrationen, eilte sie in Solbad Hall zur verantwortlichen Fürsorgeperson. Sie berichtete von diesen haarsträubenden Tatsachen, die ihre zwei kleinen, armen Buben durchmachen mussten.

Immer wieder war ihr erster Gang – nach einem Besuch bei uns – zur Fürsorgestelle. In der Hoffnung, dass dieses Amt endlich die verheerenden Zustände auf unserem Pflegeplatz kontrollieren, darauf reagieren und uns Kinder der Pflegemutter deswegen wegnehmen würde.

Dass die Kinder wieder zurück zu ihr kommen sollten. Zur Großtante Anna, die ja schon vorher und soweit es ging, die beiden liebevollst umsorgt und erzogen hatte.

Was aber geschah?

Nichts. Es passierte einfach nichts. Keine Reaktion seitens der Behörde. Wochenlang, monatelang.

Doch unsere Großtante gab nicht auf.

Kaum war sie vom Neder-Besuch daheim angekommen, schon ging sie wieder auf das zuständige Amt und meldete – immer eindringlicher – die miserablen Zustände und Qualen, die ihre *zwei armen Buben* dort erdulden mussten.

Warum gab es keine Rettung für uns? Warum erlöste uns niemand aus den Klauen einer geldgierigen, herzlosen und prügelnden Pflegemutter?

14 Das Fürsorgeamt reagiert

Endlich eine behördliche Reaktion.
Eine Sozialfachfrau kam und sah sich an Ort und Stelle um. Kontrollierte, prüfte und zog wieder ab. Sie merkte nicht mal – man glaubt es kaum – dass ihr die Pflegemutter die Schlafstätten ihrer eigenen Söhne als die der Pflegekinder präsentierte. Als dann unsere Großtante Anna wieder vorsprach, um das Ergebnis der Kontrolle zu erfahren, wurde ihr gesagt, dass ja eh alles soweit in Ordnung wäre.

Unsere Großtante Anna erzählte mir, dass sie – der sanfteste Engel in Menschengestalt – damals auf der Behörde das erste Mal in ihrem Leben einen Wutanfall bekam, als sie von dieser geschickten Bettentauschgeschichte der Pflegemutter erfuhr.

Also passierte weiterhin nichts Amtliches in Sachen Pflegefall Alf und Wolfgang W.

Doch Großtante Anna, unsere heilige Kämpferin, gab nicht auf. Sie besuchte uns weiterhin, machte der geldgierigen Pflegemutter das Leben durch ihre Kontrollbesuche immer schwerer.

Zurück in Solbad Hall stapfte sie wiederum zum Fürsorgeamt und meldete die an uns verbrochenen Misshandlungen. Monat für Monat.

Dann endlich, es passierte etwas. Die monatlichen Bittgänge unserer Großtante zeigten Wirkung.

Eine amtliche Entscheidung. Ein neuer Pflegschaftsbescheid. Über unser Schicksal wurde wieder neu gewürfelt:

Aktennotiz am 10. Juli 1956
Jugendfürsorge Solbad Hall:

Frl. I. F. teilt mit, dass Alf und Wolfgang W. bei der Pflegemuttter in Neder zwar tadellos gepflegt, sonst aber lieblos behandelt werden. Diese kalte und lieblose Behandlung sei ihrer Meinung nach ein Grund dafür, dass die Kinder bettnässen.

(Bei Gott, wenn sie jemals wüsste, wie wir wirklich »behandelt« wurden.)

Sie habe im Juni dieses Jahres einmal mit dem Direktor Hermann Gmeiner vom SOS-Kinderdorf Imst zwecks Aufnahme gesprochen. Dieser gab ihr zu verstehen, dass im Herbst dieses Jahres Kinder aufgenommen werden könnten. Ich bitte daher jetzt schon darum anzusuchen.

12. Juli 1956
An die Direktion des SOS-Kinderdorfes.

Die minderjährigen Kinder Alf und Wolfgang W. wurden im Frühjahr 1955 im Einvernehmen mit dem Vormundschaftsgericht ihren Eltern Fred und Gertrude W., wohnhaft in Solbad Hall, Eugenstraße 11, wegen Verwahrlosung abgenommen und von der gefertigten Jugendfürsorge am 9. 3. 1955 bei Frau R. G. in Neder in Pflege gegeben. Die Kindeseltern haben sich seither nicht mehr um ihre Kinder gekümmert und sie nicht ein einziges Mal besucht. Die beiden Kinder werden auf ihrem jetzigen Pflegeplatz zwar tadellos gepflegt, sonst aber kalt und lieblos behandelt. Diese Behandlungsweise ist den Kindern offenbar nicht sehr zuträglich, weshalb die Kinder anderweitig untergebracht werden sollten.

Unter Bezugnahme auf eine diesbezügliche Rücksprache der Fürsorgerin Frl. I. F. mit Herrn Direktor Hermann Gmeiner im Juni dieses Jahres wird hiermit das Ersuchen gestellt, die beiden Kinder im SOS-Kinderdorf Imst aufzunehmen bzw. die Aufnahme dieser zum Herbst des Jahres vorzumerken.

Die Kosten der Unterbringung, die wie üblich mit S 300,– monatlich je Kind veranschlagt werden, wollen der gefertigten Jugendfürsorge in Rechnung gestellt werden.
Der Bezirkshauptmann

19. Juli 1956
An die Jugendfürsorge Innsbruck.

In Beantwortung des dortigen Schreibens vom 12. d. M. übermitteln wir Ihnen zwei Ansuchen-Formulare und ersuchen, dieselben genauestens auszufüllen und an uns zurückzusenden. Grundsätzlich ist die Aufnahme der Kinder in einem SOS-Kinderdorf sicherlich möglich, unter der Voraussetzung, dass vom dortigen Amt eine Erklärung abgegeben wird, wonach die derzeitigen Pflegeeltern oder sonstigen Angehörigen keinen Einfluss auf die Erziehung der Kinder im SOS-Kinderdorf ausüben dürfen und das dortige Amt als Vormund der Kinder erklärt, dass die Kinder bis zum 14. Lebensjahr im SOS-Kinderdorf und dann weiter unter der Obhut des SOS-Kinderdorfes bis zur Großjährigkeit verbleiben sollen.

Wie wir Ihrem Schreiben entnehmen, haben die Eltern laut Beschluss des Vormundschaftsgerichtes keinerlei Recht auf die Erziehung der Kinder.

Einen endgültigen Bescheid, ob die Aufnahme in ein SOS-Kinderdorf möglich ist, werden wir Ihnen nach Einlangen des ausgefüllten Ansuchen-Formulars sowie der Beantwortung der oben ausgesprochenen Fragen geben können.

Mit dem Ausdruck vorzüglicher Hochachtung
SOS-Kinderdorf Zentralkanzlei
F. H., Stellvertreter des Direktors

Aktennotiz am 9. September 1956
Jugendfürsorge Solbad Hall.

Anna W., Tante des Kindesvaters:
Ich bin um das Wohl meiner Großneffen Alf und Wolfgang sehr besorgt und möchte deshalb um Auskunft bitten, ob ich die Kinder besuchen darf, wenn sie allenfalls ins SOS-Kinderdorf kommen. Ich nehme zur Kenntnis, dass dies dann nicht mehr möglich ist, da sich das SOS-Kinderdorf solche Besuche verbietet.
Es ist wohl notwendig, dass die Kinder aus ihrer jetzigen Pflegestelle genommen werden. Ich habe sie dort öfters besucht und musste feststellen, dass sie in einer Parterrekammer schlafen, in der u. a. auch das Schweinefutter gelagert wird.
Diese Kammer ist außerdem nicht heizbar, sodass sie im Winter wirklich sehr kalt ist. Ich habe deshalb auch Wärmeflaschen zur Verfügung gestellt.
(Die arme, liebe und fürsorgliche Großtante Anna)

Wir sollten tatsächlich von dieser schrecklichen Pflegemutter wegkommen. Weg, für immer. Weg aus der Hölle von Neder, im wunderschönen Stubaital. Endlich befreit werden.
Doch halt!
Eine bange, bange Frage.
Von uns beiden, bis in das Innerste unserer Seele zerstörten Buben, an unsere Großtante Anna vorsichtig gestellt, geflüstert. Während des Zusammenpackens unserer paar Kleinigkeiten. Zaghaft an sie gerichtet, so dass nur sie uns hören konnte:
»Wohin kommen wir denn jetzt? Bitte, bitte wieder zurück zu dir Tante Anna?«
»Ach nein. Nein, leider nicht mehr zu mir«, sagte sie, und Tränen kullerten aus ihren sanften, traurigen Augen. Bahnten sich einen Weg durch ihr faltenreiches, von Schicksalsschlägen geprägtes Gesicht.
Panik schnürte mir den Hals zusammen. Meine Augen vor

Schreck geweitet. Wohin gab man mich, gab man uns? Warum wurde über uns Kinder so herzlos, so brutal entschieden?

Waren wir denn Tiere, die einfach verschachert wurden?

Ja, wir waren Tiere. Kleine, junge Tiere. Sechs und neun Jahre alt. Leider unterernährt und immer zu hungrig. Das gab keinen guten Schlachtpreis. Aber wir waren gut dressiert.

Wir wurden auch so gehalten. Eingesperrt, geschlagen, gefüttert mit zuwenig Futter. Unser Fressen war ein Fraß, ein mieses Saufutter.

Und das bereits fast zwei Jahre. Hier in Neder auf diesem Horror-Pflegeplatz. Bei dieser Horror-Pflegemutter.

Aber jetzt sollte es vorbei sein mit der Kinder-Schinderei. Aus und vorbei. Für immer, für ewige Zeiten?

Dieses Neder, samt Pflegeplatz und -mutter, samt seinem wunderschönen Stubaital, konnte mir gestohlen bleiben, konnte mir kräftigst den Buckel runter rutschen. Ich würde ihn nie wieder sehen. Diesen Ort des Schreckens und des Martyriums. Zumindest nicht in den nächsten 30 Jahren.

Diesen Pflegeteufel, der mich und meinen Bruder wie Tiere behandelte. Möge dieser Pflegemutter in der Hölle die Gerechteste aller Strafen zuteil werden. Mein herzensstärkster Wunsch. Mein berechtigter Fluch über sie!

Vom 9. März 1955 bis zum 20. November 1956, das waren 622 Tage und Nächte, hatten wir – mein Bruder und ich – diese Hölle von Neder durchlitten. Aber überlebt.

Eine Frau der Fürsorge und unsere geliebte Großtante Anna holten uns ab. Es gab kein Abschiednehmen von der geldgierigen, menschenverachtenden, kinderschlagenden Pflegemutter. Kein höfliches Handgeben, kein Auf-Wiedersehen.

Ich hatte Tränen der Wut – Tränen eines verzweifelten, hilflosen Kindes – in mich hinein vergossen. Niemand konnte sie sehen. Aber auch heiße, salzige Tränen der unendlichen Freude, der Befreiung und der wiederum neuen Angst, die hinter

meinen Augen in meinen Körper in meine Seele flossen. Denn
– wohin kamen wir jetzt?

Kein Blick zurück, weder zur Pflegemutter noch auf unser Gefängnis-Haus, als wir mit dem VW-Bus in Richtung Innsbruck fuhren. Nur weg – weg – weg...

Die Frau der Fürsorge, unsere Großtante Anna und wir zwei Buben mit zwei kleinen Koffern.

Es war Ende November und bereits dunkel. Still und wortlos saßen wir, hörten das gutmütige Brummen des Motors, der uns wegbrachte. Weg aus Neder, weg aus dem Stubaital.

Er brummte mir beruhigend zu:

Hab keine Angst mehr – brumm, brumm...
Schau in die leuchteten Fenster – brumm, brumm...
Schau in die dunklen Berge – brumm, brumm...
Wie hell der tiefe Schnee – brumm, brumm...

Fest an mich gedrückt hielt ich meinen kleinen bunten Blechpanzer, meinen treuen Spielkameraden. Er half mir in so vielen schweren Stunden, hatte mich getröstet, meine Fantasie beflügelt. Mein geliebter, kleiner bunter Blechpanzer.

Ich zog ihn auf und ließ ihn über meine Oberschenkel rattern, über die Sitzbank, hinüber zu meinem Bruder.

Er lächelte. Nahm den Blechpanzer in seine Hand, schaute mich an. Ich grinste zurück. Wir lachten beide. Still, tonlos.

Aber wir lachten wieder – nach soviel Tagen, Nächten, Wochen, Monaten. Wir atmeten auf und lachten endlich wieder.

Wir zwei Brüder lachten – mit gemischten Gefühlen.

Der einen Hölle entronnen, fuhren wir wieder einer ungewissen Zukunft entgegen...

Der Bittbrief unserer geliebten Großtante Anna, der ihr größtes Leid ausdrückte, dass sie uns nicht behalten durfte und ein wesentlicher Beitrag war, damit *ihre zwei Buben* nicht auch noch getrennt wurden, sondern wenigstens gemeinsam in ein SOS-Kinderdorf kamen:

5. September 1956

Hochlöbliches Fürsorge-Jugendamt in Innsbruck.

Ersuche Sie freundlichst, mit der innigsten Bitte, als Tante der zwei armen Buben Alf und Wolfgang W., die derzeit in Neder bei Frau R. G. im Stubaital in Pflege waren und demnächst ins Kinderdorf kommen sollen, bitte ich, daß die Buben nicht getrennt werden, sondern zusammenbleiben dürfen. Ich bitte viel tausendmal darum. Sie sind meine einzige Freude. Mein größtes Leid, daß ich sie nicht bei mir haben kann.

Mein größter innigster Wunsch ist, sie bei mir zu haben. Aber ich bete für sie und arbeite für sie, daß ich ihnen geben kann, was ihnen Freude macht.

Auch bitte ich, mir mitzuteilen, wo sie hinkommen, die Adresse, damit ich sie besuchen kann, wie ich sie in Neder, allmonatlich besuchte.

In der Hoffnung, daß Sie mir meine Bitten erfüllen, danke ich herzinnigst im vorhinein.
Es zeichnet hochachtungsvollst
Anna W.,
Solbad Hall, Galgenfeldstraße 8

Oh, Annatant! Vielgeliebte, arme Großtante Anna!

Was musstest du, was mussten *deine zwei Buben* Schlimmes durchmachen.

Samt der Erkenntnis, dass diese vom Staat sorgfältig ausgesuchte Pflegemutter aus Neder, trotz ihrer ausgeführten Misshandlungen und Verprügelorgien an uns, völlig straffrei blieb!

15 Summe unterm Strich

Ich frage mich – fast fünfzig Jahre später – was ist damals aus mir geworden?

Ich war ein fröhlicher Junge, auch wenn die erste Zeit bei meinem Vater bei Gott nicht gerade *das Gelbe vom Ei* war. Aber davon bekam ich noch nicht allzuviel mit. Meinen Bruder traf es (wortwörtlich) noch viel schlimmer.

Jedoch bei meiner Großtante Anna erlebte ich eine absolut glückliche Kinderzeit. Wenigstens für ein paar Monate. So auch mein Bruder. Diese Zeit bei ihr war himmlisch und harmonisch. Wir waren mit unserer Großtante eine glückliche, wenn auch vaterlose Familie. Dafür ohne Ängste und mit der unendlichen Liebe einer alleinstehenden Frau, die sich wie eine Mutter um uns zwei kümmerte. Die uns als Einzige wirklich liebte.

Wir waren fröhliche Kinder. Gesund, vital und klug. Im Prinzip mit den besten Genen eines talentierten Vaters ausgestattet. Mit guten Aussichten auf ein glückliches Leben, hätte uns die Großtante Anna aufziehen dürfen und vom Staat diesbezügliche Unterstützung bekommen. Dessen bin ich mir heute noch sicher.

Was aber wurden wir hier, auf diesem vom Vater Staat verordneten Pflegeplatz, durch die monatelangen Misshandlungen dieser schrecklichen Pflegemutter?

Zerbrochene, willenlose Kinder, totale Nerverln, seelische Kinderwracks. Gesundheitlich schwerst geschädigt und starke

Bettnässer obendrein. Mit tief in die Seele eingekrallten Neurosen. Die nur mühsam und mit viel Zeit, Geduld und Geld wegtherapiert werden konnten.

Wir waren nun verängstigte, blasse, unterernährte, kranke, kleine Jungs. Misstrauisch, mit Angst vor Erwachsenen. Die bei jeder schnellen Handbewegung sofort zusammenzuckten, sich mit zu dünnen Händen und Armen zu schützen versuchten. In Deckung gingen. Sich wie geprügelte Hunde verhielten.

Verdammte, andressierte Angst. Du verfluchtes Erbe. Immer wieder aufblitzende Horrorbilder, Schreckensvisionen.

Durch Eingesperrtsein, durch Prügel und Schläge eingebleut. Von einer geldgierigen, herzlosen Pflegemutter.

Verdammte Angst, wann wirst du mich endlich freigeben. Wann lässt du ein Loslassen von dir zu?

Doch ich wollte wieder ein glücklicher Junge werden. Ich wollte die Welt erobern, ihren Zauber entdecken, meine Fantasien ausleben.

Ich wollte eines Tages berühmt werden, wie mein Großonkel in Brasilien. Ebenso ein Künstler werden, der die Schönen und Reichen malen durfte. Der mit seinem verdienten Geld ein fantastisches Leben führen konnte.

Und ich wollte nie mehr so arm und krank sein, wie ich als Sechsjähriger in das SOS-Kinderdorf nach Altmünster kam.

Aber vor allem wollte ich endlich gemocht, ja geliebt werden. So wie von meiner Großtante Anna.

1956 - 1964

*Meine Jahre
im SOS-Kinderdorf
Altmünster*

*...in den sechziger Jahren
zum Glück
mehr Verstand.*

16 Ostwärts mit dem Zug

Der Vater Staat entschied über uns.
Für uns. Per Pflegschaftsbescheid. Denn einen anderen Vater, der über uns bestimmen durfte, gab es nicht.
Unser biologischer Erzeuger saß nämlich – noch oder gerade wieder einmal – in der Nervenheilanstalt in Solbad Hall und bekam eine radikale Alkohol-Entziehungskur verpasst.
Auch Mutter hatten wir schon längst keine mehr. Unsere verabschiedete sich. Feige und über Nacht. Mit einem anderen Mann, selbst Vater von sechs Kindern. Sie ließ uns einfach sitzen – wenigstens bei unserer Großtante Anna. Der einzige Mensch, der zu uns hielt.

Mein Bruder Alf und ich sollten nun in ein SOS-Kinderdorf kommen. In das SOS-Kinderdorf Altmünster, im wunderschönen Salzkammergut in Oberösterreich.
Immer wenn ich *im wunderschönen...* hörte, bekam ich angstvolles Herzklopfen. Bis zum Hals, bis unter die Zunge klopfte es... *poch-poch... poch-poch... poch-poch...*

Einen Pflegeplatz, *genossen und überlebt* in Neder, im wunderschönen Stubaital, hatten wir gerade hinter uns. Mit unzähligen Demütigungen, Misshandlungen, Verprügelungen.
Ein neuer Pflegeplatz, im SOS-Kinderdorf Altmünster, im wunderschönen Salzkammergut, stand uns jetzt bevor.

Ebenfalls mit Demütigungen, Misshandlungen und Verprügelungen? Vielleicht noch schlimmer?

Wir wurden am 20. November 1956 von Neder abgeholt, der Pflegemutter wieder weggenommen. Diesmal aber mit voller Zustimmung und stiller Begeisterung unsererseits.

Die Reise führte uns zum Hauptbahnhof in Innsbruck.

Im Bahnhofsgelände gab es eine Herberge, in der wir über Nacht blieben. Eingeschüchtert und verängstigt – durch die vielen Menschen, die Hektik, die lauten Geräusche des regen Treibens am Innsbrucker Hauptbahnhof. Waren wir doch nur die dörfliche Stille in Neder gewohnt. Dieser Lärm, diese Betriebsamkeit der Großstadt erschreckte mich.

Als wir am nächsten Morgen geweckt wurden, waren unsere Betten natürlich nass. Ursache war die Erschöpfung, die Aufregung und die dumpfe Angst vor der ungewissen Zukunft sowie die Tatsache, dass wir sowieso Bettnässer waren.

Doch niemand schrie uns zusammen. Verprügelte uns deswegen. Gott sei Dank. Wir durften uns sogar mit warmen Wasser brausen und saubermachen. Fein.

Wir bekamen ein wunderbares Frühstück. Wir wurden sogar gefragt (!), was wir essen möchten. Fein, wie fein.

Ich wünschte mir eine Häferl Kakao und eine Buttersemmel. Wie lange aß ich schon keine Buttersemmel mehr. Mein Bruder Alf und ich saßen im großen Speisesaal des Bahnhofes und verschlangen unser Frühstück.

Hastig und viel zu schnell. Es könnte ja plötzlich wer kommen und uns wieder alles wegnehmen. Oder war es nur ein Traum? Ich träumte, wir bekamen ein feines Frühstück und keine Schläge?

Nein, es war kein Traum. Es war wie im Märchen. Wie im Schlaraffenland.

Dauernd kamen fremde Menschen und fragten uns, wie es uns ginge, ob uns das Frühstück schmeckt. Ob wir noch etwas

wünschen – noch einen Kakao, eine Semmel, Marmelade?
Bitte nie wieder Eierschalen mit Zucker!
Und keine Schläge, keine Watschen mehr zum Frühstück!
Wahnsinn, waren wir etwa doch im Land der guten Menschen angekommen?

Großtante Anna tauchte auf, als eine Frau der Fürsorge – jetzt eine andere als am Vortag – uns half, die wenigen Habseligkeiten wieder in unsere braunen Koffer zu packen.
Mein bunter Blechpanzer blieb in meiner Hand. Mit ihm würde ich während der Bahnfahrt spielen.
Wir bekamen sogar ein paar Bilderbücher in die Hand gedrückt.
Was war los? Plötzlich gab man uns alles Mögliche.
Ein Sackerl mit Wurstsemmeln, zwei große Saftflaschen. Von Großtante Anna wieder die guten Fredi-Kekse, Schokolade, Obst und viele, viele Bussis. Auf den Mund, auf die Augen, auf die Wangen. Ich spürte ihre Tränen. Sie umarmte uns – einzeln und wieder beide – sie drückte uns an sich. Sie wollte uns nicht mehr loslassen.

Wir stiegen mit der freundlichen Frau der Fürsorge in den Zug. Wir hatten ein Zugabteil für uns allein. Ich kletterte auf die Bank und versuchte das Fenster zu öffnen. Es war zu schwer für mich. Mein Bruder half mir und öffnete es. Nun guckten wir wie zwei neugierige Küken aus dem Abteil.
Unsere Großtante kam auf unser Fenster zu und lächelte uns mit Tränen in den Augen an. Sie war traurig und doch freute sie sich, als sie sah, dass es uns gut ging. Dass wir sogar lachten.
»Da habt ihr noch etwas Taschengeld, damit ihr euch was Schönes kaufen könnt«, sagte sie, öffnete die Handtasche, kramte in ihrer Geldtasche und reichte uns jeden 20 Schilling.
Wir erhielten von unserer Großtante noch nie Geld.
Erhielten wir doch. Jedes Mal, wenn sie uns bei der Pflege-

mutter in Neder besuchte, gab sie ihr für uns Geld, das wir aber nie zu Gesicht bekamen. Jahre später erzählte es mir unsere Großtante Anna.

Der Zug fuhr an. Wir streckten die Köpfe aus aus dem Zugfenster und winkten unserer lieben Großtante, unserer heißgeliebten Annatant zu. Die sich jahrelang für uns aufopferte, uns gut behandelte – und die jetzt immer kleiner wurde.
Es würden Jahre vergehen, bis wir sie endlich wieder zu Gesicht bekamen.
Sie winkte weiterhin mit ihrem Taschentuch, ihren Arm hoch- und niederschwenkend. Immer kleiner werdend, bis sie zu einem weißen Punkt wurde.
Weg war sie, denn der Zug legte sich in eine Kurve.

Das SOS-Kinderdorf, was ist das?

Großtante Anna hatte uns im VW-Bus, mit dem wir von Neder bis zum Hauptbahnhof Innsbruck fuhren, davon erzählt.
»Da gibt es viele Häuser, ein ganzes Dorf. In jedem Haus lebt eine Mutter mit mehreren Kindern. Buben, so wie ihr es seid, aber auch Mädchen«, sagte sie.
Und weiter: »Wenn der Papa und die Mama gestorben sind, oder wenn sich die Eltern nicht mehr verstehen und sich scheiden lassen, kommen deren Kinder in das SOS-Kinderdorf.«
Ich fragte: »Was für eine Mutter ist das? Auch so eine, wie die böse Pflegemutter?«
»Nein«, sagte sie, »jetzt brauchst keine Angst mehr haben. Das sind ganz liebe Mütter, die ihre Kinder nicht hauen, wie es bei euch war. Ich habe mich genau erkundigt. Auch die von der Fürsorge sagen, dass es euch dort sicher gut gehen wird.«
»Und warum dürfen wir nicht mehr bei dir wohnen?«, wollte

mein Bruder wissen.

Großtante Anna erwiderte: »Ja weißt, mein lieber Alfi. Ich hätte es ja auch gerne. Ich würd' euch so gerne wieder zu mir nehmen. Aber es geht halt leider nicht mehr«, mit einem zaghaften Blick zur Frau der Fürsorge. Diese schwieg, fuhr konzentriert mit dem VW-Bus die Straße entlang.

Die Großtante nach einer kurzen Pause weiter:

»Aber ihr braucht wirklich keine Angst zu haben. So etwas Schlimmes wie in Neder wird euch nie mehr passieren. Ich werde auch der Mutter schreiben, zu der ihr kommt.«

An mich wendend: »Und ihr werdet mir auch schreiben – gell mein Wolferl – wie es euch dort geht.«

»Da sind ja so viele Kinder. Ein ganzes Dorf voller Kinder. Das wird euch sicher gut gefallen. Da habt ihr viele Freunde. Sicher.«

An uns beide gerichtet:

»Ihr müsst mir immer fest schreiben, weil ich euch jetzt nicht mehr so oft besuchen kann. Das SOS-Kinderdorf ist nämlich sehr weit weg von Solbad Hall. Aber ich werde bald kommen, das verspreche ich euch. Ihr seid jetzt so große Buben und könnt schon gut auf euch aufpassen.«...

»Und du lieber Alf, du bist ja der Größere. Pass auf den kleinen Wolferl auf und hilf ihm, wenn er dich braucht. Ihr vertragt euch eh immer gut. Ihr seid ja meine zwei liebsten Buben auf der Welt.«

Soviel zum SOS-Kinderdorf aus der Sicht unserer so sehr geliebten Großtante Anna.

Die Geschichte der SOS-Kinderdörfer begann bald nach dem zweiten Weltkrieg.

Bereits 1949 konnte der Vorarlberger Hermann Gmeiner das erste SOS-Kinderdorf – ausschließlich finanziert mit Spenden von Freunden und Gönnern und mit Hilfe engagierter Mitarbeiter – in Imst (Tirol) aufbauen.

Warum mein Bruder und ich nicht in dieses SOS-Kinderdorf kamen, hatte den hauptsächlichen Grund, dass wir von den leiblichen Eltern so weit wie möglich entfernt leben sollten.

1956 konnte auch in Oberösterreich, nämlich in Altmünster am Traunsee, ein weiteres SOS-Kinderdorf bezogen werden.

Ich möchte aber nicht die Entstehungsgeschichte der SOS-Kinderdörfer dokumentieren. Darüber gibt es in der Zwischenzeit ausführlichste Literatur.

Ich berichte vielmehr über meine Lebenszeit in diesem traumhaften SOS-Kinderdorf Altmünster. Über meine Erlebnisse und meine aufregenden Abenteuer.

17 Mittwoch, 21. November 1956

»Ich bin der Emil und wie heißt du?«, fragte mich der kleine, dunkle Junge mit den schwarzen, geringelten Haaren. Mit großen Augen schaute ich ihn an und dachte mir, warum hat der so eine dunkle Hautfarbe.

Wir standen im ersten Haus des SOS-Kinderdorfes, im Haus Eins, in der Garderobe. Ein paar Kinder starrten uns stumm und neugierig an und warteten, dass wir endlich einen Ton von uns gaben.

»Des isch der Wolferl«, sagte mein Bruder im stärksten Tiroler Dialekt. Ich nickte nur und grinste zaghaft den, der sich Emil nannte, immer noch staunend an.

»Und i bin da Alf, sei großa Bruada«, fuhr mein Bruder fort.

Jetzt sagten auch die anderen bereitwillig, fast artig, ihre Namen.

»Ich bin der große Willi«, sagte einer der Buben.

»Und ich heiße Brigitte«, drängte sich ein kleines Mädchen in die Mitte.

Vom oberen Stock des Hauses hörte man das Zufallen einer Tür.

»Die Mama kommt gleich runter. Sie macht nur eure Betten fertig«, sagte ein anderer zu uns, stellte sich mit, »ich heiß' Wilhelm«, vor und gab uns beiden die Hand.

Verwirrend, soviele Namen und Gesichter. Fröhliche und wissbegierige Kinder. Das kleine Mädchen, das sich mit Brigitte vorgestellt hatte, teilte uns geschwätzig mit:

»Wir haben schon auf euch gewartet. Die Mama hat gesagt, ich darf solange aufbleiben, bis ihr kommt. Gell, ihr kommt aus Tirol, das wissen wir schon von der Mama. Ich weiß das, ihr seid zwei Tiroler.«

Jetzt kam eine brünette Frau die Treppe herunter.

»Und ich bin jetzt eure Mutter«, sagte die sympathische Frau.

»Ihr könnt auch Mama zu mir sagen – wie ihr wollt. Meine Kinder sagen alle Mama zu mir.« Sie lachte uns an und streichelte dabei dem Mädchen Brigitte, das sich an sie lehnte, leicht über den Kopf.

»Ich zeige euch euer Zimmer. Bitte Mama lass mich den beiden Tirolern ihr Zimmer zeigen, bitte-bitte-bitte!«

Brigitte schnappte mich schon an der Hand und wollte mich in das Stiegenhaus ziehen. Die Treppe hinauf, zu den vermeintlichen Schlafzimmern.

Ich widersetzte mich, schüchtern und leicht zögerlich, gab aber doch nach und ließ mich von ihr fortziehen.

»Meinetwegen«, sagte die Frau, die ab jetzt meine Mutter werden sollte, »aber dann gehst du sofort – husch-husch – in dein Bett Brigitte, ja?!«

»Ist schon gut Mama, mach ich.«

Und aufgeweckt zu mir: »Na komm schon Wolferl, trau dich und nimm deinen Bruder auch mit. Ihr habt ein gaaanz-ganz schönes Zimmer. Genauso wie ich.«

Ich ließ mich von Brigitte an der Hand führen.

Mein Bruder folgte uns nun neugierig in das Treppenhaus, im Halbstock. Eine Treppe führte hinunter in das Erdgeschoss, eine zweite Treppe weiter hoch in den ersten Stock.

Das Haus war unendlich groß. Alles so sauber, so neu und modern gestaltet. Die Fenster riesengroß. Da es bereits finster war, spiegelten sich die Wände, die Möbel und natürlich wir in den dunkel anmutenden Scheiben.

Wir gingen mit der kleinen Brigitte, die mich immer noch an

der Hand hielt, die Treppe hoch in das obere Stockwerk. Einen langen Gang nach rechts zu einer Tür, die sie für uns öffnete und den Lichtschalter betätigte. Warmes Licht strahlte aus dem Zimmer.

»Das ist euer Zimmer. In dem einen Bett schläfst du und in dem Bett da schläft dein Bruder. So hat es meine Mama mir gesagt«, berichtete stolz die kleine Brigitte und zeigte auf die jeweiligen Betten.

Ich machte – wie mein Bruder – große Augen.

Ich war sprachlos. Das gab es einfach nicht!

So schöne Betten, ein so schönes Zimmer hatten wir noch nie. Nicht einmal bei unserer geliebten Großtante Anna. Ich werde ihr das bald schreiben müssen, dachte ich mir im Stillen.

So lernten mein Bruder Alf und ich unsere neue Familie im SOS-Kinderdorf Altmünster kennen. Im wunderschönen Salzkammergut.

Nach der langen Bahnreise von Innsbruck nach Gmunden, waren wir alle drei – die Frau der Fürsorge, mein Bruder und ich – schon sehr müde und erschöpft.

Die Zeit im Zug hatten wir uns mit Blechpanzer spielen, Buch lesen und hauptsächlich beim Fenster rausschauen, vertrieben. Die verschneiten Landschaften vorbeifliegen lassen. Die Felder, Städte, Dörfer, Wälder. Hin und wieder ein Fluss, große Berge, kleine Berge, ein See…

Irgendwann wurde ich müde und schlief ein.

Plötzlich aus dem Schlaf gerissen hieß es, wir seien da.

Und doch noch nicht.

Wir waren erst in Gmunden. Es war bereits dunkel geworden und kalt. Wir stiegen aus dem Zug. Ich zitterte. Die Kälte kroch eisig unter die Jacke und in die Hosenbeine.

Ein fröhlicher, drahtiger Mann erwartete uns am Bahnhof in Gmunden.

Von der netten Frau der Fürsorge hatte er uns Kinder übernommen. Sie übergab dem fröhlichen, drahtigen Mann ein paar Akten in einer dicken Mappe.

Die Fürsorge-Frau wollte mit dem nächsten Zug wieder nach Innsbruck zurück fahren. Sie verabschiedete sich von uns sehr herzlich, drückte uns beide noch einmal ganz fest, mit je einem feuchten Schmatz auf unsere Wangen und wünschte uns viel, viel Glück für unsere Zukunft im SOS-Kinderdorf.

Wir gingen mit dem Dorfmeister, so stellte sich der fröhliche Mann uns vor, aus dem Bahnhofsgebäude. Er hatte sich auch unserer Koffer angenommen, die er mit einem Schwung auf einen VW-Pritschenwagen stellte.

Wir standen daneben. Ich hielt meinen Panzer und ein paar Bücher in meiner Hand.

Sollten wir auch da rauf, dachte ich mir – hoffentlich nicht, bei dieser Kälte.

Als würde er meine Gedanken erraten, meinte er aufmunternd zu uns:

»Also, saukalt ist es. Drum, schnell rein mit euch beiden Tiroler-Buben. Ihr kommt nach vorne zu mir.«

Eine Aufforderung, die kein zweites Mal gesagt werden musste. Er hielt uns lachend die Autotür auf und wir kletterten, uns schmal machend, auf den Beifahrersitz.

Zlack und zu, die Autotür.

»Jetzt seid ihr bald bei eurer neuen Mama und in euren feinen, weichen, warmen Bettchen«, sagte er, sich zu uns neigend, knallte seine Tür zu und startete den VW-Pritschenwagen mit unseren beiden Koffern auf der offenen Ladefläche. Ab ging es in die winterkalte Nacht hinaus. Unserer neuen Mutter und den versprochenen weichen, warmen Bettchen entgegen.

»Mei, so a schianes Zimma.« Ich war ergriffen und setze mich vorsichtig auf das Bett. Auf mein eigenes Bett!

An der Kopfseite des Bettes sah ich an der Wand ein Gemälde. Einen Zwerg mit Zipfelmütze, der auf einer Astgabel stand und eine leuchtende Laterne in der Hand hielt.

Das Zimmer war ein heller weißer Raum mit einem sonniggelb bemalten Plafond. Es hatte genügend Platz für drei aneinander gereihte Betten.

Mein Bett war an der Wandseite, unmittelbar rechts neben der Zimmertür, dann kam eine kleine Anrichte, eingebaut als Nachtkästchen. Das mittlere Bett schloss direkt daran an, dann wieder ein Kästchen und noch ein Bett. Dieses dritte Bett stand an der gegenüber liegenden Wand mit großflächigem Fenster.

Drei Kleiderkästen waren in die Wand eingebaut, sodass kein Kasten behindernd im Raum stand. Die Kastenfronten waren ebenfalls sonniggelb, zum Farbton der Decke passend.

Zwischen den Fußenden der Betten und den Kleiderkästen war genügend Freiraum zum Gehen.

Hinter der Tür befand sich in einer Mauernische ein Heizkörper, verblendet mit einer sonniggelben Eternit-Dekorplatte. Ebenfalls plan mit der Wand. Wenn man die Türe bis zum Anschlag öffnete, blickte man in ein großzügig gestaltetes Schlafzimmer.

Mein Bruder bekam das Bett in der Mitte. Ebenfalls mit einem Zwergenbild an der Wand, an der Kopfseite seines Betthauptes.

Das dritte Bett, an der Fensterseite wurde benützt. Man konnte es am leicht zerknitterten Bettzeug erkennen.

Brigitte sah meinen Blick dorthin und sprudelte sofort besserwisserisch darauf los:

»Da schläft der große Willi. Aber der kommt nächstes Jahr ins Jugendhaus und dann ist das Bett frei. Und wenn wer Neuer zu uns kommt, wird das dann sein Bett sein.«

Die sympathische Frau, die unsere Mutter werden sollte, kam jetzt ebenfalls herein und fragte uns, ob uns das Zimmer und die Betten auch gefallen. Wir nickten nur ehrfurchtsvoll, waren sprachlos vor soviel Schönheit und sauberer Bettwäsche. So ein feines Zimmer war nun mein Zimmer. Unser Schlafzimmer.

Die anderen Kinder kamen und schauten der Mutter neugierig zu, wie sie unsere wenigen Habseligkeiten aus den beiden Koffern nahm und in den freien Kästen verstaute.

Jeder von uns hatte jetzt einen eigenen Kleiderkasten. Eine Stange für die Hängesachen, ein paar Fächer für Hemden und Pullover, eine große Lade für Strümpfe, Stutzen und Socken. Oberhalb der eingebauten Kästen gab es noch Stauraum für unsere Koffer, versteckt hinter Schiebetüren.

Mein bunter Blechpanzer hatte sofort seinen Platz auf meinem Kopfpolster.

Brigitte zog mich aber schon wieder aus dem Zimmer und wollte uns den restlichen Teil des Obergeschosses zeigen.

Wieder hinaus auf den langen Gang, der mit einem dunkelgrau gesprenkelten Plastikboden belegt war.

Links, von unserem Zimmer aus, führte der Gang über eine Glastür zum Balkon. Rechts kam man in das mittlere Zimmer – und wie Brigitte erklärte – in ihr Zimmer.

Der Raum glich unserem, war jedoch spiegelverkehrt eingerichtet. Decke, Kastenfront und Heizkörperverkleidung waren himmelblau eingefärbt.

Brigitte stolz: »Und das ist mein Bett.« Sie deutet auf das erste Bett an der Wand (wie mein Bett, ebenfalls an der Wand). Die restlichen zwei Betten waren noch nicht bezogen.

»Das ist das Mädchenzimmer«, eiferte sich Brigitte, uns aufklärend.

Und weiter ging es mit der Raumerkundung. Wieder raus aus dem Zimmer und rein in den dritten Schlafraum, dessen Farbton sich diesmal lindgrün ausmachte. Es war das Schlafzimmer der *Großen*. Jetzt übernahm Emil stolz die Hausführung:

»In dem Zimmer schlafe ich, da im ersten Bett«, er zeigte auf das Bett an der Wand. Das mittlere Bett war unbenützt.

»Und das Bett an der Fensterseite ist dem Wilhelm seines«, wurde uns beiden Neuen erklärt.

Die drei Zimmer glichen sich, wie ein Ei dem anderen. Nur durch die unterschiedlichen Farben waren sie leicht auseinander zu halten: Das gelbe, das blaue und das grüne Schlafzimmer. Alle Zimmer waren mit lackierten Fichtenholz-Parkettböden belegt, die Betten und Nachtkästchen aus furnierten Buchenholz-Platten gezimmert.

Wie in meinem Zimmer belebten auch im Mädchenzimmer – sowie im Zimmer der *Großen* – lustige Tiere, Zwerge oder Elfen die Wand. Über jedem Betthaupt eine Fantasiefigur.

Bunte, mit fröhlichen Motiven bedruckte Vorhänge verzierten die großflächigen Fenster aller Schlafzimmer.

Im Obergeschoss, gleich neben dem Zimmer der *Großen* endete der lange Gang und führte direkt in das Badezimmer.

Dieses Badezimmer erinnerte mich an das Sieben-Zwerge-Haus. Drei Waschmuscheln waren in unterschiedlicher Höhe angebracht. Ebenso versetzt je ein Spiegel über jedem Waschbecken, sodass selbst die Kleinsten beim Zähneputzen und Waschen mühelos zu ihrem Becken gelangten, sich auch im Spiegel betrachten konnten. Oberhalb der Wasserhähne war – wiederum stufenförmig – ein Ablagebord mit Platz für je drei Zahnputzbecher inklusive bunter Zahnbürsten.

Hinter der Badezimmertür befand sich eine eingebaute Sitzbadewanne und ein Heizkörper. Links der Badewanne gab es noch ein kleines Fußwaschbecken. Ein winziges Fenster spendete bei Tage genügend natürliches Licht.

Vor dem Badezimmer gelangte man links in das WC. Ein winziger Raum, in die Dachschräge integriert. Ein Erwachsener bekam hier bestimmt Platzprobleme. Für mich Knirps genügte diese geringe Raumhöhe.

Bemerkenswert: Links an der Wand hing eine Stofftasche mit zurechtgeschnittenen Zeitungsblättern. Unsere zukünftige Mutter erklärte uns den Gebrauch der Zeitungsfetzen als WC-Papier.

»Ihr nehmt ein Papierstück in die Hand und zerknittert es. Dann wird es weicher. Damit könnt ihr euch den Hintern sauberputzen«, sagte sie zu uns, nahm ein Stück aus dem Stofftascherl, zerknüllte und zerrieb es zwischen ihren Händen und zeigte uns das weichere Ergebnis.

»Und nicht vergessen: Auch wenn ihr nur Lulu machen müsst, aufpassen, dass nichts daneben geht«, ermahnte sie uns.

»Und anschließend immer schön runterspülen und Hände waschen nicht vergessen«, erklärte sie weiter, während sie das zerknüllte Papier in die WC-Muschel warf und die Spülung betätigte.

Jetzt wussten wir es. Artig schaute ich zu ihr auf und nickte nur. Mein Bruder ebenfalls.

Der obere Stock war fertig besichtigt. Brigitte übernahm wieder die Führung und trampelte – allen voran – die Stufen hinunter in den Halbstock. Ein großes Gangfenster, das den gesamten Stiegenhausbereich einnahm, gab dem Haus einen offenen Charakter. Das Haus war für mich riesig, so neu und so freundlich hell. Trotz der bereits winterlichen Stimmung und Dunkelheit.

»Das ist der Mama ihr Zimmer, das Mutterzimmer«, sagte Brigitte zu uns oberwichtig.

Es war die Tür, die im Halbstock – wenn man die Treppe herunterkam – links in ein Zimmer führte.

»Da dürfen wir aber nicht hinein – oder aber nur, wenn Mama es erlaubt.«

»Schon gut Brigitte, sag aber auch, dass du die Einzige bist, die immer ohne meine Erlaubnis hinein will.«

Die Mutter, zu uns gewendet: »Ihr werdet sehen, ihr habt sicher genug Platz zum Spielen im Wohnzimmer. Aber ich zeige euch gern mein Zimmer, damit ihr sehen könnt, dass jeder bei uns seinen Platz hat. Auch ich in meinem Zimmer.« Sie öffnete die abgesperrte Tür, in welcher der Schlüssel steckte.

Ein großes Zimmer, sehr persönlich und geschmackvoll eingerichtet, tat sich vor uns auf. An der gegenüberliegenden Wand stand ihr Bett.

Wie in den Kinderzimmern war eine Wand als eingebauter Kleiderschrank ausgeführt. In einem Teil dieses Kastens befanden sich zwei große Vitrinen mit Glasschiebetüren, vollgefüllt mit Büchern und allerlei Ziergegenständen.

In der Mitte des Raumes, zur Fensterseite hin, gab es eine gemütliche Sitzgarnitur – einen niedrigen Couchtisch mit einer Sitzbank und zwei Fauteuils.

Sämtliche Möbel waren in Buche furniert. Ein großes Fenster, wurde von einem bodenlangen, bunten Vorhang verdeckt. Der Plafond war sonnengelb eingefärbt, die Wände in weiß gehalten. Der Fußboden war wiederum mit Fichtenholz-Parkett ausgelegt.

Alles in allem ein gemütliches Zimmer.

»Das ist mein Zimmer«, sagte die Mutter, schloss die Tür und versperrte sie wieder. Ließ den Schlüssel aber stecken.

Weiter ging es, etwa sechs Stufen hinunter, in das Erdgeschoss. Ein kleiner quergelegter Gang, auf dessen linker Stirnseite eine Tür in die Speisekammer und rechts davon eine Tür zur Küche führte.

Vis-a-vis der Küchentür hatte ein weiteres WC seinen Platz.

Rechts neben der Küchentür gelangte man durch eine doppelflügelige Holzrahmentür mit Glasfüllungen in das eigentliche Wohnzimmer.

In dieses wurden wir von allen Kindern geführt. In einen großen, länglichen Raum, der durch einen halbhohen Schrank mit Glasvitrinen geteilt wurde.

In der vorderen Raumhälfte stand ein langer Tisch mit zehn Sesseln. Je ein Sessel an den Stirnseiten, je vier an den beiden langen Seiten. Schwarzlackierte Sessel, in deren Lehne sieben große kreisrunde Löcher ausgebohrt waren.

Gegenüberliegend an der Stirnseite des Tisches wieder ein großes Fenster, jetzt mit zugezogenen bunten Vorhängen.

»Das wird dein Platz sein«, sagte Brigitte zu mir und zeigte auf den dritten Sessel auf der linken Seite des Tisches.

»Und das ist der Platz für deinen Bruder.« Der Sessel neben mir, der Sessel Nummer Vier.

Diese Einteilung der Sitzplätze (merkte ich erst später) war so gehalten, dass die kleineren Kinder in der Nähe der Mutter saßen. Die Mutter selbst saß beim Eingang, an der Stirnseite des Esstisches. Der Tisch war mit einem bäuerlichen rotweiß-karierten Stofftischtuch bedeckt. Darüber lag, sicher der leichteren Reinigung wegen, ein durchsichtiges Plastiktuch.

Wir wurden in die zweite Hälfte des Wohnzimmers weiter geschoben.

Atemlos betrachte ich den großzügigen Raum. Ein, für meine Kinderaugen, riesiger freier Spielplatz. Eine Wand bestand fast nur aus einem Fenster. Rund um den offenen Raum zog sich in U-Form eine Holzbank, nach unten hin offen.

Seitlich links und rechts, oberhalb der Sitzfläche jener Holzbank waren Rückenlehnen in Form schräger Holzklappen angebracht. Dahinter verbargen sich die Schultaschen und Spielsachen der Kinder. Denn jedes Kind besaß je zwei dieser Holzklappen mit dazugehöriger Staufläche. Und diese Holzklappen waren bunt. Bunt in allen Farben, die dem Hause schon vorweg eine unbekümmerte Fröhlichkeit schenkten. Rote, sonnengelbe, himmelblaue, lindgrüne aber auch schwarze Holzklappen. An beiden Wandseiten, links wie rechts, waren je neun Klappen angebracht. Denn neun Kinder sollten das Haus eines Tages beleben. Insgesamt also 18 Wandklappen – und zwei gehörten nun mir.

Eine für meine Schultasche und eine für meine Spielsachen. Spielsachen, die ich noch nicht einmal besaß. Außer meinem bunten Blechpanzer, der mich bis hierher begleitete und der auf meinem Kopfpolster stand.

An der Fensterseite war die Holzbank bis in die Nische des riesigen Blumenfensters (ohne Blumen) verbreitert, sodass sie fast doppelte Tiefe erreichte.

Nachdem die Vorhänge noch nicht zugezogen waren, spiegelte sich der gesamte Raum in der von der Dunkelheit geschwärzten Fensterscheibe. Dadurch nahm er sich noch größer aus.

Ein etwas kleinerer Tisch als der Esstisch sowie vier Holzstockerl (mit schwarz lackierten Sitzflächen) befanden sich links an der einen Holzbank mit den schrägen, bunten Klappen.

Die restliche Fläche war ein traumhafter Spielplatz für alle Kinder.

Der halbhohe Vitrinenkasten als Raumteiler besaß auf der Spielzimmerseite vier hellblaue Schubladen, vier halbierte Glasvitrinen und genügend Stauraum.

In den Glasvitrinen sah ich Bücher und Spiele. Die hellblauen Schubladen gehörten den größeren Kindern für ihre Spielsachen. Die darunter liegenden Stauräume, hinter schwarzen Schiebetüren, waren wiederum für allerlei Krims-Krams vorgesehen.

So wurde uns die Verteilung der Stauräume von den einzelnen Kindern erklärt, indem sie uns ihre jeweiligen Laden, Schubfächer und Klappen – fein säuberlich eingeräumt – vorführten.

Den Fußboden, ein auf Hochglanz polierter, dunkelgrau gesprenkelter Plastikbelag, verdeckte teilweise ein farbenfroher Fleckerlteppich.

Eine kleine Burg aus bunten Holzklötzen war darauf aufgebaut. Die dazugehörige Holzkiste mit den restlichen Bausteinen stand abseits des kleinen Bauwerkes. Kein Holzklotz lag verstreut herum.

»Am Abend muss immer alles zusammengeräumt sein«, sagte meine zukünftige Mutter mit einem Blick in die Runde.

»Nur die fertigen Bauwerke dürfen über Nacht stehen bleiben.« Diese Burg war Emils Werk.

Und weiter an uns zwei staunende Tiroler gewendet:

»Jetzt aber gibt es für euch beide noch was zum Essen. Ihr habt eine lange Reise hinter euch und sicher noch Hunger. Ich mache heißen, frischen Tee und ein paar Butterbrote dazu. Zuviel soll es ja auch nicht sein, sonst könnt ihr nicht gut schlafen.«

Sie zog die Vorhänge der riesigen Fensterwand zu und begab sich in die Küche. Dabei sah ich, dass sich zwischen Küche und Essbereich ein bis zur Decke ragender Mauerdurchbruch mit einer eingebauten Anrichte (der Platz für Besteck und Geschirr) befand. Mit einem Rahmenfenster, das man von oben nach unten zog, konnte der Essraum von der Küche komplett abgeschlossen werden.

Praktisch für das Durchreichen der Speisen, von der Küche zum Esstisch. Praktisch, wenn man Küchendüfte nicht ins Esszimmer kommen lassen wollte. Und äußerst hinderlich, wenn wir durch das Haus fetzten, wie es sich Wochen später für mich herausstellte.

Jetzt war noch der Keller zu begutachten. Beim Verlassen des Wohnzimmers kamen wir linkerhand in den Keller. Direkt hinter der Tür befanden sich Stromzähler und Sicherungskasten, mit Mutters Warnhinweis: *...da dürfen wir nicht hingreifen, weil das sehr, sehr gefährlich sein kann.*

Daneben hingen aufgereiht Besen, Mistschaufel und Handbesen. Am Boden stand ein schwerer Metallblock in Form und Größe einer Schuhschachtel, aus dem mittig ein Holzstab mit einem Spatengriff herausragte. Die Bodenbürste, wurde uns gesagt, zum Aufpolieren der Plastikböden. Deswegen glänzten und spiegelten auch alle Fußböden so intensiv.

Eine steile Betontreppe führte in die Tiefe des Kellers. Unten angekommen sahen wir einen großen Raum, der zur Hälfte durch einen Holzverschlag geteilt war. Die linke Hälfte lag fast im Dunkeln, doch bei genauem Hinsehen erkannte ich einen großen Berg, kinderhandgroße schwarze Steine, wie ich sie noch nie gesehen hatte. Koks wurden diese Bruchstücke hier genannt und dienten zum Beheizen des gesamten Hauses.

Die rechte Hälfte des Verschlages war der Vorratskeller. Gestapelte Holzkisten, gefüllt mit Äpfeln, Kartoffeln und anderen Gemüsesorten waren zu sehen.

An der Wandseite gab es ein langes schlitzartiges Fenster. Darunter Regale mit vielen Schuhen. Hohe Schuhe für den Winter, Halbschuhe für die warmen Tage. Schlapfen, Sandalen sowie eine kleine Holzkiste, voll mit Schuhcreme-Dosen (Erdal, die mit dem Frosch auf dem Blechdeckel), verschiedenen harten und weichen Schuhbürsten und einer Unzahl von Stofffetzen.

»Die Schuhe müssen jeden Tag geputzt werden. Jede Woche werden zwei Kinder zum Schuheputzen eingeteilt«, erklärte uns diesmal Wilhelm.

»Zuerst mit der Kotbürste, das ist die harte da«, und zeigte sie.

»Dann werden die Schuhe mit der Creme eingeschmiert. Die Creme muss man eintrocknen lassen. Mit der Glanzbürste oder mit einem Fetzen werden sie zum Schluss aufpoliert. Und wenn man noch mit Spucke nachhilft, glänzen sie besonders. Die Schuhe müssen nämlich immer blitzsauber sein, wenn sie die Mama am Abend kontrolliert.«

An der Treppenseite stand ein gewaltiges eisernes Ofen-Ungetüm, von dem dicke Heizungsrohre wegführten und im gegenüber liegenden Eck in der Decke verschwanden.

Der Ofen verbreitete wohlige Wärme, die er gleichzeitig – durch Heizkörper – dem gesamten Haus spendete.

Einheizen sowie den Ofen bedienen durfte nur die Mutter, wurde uns erklärt.

Ich fühlte mich in diesem Keller überhaupt nicht wohl. Er erinnerte mich so sehr an mein Gefängnis in Neder. An die grausame Pflegemutter.

Ich verdrückte mich unauffällig wieder hinauf in das Wohnzimmer. Die anderen kamen erst nach einiger Zeit nach.

Mein Bruder und ich saßen am Esstisch (auf den zugewiesenen Plätzen), tranken heißen Tee und kauten hungrig unsere Butterbrote. Ein paar der Kinder setzten sich zu uns und erklärten, wie *Dies und Das* bei uns (bei uns!) gehandhabt würde.
Ich fühlte mich als wäre ich in einem Traum.
In einem wunderschönen Traum. Hoffentlich würde ich nie, nie mehr davon aufwachen. Das Haus, die Zimmer, die Möbel – alles war wunderschön und so sauber.
Alles war so angenehm fremd.

Brigitte, ein Jahr jünger als ich, hatte sich mich speziell ausgesucht. Um mich genau über den Tagesablauf zu Hause, über das Dorf, über den Weg zur Schule... aufzuklären. Vor allem aber, um über ihre bereits gewonnenen Freunde und Freundinnen zu berichten.
Zuviele Einflüsse strömten auf mich ein. Also saß ich nur, nippte an der weißen Teetasse, mit blauen Tupfen, kaute eifrig an meinem Butterbrot und deutete überwältigt von all den neuen Eindrücken nur ein *Ja* oder ein *Nein*. So wie es gerade zum Erzählten passte.
Brigitte erblickte meine kantige Uralt-Schultasche mit heraushängendem Schwamm und Stofffetzerl und begann zu kichern. Hellauf lachend verkündete sie:
»Was? – Ihr habt noch eine Schiefertafel? *Unsere* schreiben schon längst mit Bleistiften in die Hefte.«
Mit *Unsere* meinte sie die größeren Kinder, da sie selbst noch nicht zur Schule ging.
Ich schämte mich wegen meiner Schiefertafel und sagte nichts. Guckte nur stumm zu meinem Bruder hin.
Dabei war ich so stolz auf meine Schiefertafel. Auf meine schönen Zeichnungen, die sicher noch von der letzten Zeichen-

stunde aus der Volksschule in Neder auf der Tafel waren. Ich wollte sie gerade aus meiner Schultasche auspacken und sie herumzeigen.

Da kam die Mutter aus dem oberen Stock herunter und unterbrach mein Vorhaben:

»Das könnt ihr alles morgen machen«, sagte sie, »jetzt gehen unsere zwei müden Tiroler erst mal ins Bett.«

Wir waren mit Essen und Trinken fertig. Sie zeigte uns in der Küche das Abwaschbecken, wo wir das benutzte Geschirr hineinstellten.

Die Küche war ein großer, länglicher Raum.

Kam man zur Tür herein, befand sich links (an der kurzen Seite) zuerst ein schmaler Allesbrennerherd, direkt anschließend ein Elektroherd mit Backrohr.

Die Längsseite der Küche war mit Unterschränken und Oberkästen verbaut. In der Mitte der Arbeitsplatte befand sich eine eingebaute Nirosta-Abwäsche, mit zwei Spülbecken und einer großen Abtropffläche.

Die kurze Wand – um die Ecke – war nur mit Unterschränken verbaut, weil ein großzügiges Fenster Oberkästen keinen Platz ließ.

In der Fensternische standen, in bunte kleine Töpfchen eingepflanzt, verschiedene Kakteen. Sie reckten fürwitzig ihre stacheligen Körper gegen das Fenster, als wollten sie es glatt durchstechen. Dieses Fenster hatte keine Vorhänge.

An der freien rechten Wand fanden ein quadratischer Küchentisch und drei Stockerln ihren Platz. Daneben war wieder dieser Mauerdurchbruch, die sogenannte *Durchreich*, die den Blick in den Essraum hinein freigab.

Daneben hing – von der Tür verdeckt – ein Heizkörper.

Die Fronten der Küche waren ebenfalls bunt und farbharmonisch gehalten. Die Schubladen der Unterschränke in hellblau (wie beim Wohnzimmerschrank), die darunter liegenden Schiebefächer in weiß gehalten.

Die Oberkästen hatten teilweise weiß lackierte Schiebetüren sowie Schiebetüren aus Milchglas.

Die enorm lange Arbeitsplatte war, ebenso wie die Küchentischplatte, hellblau-grau-weiß gesprenkelt.

In der Nähe des Fensters stand eine Brotmaschine, fix montiert.

»Gell, die gefällt euch – unsere Küche«, meinte die Mutter stolz, nachdem sie unsere bewundernden Augen über ihre Küche wandern sah.

»Aber jetzt ins Bett mit euch. Morgen könnt ihr bei Tage alles besser bewundern und auskundschaften. Auch die anderen Häuser, das ganze Dorf.«

Sie ging uns voraus, hinauf zu den Zimmern im ersten Stock, in unser neues, wohlig temperiertes Schlafzimmer.

Oben angekommen erhielten wir jeder einen Pyjama.

Wahnsinn, ein neuer Flanell-Pyjama! Wenn auch meiner etwas zu groß geraten – oder ich einfach darin zu klein war.

Bei der Pflegemutter schliefen wir mit dem, was wir gerade anhatten. Und wenn es kalt wurde, zogen wir alles an was wir sonst noch besaßen. Und das war verdammt wenig.

Die Mutter ging mit uns ins Badezimmer, zeigte uns unseren Zahnputzbecher, unsere Zahnbürste und die Zahnpasta, ein weißes Pulver, in einer kleinen ovalen Kartonschachtel aufbewahrt, mit Minzegeschmack.

Mein Bruder und ich mussten mit der leicht angefeuchteten Zahnbürste in das weiße Pulver eintauchen – dann rein in den Mund damit und schön die Zähne bürsten. Solange, bis sich aus dem Pulver weißer Schaum im und um den Mund bildete.

Ich stand vor dem niedrigsten Waschbecken und sah mir im Spiegel beim Zähneputzen zu. Schaum quoll zusehends aus meinem Mund – für Schaumblasenspiele.

Ich beobachtete meinen Bruder, der – ein Waschbecken

höher – neben mir stand. Wir guckten uns an, schnitten Grimassen und putzten um die Wette, als galt es, einen Preis für die sauberst-geputzten, strahlend-weißesten Zähne zu gewinnen. So wie es auf der ovalen Zahnpastaschachtel stand.

Für strahlend weiße Zähne. Bestätigt durch eine abgebildete strahlend-weiße doppelte Zahnreihe, umrandet von vollmundigen, roten Lippen.

Warmes Wasser – ja, wirklich warmes Wasser!

Sogar heißes Wasser. Je nach Drehen an der Armatur, dem Kreuzhahn mit dem roten Symbol für heißes Wasser. Dazu ein klobiges Stück Hirsch-Seife zum Waschen, die angenehm frisch duftete!

Mit nacktem Oberkörper spielte ich mit dem Wasserstrahl. Füllte meinen Zahnputzbecher mit warmen Wasser und ließ es über meinen Arm, in meine hohle Hand, über die Finger fließen.

Ich stöpselte das Waschbecken zu und ließ wohlig-warmes Wasser plätschern – bis sich das Becken fast bis zum Rand hin füllte.

Der Hirsch-Seife entlockte ich weichen, flaumigen Schaum, den ich gleichmäßig im Gesicht, auf den Armen, Händen und Fingern verteilte. So bedeckt eingeseift tauchte ich zuerst Hände und Arme, dann das Gesicht bis zu den Ohren in das kleine Waschbecken und genoss die wohlige Wasserwärme.

Die Augen geschlossen, verharrte ich sekundenlang und fühlte das warme Wasser, die Existenz dieses flüssigen Elementes. Ich bekam ein bisher nie gekanntes Gefühl der Sicherheit. Ein wohliger Schauer ließ meinen Nackenflaum aufstellen. Eine feine Gänsehaut überzog meinen Körper.

Wie fein – für den Rest meines Lebens warmes Wasser. Zum Zähneputzen, zum Waschen, zum Baden... zum Spielen...

Doch plötzlich...

Mein Bruder wurde übermütig und tauchte mich unter, sodass

mir Wasser in die Ohren schoss und mir vor Schreck die Luft wegblieb. Ich zog, um Luft zu schnappen, ruckartig meinen Kopf aus dem Wasser und holte mir dabei am Wasserhahn eine gewaltige Beule.

Mein Bruder, der Schuft. Er nützte meine totale Hingabe zum (für mich) neuen Element *warmes Wasser* und meine daraus resultierende Wehrlosigkeit voll aus!

Schwupp, ein voller Becher Seifenwasser als Revanche, landete, von mir gezielt geschüttet, in seiner grinsenden Visage.

Er klitschnass – und wir quitt. Wir waren einander nicht böse, wir waren einfach nur übermütig – und überglücklich.

Heimlich wischten wir mit den Handtüchern die entstandene Pritschlerei von den Fliesen und vom Boden weg. Niemand durfte unsere Überschwemmung entdecken.

Noch nicht einmal einen vollen Tag im SOS-Kinderdorf – und wir wären schon für eine Bestrafung fällig. Welch schrecklicher Gedanke.

Die Mutter wartete im Schlafzimmer auf uns. Artig zeigten wir, dass wir sauber gewaschen waren. Hände, Gesicht, Ohren. Alles wurde kontrolliert.

»Die Finger- und Zehennägel werden ausnahmsweise erst morgen geschnitten. Für heute reichts auch so«, teilte sie uns mit. Zufrieden mit dem Ergebnis ließ sie uns ins Bett steigen. In das weiche, frische, saubere – in das erste eigene Bett!

Mit einer bauschigen Tuchent und einem kuscheligen Polster. Ich versank in der Matratze, mit der wohligen Gewissheit, dass dies kein Traum war. Wir waren im Paradies.

Ja, ich war im Paradies angekommen. Mein Bruder und ich waren im Himmel auf Erden. Im Wunderland-Paradies, das sich SOS-Kinderdorf nannte.

Müde von der Reise, den gewaltigen, neuen Einflüssen, die auf mich einwirkten und mit einem Kreuz, von der neuen Mutter mit Weihwasser auf unsere Stirn gezeichnet, schlief ich ein.

Das Weihwasser hatte sie einem kleinen Keramikbehälter, der oberhalb des Lichtschalters hing, entnommen.

Meinen bunten Blechpanzer hielt ich fest in der Hand.

18 Nasse Hosen und Neurosen

Traumlos waren meine Nächte.

So, als müsste sich meine kleine Seele von dem positiven Schock, der wundersamen Veränderung meiner Lebenslage, erst erholen.

Die kommenden Wochen und Monate waren ausgefüllt mit dem Kennenlernen vieler neuer Menschen, Landschaften und Örtlichkeiten.

Einer totalen Umwandlung gleich, veränderte auch ich mich. Unsicher, vorsichtig und behutsam.

Langsam erwachte ich aus meiner seelisch trostlosen Erstarrung, die ich vom Pflegeplatz in Neder mitnahm. Die in mir, abgekapselt wie ein Krebsgeschwür, verankert war.

Langsam, ganz langsam vergaß ich allmählich, was ich bisher durchmachen musste.

Zumindest äußerlich – mein erster, leiser Erfolg.

Was mir aber nach-wie-vor entsetzlich peinlich war:
Ich machte noch immer ins Bett. Nacht für Nacht.

Verdammt, ich war noch immer Bettnässer, fast ein Jahr lang. Bis zum Beginn meines zweiten Schuljahres.

Eine sichtbare Nachwirkung vom Neder-Horror-Pflegeplatz. Ich hatte in der Nacht einfach keinen Einfluss auf meine Blase. Regelmäßig war mein Bett morgens nass.

Es war für mich wie ein aussichtsloser Kampf, ein Fight mit

mir selbst. Den ich immer wieder verlor. Jede Nacht.

An jedem Morgen war ich deswegen völlig verzweifelt und schämte mich in Grund und Boden.

Es sprach sich schnell herum, dass ich Bettnässer war. Ich wurde deswegen gehänselt und verspottet. *Du Bettbrunzer du... du Bettschiffer...*

Oh-Gott-oh-Gott, was war ich verzweifelt deswegen.

Doch die Mutter war mit mir geduldig. Mit uns, denn meinem Bruder erging es genauso. Er litt noch viele Jahre länger darunter.

Dann plötzlich gelang es mir und ich wurde, wie man so schön sagt, *über Nacht trocken.* Ich brauchte keine Kautschukeinlage mehr.

Ein Wunder – mein Bett war staubtrocken und blieb es. Sicher, hin und wieder passierte mir schon noch manche Bettnässung. Wenn ich besonders unter psychischem Druck, hauptsächlich unter Schulstress, stand.

Dennoch – wie war ich stolz auf mich!

Es gelang mir mit Hilfe eines Psychologen, der sich einmal monatlich im SOS-Kinderdorf jener Kinder annahm, die durch ihre Vergangenheit seelisch *geprägt* waren. Wie eben mein Bruder und ich mit unserem *feuchten* Problem.

Der Herr Onkel Doktor sprach mit mir über alles mögliche, ließ mich endlos viele Bilder malen. Mein Glück, meine Lieblingsbeschäftigung: Zeichnen und Malen. Auch zur Freude des Onkel Doktors.

Kurz, ich hatte mich selbst ausgetrickst und mich buchstäblich nachttrocken gezeichnet. Von nun an sollte ich clean bleiben.

1957 wurde ich sieben Jahre alt und genauso lang dauerte es. Sieben Jahre – immer ein nasses Nachtlager.

Sicher, Bettnässen war mein ohnmächtiger Protest gegen die unmenschliche Behandlung. Gegen Schläge, gegen Misshandlungen, gegen das Von-den-Eltern-verlassen-Werden.

Einfach gegen alles, dem ich (noch) nicht gewachsen war.

19 *Eine neue Heimat...*

Das SOS-Kinderdorf Altmünster wird für mich mein Leben lang ein besonderer Platz – mein erstes, wirklich bewusstes und von mir angenommenes Zuhause – sein.

Mein SOS-Kinderdorf. Wie heimelig, wie liebevoll sich diese paar Worte in meine Seele einritzen.

Es liegt auf einer Anhöhe, mit einem fantastischen Blick auf den glitzernden Traunsee, mit dem buckligen *Grünberg*, dem mächtigen *Traunstein* (1.691 m), der markanten *Schlafenden Griechin*, dem gewaltigen *Feuerkogel-Massiv*, dem *Sonnstein* bei Traunkirchen...

Im Rücken des SOS-Kinderdorfes erhebt sich der 884 Meter hohe und dicht bewaldete *Gmundnerberg*, links davon der *Grasberg*...

Sicher, es ist nicht eine so grandios-bizarre Bergwelt wie jene in Tirol. Jedoch – eine fatale Erkenntnis drängt sich mir auf:

Eine Landschaft konnte noch so traumhaft sein – wenn mir dort Schlimmes widerfuhr, bekam diese Gegend für mich immer etwas Unbehagliches, ja sogar Drohendes.

Meine Orte des Grauens: *Neder im wunderschönen Stubaital*, aber auch *Solbad Hall*. Ich fühle mich (auch heute noch) dort nie wohl. Obgleich diese Orte, diese Gegenden atemberaubend schön, romantisch, völlig neutral und unschuldig sind.

Es sind eben die Erinnerungen an Menschen und die grausamen Erlebnisse mit ihnen, die diese Gegenden für mich immer unsympathisch erscheinen lassen.

Genauso ergeht es mir auch (immer noch) mit der Sprache: Ich lehne diesen derben Tiroler Dialekt völlig ab. Er hatte mich – durch böse Menschen – viel zu oft niedergebrüllt, gedemütigt und verängstigt.

Ich kann ihn zwar immer noch. Er liegt mir wie eine Krankheit im Hals. Und ich veräpple meine Freunde damit, wenn ich mit Absicht und übertrieben tirolere. Mit dem harten *ckkk* wie bei *Speckkkknödl*.

Eine Leseprobe: *Kumm horch amol zua, du Bua. Du bisch doch mei beschta Freind. Hosch a bissele a Zeit fürr mi – kumm schaug da des un, wos i dirr do zoagn mecht. Rach da obar zscherscht oane un, weil des isch total schpannend, wosd jetz segn wiasch. Da hosch an Oschnbecha fia dei Zigrettn, falls da vorr Schreckk von de Finga fallt...*

Wie sehr liebe ich dagegen den lieblichen oberösterreichischen Dialekt. Dieses *oans, zwoa, drei, viere...*

Und es ist das heimelige *Salzkammergut*, das mir ans Herz gewachsen ist. Vor allem durch die vielen wunderschönen Erlebnisse, die mir hier zuteil wurden – mein liebster Fleck der Welt. Es zieht mich auch immer wieder dorthin zurück.

Etwa eine halbe Stunde dauert der Fußweg vom SOS-Kinderdorf in das Zentrum des kleinen Ortes.

Altmünster. Mit seiner gewaltigen Kirche – in drei Baustilen erbaut, vereint sie die Romanik-, Gotik- und Renaissance-Bauweise. Die Kirche liegt etwas erhöht, als blicke sie gnädig über die rundum gereihten Häuser. Kleine Geschäfte, ein paar Lokale, Pensionen, kleinere Hotels. Der See, die Seepromenade und der majestätische Blick auf den Traunstein. Die volle Breitseite des Berges – den schönsten Blick hat man von Altmünster auf diesen Berg. Sagen alle. Zeigen als Beweis sämtliche Ansichtskarten.

Man könnte sagen: stille Idylle und nicht viel los hier. Für mich war es die Wunderwelt aller Abenteuer, das Nachholen von so viel Versäumtem. Im Laufe der Jahre – mein erstes glückliches Leben. Die Ausbeute einer unerschöpflichen Quelle an Liebe, Zuwendung, Freude, unendlicher Fantasie...

In einer knappen Stunde Spazierweg – vorbei an satten Weidenwiesen und gemütlichen Landhäusern mit ihren blühenden Vorgärten – erreicht man den Kurort Gmunden, eine ehemalige Salzhandelsstadt, deren Ursprung bis in die Hallstattzeit reicht.

Gmunden, direkt am Ende des Traunsees gelegen, wo sich die Traun in Richtung Linz zur Donau schlängelt.

Gmunden, mit seinem geschichtsträchtigen und für viele Filme entdeckten Schloss Ort, inmitten des Traunsees gelegen.

Gmunden, mit seinen versteckten und wunderschön bemalten Häusern, die sich an engen, steilen und so sehr verträumten Gasserln aneinander reihen.

Wie sehr habe ich diese begnadete Gegend samt den Orten rund um den Traunsee liebgewonnen:

Altmünster, Gmunden, Traunkirchen, Ebensee...
Die Berge, die Felsen, die dunklen Wälder...
Die saftigen Wiesen, fruchtvolle Felder...
Die Menschen und Häuser, den stillen See...

Es gibt ein wahrhaft inniges Lied – diese Landeshymne von Oberösterreich – die mir so sehr in der Seele klingt, wenn ich von meiner neuen Heimat spreche. Und die ich auch in der Schule, in der Singstunde, besonders hingebungsvoll trällerte:

Hoamatland, Hoamatland – di han i so gern
wiar a Kinderl sein Muader – a Hünderl sein Herrn...

(Aus »Hoamatgsang«, Text: Franz Stelzhammer, Musik: Hans Schnopfhagen)

20 ...und eine richtige Familie

In meiner ersten Zeit im SOS-Kinderdorf gab es bereits sieben bewohnte Häuser und weitere waren in Bau. Und in jedem Haus lebten sechs bis neun Kinder mit ihrer jeweiligen neuen Mutter.

Der Dorfleiter hatte sein Büro im Haus 4 und war für das Organisatorische insgesamt verantwortlich. Für den täglichen Betrieb des Kinderdorfes, für die Abwicklungen mit den Ämtern und Behörden, mit den Ärzten, mit den Schulen – aber auch für die Belange der Mütter und deren Kinder war er zuständig.

Der Dorfmeister – ein handwerklicher Tausendsassa – setzte sich für das reibungslose Funktionieren von Haus und Garten sowie der gesamten Kinderdorfanlage ein. Verstopfte Abflussrohre und Dachrinnen durchputzen, kaputte Elektrogeräte reparieren... im Sommer Rasenmähen und Heckenschneiden... im Winter Schneeräumen und Sandstreuen. So manches Plauscherl mit den Müttern führen. Den Buben beim Drachenbauen helfen, den Mädchen die Puppenwagen reparieren. Seine Werkstätte war sein Heiligtum und eine wahre Fundgrube mit allerlei Brauchbarem.

1956 als ich in das SOS-Kinderdorf in Altmünster kam, war es noch neu, wie ein frisch-lackiertes Hutschpferd. Es gab noch keine rechten Grünflächen, sondern vorwiegend aufgeworfene Erdberge. Der Kelleraushub als riesiger Erdhaufen neben jedem neuerbautem Haus. Eine provisorische Schotterstraße schlängelte sich durch das Dorf. Von dieser führte ein mit Steinplatten belegter Weg zu jedem Haus.

Meine erste Nacht. Durchgeschlafen, traumlos – fast wie tot. Morgenwäsche, Zähneputzen – mit warmem Wasser.
Nach dem Frühstück – heiße Milch und gut schmeckende Schwarzbrotscheiben – gab es von der neuen Mutter für jedes Kind vier winzige Kalktabletten für den Aufbau der Zähne.
Kalktabletten, die man zerbeißen und kauen musste, mit etwas süßlichem Nachgeschmack. Lecker wie PEZ-Pastillen.
Diese Tabletten sind wichtig für gesunde Zähne, hieß es.
Lecker auch vor allem, weil ich nie wieder – wie in Neder auf dem Pflegeplatz – zerstoßene Eierschalen mit Zucker runterwürgen und auskotzen musste!

Die größeren Kinder, Willi und Wilhelm, gingen nach dem Frühstück, mit ihren Schultaschen auf dem Rücken, in die Volksschule nach Altmünster.
Die kleineren Kinder, Emil und Brigitte, blieben im Haus bei der Mutter. Auch mein Bruder Alf und ich durften noch daheim bleiben. Damit wir uns schön langsam eingewöhnen konnten.
Emil und Brigitte sollten uns nun das SOS-Kinderdorf zeigen. Begeistert stimmten beide zu und so stapften wir, dick eingepackt in Winterklamotten, die wir von der Mutter erhielten, zu viert hinaus in die SOS-Kinderdorfwelt.
Wir gingen zuerst die sieben bewohnten Häuser ab, bis zu der Stelle zwischen Haus 6 und Haus 7, wo sich uns ein atemberaubender Panoramablick über den Traunsee bot.
Tief dunkelgraublau lag der See, schwer eingerahmt von der schneebedeckten Bergkulisse. Welch ein Anblick und Ausblick.
»Seid ihr die beiden Neuen vom Einser-Haus?«, hörten wir eine angenehme Frauenstimme. Die Mutter vom Haus 6 kam uns – ein paar Treppen heruntersteigend – den Steinweg entlang ent-

gegen, nachdem sie uns von ihrem Gangfenster aus beobachtet hatte.

Was ich später erfuhr: Es wurden alle Neuankömmlinge zu diesem Platz mit dem supertollen Panoramablick geführt.

»Ja, das sind sie«, quasselte Brigitte wichtig drauflos, »der Alf und sein Bruder, der Wolfi, aus Tirol.«

Wir stellten uns vor – erst mein Bruder, dann ich – und gaben ihr artig die Hand. Sie sah uns freundlich an.

»Und ich bin die Mutter vom Sechser-Haus«, und weiter, »da bei uns wird es euch sicher sehr gefallen. Da wollt ihr dann nie mehr weg, das könnt ihr mir glauben. Weil mir ist es genauso ergangen.«

Sie zeigte uns dabei die Berge und erklärte uns, wie sie alle hießen. Erzählte uns vom Ort Altmünster und wo Gmunden lag.

Und auf die Frage meines Bruders, wie weit weg unsere ehemalige Heimat Tirol lag:

»Von dort her kommt ihr«, in Richtung Westen zeigend, »fast 300 Kilometer entfernt von hier. Jetzt seid ihr bei uns in Oberösterreich, im schönen Salzkammergut.«

Ich war begeistert. Mir gefiel es hier allemal besser als anderswo. So viele Berge und sogar ein See.

Hohe Berge war ich zwar von Tirol her schon gewohnt. Aber der Traunsee hatte mich einfach überwältigt. Für mich war er damals so groß wie das Meer. Nachdem ich in meinem bisherigen Leben noch nie einen See gesehen hatte – und schon gar nicht das Meer.

Die ersten sieben Häuser waren in lockerer Formation hintereinander gebaut. Alle hatten dieselbe Hausform.

Nur durch buntbemalte Mauerflächen (unter den drei Kinderzimmerfenstern) unterschieden sich die Häuser. So gab es rote, blaue, grüne, gelbe, braune Häuserseiten, eine fröhliche Mischung an kräftigen Farben. Gerade recht in der nebligtristen, schneebedeckten November-Landschaft.

Zwischen den Häusern waren genügend Freiflächen für zukünftige Gärten und Spielwiesen vorgesehen. Jetzt aber noch als wintergefrorene Erdhaufen zu bewundern, die im Frühjahr, wenn das Erdreich wieder auftaute, mit dem Caterpillar eingeebnet wurden. Der Caterpillar stand auch schon, weithin orange leuchtend, zwischen Haus 2 und 3. Wie ein bunter Farbklecks in der grauweißen Winterlandschaft.

Weitere Häuser – von Haus 8 bis Haus 11 – waren noch im Rohbau. Diese hatten wiederum eine andere Hausform. Und für die letzten Häuser, von Haus 12 bis Haus 14 sowie für das Berghaus, waren die Baustellen (teilweise schon mit Kelleraushub) vorbereitet.

Das SOS-Kinderdorf war im November 1956 eine riesige Baustelle. Eines Tages würde es insgesamt fünfzehn Häuser zählen. Dazu ein Kindergarten, ein Gästewohnhaus und ein großes Gemeindehaus.

Vorerst war es aber noch ein riesiger Bau-Spielplatz für etwa sechzig Kinder und für uns zwei Tiroler Buben, Alf und Wolferl.

Mein erster Eindruck am sehr kalten Wintermorgen des 22. Novembers 1956, einem Donnerstag.

An meinem ersten Tag im SOS-Kinderdorf Altmünster.

»Bist du der mit dem Panzer?«

Eines Tages kam ein Junge auf mich zu, der sich als Heinzi vom Haus 6 ausgab. Heinzi, ein schmaler Junge von etwa acht Jahren, mit schwarzen Haaren.

»Bist du der mit dem Panzer? Ich habe nämlich viele Soldaten, Cowboys, Indianer und wilde Tiere. Wenn du willst, zeige ich sie dir. Wir können auch tauschen. Ich geb dir für deinen Panzer... sagen wir... zwanzig Tiere.«

Ich, neugierig zu ihm: »Zeig mir was du alles hast. Wenn mir deine Viecher gefallen, dann tausche ich. Aber lieber wären mir eigentlich Soldaten. Kämpfende und schießende – und sehr beschädigt dürfen sie auch nicht sein. Ich will mir deine Soldaten erst einmal anschauen. Aber ich will mehr dafür. Weil mein Panzer ist noch fast neu. Und aus seinem Kanonenrohr kann er Funken schleudern... vierzig Soldaten... einverstanden?«

Und weiter zu ihm: »Aber komm doch einfach mit, ich hole den Panzer. Dann kannst du dich selbst überzeugen, wie gut der fährt und schießt.«

So begann meine jahrelange Freundschaft mit dem Heinzi vom Haus 6 – von jener Mutter aus dem Haus mit dem fantastischen Traunsee-Panoramablick.

Bereits in den ersten Wochen war ich ein ständiger Besucher beim Heinzi im Sechser-Haus.

Er hatte eine gewaltige Sammlung dieser aus Sägemehl gepressten und lebensecht bemalten Figuren.

Soldaten – stehend, hockend und liegend schießende. Weiters ein ganzes Heer marschierender Landser. Endlos viele Pferde, auf die man Soldaten draufsetzen konnte. Kanonen und Flakgeschütze aus Blech, undundund...

Außerdem konnte er mit gleicher Anzahl von Cowboys und Indianern (stehend, hockend, liegend, kämpfend und sterbend) sowie mit Pferden und Indianerzelten aus echtem Stoff (!) – alles in derselben Ausführung wie seine Soldaten – aufwarten.

Als Tupfen auf dem »i« sozusagen, besaß er noch einen Tiergarten voll exotischer, gefährlicher Tiere. Löwen, Tiger, Giraffen, Affen...

Ich war perplex und es ihm heimlich neidig. So viel traumhaftes Spielzeug – und in dieser Menge. Ich hatte es bisher nur zu einem bunten Blechpanzer gebracht.

Er war wiederum so von meinem Panzer angetan und wollte ihn unbedingt haben. Wir einigten uns letztendlich auf sechzig Soldaten-Figuren, die er für meinen Panzer auswählte.

Beide waren wir einverstanden – und so verwandelte sich mein heißgeliebter bunter Blechpanzer in sechzig stramme, kriegsführende Soldaten.

Als ich Heinzi fragte, woher er denn diese vielen Soldaten, Indianer und wilden Tiere habe, meinte er nur geheimnisvoll, das erzähle er mir ein andermal. Vielleicht...

Montag, 3. Dezember 1956

Mein erster Schultag in der Volksschule Altmünster, nach einer Woche Eingewöhnung im SOS-Kinderdorf.

Acht Uhr morgens:

»...und das ist unser neuer Schüler aus Tirol,« erklärte die Lehrerin. Nachdem sie mich an der Hand in das Klassenzimmer, die erste Klasse, führte.

Sie, die Frau Lehrerin – eine mollige, mütterliche Frau – nahm mich und schob mich vor zur Tafel.

Schüchtern stand ich mit meiner eckigen Schultasche am Rücken, aus der Schwamm und Fetzerl der Schiefertafel herausbaumelten und guckte verschreckt in das übervolle Klassenzimmer. Über dreißig Augenpaare starrten mich neugierig und stumm an.

»Sag schön deinen Namen und wo du wohnst«, ermunterte mich freundlich die Lehrerin.

»Ich... ich... ich... heiße... Wolfgang, und... und... und wohne im Kinderdorf«, flüsterte, ja stotterte ich fast unhörbar und schwitzte vor Aufregung.

»Ja, das ist unser Wolfgang aus dem SOS-Kinderdorf«, unterstützte mich die Lehrerin, »der sehr gut zeichnen kann...«

»Jetzt suchen wir einen Platz für ihn. Du Petra sitzt ja momentan alleine. Neben dir wird jetzt der Wolfgang sitzen.«

Ich wurde rot wie eine überreife Tomate und setzte mich auf

den zugewiesenen Platz.

Woher wusste die Lehrerin das mit dem Zeichnen? Sicher vom SOS-Kinderdorfleiter.

Meine Schiefertafel hatte bereits am ersten Tag ausgedient und wurde durch ein liniertes Schreibheft ersetzt. Statt der Griffel bekam ich von der Lehrerin ein paar Bleistifte.

In der Pause fragte mich Petra, meine Sitznachbarin, woher ich denn komme und warum ich in das SOS-Kinderdorf kam. Wie es mir dort gehe, wer meine Eltern seien…

Und los ging die Schule – das Lernen, Schreiben, Lesen, Rechnen, Zeichnen und das Hausaufgaben machen.

Die ersten Monate…

…im SOS-Kinderdorf erlebte ich wie in Trance. Die neue Umgebung, eine neue Mutter, neue tägliche Rituale, die Schule samt Lehrer und vor allem die vielen Kinder im SOS-Kinderdorf verlangten mir einen total geänderten Lebensrhythmus ab, den ich jedoch gerne annahm.

Das SOS-Kinderdorf war das Paradies. Für mich, den bisher verschreckten, aber in der Zwischenzeit schön langsam auftauenden und sich akklimatisierenden kleinen Wolferl.

Ich hatte damals das Gefühl, als hätte ich meine schlimme Zeit in Neder in Watte gepackt und verschnürt. Versteckt – im letzten Eck meiner Seele. Verdrängt – um sie ja nie wieder hervorzuholen. Ich begann schön langsam diese Zeit zu vergessen.

In der Schule war ich noch ziemlich verschreckt, misstrauisch und extrem schüchtern. Verhielt mich daher völlig unauffällig. Während des Unterrichtes, während der Pausen. Vor der Schule, in der Klasse, nach der Schule und am täglichen Schulweg.

Zu Petra, meiner Sitznachbarin, hatte ich aber bald Vertrauen gewonnen. Sie war sehr fürsorglich und interessierte sich neugierig für meine Herkunft und das SOS-Kinderdorf. Sie mochte mich einfach, mich kleinen blonden Buben aus dem Tirolerland.

So wurde Petra meine erste Schulfreundin. Oft teilte sie ihre wohlriechende und köstlich schmeckende Extrawurstsemmel und gab mir die Hälfte davon, nachdem sie sah, dass ich täglich nur zwei trockene Brotscheiben als Jause in meiner Schultasche hatte. Manchmal fiel auch ein Stück Schokolade für mich ab – Liebesgaben, wie für einen kleinen Hund.

Meine täglichen und sehr trockenen Jausenbrote wurden mein erstes, ernsthaftes Problem. Nachdem ich nicht immer beide Brote aufessen konnte, blieb ein Rest im Jausensackerl, den ich aber daheim nicht herausnahm, sondern in der Schultasche zurückließ. Die Folge war, dass innerhalb kürzester Zeit die verbliebenen Brotreste in der Schultasche Schimmel ansetzten.

Brot war essbar und etwas Heiliges. Das durfte man nicht verkommen lassen, war die dogmatische Erklärung unserer Mutter. Ich wagte es daher nie zu sagen, dass mir die täglichen zwei Brotscheiben zuviel waren. So vergammelten immer mehr Brotstücke in meiner Schultasche, bis meiner Mutter eines Tages bei einer Schultaschenkontrolle weiß-grüne mit Schimmel überzogene Brothälften entgegen purzelten.

Nach einer gewaltigen Strafpredigt – Gott sei Dank ohne Schläge – musste ich vor ihr niederknien und Gott für meine Freveltat, Brot verschimmeln zu lassen, um Verzeihung bitten. Mit dem Versprechen, es nie, nie wieder zu tun.

Ich bekam allerdings weiterhin täglich meine zwei trockenen Brotscheiben als Jause in die Schule mit. Also schmiss ich, nach der Schule beim Nachhausegehen, das übrig gebliebene Brot einfach weg.

In den Bach, den wir am Schulweg über eine Brücke überquerten. Sollten doch auch Fische und Enten was davon haben. Ich hatte es mit mir und dem lieben Herrgott so vereinbart. Er verstand mich sicher – und verzieh mir.

Dass Petra meine Schulfreundin war, blieb im SOS-Kinderdorf nicht lange ein Geheimnis.

Da sich aber im Alter von sechs Jahren Jungs noch in keiner Weise für Mädchen interessierten, war ich bald das Gespött in unserem Haus. Mit kindischen *Petra-Petra*-Rufen versuchten mich die Buben zu hänseln. Was ihnen mit Sicherheit gelang. Es störte mich ungemein. So kam es bald zu ersten Rangeleien und Raufereien wegen dieser blöden *Petra-Petra*-Nachruf-Hänseleien.

Für mich oft schmerzhaft, weil ich dabei einige Hiebe auf die Schnauze bekam, so manch blutige Nase einstecken musste. Ich war einfach noch zu klein – der Zweitkleinste in der Klasse – dadurch zu schwach für siegreiche Rangeleien.

Mein Bruder hatte, seinem Alter entsprechend, bald seinen eigenen Freundeskreis gewonnen und war für mich somit nicht immer verfügbar. Wenn ich ihn für ein schnelles Zuhilfekommen bei meinen Revierkämpfen benötigt hätte – wie es sich für einen großen Bruder eben gehört.

Jedoch kein Nachteil ohne Vorteil. Ich lernte dadurch sehr schnell mit Grips manche Kraftkerle gegeneinander auszuspielen und mich selbst rechtzeitig aus dem *Faust-Kampfgebiet* zurückzuziehen.

Meine baldige Erkenntnis: Mögen andere sich blutige Nasen holen. Ich schlauer Wolf(erl) siege durch geschickte Strategien.

Ansonsten verlief mein erstes Schuljahr in der Volksschule Altmünster noch relativ friedlich. Ich lernte, was mich interessierte und lernte nicht, was mir öde erschien. Aber ich zeichnete und malte wann ich konnte und was ich konnte.

Meine Zeichnungen wurden meistens in der Klasse aufgehängt – ein sicheres Zeichen für gelungene Werke – was einem

Römischen Einser von der Lehrerin gleichkam.

Peinlich waren für mich im Winter 1956 die Turnstunden. Sicher nicht wegen des Turnens selbst. Vielmehr wegen der Umkleidezeit in der Bubengarderobe. Während wir in unsere Turnhosen schlüpfen mussten.

Wir waren eine gemischte Klasse – Buben und Mädchen. So auch beim Turnunterricht. Ich hatte noch vom Pflegeplatz her statt einer langen Unterhose und Stutzen (wie alle anderen Buben sie trugen) nur ein kurze Unterhose sowie gestrickte Strümpfe an, die mit einem Strumpfbandgürtel (!) – wie die Mädchen ihn trugen – gehalten wurden.

Peinlich... peinlich... ach wie peinlich...

Ich war garantiert der optische Albtraum der aktuellen Modegötter, somit das Kicher-Kicher-Gespött aller anderen Jungs in der Klasse.

Wenigstens eine Peinlichkeit blieb mir erspart. Die Mädchen hatten ihre eigene Garderobe und sahen mich nie mit Strapsen. Sonst wäre diese Schmach meine freiwillige Selbstauflösung gewesen!

Doch ich musste ihn tragen, meinen verhassten Strumpfbandgürtel. Lange Unterhosen und Stutzen bekam ich erst später. Als der Strumpfbandgürtel zerschlissen war – dank meiner Mithilfe.

21 Es weihnachtet...

Die Vorweihnachtszeit begann mit unserer Ankunftszeit 1956 im SOS-Kinderdorf Altmünster. Diese positive Veränderung unserer Lebensumstände – dazu die Adventstimmung – prägten mein *Alles-wird-gut*-Denken.

Ich bekam erstmals bewusst ein weihnachtliches Gefühl, die Vorfreude auf das Christkind, im Kreise einer großen Familie, haut- und seelennah zu spüren.

Wir Kinder gaben uns unterschiedlichsten Vorstellungen hin, wer das Christkind sei, was das Christkind bringe. Ob es überhaupt das bringe, was wir uns von ihm wünschten. Wir schaukelten uns mit fantastischen Vermutungen förmlich hoch – in unserer Ungewissheit über das Christkind.

Die großen Kinder taten sich leichter. Sie glaubten nicht mehr daran. An das Christkind, das Baby mit dem selig lächelnden Gesicht in der Futterkrippe.

Ich glaubte daran. Es wurde von mir auch vehement verteidigt. Entdeckte ich doch seinerzeit bei meiner Großtante Anna einen Engelsflügel. Draußen vor ihrem Fenster flatterte er am Heiligen Abend majestätisch davon. Mit hundertprozentiger Sicherheit, ich sah ihn. Obwohl meine Großtante Anna es nicht glauben wollte.

Ich hatte überhaupt das Gefühl, dass ich mit meinen Fantasien und meiner kindlichen Naivität entweder weit hinten lag oder schon wieder weit vor meiner Zeit war.

Sicher galt beides. Ich wusste nur nicht immer, in welcher dieser Zeitphasen ich mich gerade befand.

Der Nikolo kommt

Am 5. Dezember abends wird der Nikolo kommen. Und mit ihm der Krampus, wurde uns schon Tage vorher verheißungsvoll verkündet.

Als der gewünschte – und nicht minder gefürchtete Tag anbrach, neckten wir Kinder uns schon am Morgen gegenseitig, wer von uns wohl vom Krampus geschlagen wird. Mit seiner Rute. Wen von uns Kindern er in seinen riesigen Korb stecken und in die Hölle mitnimmt. Weil er schlimm war.

Ich konnte mir nicht vorstellen, dass ich dabei sei. Ich war doch erst etwa zwei Wochen hier – hatte noch nicht einmal die Gelegenheit dazu, um richtig schlimm zu sein. Und meine Untaten von früher konnte der hiesige Krampus doch nicht wissen, dachte ich mir. Aber ich hatte grundlegend Angst – Angst vor der Hölle und vor Schlägen.

Der Abend kam und mit ihm die Finsternis. Eine angespannte Atmosphäre lag in der Luft. Knisternd, wie das Feuer im fleißigen Kellerofen, der dem gesamten Haus und uns an diesem Abend eine fast unerträgliche Hitze bescherte. Als würde er andeuten, was ein echtes Höllenfeuer war. Oder war es bloß die Aufregung, die in uns Kindern ein Brennen nach Gewissheit – der bald aufgedeckten Missetaten durch den Nikolo – entfachte.

Wir Kinder saßen nun eng aneinander gerückt beim Arbeitstisch im Wohnzimmer. Stumm in uns gekehrt.

Atemlose Stille. Plötzlich.

Ein Rasseln von Ketten, ein Brüllen und Fauchen und eine Krampusrute samt Krampus stürmte in die warme Stube. Wir

Kinder stoben schreiend und zu Tode erschrocken auseinander.

Mein Herz pochte und raste, blieb mir sprichwörtlich im Halse stecken. Teufel noch mal, hatte ich eine Heidenangst. So schnell konnte keiner schauen, schon war ich unter den Tisch und weiter, bis in das letzte Eck unter der Bank gekrochen.

Aus meiner Froschperspektive verfolgte ich das weitere Geschehen.

Der Krampus beruhigte sich, als der Nikolaus zur Tür hereinschritt. Dieser musste sich bücken, so groß, mächtig und majestätisch war seine Gestalt. Mit seiner Bischofsmütze, dem goldenen Umhang, dem kunstvoll verzierten Bischofsstab, dem goldroten Himmelsbuch unterm Arm und seinem gewaltigen schneeweißen Bart, der sein Gesicht fast völlig verdeckte.

Noch tiefer verdrückte ich mich unter die Bank. Ich glaubte mich unauffindbar, unsichtbar. Plötzlich sprach mich ein Paar großer Nikolaus-Winterstiefel an.

Ohgott-ohgott, wimmerte ich vor mich hin, er hatte mich entdeckt, der Nikolaus. Und so kroch ich, seiner Aufforderung folgend, zitternd aus meinem Versteck.

»Wie heißt du?«, sprach mich der Heilige Mann an. Ich war wie gelähmt vor Schreck und Panik, nachdem der Krampus kurz fauchte, rasselte und mit seiner Rute wie wild auf den Boden schlug. So als würde er sämtliche Schlechtigkeit dieser Erde vom geheiligten Boden, auf dem der Nikolo stand, fegen.

»Krampus sei still!«, befahl streng der Rauschebart-Mann seinem teuflischen Gehilfen. Und der Krampus gehorchte murrend, knurrend.

Und wieder zu mir: »Also, wie heißt du?«

Die Lippen zusammengepresst und furchtvolles Schweigen meinerseits...

»Wenn du mir deinen Namen nicht sagen kannst, wirst du auch keinen Sack mit feinen Nüssen, Feigen und Orangen bekommen.«, sprach er mit seiner allmächtigen Stimme...

Da bekam ich es mit der Angst zu tun und fing plötzlich an

zu heulen. Ich elender Angsthase. Daraufhin mischte sich die Mutter ein und sagte dem Nikolaus, dass wir – der kleine Wolferl und sein Bruder Alf – erst seit ein paar Tagen im SOS-Kinderdorf seien. Sie erzählte kurz woher wir kamen, warum wir im SOS-Kinderdorf ein neues Zuhause fanden...

Ich durfte, während der gütige Nikolo seine Lob- und Tadel-Zeremonie durchführte – der Krampus grimmig fauchend und Ketten rasselnd seine notwendigen Rutenschläge austeilte –, den Nikolausstab halten. Auch ein Sackerl mit Nüssen, Feigen und Orangen bekam ich von ihm. Ohne Namen-Sagen, ohne Gedicht-aufsagen-Müssen und ohne Rutenschläge vom Krampus.

Ende gut – alles gut. Als der Spuk vorbei war und ich sichtlich erleichtert aufatmen konnte, lachte ich mir innerlich ins Fäustchen. Weil ich bloß mit ein paar Tränen den Krampus und den Nikolo *besiegt* hatte.

Nach außen hin musste ich mich allerdings der Schmach hingeben, dass ich der Einzige war, der sich vor dem Krampus, ja sogar vor dem Nikolo fürchtete und deswegen heulte. Vor allem Emil verhöhnte mich als einen Feigling. Wobei ich mir nicht sicher war, ob er nicht ebensolche Angst hatte. Ich konnte es nur nicht erkennen, da ich im entscheidenden Moment unter Tisch und Bank verschwunden war.

Was solls – passiert ist passiert.

Während der Adventzeit mussten wir jeden Freitag vor Schulbeginn in die Kirche – die *Rorate*, eine Adventandacht besuchen. Die Folge war, dass wir in dieser stillen, besinnlichen Zeit um eine Stunde früher aus den Betten mussten.

Mir machte das weniger aus, denn ich war ein Frühaufsteher. Ich konnte mühelos auch um fünf Uhr früh aus dem Bett springen und war voll munter.

Eine Katastrophe für meinen Bruder Alf, den Morgenmuffel, der allmorgendlich förmlich aus dem Bett getreten werden musste. Mir gefiel es, ihn – besonders am Freitag – zu wecken: *Guten Morgen liebes Bruderherz – auf zur Rorate!*

Heiliger Abend

Endlich war der langersehnte Tag, der Heilige Abend angebrochen. Am 24. Dezember 1956 durften wir nicht mehr in das Wohnzimmer hinein. Fleißige Hände hatten dem Christkind geholfen, wurde uns kleineren Kindern – Brigitte, Emil und mir – gesagt. Lässig aufklärend, von den größeren drei Buben, meinem Bruder Alf, Wilhelm und Willi, die natürlich längst schon wussten, dass nur unsere Mutter das Christkind sein konnte.

Selbst der Blick durch die Glastüren in das Wohnzimmer wurde uns verwehrt. Sie waren von innen mit Decken abgehängt, ebenso das Durchreichfenster zur Küche hin. Unmöglich – nicht einmal durch einen kleinsten Spalt – konnten wir in das Innere des Wohnzimmers spähen.

Aufgeregt, ungeduldig und nervend – angesteckt von der Vorfreude auf den Heiligen Abend und die Bescherung – wurden wir Kinder letztendlich von der Mutter aus dem Haus gejagt. Also verbrachten wir den Tag ungeduldig im Freien, im Schnee.

Überall Schnee. Er fiel über Nacht, als Geschenk des Himmels an das Christkind. Es schneite immer noch. Nachlassend, ausklingend. Unsere Schritte, unser Laufen, unser Lachen – von der dichten Schneemasse wurde jeglicher Schall geschluckt – war wie in Watte gepackt. Der dichte, flaumige Schnee versteckte alles unter sich. Nur die Häuser, die Bäume und größeren Sträucher erhoben sich mutig daraus empor. Oder war es die Sicht aus meinen Kinderaugen – die Höhe meines Blickwinkels, Knirps der ich war – die mir diese Schneeberge als so gewaltig hoch erscheinen ließen. Ähnliches erlebte ich schon einmal in

Neder, als mein Schulweg damals meterhoch verweht war.

Die Häuser mit dicken Schneedecken auf dem Dach. Die Rauchfänge mit Schneehauben, aus denen unermüdlich Rauch aufstieg. Für mich hieß dies: *In diesen Häusern war es kuschelig warm, hier lebten Kinder, die sich auf das Christkind freuten.*

Schlittenfahren war meine Winterleidenschaft – hinter unserem Haus, das auf einer Anhöhe stand. Das natürliche Gefälle bescherte uns eine traumhafte Rodelpiste, die wie im Slalom durch einen Jungwald, steil vorbei an Haus 2 und Haus 3, im dichten, undurchdringlichen Wald endete. Wobei mancher Baum Schrammen abbekam und wir durch Beulen daran erinnert wurden, dass ein Baum immer noch stärker war als selbst der beste und mutigste Schlittenfahrer.

Noch interessanter war die öffentliche Straße, die sich am Rand des SOS-Kinderdorfes steil abwärts durch den dichten Wald schlängelte. 1956 war diese Straße eher ein Forstweg, nur geschottert und noch nicht asphaltiert. Auch wurde diese Schotterstraße eher selten von Autos befahren. Schon gar nicht im Winter, da wir Kinder diese geschickt als Schi- und Schlittenpiste präparierten. Kaum ein Auto kam bei dieser Schneeglätte den Berg rauf. Jene Autofahrer, die dies bereits vergeblich versuchten, verzichteten zukünftig gerne auf ein ständiges Steckenbleiben auf halber Höhe des Berghanges.

Wir hatten auch immer – am Beginn und Ende der Straße – Kinder postiert, die uns zuriefen, wann ein Auto oder Fuhrwerk den Berg hinauf oder hinunter wollte. Je glatter die Piste durch unser ständiges Befahren wurde, desto seltener störten Autofahrer, was uns nur recht sein konnte.

Wir flitzten den Berghang hinunter, mit der Rodel, mit den Skiern. Oder einfach mit einem Stück Karton. Solange, bis er aufgeweicht ausgedient hatte.

Besonders beliebt war es, mit den Rodeln eine Schlange zu bilden. Dafür legte sich der erste Rodler mit dem Bauch auf seinen Schlitten und hängte sich mit den Beinen im zweiten Schlitten ein. Der zweite Rodler lag ebenfalls bäuchlings auf seinem Schlitten und gabelte sich in den nächsten Schlitten. So ging es weiter, bis eine Schlange von acht bis neun Schlitten aneinander hängend den Berg hinuntersauste. Wie ein Tatzelwurm.

Derjenige, der auf dem letzten Schlitten saß, landete – durch die enormen Schwingungen der Schlittenschlange – meistens schon nach ein paar Kurven im Tiefschnee. Oder die gesamte Schlittenschlange kam durch die Trägheit der schwingenden Masse ins Schleudern und verursachte einen Kapitalsturz, bei dem alle Rodler aufeinander prallten und durcheinander purzelten. Ein wirrer Knäuel lachender Kinder zwischen ihren Schlitten – in den Schnee geschleudert – war die Folge. Blaue Flecken oder gar verstauchte Knöchel mit inbegriffen.

Der Weihnachtsabend aber wollte und wollte nicht kommen. Noch nie war Schlittenfahren so nebensächlich geworden. Aber endlich kam auch jene Stunde, der Augenblick des Öffnens der verhängten Wohnzimmertür.

Die klobigen, durchnässten Winterschuhe standen längst im Keller, mit Zeitungspapier ausgestopft, rund um den zentralen Kohlenofen. Die waschelnassen Pullover, Anoraks und Winterhosen hingen verteilt auf den Heizkörpern des gesamten Hauses.

Wir Kinder waren frisch gewaschen, geschniegelt und geschneuzt (und mit sauberen Fingernägeln), in frischer Wäsche und mit hochrotem Gesicht – vom stundenlangen Herumtoben im Freien und von der kommenden Bescherung angeheizt – in der Küche versammelt.

Es gab für alle Würstel mit Senf, dazu eine knusprige Semmel. Der Küchentisch war natürlich für sechs Kinder und die Mutter zu klein. Also kamen zuerst die Kleineren an den Tisch und verschlangen die leckeren Frankfurter mit der gelben Senfpaste.

Die Semmel wurde nachgewürgt. Heißer, gesüßter Tee half, das Abendmahl noch schneller in unseren Mägen verschwinden zu lassen. Denn wir wussten: je schneller wir fertig gegessen hatten, desto früher kam es zur Bescherung, zur Geschenkeverteilung. *Heißa-halleluja...warum dauert das so lange!*
Nachdem die großen Kinder, Willi, Wilhelm und Alf ihr Abendmahl ebenfalls flotter als sonst verschlangen, war es soweit. Die Bescherung konnte beginnen.
Endlich!
Unsere Mutter war plötzlich verschwunden – im Durcheinander, Gekicher und Gequatsche von uns sechs aufgeregten Kindern nicht wahrgenommen.

Ein zaghaftes, helles Klingeln.
Plötzlich Stille – wir hielten inne. Luftanhalten, Herzklopfen. Augenpaare, die sich *es ist da – das Christkind* zunickten.
Nochmals ein Klingeln. Diesmal deutlicher und eindringlicher. Sicher auch, weil wir mucksmäuschenstill waren und auf dieses zauberhafte Weihnachtsklingeln warteten.
Das Christkind, das Christkind ist da – es war da.
Es war soweit und wir wanderten, einer Prozession gleich, aus der Küche. Hinein in das Wohnzimmer. Die Kleinen, Emil, Brigitte und ich, voran. Die Großen unmittelbar folgend.
Der Essbereich im Wohnzimmer lag im Dunkeln. Im hinteren Teil des Zimmers stand ein riesiger Weihnachtsbaum mit dem Christbaumspitz die Decke berührend. Voll behangen mit glitzernden Kugeln. Schokoladefiguren in buntem Stanniolpapier. Unzählige Zuckerln, in weißes Fransenpapier gewickelt. Windringe, Schokoringe, Lametta. Engelshaar, strahlenförmig, von der Baumspitze aus über den Baum herabhängend verteilt.
Und eine leuchtende Kerzenpracht strahlte den Raum wohlig warm, fast heiligend aus.
Ach, wie himmlisch – wie war der Baum schön!
Ein paar Wunderkerzen sprühten knisternd ihren Feuerstrahl

über die Zweige, über die Weihnachtspackerln, die unter dem Baum aufgetürmt lagen. So viele Geschenke – und alle für uns Kinder vom Haus 1.

Eine selige Stille erfüllte den Raum.

Still, stumm, ergriffen standen wir vor dem Weihnachtsbaum. Noch nie konnte ich eine solche Pracht bewundern, so viele Geschenke bestaunen. Es war mein erstes richtiges Weihnachtsfest.

Mein Christkind war da. Das Wunder war geschehen.

Die Mutter wünschte uns ein schönes Weihnachtsfest. Wenn sie mich jetzt noch in ihre Arme genommen, mich an sich gedrückt hätte – tat sie aber leider nicht. Ich wünschte es mir so sehr. Zu Weihnachten.

Wir stellten uns vor dem Christbaum auf. Die Mutter las aus der Bibel eine Weihnachtsgeschichte vor. Anschließend sangen wir.

Leise rieselt der Schnee... Ihr Kinderlein kommet... Alle Jahre wieder... Zuletzt setzen wir hingebungsvoll und andächtig an zum *Stille Nacht, heilige Nacht. Alles schläft, einsam wacht...*

Es wurde andächtig gebetet. Den Freunden und Gönnern des SOS-Kinderdorfes gedankt. Den Armen und Verstorbenen gedacht. Für unsere Eltern ein Gebet des Friedens gesprochen.

Das zerriss mein kleines Kinderherz. Ich hatte keine Eltern. Mein Vater und meine Mutter scherten sich einen Dreck um mich. Mir kamen Erinnerungen an Neder, an die schreckliche Pflegemutter, die Schläge, das Kellergefängnis, hoch.

Weg, weg mit diesen schlimmen Gedanken!

Deswegen war ich ja hier.

Gott sei Dank. Lieber Gott wie danke ich dir dafür, dass ich hier sein durfte, im SOS-Kinderdorf, in einer großen Familie.

Mein Gebet galt daher einzig und allein meiner so sehr geliebten Großtante Anna in Solbad Hall. Sie war ja so weit weg von mir. Wie gern hätte ich sie bei mir gehabt, sie umarmt, mich an sie gedrückt.

Ich hätte ihr zeigen können, wie schön unser Weihnachtsfest war. Wie sehr mir mein Leben hier im SOS-Kinderdorf gefiel. Sie hätte sich mit mir gefreut, mich in ihre Arme genommen, mich innig an sich gedrückt. Meine arme, einsame Großtante Anna. Heimlich wischte ich mir die Tränen aus den Augen, von meinen Wangen.

Jetzt endlich gab es die Geschenke. Ich bekam Buntstifte für die Schule, ein dickes Malbuch, einen Baukasten mit bunten Holzklötzen. Weiters eine schöne Hose, ein kariertes Hemd, Stutzen, Unterwäsche und Sonntagsschuhe für den Sommer.

So viele Geschenke für mich allein. Ich war glücklich, nein ich war mehr als selig.

Unterm Tisch verkroch ich mich – wie am Nikoloabend – mit meinen Geschenken, probierte die Malstifte im neuen Malbuch aus und begutachtete den Holzbaukasten mit Bauanleitung.

Auch die anderen Kinder schwebten wie im siebten Himmel, waren überglücklich mit ihren Geschenken. Brigitte, weiß ich noch, bekam sogar eine Puppenküche samt Puppengeschirr, in der man richtig kochen konnte. Mit Trockenspiritus in Würfelzuckergröße.

Als Höhepunkt gab es für alle gemeinsam noch eine wunderschöne Eisenbahn aus buntbemaltem Blech. So richtig groß und naturgetreu. Mit Kohle-, Personen- und Materialwaggons. Mit Schienen, Weichen und Kreuzungen. Die Dampflokomotive musste man mit einem großen Schlüssel aufziehen. Sie fuhr – zu regeln mit einem Schalthebel – entweder vorwärts oder rückwärts. Mit den Schienen konnte man einen kleinen und einen großen Kreis sowie gerade Bahnstrecken bilden, verbunden mit Weichen, Kreuzungen und einem Abstellgleis samt Puffer.

Eine Eisenbahnanlage – traumhaft!

Weniger traumhaft war, dass sich die großen Kinder sofort darauf stürzten und sie aufbauten. Wir Kleinen durften lediglich zusehen, höchstens die eine oder andere Weiche stellen.

Die Geschenke waren nicht immer neu, da sie meistens von gütigen Menschen gespendet wurden. Spielzeug, das die edlen Spender von ihren eigenen Kindern einforderten, nachdem sie ihnen erzählten, dass es den Kindern im SOS-Kinderdorf nicht so gut wie ihnen ginge. Die sich über alle Spielsachen freuten, auch wenn sie schon benutzt waren.

So war auch mein Holzbaukasten nicht mehr original neu. Aber das störte mich keineswegs. Dass schon ein paar Holzteile fehlten, fand ich sehr schade. Denn ich konnte nicht mehr alle Beispiele nach der beiliegenden Anleitung bauen.

Als die Bescherung, das Auspacken, das Wegräumen der Geschenkpapiere erledigt war, gab es noch heißen Tee mit wohlduftenden Keksen.

Jene Kekse, die während der Adventzeit an manchen Tagen frische Backgerüche in unserem Haus verbreiteten. Wenn wir von der Schule nach Hause kamen. Wenn ich die Mutter fragte, woher denn der verlockende Duft käme und sie nur geheimnisvoll lächelte. Sie ließ höchstens die Bemerkung fallen, dass das Christkind eben kurz vorbei gekommen sei um zu sehen, wie weit es denn mit den Vorbereitungen für Weihnachten stand. Ob wir auch immer schön brav seien, daheim und in der Schule. Wegen der Geschenke – laut unserem Brief an das Christkind.

Dieses Weihnachtsfest, mein erstes Christkind im SOS-Kinderdorf Altmünster, hatte sich in meiner Seele verewigt. Weil es so unglaublich, so unbeschreiblich schön war.

Wenn ich es mit dem heutigen Weihnachtsrummel, den Weihnachtsmännern, den Kaufrausch-Orgien und der sinnlosen Hektik vergleiche – wie sehr wünsche ich mir diese Adventzeit, das stille Glück und die helle Freude von damals zurück.

22 Beten für Seele, Geist und Körper

Meine erste SOS-Kinderdorfmutter (ich bekam drei Jahre später eine andere) war eigentlich sehr freundlich und recht lieb. Und doch fand ich sehr lange keine Verbindung zu ihr. Eigentlich nie. Es lag sicher in erster Linie an mir, an meinem Erlebten, dass ich kein rechtes Vertrauen zu ihr fassen konnte.

Es lag aber auch an ihr und ihrer tief religiösen Lebensart. Und sicher auch an der strengen Moral der fünfziger Jahre, der kargen Nachkriegszeit. So war es erklärbar, dass meine Kinderjahre von Zucht und Ordnung, Beten und Kirche beherrscht wurden.

Die SOS-Kinderdorfmutter war ein Paradebeispiel frommer, religiöser Demut. Vor allem durch die Ausübung täglicher Gebetsrituale.

Heute – rückblickend – verstehe ich dieses religiöse Getue. Damals. Wenn man bedenkt, wieviel Menschen durch den schrecklichen Krieg umgekommen waren, wieviel Leid und Elend die Hinterbliebenen, ja die gesamte Menschheit dieses Erdenballes, erdulden und durchmachen mussten. In solchen schrecklichen Zeiten sucht der Mensch immer Gottes Nähe.

Aber als Junge mit sechs, sieben oder acht Jahren – der ich damals war – konnte ich dieses religiöse Verhalten nicht verstehen. Nicht erfüllen, wie es Schule, Kirche und Erwachsene von mir erwarteten und forderten.

Hatte sich doch vor meiner Zeit im SOS-Kinderdorf niemand um mein Seelenheil, meine religiöse Orientierung gekümmert. Einzig meine Großtante Anna erzählte mir manchmal vom Jesuskind – um die Weihnachtszeit. Das wars dann auch schon.

Vielleicht noch die erzwungenen Sonntagsbesuche in der Kirche in Neustift bei Neder. Aber zu dieser Zeit zeigte auch der liebe Herrgott kein rechtes Interesse an meinem Schicksal. Und ich fand keine passenden Worte, um ihn auf mein damaliges Drama aufmerksam zu machen.

Doch hier, im SOS-Kinderdorf war die Frömmigkeit Hauptbestandteil des Alltags. Mit einer unglaublichen Breite und Präsenz in mein neues, unbeschwertes Leben gerückt. Fast nicht zu verkraften, für mich, der an nichts mehr richtig glauben konnte und wollte. Damals.

Zudem wurde uns im SOS-Kinderdorf – neben frömmiger Hingabe durch eifriges Beten – immer wieder eingetrichtert, wir müssten *den guten Menschen draußen* (außerhalb des SOS-Kinderdorfes) sehr, sehr dankbar sein, dass wir hier wohnen und leben durften. Weil sie es waren, die uns durch ihre großzügigen Spenden dieses wunderschöne Leben hier im SOS-Kinderdorf ermöglichten. Was sicher hundertprozentig zutraf.

Seit meiner Kinderdorfzeit lebte ich in einer ewigen Dankeswoge gegenüber jedem wildfremden Menschen. Dieser oder jener könnte es ja gerade gewesen sein, dem ich für ein neues Hemd, meinen Spielzeugtraktor oder meine Bildungsmöglichkeiten ewig danken müsste.

Also war mein Leben von täglichen Dankesgedanken durchzogen. Wie ein mit Speck gespickter Hasenbraten. Diese Gedanken wurden durch tägliche Gebetsrituale mit unserer SOS-Kinderdorfmutter erneuert und gefestigt.

Zur Klärung: Es soll nicht heißen, dass ich die von der Kinderdorfmutter anerzogene Frömmigkeit kritisiere und verurteile. Nein, niemals.

Ich möchte nur den damaligen SOS-Zeitgeist, die Umstände wie vieles gesehen, geglaubt und verlangt wurde, mir selbst in Erinnerung rufen, festhalten und verständlich machen.

Diese fromme Glaubenshaltung schadete mir in keiner Weise. Vielmehr erhielt ich dadurch eine sehr stabile Basis für mein Leben. Sie war der Grundstein für meinen (heutigen) kritischen Blick. Für mein realistisches Gesamtheitsdenken, für meinen Glauben an die Unendlichkeit des Universums...

An den ewigen Wechsel von Plus & Minus, von Anziehung & Abstoßung usw...

Es muss die Nacht geben, damit es wieder den Tag gibt...

Es muss das Böse geben, damit das Gute sichtbar wird...

Es muss die Krankheit geben, damit ich gesund werde...

Nur die Zeit steht nie still. Sie rinnt, sie vergeht...

Ob sie sich ebenfalls, wie alles in der Unendlichkeit bewegt, dreht? Wahrscheinlich ist der Radius zu groß, zu unendlich, um mit menschlicher Fähigkeit das Ende mit dem Anfang je verschmelzen zu sehen.

Diese in den fünfziger Jahren verlangte irdische Gläubigkeit an Kirche und Religion war für mich ein sehr markanter Schnitt. Eine neu gewonnene Erkenntnis. Dass ich dabei manchmal rebellierte, war verständlich. Vor allem auch, weil ich mit meiner blühenden Fantasie den lieben Herrgott eher als meinen mir fehlenden Vater sah.

Dieser gütige alte Mann, mit Rauschebart und strahlendem Drei-Einigkeitsdreieck hinter seinem Kopf. Auf manchem Bildchen dargestellt, das wir im Religionsunterricht vom Pfarrer oder Kaplan bekamen. Wenn wir besonders brav waren oder uns im Religionsunterricht mit einer schönen Zeichnung einschleimten.

Innerlich wurde ich ein gläubiger Rebell. Einer, der alles in Frage stellte und den lieben Herrgott auch danach fragte, ja zur Rede stellte und von ihm Lösungen forderte. Wenn er schon so allwissend, allmächtig – eben ein Boss, ein Alleskönner – verantwortlich für die Welt war.

Wenn ich ihn um Erlösung anflehte: In stiller, einsamer Stunde, wenn ich mit mir nicht zurecht kam, als ich zum Beispiel noch immer ins Bett machte.

Wenn ich ihn um Verzeihung bat: Jahre später, in bald jeder Nacht, wo ich als knapp Zwölfjähriger erstmalig, dann immer öfter Hand an mich legte, obwohl es vom Pfarrer und von der Kirche bei furchtbaren Folgen (aufgeweichtes Rückgrat samt schleichender Erblindung) und Gottes Strafe strengstens verboten war.

Wenn ich ihn um mehr Stärke anbettelte: In schmerzvollen Zeiten – wenn ich eine auf die Nase bekam. Vor allem wenn es einer war, der stärker war als ich.

Wenn er mir jedoch nicht half, dann wurde er von mir ein bisschen gerügt, der liebe Rauschebart-Herrgott.

Kruzifix-Teufel-eini-noch-einmal... weil er mir gerade nicht helfen wollte, der Oberboss. Obwohl ich ihn darum so sehr anflehte.

So war das unabwendbare Übel für mich das tägliche, endlose Beten. Das Herunterrasseln längst auswendig gelernter Phrasen, Sätze, Wortbilder und Dogmen.

Himmel, Fegefeuer, Hölle

Damals, als kleiner Junge, hatte ich eine – von Schule, Kirche und Erwachsenen – anerzogene, überaus kindliche Vorstellung von Himmel, Fegefeuer und Hölle.

Von guten und bösen Menschen sowie deren Taten. Durch meine blühende Fantasie effektvoll umgesetzt:

Der Himmel war oben. Dort, wohin ich täglich blickte, etwa

um zu prüfen, wie das Wetter wird. Aber es war ein tieferer, ein andächtig religiöser Blick. Durch die Wolken hindurch, hinein in das Weltall und noch tiefer – bis ans Ende der Unendlichkeit. Soweit meine Vorstellungskraft es mir befahl.

Weiße Wolken, strahlendes Licht hinter einem gütigen Rauschebart-Gott mit erhobenen drei Fingern. Drei-Einigkeit, erzieherisch und mahnend zeigend. In der anderen Hand die Weltkugel haltend. Engel – betend oder posaunend – umflogen, wie ein Schwarm Tauben am Markusplatz in Venedig, das ehrwürdige Haupt der dreifaltigen Gottheit.

Ein gewaltiges Portal, das Tor zum himmlischen Paradies, bewacht von Petrus, einem alten mürrischen Mann in Kutte und mit Himmelsschlüssel in der Hand, ließ widerwillig und nach eingehendster Prüfung die für das Himmelreich auserkorenen Seelen der Verstorbenen durch das Tor schweben.

Eine Seele sah für mich aus wie eine Hostie, diese weiße runde Scheibe, die ich bei der Kommunion vom Pfarrer auf die Zunge gelegt bekam. Rein, weiß und ohne Flecken (falls sich der Pfarrer – hoffentlich – die Hände gewaschen hatte) sollte dieses Stück *Oblate* sein. Für mich hatte sie ein unsichtbares Gesicht. Mit Augen, Nase, Mund und einem heiligen Gesichtsausdruck. Diese Seele hatte auch Arme und Beine, Hände und Füße. Ähnlich dem Sparefroh-Männchen von der Zentralsparkasse, nur viel edler, strahlend weiß und ohne Zipfelmütze.

Das Fegefeuer war ein eigener – in der Nähe der Erde kreisender – Planet. Ähnlich dem Mond, nur für die Augen Irdischer unsichtbar. Er war auf ewig durch einen Steppenbrand vernichtet. Eine karge Wüstenlandschaft mit wütend speienden Vulkanen. Überall verbrannte Erde. Vereinzelt zum Himmel ragende Baum- und Aststümpfe – wie klagend erhobene Hände.

Riesige Geier und andere grausliche Raubvögel stürzten sich im Tiefflug immer wieder auf die im Fegefeuer schmorenden Seelen, um ihnen die Augen auszupicken. Die armen Sünder hielten sich mit den Händen schützend die Augen zu und hüpften wie Verrückte von einem Bein aufs andere. Weil sie nackt waren und weil die Erde brennend heiß war. Sie rieben sich ihre schmerzvoll verbrannten Fußsohlen an verkohlten Baumstämmen, flehten dabei Gott um Gnade und Erbarmen an.

Immer nur Augen schützen, hüpfen, die Fußsohlen reiben und keine Zeit für eine Ruhepause. Sollten sie auch nicht haben. Weil sie, als sie noch als Menschen auf der Erde lebten, gesündigt hatten und jetzt dafür ihre Strafe im Fegefeuer abhüpfen mussten. Als Linderung erhielten sie von barmherzigen Engeln warmes Wasser zum Trinken.

Allerdings: Je mehr Sünden zu büßen waren, desto heißer war das Trinkwasser.

Alle tausend Jahre kam ein Engel geflogen, nahm eine der verdammten Seelen an der Hand und zog sie mit sich hinauf durch den feurig gelb-roten Himmel des Fegefeuers, hindurch in das göttlich reine Weiß des Himmels, in das Himmelsparadies.

Uff – die glückliche Seele hatte es geschafft und sämtliche Sünden im Fegefeuer abgebüßt. Sie durfte, gereinigt von allem Sündhaften, ab durch die Mitte – geradewegs in den Himmel sausen.

Der Zeitbegriff im Fegefeuer aber hatte es in sich. Denn für mich galt als eine Sekunde in der Ewigkeit:

Ein Vogel flog alle tausend Jahre zum Traunstein und wetzte sich dort einmal seinen Schnabel am Gestein ab. Erst wenn der Berg komplett weggewetzt war, verging eine Sekunde in der Ewigkeit. Bei der Größe des Traunsteins konnte ich mir vorstellen (?), wie lange also tausend Jahre in der Ewigkeit, im Fegefeuer dauerten.

Ein Grund mehr für mich, so brav wie möglich zu sein, um als Seele ja nicht in das leidvolle Fegefeuer gestürzt zu werden. Schon gar nicht in die Hölle – wenn ich vielleicht plötzlich sterben müsste. Man konnte ja nie wissen. Aber dieses Bravsein war, bei soviel verlockenden Verboten, die sich im Laufe der Jahre anboten, einfach unmöglich durchzuhalten.

Die Hölle lag unten, in der tiefsten Tiefe meines kindlichen Fantasie-Denkens. Eine Höllenwelt, unerträglich heiß, glühend und feuerlodernd. Millionen fratzenhaft-schaurig aussehender Teufel schlugen mit ihren kräftig schwingenden, meterlangen Schwänzen wütend auf die verdammten Seelen ein.

Am Schwanzende waren Widerhaken, mit denen sie den Verdammten das Fleisch aus ihren Seelenkörpern rissen.

Der Krampus – eine rote Fratze, schwingender Plüsch-Schwanz. Er steckte auf dem Sackerl mit Süßigkeiten, das ich am 5. Dezember vom Nikolo erhielt. Er gab »meinen Teufeln« dieses Aussehen.

Nackt auf nadelspitzen, glühendheißen Kohlen mussten diese Seelen-Geschöpfe schwerste Arbeit verrichten. Es stank erbärmlich nach verbranntem Fleisch. Gelbliche Dämpfe machten das Atmen schwer. Die ewig Verlorenen mussten diese gelbgiftigen Dampfwolken einatmen. Sie rangen verzweifelt nach frischer Luft, kippten reihenweise um, wurden aber von den nadelspitzen glühendheißen Kohlen wieder vor Schmerz hochgejagt. Sie verfluchten mit gotteslästernden Schmerzschreien ihr Dasein in dieser höllischen Unendlichkeit. Ein brüllender Chor Milliarden verdammter Seelen. Untermalt vom dröhnend schadenfrohen Gehöhne der teuflischen Heerschaft.

Niemals würden Schmerzen nachlassen oder gar zu Ende sein. Die Teufel hätten eine unerschöpfliche Freude im Erfinden neuer Foltermethoden für die Leiden der ewig Verdammten. Wäre man auf der Erde, würde man solche Grausamkeiten keine Sekunde überleben. Aber hier in der Hölle gab es keine Zeit, keinen Tod und auch kein Leben mehr. Hier war der Mittelpunkt ewiger Verdammnis. Wie gern sah ich darin meine Pflegemutter aus Neder leiden und fluchen.

Gute Menschen waren wohlgeformt in Gestalt und schön gekleidet. Sie waren rasiert, hatten ein ebenmäßiges – die Frauen ein liebliches – Gesicht. Ihre Stimmen waren angenehm, melodiös. Als Kind war es für mich unvorstellbar, dass eine gutaussehende Person Schlechtes im Sinn haben könnte.

Als böse Menschen galten hauptsächlich Männer. Gedrungen in der Gestalt, mit drohendem Blick sowie einem breiten, hässlichen Stoppelbart-Gesicht. Menschen mit heiseren krächzenden Stimmen rundeten meine Vorstellung des (männlich) Bösen ab. Ich aber kannte auch eine hässlich-böse Frau. Die Pflegemutter aus Neder.

Wer betet...

Ich litt höllisch unter der Vorstellung, dass ich nicht ehrlich bei der Sache – dem Beten – war.

Ich wurde belehrt: der Herrgott sah alle und alles. Daher auch mich und meine noch so sehr versteckten, abschweifenden Gedanken. Obwohl ich, artig wie alle anderen, diese Gebetsworthülsen täglich runterleierte:

Vater unser, der du bist im Himmel...
(...wo bekomme ich Holz für die neue Hütte...)
...unser tägliches Brot gib uns heute...
(...Heinzi hat eine Quelle ausfindig gemacht...)
Gegrüßet seist du Maria voll der Gnaden...
(...uiii, das dauert wieder...)
...in Ewigkeit Amen.
(...Gott sei Dank, endlich fertig...)

Das Gebetsritual einer Woche im Haus 1 war systematisch aufgegliedert und gleichmäßig, wie ein Wortbrei über den Tag

verteilt.
Vor dem Frühstück:
»*Vater unser...*« und »*Komm Herr Jesus...*«
Nach dem Frühstück:
»*Wir danken dir Herr Jesus Christ...*«
In der Schule:
Verschiedene Gebete in jeder Religionsstunde.
Wieder daheim, vor dem Abendessen:
»*Komm Herr Jesus...*«
Nach dem Abendessen:
»*Wir danken dir Herr Jesus Christ...*« und »*Vater unser...*«
Als Abschluss das SOS-Kinderdorfgebet »*Eingedenk sein...*«

Jeden Freitag war das Beten des Rosenkranzes angesagt.
Tagsüber galt das Gebetsritual wie vorhin beschrieben.
Nach dem Abendessen und dem »*Wir danken dir Herr Jesus Christ...*« gab es eine Änderung im Ritual.
Jetzt wurde vor dem Sessel kniend gebetet. Und zwar so, dass der Sessel mit der Lehne in Richtung Wand – dort hing ein Holzkreuz – gedreht wurde. Wir knieten – jeder vor seinem Sessel – die Arme auf der Sitzfläche abgestützt, die Hände zum Gebet gefaltet. Ob mit gestreckten Fingern ...*die betenden Hände von Albrecht Dürer...* oder mit In-sich-verschlungenen-Fingern, war nebensächlich. Die Mädchen beteten meistens die Albrecht Dürer-Version, weil sie edler, vor allem *frommer* aussah. Wir Buben wählten die zweite, die bäuerlich-derbe Art, wie wir sie uns in der Kirche bei den alten Menschen abguckten. Andächtig und gottergeben leierten sie diese Gebete runter, während die Rosenkranzkugeln lautlos durch ihre Finger glitten.
Kniend betend – jedes Kind vor seinem Sessel:
Ein »*Vater unser...*« mit anschließendem Rosenkranzbeten.
Das sind zehn mal fünf »*Gegrüßet seist du Maria...*«
Mit eingeschobener Erkenntniszeile »*die du...*«

Also insgesamt fünfzigmal diese Gebetsform.
Zuletzt noch »*Eingedenk sein wollen wir aller...*«
Nach etwa einer Stunde war der Rosenkranz durchgebetet, war ich fix und fertig. Und im Mund ausgetrocknet wie die Wüste Gobi.

Ein Wettlauf um freie Wasserhähne im Badezimmer begann, um die vertrockneten Kehlen zu befeuchten, die durstigen Mägen mit dem irdischen Element Wasser zu füllen.

Meine Schandtaten für diese Woche waren mit der Menge gebeteter Worte sicher getilgt. Um überirdisches Heil zu erlangen.

Mit Waschen, Zähneputzen und Ab-ins-Bett fand ein gewöhnlicher Freitag so seinen religiösen Ausklang.

Meine beiden Knie bekamen im Laufe der Zeit eine richtige Hornhaut. Im Sommer war diese betende Form nicht so angenehm, weil die nackte Haut auf dem Linoleumboden bald zu schwitzen begann und sich ein kleines Rinnsal um die Knie bildete. Um von der Körperflüssigkeit, die natürlich lästig kitzelte, nicht irritiert zu werden, rutschte ich mit meinen Knien hin und her, was ein leises – aber doch störend hörbares Quietschen verursachte. Streng ermahnende Blicke der Mutter – mit stummer Aufforderung zu mehr Frömmigkeit – trafen mich.

Leider besaß ich, wie auch alle anderen, keine Fettreserven rund um die Gelenke, die ein etwas weicheres Knien ermöglichte. Meine Kniescheiben stachen förmlich Mulden in den unbarmherzigen Linoleumboden. Dabei war das Schicksal uns gnädig. In manchen Häusern (munkelte man uns zu) mussten die Kinder – immer wenn sie schlimm waren – auf kantigen Holzscheiten kniend beten. Gott sei Dank wurde diese Methode nie in unserem Haus 1 praktiziert.

In den kalten Jahreszeiten, als wir die lange Lederhose anhatten, war das Knien beim Rosenkranzbeten etwas angenehmer. Weil das starke Leder die Knie doch ein wenig polsterte. Man musste nur die Metall-Schnalle oberhalb der Waden und Stutzen öffnen, damit es sich leichter knien ließ.

...sündigt nicht

Weitere religiöse Rituale waren mit einer Regelmäßigkeit über das Jahr verteilt und verlangten uns Kindern höchste aktive und gläubige Teilnahme ab, beginnend am Jahresanfang:
am 1. Jänner die Neujahrs-Messe,
am 6. Jänner die Heiligen-drei-Könige-Messe,
im Februar die Aschermittwoch-Andacht, der Palmsonntag mit Palmprozession, in der Karwoche die Kreuzwegandachten mit Rosenkranzbeten,
am Ostersonntag das Hochamt,
die Ostermontag-Messe,
die Erster-Mai-Messe,
die Mai-Andachten (jeden zweiten Tag),
die Christi-Himmelfahrt-Messe,
am Pfingstsonntag das Hochamt,
die Pfingstmontag-Messe,
die Fronleichnam-Prozession und -Messe,
die Maria-Himmelfahrts-Messe,
die Erntedank-Messe mit Prozession,
am 26. Oktober die Tag-der-Fahne-Messe,
am 1. November die Allerheiligen-Messe,
am 2. November die Allerseelen-Messe,
im Dezember jeden Freitag zur Rorate,
am 8. Dezember Mariä-Empfängnis-Messe,
am 24. Dezember die Christmette,
am 25. Dezember das Christtag-Hochamt,
am 26. Dezember die Heiliger-Stefani-Messe,
am 28. Dezember die Unschuldige-Kinder-Messe,

am 31. Dezember die Silvester-Andacht.
Und natürlich jeden Sonn- und Feiertag die 9.00 Uhr Messe.

Wenn ich also die gesamten Stunden meiner Frömmigkeit (Gebete, Messen, Andachten) zusammenrechnete, so ergab das übers Jahr eine Summe von etwa zweihundertachtzehn Stunden Beten. Somit hatte ich neun Tage und neun Nächte durchgehend ununterbrochen gebetet. Ein traumhaft frommes Ergebnis innerhalb eines einzigen Jahres müsste für einen künftigen Sonderplatz im Himmel bei weitem reichen.

Von mir am meisten gefürchtet war zu den Hauptfeiertagen das lang andauernde Hochamt. Gleich drei Pfarrer gaben in einem fast zweistündigen Ritual, in einer weihrauchgeschwängerten Luft, ihre Frömmigkeit zu Ehren Gottes zum Besten. Ich verstand von alledem kein Wort. Einerseits, weil die Messen in lateinischer Sprache zelebriert wurden. Andererseits, weil durch die Größe und Höhe der Kirche ein natürlicher Hall entstand, der Gesprochenes und Gesungenes prinzipiell unverständlich machte. Dafür klang jedes Wort, jeder Gesang, als käme er von oben – direkt von Gott – herab und breite sich wie ein Teppich sanft über die Gläubigen. Das faszinierte mich. Diese salbungsvollen Gesänge von Menschen, hinten oben im Chorgestühl hervorgezaubert und im Kirchenschiff schwebend verklingend. Herrlich heilig und vor Ergriffenheit die Nackenhaare aufstellend.

Wir Kinder mussten ganz vorne, nahe dem Altar sitzen. So konnten wir der Zeremonie besser beiwohnen. Wir *mussten* still sitzen, durften nicht schwätzen, flüstern oder gar kichern. Denn der Pfarrer – und natürlich auch Gott – sah alles, hörte alles.

Die Predigt wurde in deutscher Sprache von der Kanzel herab auf die Häupter der Gläubigen versprüht. Im wahrsten Sinne des Wortes versprüht. Denn bei einem bestimmten Lichteinfall sah ich oft die flüssige Aussprache des Herrn Pfarrers. Vor allem dann, wenn er in seinen Lieblingsthemen völlig aufging.

Allerdings, den Sinn seiner salbungsvollen Wortschöpfungen verstand ich einfach (noch) nicht. Daher beschäftigte ich mein Hirn – während dieser Gottesdienst-Stunden – ebenfalls mit sinnvollen Gedanken. Was ich nach der Messe, am nächsten Tag oder zum Beispiel im kommenden Sommer unternehmen würde.

So sehr mir diese Predigten auf den Nerv gingen, ich brauchte sie. Denn die Predigt war die beste Zeit, in Ruhe über alles nachzudenken. Mein geliebtes Hirnspiel durchzudenken:

Was wäre, wenn ich eine Ameise wäre und mich im Mantel der hübschen Frau dort drüben heimlich nach Hause schleppen ließe. Was würde ich dort sehen, erleben...

Was wäre, wenn ich ein berühmter Filmstar wäre und Millionen hätte. Könnte mir alles leisten, jedes Auto fahren (ohne Führerschein natürlich)...

Was wäre, wenn ich der Papst wäre. Ich würde alle Messen verkürzen. Und jeder könnte daheim bleiben, wenn er nicht in die Kirche wollte. Denn beten kann man auch zu Hause...

Was wäre, wenn ich unsichtbar wäre, durch alle Wände gehen könnte. Leicht wie die Luft wäre und mich vom Wind treiben ließe...

Wenn ich in der Kirche saß, bekam meine Fantasie eben Flügel. Gewaltige Flügel, wie sie die zwei Engel in der Kirche von Altmünster ausbreiteten. Beim Altar, wo die beiden Engel demütig in einem schwungvollen Kniefall die allmächtige Gottheit anpriesen.

Am Kreuz, an der Spitze des Altars, hing unser Herr Jesus Christus. Als Symbol für die Aufopferung – bis zu seinem Tode. So wurde es uns im Religionsunterricht gelehrt. Jesus Christus starb für uns. Für dich, für mich. Für jeden Menschen.

An diesem Kreuz in der Kirche von Altmünster hing er, unser armer geschnitzter, hölzerner Christus. Mit einer böse klaffenden Wunde in seiner Herzgegend. Gestochen von einem römischen Soldaten.

Eines Sonntags im frühen Sommer 1957, während einer Heiligen Messe, zur Zeit der Predigt, passierte es dann.

Das Wunder. Mein persönliches Wunder!

Denn diese Wunde vom Herrn Jesus Christus begann plötzlich zu bluten. *Sicher wieder so ein Hirngespinst beim Was-wäre-wenn-Spiel...* Aber nein! – sie begann so lebensecht zu bluten, dass ich meinen Augen nicht traute und es doch mit ihnen sehen konnte. Wahrhaftig!

Mein ureigenes Wunder. Persönlich für mich, vom lieben Herrn Jesus Christus arrangiert. Ich konnte und wollte es niemanden sagen. Es blieb mein Geheimnis. Bis heute.

Es war wirklich tropfendes Blut, das am Sockel des Holzkreuzes ein kleines Rinnsal verursachte und über den Tabernakel runterrann.

Sonntag für Sonntag ging ich nun erwartungsvoll in die Kirche, um dieses blutende Wunder zu sehen und zu bestaunen. Aber mein Jesus blutete nie mehr wieder.

Er, der Holzkreuz-Jesus schaffte es jedoch mit seinem Wunder, dass ich mich zukünftig für das Heilige Messe-Ritual interessierte. Auch wenn ich mich während der Predigt lange Zeit nur auf die blutende Jesus-Wunde konzentrierte. Ich ging plötzlich gern zur Messe. Vielleicht zeigte mir Jesus noch einmal sein blutendes Herz. Irgendwann einmal.

Das Jahr war also ausgefüllt mit kirchlicher Frömmigkeit. Ich nahm sie auf mich, wie die tägliche Schultasche auf meinem Rücken.

Ändern konnte ich als kleiner Junge ohnehin nichts und mich dagegen auflehnen – das kam (bei Gott) für mich nie in Frage.

Also rebellierte ich im Laufe der Zeit im Stillen.

Unsere SOS-Kinderdorfmutter meinte es sicher gut. Mit ihrer Frömmigkeit, mit ihrem Beten. Mit mir, mit uns allen.

Zu gut meinte sie es – war die Ansicht von uns Kindern. Aber wir Knirpse verfügten noch nicht über den Weitblick, verstanden noch nicht den Sinn und die Notwendigkeit dieser Menge an gebeteten Rosenkränzen für unser vor-reserviertes Himmelsplätzchen.

Als sündige Menschen waren wir doch damals alle der Gunst der Kirche ausgeliefert. Je mehr man *sichtbar* betete (siehe Albrecht Dürer Händemotiv) und – von allen gesehen – *in die Kirche ging*, umso sicherer war der Platz im Himmel. Wenn es an der Zeit war, der Erde per Seelenflug zu entfliehen, während die irdische Hülle im Sarg wehrlos den Würmern ausgeliefert war.

Es war nicht nur im SOS-Kinderdorf so intensiv mit der Gläubigkeit und Beterei. Die Zeiten waren damals nicht so wie heute von Überfluss und Überreizung geprägt. Die Menschen waren wesentlich bescheidener. Sie beteten gerne und viel, für und um alles. Die Kirche in Altmünster war damals noch voll mit betenden Christen.

Erster Rückfall

Körperlich waren wir von der *Pflege und Wartung* auf dem Pflegeplatz in Neder noch lange nicht gesundet. Mein Bruder und ich erlitten einen Rückfall. Wir waren immer noch zu dünn und schwächlich. Auch unsere Lungen spielten nicht so richtig mit. Dauerndes, schmerzhaftes Husten in der Nacht.

Wir wurden zum Facharzt nach Gmunden gebracht.

9. März 1957

Überweisung der beiden W.-Kinder zur Untersuchung bei Dr. K. in Gmunden.
Krankheitsbild und Befund:
Alf W.: Komplette fachärztliche Lungenuntersuchung wegen reduziertem EZ, Anämie, Untergewicht, motorpsychische Unruhe.

Wolfgang W.: Komplette fachärztliche Lungenuntersuchung wegen Verdacht auf spec Process nach Pleuritis Pneumonie incip.

Verdacht auf Rippenfellentzündung. Kein Wunder bei diesen kalten Nächten damals in Neder auf dem schrecklichen Pflegeplatz. Wo wir fast zwei Jahre in diesem Schweinefutter-Speisekammerl-Zimmer, oft bei Minusgraden, schlafen mussten. Jetzt bekamen mein Bruder und ich dafür die Rechnung präsentiert.

Unsere seelische Verfassung kam nun unerbittlich zum Vorschein. Der Pflegeplatz-Schock löste sich und wir brüteten alle möglichen Symptome aus. Die Seele stülpte sich förmlich nach außen, wehrte sich jetzt so richtig. Sie schrie tonlos – mit Anfälligkeit für alle möglichen Krankheiten.

Immer wieder – unruhiges Schlafen, husten, sich im Bett wälzen und Bettnässen. Jede Nacht ein nasser Pyjama, ein nasses Leintuch, eine nasse Tuchent oder im Sommer nasse Decken. Kautschukmatten unterm Leintuch verhinderten, dass die Matratzen nicht allnächtlich angesaftet wurden.

Mir machten vor allem hartnäckige Furunkeln sowie Fieberblasen (um den Mund) noch jahrelang zu schaffen.

Abszesse traten plötzlich auf. Im Gesicht, auf der Brust, auf den Beinen, am Rücken. Mit Salbenkuren und Wärmelichtbehandlung wurde diesen hässlichen Geschwüren zu Leibe gerückt. Ich war widerspenstig, weigerte mich – so lange still vor der Wärmelampe sitzen zu müssen. Weil es überall juckte und ich es nicht mehr aushielt. Überall, wo meine Finger irgendwie hinlangten, kratzte ich mich auf. Die Abszesse schmerzten höllisch. Vor allem die im Gesicht, auf den Wangen. Eingebunden und verpflastert war über Monate mein Dauerzustand. Mein Erkennungszeichen.

Dann kamen meine Migräneanfälle dazu. Ich bekam plötzlich und ohne jeglichen Grund rasende Kopfschmerzen. Mir wurde schlecht und ich musste immer wieder würgen-kotzen-brechen.

Alles – wie sich später herausstellte – Ursachen der fast zwei Jahre langen Gefangenschaft, genannt *Pflege und Wartung* auf dem Pflegeplatz in Neder im wunderschönen Stubaital. Bei dieser Horror-Pflegemutter.

23 Gut versteckte Müllsoldaten

Es war im Frühjahr 1957, irgendwann im April.

»Komm, ich zeige dir jetzt, wo ich meine Soldaten gefunden habe«, sprach Heinzi zu mir, »aber versprich mir, dass du es niemandem erzählst. Keiner darf davon etwas erfahren.«

Ich zu ihm: »Versprochen und gehalten auf ewig – beim Blut meines Herzens.«

Heinzi ging mit mir zum Eingang des SOS-Kinderdorfes, nahe bei unserem Haus 1. Ein kurzer, prüfender Blick, ob uns ja niemand beobachtete oder verfolgte – und schon verschwanden wir unterhalb des Hauses im Gestrüpp, das sich bis zur Dorfgrenze erstreckte.

Es war uns natürlich verboten, unerlaubt das SOS-Kinderdorf zu verlassen. Aber so galt dies bei Verboten. Man musste sie brechen, sonst wäre ihre Berechtigung zur Existenz in Frage gestellt.

Er führte mich außerhalb des Dorfes auf einen riesigen Schuttablageplatz. Berge von Müll lagen, verborgen von einem kleinen Wäldchen rundum, aufgehäuft und verstreut auf einer verwilderten Waldlichtung. Inmitten dieses Müllberges, den wir erkletterten, hatte sich ein Krater gebildet, in dem sich eine übelriechende, ölige Wasserfläche schillernd spiegelte.

Ein paar Kinder aus unserem Dorf kletterten ebenfalls auf dem Müllgebirge herum und stocherten mit langen Holzstäben im Unrat. Sie buddelten manch Brauchbares heraus, das sie mit einem Triumphgeheul in die Höhe hielten und ihren Freunden zeigten. Diese kamen hinzu und begutachteten das Gefundene. Nach kurzen Beratungen landeten die meisten Teile im hohen Bogen in der öligen, übelriechenden Kloake, die nach deren Aufschlag träge nachschwappte und drohend vor sich hingluckste.

»Pass auf, dass du ja nicht mit dem Zeug da in Berührung kommst oder gar hineinfällst«, rief mir Heinzi zu. »Das Zeug ist saugiftig und ätzend!«

Während er mit einer herumliegenden Eisenstange einen prall gefüllten Papiersack aufstach, zerlegte und begutachtete, klärte er mich weiter auf:

»Niemand, wirklich niemand darf wissen, dass wir uns hier herumtreiben. Aber hier habe ich einen alten rostigbraunen Koffer gefunden... und was glaubst du, was da drinnen war? Alle meine Soldatenfiguren, die Kanonen und Flaks, die ich dir gezeigt habe. Das war mein Goldfund, das Beste, was jemals einer hier fand. Ich darf die Figuren aber daheim nicht herzeigen, sonst nimmt sie mir die Mutter sicher weg und gibt sie dem Dorfleiter. Also habe ich ein Versteck dafür, das ich dir auch noch zeigen werde. Aber du musst mir schwören, dass du nie und niemandem irgendwas davon erzählst. Sonst sind wir auf ewig Freunde gewesen.«

Der Heinzi, der Hund, der Glückspilz, dachte ich mir. Und laut zu ihm: »Klar doch, das habe ich dir ja eh schon versprochen. Glaubst du, ich bin so blöd und verrate dich. Also ehrlich, du kannst dich hundertprozentig auf mich verlassen.«

Monatelang ging ich nun, nach dem Schulunterricht und erledigten Schulaufgaben, ebenfalls als Eingeweihter und Auserwählter auf die Suche nach Jahrhundertschätzen. Auf die Müllhalde, das Mistgebirge, nahe dem SOS-Kinderdorf. Was fand ich nicht alles an Nützlichem und Brauchbarem. Damals auf dieser unerschöpflichen Goldgruben-Müllhalde.

Dort buddelte ich viele dieser berühmten »Akim-, Sigurd- und Falk-Schundhefterl« aus. Die erste Lektüre, die von den Erwachsenen als ...*de Schundheftln de...* abgetan und als solche uns zu lesen verboten waren. Von wegen. Nichts war so spannend wie die Abenteuer von Akim und Co. Ich las, nein fraß sie förmlich – diese gezeichneten, teilweise bunt gedruckten Abenteuer im schmalen Querformat. Sie waren ein begehrtes Sammelstück, eine lukrative Tauschware für allerlei andere Dinge, die mir unbedingt wichtig erschienen.

Natürlich gibt es kein einziges Schundhefterl mehr von damals. Sämtliche gehorteten Hefterl verloren sich im Laufe der Zeit, weil ich älter wurde und ihre Bedeutung für mich verloren ging. Weil andere Lektüre ihren Platz einnahm. Und dennoch:

Heute besitze ich wieder drei dieser schmalen Hefterl. Ich erhielt sie von einem sehr lieben Menschen, der sich ebenfalls diese Kindheitsträume, diese Abenteuer, lebendig bewahren will. Drei Schundhefterl, die ich wie einen Goldschatz hüte:

Akim, Nr. 183 – Schrei in der Nacht
Sigurd, Nr. 270 – Im letzten Augenblick
Falk, Nr. 57 – Auf der Burgmauer

Diese Müllhalde war mein Mistparadies.

Magazine mit (halb)nackten Frauen, Filmprogramme, Schachteln, Dosen mit Lackresten, rostige Nägel, Schrauben, Drahtreste, kaputtes Spielzeug, Autoreifen, Fahrradschläuche und Metalltrümmer, Bakelitteile von Geräten und Maschinen, Stoffreste, Kleidungsstücke, buntes Papier und Pappkarton...

Alles wertvolle Fundsachen, die man unbedingt oder irgendwann einmal gebrauchen konnte. Oder zum Tauschen.

Dafür suchte ich einen sicheren Platz, an den sonst niemand herankam. Jeder von uns Kindern dachte damals so. Nach Hause durften wir unsere Fundstücke ja nicht bringen. Also schufen sich alle in den angrenzenden Wäldern gut getarnte Verstecke. Manche bauten sich mit Material von der Müllhalde sogar kleine Hütten in das Buschwerk hinein.

Es bildeten sich die ersten Gruppen und Banden, mit ihren Hütten-Hauptsitzen. Einer der jeweiligen Bande musste immer in der Nähe ihres Hauptquartiers Wache halten. Als Hüter der gefundenen Reichtümer.

Nachdem Heinzi eher einer war, der sich nicht unbedingt an eine solche Gruppe binden wollte, lag er mit seiner Ansicht voll in meiner Sinnesrichtung. Auch ich war es – noch vom Pflegeplatz in Neder her – nicht gewohnt, mit so vielen fremden Kindern sofort Kontakt zu halten. Das änderte sich im SOS-Kinderdorf erst im Laufe der Jahre.

Goldfund gut getarnt

Das Versteck von Heinzi lag im nahen Wald, wo heute das sogenannte Berghaus steht.

Einen riesigen, vermorschten Baumstumpf hatte mein Freund Heinzi schon früher, in Laufe von Wochen kunstvoll ausgehöhlt. Fast einen Meter bis unter das Wurzelwerk. Man konnte in diesem gegrabenen Hohlraum gebückt zwischen Wurzelstämmen Platz finden und war durch nahe stehende Sträucher so gut wie unsichtbar versteckt. Das ideale Lager für unsere gefundenen Müllschätze.

Eines Tages machte auch ich meinen sagenhaften Fund – meinen »Goldfund« – auf der Müllhalde. Ein Rennauto, mit echten Gummireifen auf den Blechfelgen. Mein Rennwagen aus Blech und noch mehr Rost. Der sich sogar lenken ließ. Er sah zwar sehr ramponiert aus und der Aufziehmotor war ebenfalls kaputt. Die Feder des Motors war gerissen – so sah es zumindest aus. Als ich diese Rostschüssel zerlegte, um den Schaden zu begutachten, sah ich, dass die Aufziehfeder lediglich aus der Arretierung gesprungen war.

Zwei blutende Finger kostete es mich, als mir nach mehreren vergeblichen Versuchen die gespannte Feder um die Ohren flog. Aber mit einer alten, rostigen Beißzange (ebenfalls schon im Müllberg gefunden) gelang es mir endlich, die Feder in das passende Loch einrasten zu lassen.

Einen Aufziehschlüssel hatte ich leider nicht. Mit der Beißzange gelang es nur sehr mühevoll, da der Aufziehdorn mit der Blechverkleidung in einer Ebene war. Irgendwie trieb Heinzi einen Schlüssel auf, passend zum Aufziehdorn.

In Speiseöl getaucht, organisiert aus Mutters Speisekammer, bekam der Aufziehmotor schön langsam Kraft und Schwung.

Das Rennauto fuhr und war über das Lenkrad steuerbar. Dass der Wagen halb verrostet war, störte mich nicht. Mit Lackresten – von der mit Schätzen gefüllten Müllhalde – verpasste ich dem Rennwagen ein neues, jetzt hellblaues Aussehen.

Mein himmelblauer Silberpfeil.

Die Baumstumpf-Dörfer

Ich hatte eine Idee, einen genialen Plan, für den auch Heinzi zusehends zu gewinnen war.

Sicher, das Versteck von ihm war bestens geeignet für die Aufbewahrung unserer Müllhaldenschätze, aber nicht als dauernder Spielplatz. Obendrein durften wir nicht riskieren, länger als unbedingt notwendig im Versteck zu verweilen. Wir konnten viel zu leicht von anderen Kindern entdeckt werden. Was ein garantiertes Ausrauben unserer Erdhöhle bedeuten würde. Wir waren nur zu zweit und gingen auch immer gemeinsam zur Müllhalde um Brauchbares zu finden. Obendrein wollten wir keinen Dritten in unsere Spielwelt-Idee einweihen. Ab drei Leuten entstand sowieso meistens eine Streiterei, wie wir schon bei den anderen Banden sahen, weil sie sich gegenseitig ihre

Schätze raubten und ihre Nasen deswegen blutig schlugen.

Also – ich hatte den Plan, uns mehrere Baumstümpfe als neue Spielplätze zu suchen und für unsere Verwendung auszuhöhlen.

Ich stellte mir vor, wir könnten bei einem Baumstumpf – unter die Wurzeln durch – für das Rennauto und meinem ehemaligen Blechpanzer (jetzt Heinzis Blechpanzer) eine herrliche Rennstrecke bauen. Straßen betonieren, Häuser am Straßenrand aufstellen, ja ein ganzes Dorf entstehen lassen.

Oder bei einem anderen Baumstumpf zum Beispiel ein Schlachtfeld mit Schützengräben und Hindernissen samt Heldenfriedhof für die Soldaten anlegen. *Soldaten kämpfen gegen Indianer... Soldaten gegen wilde Tiere... Indianer gegen wilde Tiere oder wilde Tiere gegen Soldaten und Indianer...* wie auch immer.

Die – meist morschen – Baumstümpfe legten wir mit Werkzeug oder mit Metallteilen, die wir auf der Müllhalde fanden, frei. Woher aber den Zement und Sand für unsere Vorhaben nehmen?

Ein bisschen was konnten wir sicher unbemerkt von den Baustellen der neuen Häuser im SOS-Kinderdorf *abzweigen.*

Mitten im Dorf stand eine Bauhütte mit allen notwendigen Materialien, vor allem mit Zement in Säcken. Leider mit einem klobigen Vorhängeschloss versperrt. Alle Säcke unter Dach, damit sie nicht nass wurden. Versperrt vor allem, damit sich Unbefugte nicht an den Baumaterialien bedienen konnten.

Doch Heinzi war ein Meister im Organisieren, von allem was man brauchte. Wie er das machte, wie es ihm gelang – ich bewunderte ihn deswegen.

Manche *Stückerln* leisteten wir uns damals schon. Die meisten blieben Gott sei Dank unentdeckt, manche wurden uns auf den Kopf zugesagt. Diese bereuten wir auch – demütig mit gesenktem Kopf und schuldbewusster Miene. Jedoch der Zweck heiligte seinerzeit unser schöpferisches Tun.

Der Zementsack-Krimi

Der für uns glückliche Umstand an diesem Schuppen war, dass er in offener Bauweise, nur mit Holzlatten, zusammengezimmert war. Mit genügend Platz für eine geschickte, schmale Kinderhand samt sogenannter »Klampfe« – eine aus Metall gebogene Eisenklammer, für das Zusammenhalten von Dachstuhlpfosten gedacht.

Mit dieser Klampfe ließen Heinzi und ich in Abendstunden und unter Bedacht aller Vorsichtsmaßnahmen, Zement aus den Papiersäcken rieseln. Zwischen den Holzlatten der Bauhütte hindurch in die beiden Emailhäferl, die Heinzi aus der Küche seiner Mutter *organisiert* hatte.

Ähnlich dem Max und Moritz Streich Nummer Sieben, als die beiden die Kornsäcke des Müllers anschnitten – um die Säcke von ihrer Kornfülle zu befreien.

Der Zement rieselte freudig in unsere Behälter. Wir ritzten mit der Klampfe immer nur die unteren Säcke an, damit der Zementraub nicht sofort auffiel. Und wenn doch, so musste man annehmen, die Säcke seien beim Lagern in der Bauhütte aufgeplatzt und eben ausgeronnen.

Nachdem wir – dank des unermesslichen Zementsegens – eine unbändige Bautätigkeit entwickelten, mussten immer mehr Zementsäcke daran glauben. Sie wurden von uns wie der Speck von hungrigen Mäusen angeknabbert.

Der Sand für das geeignete Mischungsverhältnis lag, frei zugänglich, vor uns als riesiger Sandhügel. Wasser gab es an jedem Haus, vom Wasserhahn fürs Gartengießen. Was wollten wir mehr. Außer noch mehr Zement, Sand und Wasser.

Völlig klar – es war nur eine Frage der Zeit, bis wir dabei erwischt wurden. Beim Zementfladern.

Das Schicksal schlug erbarmungslos zu – eines Abends, als wir uns wieder über einen frischen, prallen Zementsack hermachten, um ihn der wertvollen Fülle zu berauben.

Der Dorfmeister lauerte uns auf und deckte uns beide als *die Zementfladerer* auf. Wir wurden *verhaftet, vorgeführt und aufgehängt* – oder so ähnlich.

Ja, den Dorfmeister ärgerten die angerissenen Zementsäcke. Weil die Bauleute zu ihm kamen und sich beschwerten, dass immer mehr Säcke zerrissen waren, ohne dass man den ausgeronnen Zement finden konnte. Also legte er sich auf die Lauer. Es gab ja hin und wieder Landstreicher, Herumstreuner. Da konnte es leicht sein, dass ein solcher sich des Baumaterials bediente.

Wir mussten zum Dorfleiter, erhielten eine gesalzene Moralpredigt, mit anschließender Schreibstrafe. Hundertmal schreiben: *Ich darf nicht Zement stehlen.* Wir mussten ihm auch zeigen, wofür wir all diesen Zement denn verwendet hatten.

Unsere Bauwerke erzielten einen sichtlich unerwarteten Erfolg. Sie wurden (anerkennend) begutachtet und bestaunt. Jedoch mussten wir hoch und heilig versprechen, dass nie wieder ein Zementsack von uns aufgestochen würde, um uns zu bedienen. Wir sollten in Zukunft zum Dorfmeister gehen und ihn gefälligst gnädig um ein bisschen Zement bitten, wenn wir schon so schöne Anlagen bauten.

Als einschleimende Gegenleistung meldeten wir uns freiwillig zum Dorfdienst. Das hieß, im gesamten Dorf Papierfetzerln aufsammeln. Oder dem Dorfmeister beim Heckenschneiden hinterher gehen, um die geschnittenen Zweige in ein Handwagerl zu verfrachten; sowie noch andere unbequeme Leistungen, die aber zur Verschönerung des SOS-Kinderdorfes beitrugen.

Was machten wir als angehende Straßenkonstrukteure nicht alles, bloß für ein paar volle Häferl geschenktes Zement-Sand-Gemisch.

Denn unsere bebauten und gestalteten Baumstümpfe zeigten sämtliche Attribute einer gelungenen Landschaftsarchitektur.

Wir hatten die Baumstümpfe mit atemberaubenden Straßen und S-Kurven – sogar übereinander, über Wurzeln laufend, mit

Kreuzungen, mit Zufahrten zu Häusern, mit Erdlöchern und Schützengräben für die kämpfenden Soldaten und Indianer, mit Heldenfriedhöfen für die gefallenen Krieger – ausgebaut.

Feinst geglättetes Zement- und Sandgemisch war die Bausubstanz. Die Straßen bekamen von uns liebevoll Kieselsteine als Straßenbegrenzung eingesetzt.

Die Häuser waren teilweise aus Holz, wie kleine Blockhäuser oder aus Mauerwerk, mit kleinst zerbröselten Ziegelstücken gebaut – den gewundenen Wurzelformen völlig ergeben angepasst. Die Dächer klebten wir aus dem Karton von Schuhschachteln zusammen, belegten sie ganz nach Tiroler Art mit Steinchen auf dem Dach. Oder bedeckten sie mit Moos, nach Zwerg-Bumsti-Design. Aus den beliebten *Wunderwelt-Heften* abgeguckt und nachgebaut.

Jeder vermorschte Baumstumpf, der von uns erobert und so zivilisiert wurde, glich einem Bauerndorf, einem SOS-Kinderdorf oder gar einer kleinen Stadt.

Wir hatten uns die Natur untertan gemacht. Wir bauten unseren Soldaten, Indianern und den wilden Tieren würdige Schlachtfelder, Dörfer, Städte oder Tiergärten, in denen sie leben, kämpfen, ja sogar sterben durften.

Wir, der siebenjährige Wolferl und der fast neunjährige Heinzi, waren die Vorreiter eines Hundertwasser-Hauses, eines Minimundus-Museums.

Hinterher stellte sich heraus, dass es sinnvoll war, unser eigentliches Versteck und Lager – der ausgehöhlte Baumstumpf hinter dem Berghaus – nie als *Baumstumpf-Dorf* auszubauen. Denn kaum waren unsere Bauwerke bekannt geworden, gab es auch schon Neider, die unsere mühevoll gebauten Landschaften nach und nach wieder zerstörten.

Diese Landschaftsschänder und Architekturbanausen!

Das tat uns natürlich sehr weh, aber wir hatten keine Chance, je einen dieser Missetäter zu enttarnen oder gar in flagranti zu erwischen. Aber wir verdächtigten so manchen.

Es blieb uns nichts anderes übrig, als noch weiter in den Wald hinein, an noch besser versteckten Plätzen neue Bauwerke entstehen zu lassen. Ideal dafür war der Steilhang unterhalb des Sechser-Hauses.

24 Sechster-Sechster

Sie hatten ihn alle vergessen – tatsächlich vergessen. Meinen Geburtstag 1957.

Wir wussten, immer wenn ein Geburtstag zu feiern war, gab es eine *Oblaten-Torte*. Diese Waffeltorten, gefüllt mit einer süßen und mit Himbeersaft eingefärbten Zucker-Butter-Fülle. Außen rundherum nochmals ein aufgepappter Schokoguss, wie frisch angeworfener Mauerputz, nur dunkelbraun, klebrig, süß und lecker. Die Anzahl der Jahre, die man bereits erlebt hatte, wurde durch kleine weiße Kerzen samt Kerzenhalter (kreisförmig in die Torte gesteckt) dokumentiert.

Ich sollte sohin am Sechsten-Sechsten eine Torte mit sieben Kerzen bekommen. Bekam ich aber nicht. Nichts bekam ich. Nicht einmal einen Alles-Gute-zum-Geburtstag-Händedruck.

Man hatte glatt auf meinen Geburtstag vergessen!

Am frühen Morgen des Sechsten-Sechsten wartete ich frohgemut, bis die Mutter zu mir kam, um mir Alles-Gute-zum-Geburtstag zu wünschen. Tat sie aber nicht. Auch meine zaghaften Andeutungen beim Frühstück über Namenstage und Geburtstage oder ähnliches wurden von niemandem wahrgenommen.

Ich wollte aber nicht so hinausbrüllen, dass – verdammt noch mal – heute eben mein Geburtstag wäre, heute am 6. 6. 1957.

Ich wollte, dass die Mutter von selbst draufkam. Wie sie die Geburtstage aller anderen Kindern ebenfalls wusste.

So ging ich niedergeschlagen und betrübt zur Schule. Auch dort wusste niemand, dass ich am heutigen Donnerstag, den Sechsten-Sechsten Geburtstag hatte und ab jetzt volle sieben Jahre alt war.

Ein freudloser Tag und eigentlich war ich selber schuld. Ich hätte ja nur etwas sagen müssen. Das wollte ich aber nicht, da war ich stur. Ich wollte, dass man mein Geburtstagsdatum genauso kannte, wie wir es untereinander von allen Kindern wussten. Meine letzte Hoffnung war der Abend.

Vielleicht würde die Mutter mit einer Überraschung aufwarten, beim Abendessen. Aber nichts dergleichen geschah. Der Tag war vorbei, ich ging ins Bett und schmollte:

Ich werde auch von hier wegziehen, hinaus in die Ferne und niemand wird wissen, was mit mir geschehen ist. Dann werden sie um mich trauern. Aber ich bleibe verschwunden. Für immer und ewig. Und an jedem Sechsten-Sechsten werden sie eine Kerze in Erinnerung an mich anzünden. Dann, ja dann werden sie sich an meinen Geburtstag erinnern. Aber dann wird es zu spät sein, viel zu spät...

Der nächste Tag brach an, der Siebente-Sechste. Und wieder kein Geburtstag, kein Gratulieren, keine Torte.

Auch dieser Tag verging ereignislos, die Nacht kam und ich schwor es in meinen Kopfpolster. Dass ich morgen meine Mutter auf den vergessenen Geburtstag hinweise. Ich werde ihr mein vorwurfsvollstes Gesicht, meine Verachtung, meine Trauer in nur einem Satz hinschleudern: *Ihr alle habt auf meinen Geburtstag vergessen!*

Ja, ganz genau so wollte ich mein Geburtstagsfeier-Recht einfordern.

Mein Gestammel am folgenden Tag von wegen vergessenen Geburtstag entlockte der Mutter ein erstauntes:

»Jessas, ich hab geglaubt, du hast erst im Juli Geburtstag!«

Nach einem Blick in meine Taufurkunde – sämtliche Existenzbestätigungen von uns Kindern hatte die Mutter in ihrem Zimmer in einer Mappe verstaut – musste sie ihren Irrtum eingestehen. Also gratulierte sie mir, wie man so sagt, nachträglich. Mein Geburtstagsfeeling war zerstört, zumindest für dieses Jahr.

Was aber noch schlimmer war, ich bekam keine Torte mehr. Auch nicht nachträglich, denn der Sechste-Sechste war ja schon zwei Tage vorbei und Torte, Schokoguss und Kerzen waren teuer.

Mein Bruder Alf gratulierte mir ebenfalls nachträglich. Er bestrich sich die Handfläche mit Seifenschaum und drückte mir herzhaft die Hand, dieser Schuft.

Alles-Gute-zum-Geburtstag liebes Bruderherz!

Meine Rache, lieber Bruder, wird fürchterlich sein...

Nachdem mein Bruder fast drei Jahre älter war als ich und es genügend Buben in seinem Alter im SOS-Kinderdorf gab, war unser Kontakt nicht mehr so intensiv wie in früheren Zeiten, als wir auf uns allein angewiesen waren. Das störte mich keineswegs, denn auch ich hatte neue Freunde gefunden. Aber immer wenn es darauf ankam, einen größeren Bruder um Hilfe zu holen – mein Bruder Alf war meist zur Stelle.

Wenn Reviere zu verteidigen waren und ich eine blutende Nase abbekam. Oder einfach nur zum Angeben:

...damit du es weißt, mein großer Bruder hat solche Muskeln (theatralisches Überzeugen mittels gewaltigem Luft-Bizeps), *aber wenn du wirklich bluten willst, ich habe dich gewarnt...*

Auch Heinzi hatte ein Geburtstagsproblem. Allerdings ein jährliches.

Sein Pech, denn sein Geburtstag fiel auf den 24. Dezember. Was soviel hieß, dass Heiliger Abend und Geburtstag bei ihm zu Hause in einem Aufwasch gefeiert wurde. Wobei er mir immer wieder erzählte, dass natürlich der Jesukind-Geburtstag seinen persönlichen völlig in den Hintergrund drängte. Er war zwar nicht sehr glücklich darüber, gewöhnte sich aber allmählich daran und machte sich lustig über mich, weil mein Geburtstag dieses Mal vergessen wurde.

Was glaubst du, wie es mir am 24. Dezember geht...? Nur Weihnachtsgeschenke und nie ein Geburtstagsgeschenk.

25 Scharlach und die Folgen

Juni 1957. Das Haus 1 hatte Scharlach.
Nein, nicht das Haus 1, sondern einer von uns Buben. Er wurde angesteckt. Von einem Jungen aus seiner Klasse.
Also wurde die Quarantäne über uns Kinder vom Haus 1 verhängt. Und das Ende Juni, in einer damals besonders heißen Sommerzeit. Als die Hitze den Asphalt bereits flimmern ließ, die emsigen Bienen einem um die Ohren summten, lag man mit geschlossenen Augen in der sattgrünen Wiese.
Glatt eine Woche vor Schulschluss.

Zwei Wochen lang durften wir maximal vor das Haus treten. Das Quarantänefeld war genau abgesteckt. Rund ums Haus, die kleine Wiese vor dem Hauseingang mit dem Findling-Stein, der mit Naturstein belegte Gehweg bis zur Straße. Das wars dann auch schon. Welch enges Freiluft-Gefängnis bei soviel unendlich weiter SOS-Kinderdorfumgebung. Und wenn uns Freunde besuchen wollten, so durften sie dies nur in einem Abstand von mindestens fünf Metern. Wir kamen uns wie Geächtete vor.
Gnädigerweise versorgte uns der Dorfleiter mit Büchern und Gesellschaftsspielen, damit wir uns diese schwere Zeit etwas leichter vertreiben konnten. Man glaubt es nicht, wie langsam Zeit zu kriechen imstande ist, wenn man gefangen leben muss.
Nicht näher kommen ihr Freunde und Feinde, sonst erleidet ihr selbiges, grausames Schicksal und steckt euch an...

In dieser Zeit waren wir schon acht Kinder im Haus 1, die von grausamen Scharlach-Killerbakterien gefangen gehalten wurden.

Ich durfte natürlich auch nicht mit Heinzi zu unseren Baumstumpf-Bauten. Wir konnten uns lediglich in Rufweite verständigen und unsere Neuigkeiten austauschen.

Gefängniskoller machte sich breit im Hause 1 und wir gerieten in eine arge Aneinanderreibungskrise auf so engem Raum, vor allem, wenn rundherum die Welt bei schönstem Wetter zum Genießen derselben einlud. Da half kein noch so spannendes, interessantes Buch oder Spiel.

Masern statt Caldonazzo

Es gab noch ein weiteres Ereignis.

Für uns SOS-Kinderdorfkinder der Urbegriff für ein elementares Geschehen, eigentlich nach Weihnachten der zweitstärkste, vor allem längste Höhepunkt im Jahr. Mit einem einzigen Wort erklärt: *Caldonazzo*.

Caldonazzo war italienisch und hieß zu deutsch soviel wie warm (auch heiß) für *Caldo* und Nest für *nazzo*.

Von uns Kindern zusammengereimt hieß es *Warmes Nest*.

Aber es ging uns nicht um die Bedeutung des Wortbildes. Es ging schlicht um den kleinen, unscheinbaren Ort Caldonazzo in Oberitalien, in der Nähe von Trient.

Caldonazzo war *das* Zauberwort, der Inbegriff für Abenteuer und Geheimnisse, für den absoluten Höhepunkt unserer Sommerferien. Ich muss zugeben, ich war bis dato noch nie dort, es sollte jetzt im Sommer 1957 das erste Mal passieren. Aber die Erzählungen jener, die Caldonazzo schon ein- oder gar mehrmals erlebten, garantierten ein Paradies auf Erden für den abenteuersüchtigen Buben, der ich war.

Wenn wir in der Schule gefragt wurden, was wir denn in den Ferien machen, bzw. wie und wo wir den Urlaub verbringen würden, so verkündeten alle SOS-Kinderdörfler einheitlich:
In Italien... und wo in Italien?... in Caldonazzo natürlich!
Das wirkte nicht nur für uns exotisch. Wer konnte es sich schon leisten, in Italien zu urlauben. Zu damaligen Zeiten.

Tatsache war, dass alle SOS-Kinderdorfkinder während der Sommerzeit in Caldonazzo fünf Wochen lang ihre Ferien verbrachten.

Aber so weit waren wir vom Haus 1 noch nicht. Noch standen wir unter Scharlach-Quarantäne. Es sah für uns Einser-Häusler vielmehr so aus, dass wir nicht nach Caldonazzo fahren würden. Der Onkel Doktor hatte das letztendlich zu entscheiden.

Eine Woche vor Ende der Quarantäne kam das rettende Urteil: Wir durften alle nach Caldonazzo fahren. Super, toll!

Und doch kam es anders. Zumindest für Emil und mich.

Drei Tage vor der Abreise, samt Vorfreude auf ein Abenteuerparadies inklusive Zelten an einem Bergsee, nächtelangem Ausmalen von Aktivitäten, bekamen Emil und ich über Nacht hohes Fieber und am Körper verteilt, hässliche rote Punkte.

Die Masern.

Mit einem fatalen Urteil. Wir beide durften nicht mit nach Caldonazzo. Vielmehr wurden wir noch zur selben Stunde mit Blaulicht und Sirene in das Krankenhaus Gmunden eingeliefert. Weil wir uns, von der Krankheit geschwächt, kaum auf den Beinen halten konnten. Als sich dann herausstellte, dass wir bloß die Röteln und eine Sommergrippe hatten, war natürlich der Zug abgefahren. Der Zug mit allen anderen Kindern – in Richtung Caldonazzo.

Emil und ich heulten vor Wut und Enttäuschung. Weil wir nun als Einzige nicht mit nach Caldonazzo durften. Denn das hieß für uns: kein Zelten, kein Lagerfeuer, kein Schwimmenlernen, keine Abenteuer erleben. Wir konnten uns höchstens neidvoll die Geschichten anhören, wenn alle anderen wieder braungebrannt aus Caldonazzo zurückkehrten.

Ich aber lag und saß fest hier, gemeinsam mit Emil. Im Krankenhaus in Gmunden, einem von liebevollen Klosterschwestern geführten Spital. Mit Kopfweh, mit Halsweh und mit knallroten Pusteln, unsere Körper hässlich markierend und zum Aufkratzen auffordernd.

So eine Gemeinheit, so eine Schweinerei, dachte ich mir anfangs allmorgendlich. Aber die heiligen Schwestern gingen besonders fürsorglich mit uns um. Vor allem auch, weil sie wussten, dass wir zwei vom SOS-Kinderdorf waren und eigentlich die Ferien in Caldonazzo verbringen sollten. So erzählten wir es ihnen. Im Spital waren in dieser Zeit eher ältere, kranke Menschen untergebracht, Emil und ich, die einzigen Kinder auf der Station.

Also hatten wir einen gewissen Mitleidsvorteil. Wenn wir bereits nach einer Woche – sehr zum Missfallen der heiligen Schwestern – durch die Gänge sausten, die netteren Patienten auf dem Gang, die sich wenigstens mit uns ein wenig unterhielten, jedoch artig grüßten. Wir waren ihnen eine willkommene Abwechslung in ihrem sicher sehr eintönigen Leben samt zu ertragendem Leiden.

Aber uns war mit der Zeit stinkfad und elend öde zumute. Selbst sämtliche Mal- und Lesebücher sowie Kinderspiele konnten unseren Gemütszustand nicht wesentlich verbessern.

Besuch bekamen wir auch von niemandem. Von wem denn auch. Die Mutter war bei ihren Eltern auf Erholungsurlaub. Die anderen Kinder – diese Glückspilze – waren in Caldonazzo und genossen sicher ihre traumhaftesten Abenteuer.

Also gestalteten wir uns unser eigenes Caldonazzo, mit Matratzen, Leintüchern, Tuchenten und Pölstern. Wir stellten unsere Betten auf den Kopf und bauten uns ein Zelt daraus. Sehr zum Entsetzen der heiligen Schwestern.

Wir entdeckten das Märchen *der schneienden Bettfedern* wieder, besser gesagt, wir bohrten Löcher in die Pölster und ließen die Gänsefedern durchs Fenster hinabschweben.

Wie bei Frau Holle. Erst ein wenig. Als dann die erholungsbedürftigen Patienten, die im Krankenhauspark auf Bankerln die Sonnenstrahlen genossen, unseren luftig schwebenden Polsterfedern lächelnd zunickten, galt dies für uns als eine Aufforderung. Wir ließen es nun kräftig schneien. Im Sommer. Mit dem gesamten Inhalt unserer prall gefüllten Pölster. Wie bei Frau Holle, mit Goldmarie und Pechmarie.

Fleißig wie die Goldmarie waren wir beide – Emil und ich.

Pech hatten wir nur, als eine erboste Klosterschwester in unser Zimmer stürzte und wir vor Schreck fast vom Fenstersims gepurzelt wären.

Unser Schneetreiben blieb natürlich nicht unbemerkt, da sich im Park bald eine gleichmäßige weiße Federschicht bildete. Nachdem wir mit den Gänsefedern der Tuchenten kräftig nachhalfen, weil die Füllung der Pölster bereits verschneit war.

Eine stimmgewaltige Moral- und Strafpredigt ließ uns den Schaden erahnen. Doch leider zu spät, denn alle Federn waren lustig schwebend im Krankenhauspark gelandet. Mit den geleerten, schlaffen Tuchentüberzügen in der Hand, standen wir vor der erbosten Schwester. Die Köpfe schuldbewusst gesenkt, um Verzeihung bittend. Als Strafe wurde uns für den Rest des Tages Zimmerarrest aufgebrummt.

Aber es sah atemberaubend aus. Weißer Gänsefedernschnee mitten im heißen Sommer, im Park des Gmundner Krankenhauses. Wenn ein leichtes Lüftchen sich der Federn erbarmte und sie wieder, wie von Zauberhand, in die Höhe wirbelte. Es war eine wahre Augenweide für uns und die Patienten, die sich von ihren Operationen auf den Parkbänken erholten. Für sie und uns eine willkommene, kurzweilige Abwechslung.

Damit war uns die Zeit im Krankenhaus zwar nicht unbedingt kürzer vorgekommen. Aber dafür wesentlich spannender.

Wir bekamen daraufhin kein mit Federn gefülltes Bettzeug mehr. Es gab für uns nur noch eine Decke, als Polster umfunktioniert, zusammengelegt im Überzug. Ebenso steckte in der Tuchenthülle nur noch eine dünne Decke. Denn es war heiß in diesem Sommer, sogar des Nachts.

Mir reichte allein schon der Überzug zum Zudecken. Also wieder raus mit den Decken, selbst hinein geschlüpft in die Stoffhülle und – Schloßgespenst gespielt.

Vom tagelangen Im-Bett-liegen-Müssen waren wir alles andere als müde. Als Nachtgespenster hatten wir uns gegenseitig gejagt, erschreckt und müde gelaufen – Emil und ich.

Uuhh…uuaahh… gruselig und zum Fürchten schaurig-schön.

Zum Frühstück gab es allmorgendlich abwechselnd Milch oder Kinder-Malzkaffee, brennheiß serviert. Dazu eine Semmel, auf Wunsch auch eine zweite sowie Butter, Honig oder Marmelade. Gegessen wurde im Bett.

Mit einem fröhlichen *…schönen guten Morgen ihr zwei kleinen Fratzen* wurde uns ein Tablett (in Form eines kleinen Tischchens) über unsere ausgestreckten Füße gestellt.

Das schwere Tablett mit dem kompletten Frühstück beschränkte unsere Beinfreiheit, sodass wir uns fast nicht bewegen konnten. Sicher eine Absicht der Schwestern, damit wir das Frühstück in Ruhe einnahmen und nicht, vielleicht gar durch dummes Herumturnen, das Tablett vom Bett stießen.

Wir saßen also jeden Morgen in der Frühstücksfalle. Meinen Spieltrieb beflügelte sie jedenfalls. Ich begann aus den Semmeln Schiffchen zu bauen. Das Innere, die flaumige Teigmasse, formte ich zu kleinen Indianern. Aus den fünf gewölbten Semmelspalten, entstanden kleine Indianerboote. In jedes Kanu klebte ich mit Spucke einen modellierten Indianer.

Milch oder Kaffee (brennheiß) wurde uns in Suppenschüsserln serviert. Jene, mit den zwei Henkelgriffen, damit wir daraus leichter trinken konnten. Und mit viel Platz, um ein oder zwei Kanus samt Indianer darin paddeln zu lassen.

So machte mir das Frühstücken besonders viel Spaß. Erst ein paar Indianerkämpfe in der Kaffeetasse ausfechten lassen. Wer verlor und in der braunen Brühe unterging wurde – schwupp – Kanu für Kanu und Indianer für Indianer, in den Mund geschoben, zerbissen, genossen und verschluckt.

Dabei kam ich drauf, dass ein Semmelschifferl in der heißen Milch länger schwamm als in der Kaffeebrühe.

Aus dem Unterteil der Semmel baute ich zuletzt immer ein kreisrundes Floß. Marterpfahl und Lagerfeuer formte ich wiederum aus Teigresten. Indianer, die im Kampf verloren, wurden an den Marterpfahl gestellt und gingen nach Aufweichen des Semmelunterteils jämmerlich unter. Sie sanken auf den Grund – in die ewigen Jagdgründe der Kaffeetasse. Von dem ich sie mit dem Löffel wieder herausholte, zerkleinerte und ebenfalls verspeiste.

Natürlich war bei dieser Spielerei der Kaffee oder die Milch längst kalt geworden, was mich aber in keiner Weise störte.

Die heiligen Schwestern fanden es allerdings extrem verwerflich, als sie sahen, wie ich mit dem Essen spielte.

Mit Gottes Gabe spielt man nicht, musste ich mir immer wieder anhören. Ich verstand einfach nicht, dass eine Semmel, die mir so viel Freude bereitete, nicht als Spielzeug herhalten durfte. Obendrein aß ich meine Kunstwerke immer brav auf. Kein Indianer überlebte jemals ein Frühstück. Auch kein Kanu, kein Floß und kein Marterpfahl.

Es half den heiligen Krankenschwestern auch nicht, wenn sie an meinem Bett warteten, bis ich zu Essen begann oder gar fertig war. Denn sie hatten in der Früh am wenigsten Zeit und schon gar keine Geduld mit mir. Das Krankenhaus war voller Patienten, die ebenfalls auf ihr Frühstück warteten.

Sand im Getriebe

Nach drei Wochen kamen Emil und ich, von Masern – die sich als Röteln herausstellten – befreit, aus dem Krankenhaus. Zurück im SOS-Kinderdorf wurden wir im Haus 6 untergebracht.

Nachdem sich alle schulpflichtigen Kinderdorfkinder in Caldonazzo die Sonne auf den Bauch scheinen lassen konnten, war das Dorf so gut wie ausgestorben. Lediglich die Kleinsten, die noch nicht zur Schule gingen, waren auf zwei Häuser – Haus 4 und Haus 6 – aufgeteilt, untergebracht.

Die Mütter der beiden Häuser übernahmen die sogenannte Kleinkindervertretung, da alle anderen SOS-Kinderdorfmütter ihre wohlverdienten fünf Wochen Urlaub genießen wollten.

Eigentlich hatten sie ja nur vier Wochen Urlaub, denn in der fünften Woche waren alle Mütter schon wieder im SOS-Kinderdorf und brachten ihr Haus auf Hochglanz, damit ihre kleinen Racker – wenn sie aus Caldonazzo zurückkamen – ein sauber geputztes Haus vorfanden.

Dafür konnten jene beiden Mütter, die in dieser Zeit die Kleinsten betreuten, ihren Urlaub – verteilt auf die kommenden Monate – konsumieren. In dieser Zeit wurden sie von Mutteranwärterinnen vertreten. Diese opferbereiten, jungen Frauen wollten eines Tages ebenfalls SOS-Kinderdorfmutter werden und sich freiwillig eine Schar von bis zu neun Kindern an den Hals binden. Aber noch wurden diese Praktikantinnen von uns *Tante* genannt.

In diesem Zusammenhang möchte ich jeder einzelnen SOS-Kinderdorfmutter, die diese verantwortungsvolle, nervenaufreibende Aufgabe auf sich nahm, meine ehrliche Hochachtung aussprechen – für soviel Menschlichkeit, Güte und Liebe.

Wenn ich zurückdenke, was wir Kinder seinerzeit für ausgekochte Schlitzohren und Fratzen waren.

Emil und ich kamen also in das Haus 6, in jenes Haus, in dem auch mein Freund Heinzi wohnte, der ebenfalls gerade in Caldonazzo seine Träume verwirklichte.

Ich verbrachte dort zwei Wochen – ohne besondere Aufregungen, da ich mit den Kleinsten, den Zwei- bis Vierjährigen, nicht besonders viel anzufangen wusste. Ich, der große Wolferl, jetzt bereits volle sieben Jahre alt.

Ein Vorteil kam Emil und mir aber doch zugute. Die Großen von Haus 6 hatten ihre Spielsachen gut versteckt verstaut. In ihren Nachtkästen, im Wohnzimmerschrank und überall dort, wo es viel Platz zum Horten von Spielsachen gab. Von der Mutter bekamen wir die Erlaubnis, deren Spielzeug auch zu benützen. Mussten aber versichern, die Spielsachen nach Gebrauch sofort wegzuräumen und *...gell Wolfi, ja nichts kaputtmachen, sonst hab ich dich beim Schlawittl!*

Das tat ich dann auch ausgiebig. Vor allem die wunderschöne bunte Blecheisenbahn – jedes Haus bekam zu Weihnachten 1956 eine solche – hatte es mir angetan.

Endlich konnte ich der Große unter den Kleinsten sein und ungestört mit ihr spielen. Interessante Schienenvariationen aufbauen, Tunnels errichten, Zugentgleisungen arrangieren, einfach meinem Spieltrieb unbegrenzt freien Lauf lassen.

Es war Sommer und entsetzlich heiß. Also stellte ich die Eisenbahnanlage im Freien auf – in der Sandkiste, zwischen dem Haus 2 und Haus 3. Diese einzige und riesige Sandkiste war der prinzipielle Treffpunkt sämtlicher Kinder. Nicht nur jener, die sich mit Sandspielen die Zeit vertrieben.

Ich baute mit der geliehenen Eisenbahnanlage eine Berg- und Talbahn. Mit einem Tunnel, tief in den Sand gebuddelt, mit einem See, einem Fluss und einer Brücke darüber.

Eine mondäne Wüstensand-Landschaft entstand schnell durch geschickte Kinderhände. Die kleinen Knirpse halfen mir und brachten mit ihren Kübeln Sand. Feucht oder trocken, ganz wie ich es ihnen anschaffte.

Der Zug ratterte durch die Sanddünen, Hügel und Täler, die Lokomotive zog fleißig und unermüdlich die Waggons hinter sich her.

Manchmal musste der Zug auch entgleisen oder ins Wasser stürzen. Das war spannend und fast lebensecht. Vor allem die Kleinsten waren begeistert. Sie klatschten mit ihren Händchen und johlten, wenn der Zug mit einem Schwenk nach links über die Brücke in den See stürzte.

Platsch – die Lokomotive wehrte sich mit einem knirschenden Reiben, als der Sand in ihr Getriebe kam. Sie starb endgültig, als das Wasser über ihr zusammenbrach und sie in den Fluten verschwand. Von mir gerettet und aus dem See gezogen, flossen Wasserfontänen aus dem Führerhaus und aus dem Motorgehäuse.

Ein absolut aufregendes und inspirierendes Abenteuer für mich. Wie im wilden Westen. Wenn der Zug vor verfolgenden Indianern flüchtete und sich in die Tiefen des Sees rettete. Meine zu späte Erkenntnis: Wasser, Sand und Eisenbahn vertrugen sich nicht.

Die Waggons, vor allem die Lokomotive, setzten innerhalb kürzester Zeit Rost an. Der Aufziehmotor streikte. Die Mutter aus dem Haus 6 half mir (nach einer heftigen Schimpfkanonade) wenigstens das Schlimmste zu verhindern, das Verrosten der Eisenbahn. Eine totale Zerlegung samt Grundreinigung, das Aussaugen des Motorenwerkes der Lokomotive mit dem Staubsauger und ein Schuss Nähmaschinenöl waren notwendig, um den Zug wieder in einen halbwegs fahrfähigen Zustand zu bringen. Die Spuren der Entgleisungen, der Wasserstürze aber waren nicht übersehbar.

Sie galten auch als primärer Streitpunkt – als die Kinder von Caldonazzo zurückkamen und die sichtbaren Deformierungen an ihrer Eisenbahnanlage sahen.

Freunde schuf ich mir mit dieser Aktion keineswegs. Vielmehr musste mich die Mutter von Haus 6 beschützen und verteidigen.

Damit ich vor tätlichen Übergriffen der sicher zu Recht erbosten Eisenbahnbesitzer verschont blieb.

Nach dieser fast hautnahen Konfrontation machte ich längere Zeit einen sehr großen Bogen um das Haus 6.

26 Unser Willi

Meine SOS-Kinderdorfmutter hatte es im Laufe der Zeit sicher nicht leicht mit mir. Ich aber auch nicht mit ihr. Oft sah ich sie traurig und überfordert. Selten lachte sie mit uns gemeinsam.

Sicher, sie war streng. Aber sie hatte nie die Hand gegen mich erhoben. Ich kann mich nicht erinnern, dass ich jemals eine Ohrfeige oder gar Prügel bekam. Die Zeit der Schläge, von denen ich am meisten Angst hatte, war Gott sei Dank vorbei.

Aber meine SOS-Kinderdorfmutter war nie so richtig fröhlich. Immer öfter musste eine Tante als Aushilfe zu uns ins Haus kommen und unsere Mutter vertreten. Sie hingegen fuhr heim, nach Braunau am Inn, zu ihrer Familie.

Später erfuhren wir, dass sie wahrscheinlich das SOS-Kinderdorf verlassen würde. Es gab große Sorgen bei ihr zu Hause (welche erfuhren wir nie) und ihre Arbeit als SOS-Kinderdorfmutter schaffte sie daher nervlich nicht mehr.

Panik, Panik – waren wir Kinder denn sooo schlimm?

Das war mein erster Gedanke. Ich war zutiefst erschrocken und erschüttert. Sie will uns verlassen. Es soll wieder eine neue Mutter zu uns kommen, wieder eine fremde Person. Ich hatte mich noch gar nicht so richtig an sie gewöhnt, sie als Mutter anerkennen können.

Es waren jetzt bereits neun Kinder im Haus 1.

Im März 1957 kam der *große* Hans dazu, im April ein Baby,

von uns der *kleine* Hansi genannt, und im Juli war Franzi das neunte Kind im Einser-Haus.

Eigentlich waren wir nur acht Kinder, da unser Ältester, der 14-jährige Willi, mit seiner Volksschulzeit fertig war und nach Innsbruck übersiedelte. In das SOS-Jugendhaus in Egerdach. Dort kamen vorerst alle Burschen hin, die 14-jährig und mit der Grundschule durch waren. Die Mädchen jedoch blieben weiterhin im SOS-Kinderdorf, im Haus bei ihrer Mutter. Solange, bis sie weggeheiratet wurden. Das war zumindest in den ersten Jahren im SOS-Kinderdorf Brauch und Sitte.

Für mich war dieses Wegziehen der Großen jedes Mal mit einem *Hinausziehen in die weite Welt* verbunden.

Fast beneidete ich sie, weil sie ja fast erwachsen waren, länger aufbleiben durften, sich mehr erlauben konnten. Weil sie große Ziele nah vor sich sahen, zumindest davon schwärmten. Von der großen weiten Welt und was sie nicht alles unternehmen würden. Um Erfolg zu haben, uns eines Tages vielleicht sogar als reicher Mann zu besuchen.

Auch ich stellte mir vor, wenn ich einmal groß bin, werde ich niemals mehr arm sein, ein eigenes Auto fahren, ein eigenes Haus besitzen, in ferne Länder fliegen.

Aber vorerst war ich ein kleiner, aber glücklicher Habenichts im SOS-Kinderdorf Altmünster, der sich alle möglichen Träume ausdachte, was er nicht alles unternehmen würde – wenn er einmal so groß ist, wie der brave Willi – unser Willi – der jetzt nach Innsbruck ins SOS-Jugendhaus wechselte.

Willi war weg. Er fuhr im Sommer 1957 mit allen anderen Kindern mit in Richtung Caldonazzo, stieg aber schon in Innsbruck aus und war einer der ersten Jugendlichen im SOS-Jugendhaus in Egerdach. Er lernte Fernsehtechniker – seinen Wunschberuf – und wurde sehr erfolgreich. Willi machte sich Jahre später mit einem eigenen Fernsehgeschäft selbstständig und wurde uns immer als *das* Beispiel für Arbeitseifer, Bescheidenheit und Zielstrebigkeit vor Augen geführt.

So tüchtig müsst ihr auch einmal werden, dann bringt ihr es auch zu etwas, hieß es immer, wenn die Sprache in irgendeinem Zusammenhang auf unseren Willi kam.

Ich erinnere mich noch an das Foto, das unsere Mutter in einem Steck-Bilderrahmen in ihrem Zimmer, in der Glasvitrine, aufbewahrte. Das sie stolz präsentierte, wenn Besucher kamen. Es zeigte den gutaussehenden Willi. Strahlend lachend mit seinem Gesellenstück. Ein nicht definierbares Gebilde aus Drähten, Kabeln und verlöteten Elektronikteilen. Von dem keiner recht sagen konnte, was es eigentlich darstellte. Aber es sah gewaltig, technisch, ja fast utopisch aus. Und es erfüllte sicher seinen Zweck – ein erfolgreicher Teilabschluss in Willis Berufslaufbahn.

Jaaah – der Willi, der hat es geschafft! Und nur, weil er immer so tüchtig war und in der Schule aufgepasst hat. Nehmt euch ein Beispiel an unserem Willi, ermahnte uns die Mutter, wenn wir gerade nicht so spurten, wie sie es sich von uns wünschte. Was unseren schulischen Lerneifer betraf.

Vor allem meine Leistungen in der örtlichen Volksschule entwickelten sich – schlicht und einfach ausgedrückt – katastrophal. Weniger das erste und zweite Schuljahr. Obwohl schon *Dreier* als Benotung für Rechnen, Religion, Schreiben, Deutsch und Lesen in meinen Zeugnissen hartnäckig ihren Platz verteidigten.

Und erst die noch folgenden Schuljahre…

Grauenvolle Zeiten und Zeugnisse kamen auf mich zu.

27 Haarige Zeiten

Der uns unterrichtende Religionslehrer konnte mich einfach nicht so recht von der Herrlichkeit, Großzügigkeit und Gerechtigkeit unseres Herrgotts überzeugen. Nachdem, was mir und meinem Bruder alles widerfahren war. Damals in Neder, im wunderschönen Stubaital.

Der Lehrer wusste es sicher auch nicht und verstand daher meine Unachtsamkeit und mein Desinteresse an seinem Religionsunterricht nicht. Oder war sein Unterrichtsstil so öde und fad? Mitnichten.

Mir gefielen besonders die biblischen Geschichten, die wir hin und wieder zu hören bekamen. Nur leider viel zu selten und viel zu wenige davon.

So bestand der Unterricht vielmehr aus erzählten Schreckensbildern von Sünde und Verfall (welcher?). Von Hölle, Tod und Teufel, vor allem immer dann, wenn wir Kinder nicht die Hingabe und Aufmerksamkeit zeigten, die uns der Religionslehrer abverlangte.

Möge er ein guter Christ im Sinne des Herrn gewesen sein. In meinem Sinne war er es nicht. Dieser Seelenheil-Verkünder, diese unnahbare, gefürchtete Person, vor der ich einfach nur Spundus hatte. Der mit seiner sadistischen Lust schlimme Kinder beidhändig und so kräftig an den Haaren riss, dass diese einem büschelweise vom Kopfe fielen.

Sein Folterritual war wie das jüngste Gericht, die Niederkunft der Schwerter schwingenden Unheils-Engel. Und wehe, ein irdisch lebender Sündiger wurde beim Sündigen ertappt. Über den Unglückseligen brach ein göttliches Strafgewitter mit ewig anhaltendem Todesschmerz hernieder!

Denn kaum hatte der Religionslehrer einen Ruhestörer mit seinem strengen Blick erhascht (es genügte schon ein leises Flüstern mit dem Schulbanknachbarn), sprach er monoton und unentwegt mit seiner einschläfernden Stimme weiter. Unauffällig, aber unheildrohend näherte er sich dabei dem auserwählten Unglücksraben.

Da! – Mit einem Ruck packte er den sündigen Unruhestifter beidhändig an den Haaren und beutelte ihn so heftig, dass man meinen musste, der Ärmste würde von einem Gottesstreiter wahrhaftig bei lebendigem Leibe skalpiert werden. Ein satanisches Höllen-Schmerz-Ritual.

Danach ließ er den wimmernden Schüler in seine Bank zurück fallen. Mit einer sich händewaschenden Geste entledigte er sich der gerissenen Haare. Direkt vor dem so behandelten Knaben, auf sein vor sich aufgeschlagenes Religionsbuch, den Katechismus.

Manche Kinder sammelten die bei solch grausamer Tortur verlorenen Haare zwischen den jeweiligen Seiten ihres Religionsbuches. Sie hielten ihre Haarbüschel als Trophäe im Katechismus gefangen. Um am Schulschluss zu wissen, warum die Religionsnote in ihrem Zeugnis so verheerend ausfiel. Sicher mit der logischen Erziehungskonsequenz, seitens der Eltern, eine oder mehrere Ordentliche hinter die Löffel zu kriegen.

A gsunde Watschn dafüa schadt eahm scho net, dem Rotzbuam, dem vaflixtn. Na sowas – in Religion fast an Fleck, a so a Schand... da Herrgott miasst eahm zuwebeidln...

Leider, es war so. In den ersten Jahren saß ich im Religionsunterricht verängstigt, unbeweglich und mucksmäuschenstill, fast atemlos. Eben geschockt von den Erziehungsmethoden des

Lehrers. Besonders beliebt bei ihm war auch das Hochziehen an den kurzen Haaren, seitlich der Ohren.
Auuaahh, zzzsss... wie sich der Schmerz bis ins Hirn hineinzog...

In den Folgejahren zeigte ich erste Tendenzen zu heimlicher Abwehr, die, je älter ich wurde, umso heftiger ausfiel.

Mein Sitzplatz war, da ich nicht besonders gut sah, aber immer noch ohne Brille auskam, in der vordersten Sitzbank, in der mittleren von drei Reihen. Sicher auch, weil ich einer der kleineren Schüler war. Ähnliches Vorrecht genoss ich auch bei Schulfilm-Vorführungen im Kino von Altmünster: kein langer Lulatsch sollte vor mir sitzen.

Das hatte natürlich Vorteile. Zum Beispiel sah ich alles schärfer, mit direktem Blick auf die Tafel. Ich verstand jedes Wort der Lehrer klar und deutlich. Genug der Vorteile.

Die Nachteile waren wesentlich gravierender. Ich wurde beim Schwätzen sofort ertappt, ebenso beim Schummelzettel lesen. Immer musste ich Interesse zeigend aus der Wäsche gucken. Ein Nachlassen der Aufmerksamkeit meinerseits hatte meist ein Zur-Tafel-kommen-Müssen zur Folge. Vor allem in Mathe, wo ich sowieso der stärkste Schwächling war.

Die einzige Chance, irgendetwas Verbotenes zu fabrizieren ging nur in jenen kurzen Augenblicken, wo der Lehrer seine Botschaften für uns an die Tafel schrieb. Mit abgewandtem Blick, uns den Rücken zeigend, passierten in der Klasse immer jene Untaten, die ohnehin jede Erziehungsperson ahnte. Schummeln bei Schularbeiten, Schwätzen, Kichern und sonstige Blödheiten, die Kinder in diesem Alter eben machten.

So natürlich auch ich. Mein auserwähltes Angriffsziel wurde mein vielverhasster Religionslehrer. Mit einer kleinen Steinschleuder, gefertigt aus einer Astgabel und einem Gummiringerl, schoss ich *U-Hakerl,* das waren gerollte und geknickte Papierschnipsel. Sie flogen seitlich und über den Lehrer auf die

Tafel, wenn er mit dem Rücken zu uns an derselben stand. Oder ich schoss einfach eine Ladung auf die Lampe, das Fenster, zum Waschbecken. Immer aus der Hüfte raus, verdeckt von der schützenden Schulbank. Die härteren *U-Hakerl,* aus Draht gebogen, wagte ich nicht zu verschleudern. Einerseits waren sie ja doch gefährlich (konnten leicht ins Auge gehn). Andererseits machten sie auch Lärm, wenn sie aufklatschten. Die papierenen Hakerl waren leiser, allerdings nicht so zielsicher. Nachdem fast alle Kinder (die schlimmen) ihre *U-Hakerl-Schleuder* bei sich hatten, war es für den Religionslehrer schwer auszumachen, wer denn gerade schoss.

Eines Tages, gegen Ende eines Schuljahres fand ich eine Einwegspritze beim Nachhauseweg. Am Wegesrand bzw. beim Herumstöbern in einem Papierkorb. Penizillinspritzen hießen sie für uns. Warum wusste ich nicht, war auch völlig unwichtig. Wichtig war nur, mit dieser Spritze konnte ich gezielt Wasser abdrücken. Die Injektionsnadel ins Wasser getaucht, aufgesogen und abgedrückt. Herrliche Spritzweite.

Sie lag schon gefüllt in der Schulbank und wartete auf ihren Einsatz in der Religionsstunde. Später, als der Diener Gottes sich zur Tafel wandte, holte ich die Spritze aus dem Fach, zielte und *sssikkk* sprühte ein Wasserbogen gekonnt über die Schulter des Lehrers auf sein Geschriebenes an der Tafel. Machte es unleserlich und tropfte, der Schwerkraft der Erde ergeben, in Richtung Fußboden.

Ein Zuck, ein Ruck, der Kaplan stand vor mir – dem vor Glück über den gelungenen Schuss und vor Schreck verdatterten Wolfi – riss mir die Spritze aus den Hand. Ein Knall links, ein Knall rechts, dass meine Ohren nur so sangen und klangen. *Hallelujah links und Hallelujah rechts...*

Es war meine Rache. Die Strafe nahm ich stumm entgegen. Ich weiß nicht mehr, was ich aus dem Katechismus wie oft abschreiben musste. Meine Schulkollegen grinsten schadenfroh, der Schuldirektor musste in die Klasse kommen.

Vor allen Kindern ergoss sich eine Moralpredigt über mich.

Der Dorfleiter erhielt eine Mitteilung über diesen Vorfall und ich bekam im Jahreszeugnis in Religion einen *Vierer*. Aber – Wunder oh Wunder – trotzdem in Betragen und Fleiß immer noch einen *Einser*.

Gelernt hatte ich dabei nur eines:

Die Bestrafungsmethoden des Religionslehrers waren höllisch und standen im Widerspruch zu seiner himmlischen Bestimmung, mich zu einem braven, frommen Christen zu formen.

Sein Unterrichtsstil bereitete mir daher überhaupt keinen Spaß. Meine Angst vor Kirche und Gott war von Menschen gemacht. Sodass sich in meiner (eh schon so sensiblen) Kinderseele elementare Urängste breit machten.

Gott sieht alles – der geflügelte Satz, prophylaktisch und mit erhobenem Zeigefinger angedroht, bevor man überhaupt noch etwas so oder so dachte. Noch weit entfernt von einer ausgeführten Tat, egal in welche Richtung – gute oder böse Absicht.

Gott sieht alles – hieß das Erziehungsprogramm, mit der einzigen Konsequenz: wer nicht parierte, wie es die Erwachsenen wünschten, kam in des Teufels Küche bzw. in dessen Hölle. In die ewige Verdammnis. Unterstützt mit ausführlichst erzählten schaurigen Qualen, die einen dort erwarteten. Ebenfalls für immer und ewig natürlich.

Ich wollte doch nur eine sinnvolle, für mich klärende Verbindung aufbauen – in Sachen Kirche und Gott. Vor allem wollte ich aber ein versöhnliches Verhältnis zu meinem Herrgott haben.

Musste ich doch schon als Zwei- bis Sechsjähriger so viel Schlimmes durchmachen – ohnehin nur von Menschen verursacht. Ich hatte schon längst kein Vertrauen mehr – zu keinem Erwachsenen, zu keinem (Religions)Lehrer. Ich durchschaute bald ihre bequeme Verlogenheit.

Aber ich wollte wenigstens an einen Erwachsenen, an den gütigen Herrgott, glauben. Der mich – so hoffte ich – verstand. In allem, worauf es mir ankam.

Es war eine wahrlich schwierige, zerrissene Glaubenszeit für mich. Eine harte Prüfung – mit ungewissem Ausgang.

28 Affenzirkus

Jede Mutter bekam zwei Tage im Monat frei, um nach Hause zu fahren, ihre Eltern oder Verwandten zu besuchen. Um sich von dem wirklich anstrengenden Tag-und-Nacht-Beruf als SOS-Kinderdorfmutter zu erholen.

Die Tanten, die unsere Mutter vertraten, waren sozusagen Mutteranwärterinnen. Also Frauen, die nach ihrer Ausbildung und Einschulung eines Tages ein Haus in einem der SOS-Kinderdörfer in Österreich als Mutter übernahmen, mit ebenfalls acht bis neun Kindern.

Diese Tanten waren uns lieb und recht. Meistens kamen sie ein paar Tage vorher ins Haus, damit ihnen die Mutter die Gegebenheiten – den Hausbrauch sozusagen – zeigen konnte. Kochen, Waschen, Bügeln, Stopfen, Nähen, Aufräumen und Saubermachen, Schulaufgaben überwachen und kontrollieren, Lernen mit den Kindern...

Vor allem aber auch, damit sich die Tanten mit den Kindern anfreunden konnten. Dass sie in der Lage waren, mit allen Eigenheiten der kleinen und großen Buben sowie Mädchen zurecht zu kommen. Ja, für diese Tanten gab es mehr als genug zu tun, während ihrer Zeit als Vertretung, als zeitlich begrenzte Ersatzmutter.

Wir wussten es. Eine andere Mutter sollte uns übernehmen. Aber wann und wer?

In unserem Haus 1 gingen in der Zeit vom Sommer 1958 bis zum Herbst 1959 viele, viele Tanten ein und aus. So, als müsste es eben eine gewisse Zeit dauern, bis endlich die einzig richtige Frau als neue SOS-Kinderdorfmutter unser Leben behüten und beschützen sollte.

In dieser Zeit war nicht nur ich in einer ziemlich verworrenen Situation. Die eine Mutter entschwand mir, ohne dass ich mich richtig an sie gewöhnen konnte, die neue Mutter gab es noch lange nicht. Immer wieder eine neue Tante als Mutterersatz.

Mit den Tanten hatten wir es ja oft recht fröhlich und lustig. Vor allem konnte man sie richtig nach unseren Wünschen dirigieren, ja fast manipulieren. Wir hatten den Tanten, die noch recht jung und unerfahren waren – im Umgang mit solchen Fratzen wie wir – Maßnahmen oder Verhaltensrituale aufgetischt, wie sie uns gerade recht und angenehm waren.

In etwa ...*die Schuhe müssen wir bloß einmal in der Woche putzen*..., nicht wie bei der Mutter täglich, egal wie verdreckt sie waren.

Oder ...*im Bett dürfen wir immer noch bis zehn Uhr lesen*..., obwohl schon um halb Acht Uhr strikte Nachtruhe, zumindest für die Kleineren, war.

Aber auch ...*wir bekommen zum Frühstück immer Butterbrote und Kakao*..., oder was wir gerade wünschten, usw.

Alle Tricks wurden angewendet, nur um die Grenzen des bisher Erlaubten auszudehnen und zu erweitern. Auszureizen, was ging grad noch rein und wann ging absolut nichts mehr.

Allerdings hatten wir auch die Tante Resi. Sie konnten wir nicht so leicht um den Finger wickeln. Sie war erfahren und von Beginn an im SOS-Kinderdorf. Sie kannte alle Mütter, sie kannte alle Kinder und sie kannte sämtliche Schliche und Tricks, die wir bei unerfahrenen Tanten erfolgreich anwendeten.

Wenn also die Tante Resi bei uns die Vertretung übernahm, war *Schluss mit lustig*. Und sie hatten wir doch öfter als uns lieb war. Aber wir mochten sie dennoch, samt ihrer rauhen, ländlichen Art, die einer Mühlviertlerin. Sie war eine herzensgute Frau.

Ich erinnere mich an eine Begebenheit der besonderen Art.

Meine geliebte Großtante Anna schickte mir zu Weihnachten 1958 einen etwa 50 cm großen Affen. Ein mit Holzwolle gestopftes Plüschtier, mit überlangen Armen und Beinen, mit einen Schwanz samt Quaste dran. Ich konnte diesen Affen mit seinen Armen und Beinen an mich binden. So blieb er an mir hängen und sah recht putzig aus.

Ich liebte dieses Stofftier unendlich. Es war damals mein stiller Gefährte, mein Freund für manches Geheimnis und meine alltägliche Einschlafhilfe. Genauso aber spielten die anderen Kinder mit ihm.

Spiele und Spielzeug waren in unserem Haus ein immerwährendes Diskussions- und Streitthema. Egal, was man an Spielzeug besaß, es hatten leider alle anderen Kinder Zugriff darauf. Spielzeug war sozusagen Allgemeingut. Es war auch schwer möglich, etwas allein für sich zu besitzen. Dadurch ging vieles wesentlich schneller zu Bruch, da nicht jeder so sorgsam mit den Spielsachen umging.

Mein Affe war ebenfalls allgemeines Spielzeug – sehr zu meinem Missfallen. Aber was konnte ich allein schon ausrichten. Jeden Morgen versteckte ich mein Stofftier unter der Decke – doch immer wieder nahm sich wer meinen Affen, um mit ihm zu spielen.

So landete er auch eines Tages mit dem Ausruf *Achtung, alles Gute kommt von oben!* und geworfen von einem der Unseren vom ersten Stock aus, direkt auf dem vollen Körbchen roher Eier, das die Tante Resi, vom Keller kommend, in beiden Händen hielt.

Ein Schreckensschrei!

Tante Resi, Eier und Affe flogen durch die Luft. Die Eier

klatschten auf den glänzend polierten Boden, der Affe hinterdrein und die Tante Resi knallte mit ihrem Hinterteil samt fliegenden Schlapfen in die glitschige Eiermasse.

Momentane Stille – oben im ersten Stock, wo wir schreckerstarrt standen und im Erdgeschoss, wo Tante Resi sekundenlang unbeweglich lag. Dann eine Schimpfkanonade im ärgsten Mühlviertler Dialekt. Tante Resi raffte sich auf. Verletzt hatte sie sich Gott sei Dank nicht bei ihrem Fall in die Eiersoße. Jetzt war sie auf der Suche nach den Übeltätern.

Wir verdrückten uns schnellstens in unsere Zimmer, als Tante Resi wutentbrannt und schimpfend die Missetäter zur Rede stellen wollte.

Ich war es nicht, auch wenn es mein Affe war. Ich schwor es. Natürlich – niemand war es, soviel kam beim deftigen Verhör durch Tante Resi heraus. Wir hielten dicht, trotz angedrohtem gestrichenen Abendessen. Nein – keiner von uns war es.

Als Strafe gab es statt Abendessen ein Stück trockenes Brot für jeden, dann ab ins Bett und basta.

Was mir allerdings sehr weh tat war, dass der Affe über Nacht spurlos verschwand. Nachdem er vom klebrigen Eimatsch befreit und zur totalen Reinigung in der Badewanne eingeweicht wurde. Mein geliebter Affe war weg. Er blieb verschwunden und ward nie wieder gesehen.

Das war sicher Tante Resis Rache. Am Affenwerfer, als der ich nach-wie-vor verdächtigt wurde. Ich verzieh ihr das nie.

Aber ich wusste, wer es war. Damals.

Ich nehme mein Geheimnis mit ins Grab. Heute könnte der Übeltäter seinen Wurf getrost eingestehen, denn diese Affenwurf-Geschichte ist ja längst verjährt.

29 Tadelloses Orakel

In diesen eher mutterlosen Zeiten waren wir im Haus 1 eine sehr zerrissene, kleine Gemeinschaft.

Mal war die Mutter da, dann wieder wochenlang weg. Bald waren Tanten in einer Vertretungsphase länger bei uns als die Mutter zwischen ihren Erholungspausen.

Meine Leistungen in der Schule ließen zu wünschen übrig und waren über Jahre durch entsprechende Benotungen in meinen Schulheften und Zeugnissen sichtbar verewigt.

In der dritten Klasse bekamen wir Schüler ein sogenanntes *Mitteilungsheft*, ein dickes mausgraues Heftchen, in welches wir sämtliche Informationen eintragen mussten, die uns die Lehrer diktierten. Wenn eine Schularbeit angekündigt wurde oder Änderungen im Stundenplan. Wenn eine Veranstaltung im Turnsaal angesagt wurde, eine Reptilienschau, ein Kasperltheater oder ein Schulfilmtermin im örtlichen Kino.

Sämtliche eingetragenen Nachrichten mussten von Vater oder Mutter unterschrieben werden. Rechts neben der Eintragung stand: *Unterschrift des Erziehungsberechtigten*. Bei mir war es oftmals eine Tante, die ihre Unterschrift darunter setzte, weil die Mutter gerade wieder einen Erholungsurlaub notwendig hatte.

Ein sinnvolles, weil sehr informatives Heft für die Eltern.

Für mich wurde es im Laufe des Schuljahres zur reinsten Hölle. Denn im Mittelaufschlag dieses Mitteilungsheftes, dort wo zwei Klammern sichtbar die Seiten zusammenhielten, war die linke Seite als *Meine Lobseite* und die rechte Seite als *Meine Tadelseite* bezeichnet. In diese Seiten trug der Lehrer, je nach auffälligem Verhalten des Schülers – positiv wie negativ – einen erzieherischen Hinweis ein. In die linke Hälfte mit blauer Tinte (die brave Seite), in die rechte mit roter Tinte (die schlimme Seite).

Innerhalb kürzester Zeit glänzte in meinem Heft die *Lobseite* durch gähnende Leere, durch die beharrliche Nichteintragung irgendeines erwähnenswerten Lobes.

Schöne Schreibarbeit geleistet... Im Unterricht besonders brav mitgemacht... Das Gedicht gut gelernt und fehlerlos aufgesagt...
Nichts von alledem. Der Lehrer wusste warum – ich auch.

Völlig anders jedoch präsentierte sich die *Tadelseite*.

Sie füllte sich erschreckend schnell. Innerhalb von ein paar Monaten. Mit roter Tinte und mit allen möglichen Schandtaten, meinerseits ausgeführt bzw. nicht:

Datum – Der Schüler hat keine Rechenaufgabe abgeliefert...
Datum – Der Schüler passt im Unterricht nicht auf...
Datum – Der Schüler hat keinen Hausaufsatz geschrieben...
Datum – Der Schüler stört den Religionsunterricht...
Datum – Die Rechenschularbeit-Unterschrift fehlt...
Datum – Der Schüler hat das Gedicht nicht gelernt...
Datum – Der Schüler fehlt unentschuldigt...

Ich erinnere mich mit Grauen. Es war schlimm.

Meine Lobseite blieb leer. Jungfräulich und gefährlich leer. Dagegen quoll meine Tadelseite über vor schulischen Vergehen und Verbrechen.

An manchem schönen Tag – an dem eine heikle Schularbeit angesagt war, ging ich einfach nicht zur Schule. Da von unserem Haus 1 kein anderer auch in meine Klasse ging, fiel es nicht sofort auf, wenn ich die Schule schwänzte. Natürlich wurde mein unentschuldigtes Fehlen am darauffolgenden Tag von der Lehrperson erbarmungslos aufgedeckt und in meinem Mitteilungsheft vermerkt. Auf die strenge Frage, was ich denn gehabt hätte, blieb mir meist das Wort im Halse stecken und ich stotterte etwas von Kopfweh. Oder schlecht sei mir gewesen. War mir doch auch, dachte ich nur an die Schularbeitstage.

Ein strenger Blick – sicher glaubte man mir nicht – eine Zusatzaufgabe zur Hausaufgabe und die Aufforderung, diese Eintragung von der Mutter unterschreiben zu lassen.

Daheim – eine verwirrte Mutter oder Tante. Ich ginge doch zur Schule oder etwa doch nicht?

Ich musste es beichten. Meine anschließende Strafaufgabe hieß meistens hundertmal schreiben, in diesem Falle: *Ich darf den Unterricht nicht schwänzen.*

Ich ging weiterhin an manchen Tagen nur in Richtung Schule. Beim *Bauer-im-Feld* – ein Bauernhof, direkt am Schulweg gelegen – bog ich ab und verdrückte mich in die saftigen Wiesen. Legte mich ins Gras und starrte in den Himmel. Spielte mit den Wolken, spielte mit meinen Gedanken, spielte mein Was-wäre-wenn-Spiel:

Was wäre, wenn ich reich wäre... Was wäre, wenn ich eine Wolke wäre... War wäre, wenn ich ein Tiger wäre... Was wäre, wenn ich Gott wäre... Was wäre, wenn ich tot wäre... Was wäre, wenn ich auf dem Mars wäre...

Ich malte mir alle möglichen Szenarien in meiner Fantasie farbenprächtigst aus.

Oder ich besuchte meine Baumstumpf-Dörfer und spielte mit den Soldaten und Indianern. Dabei musste ich mich jedoch vorsichtig hinschleichen, da sie – wenn auch im Wald liegend – in unmittelbarer Nähe des SOS-Kinderdorfes waren und ich leicht von einer der Mütter oder gar vom Dorfleiter oder Dorfmeister entdeckt werden konnte.

Die Zeit des Träumens verging mir dabei wie im Flug. Wenn

ich die ersten Kinder wieder von der Schule heimkehren sah, mischte ich mich, mit meinem Schulranzen auf dem Rücken, unauffällig dazu und ging ebenfalls nach Hause. So, als käme ich gerade von einem anstrengenden Schultag.

Mein gefürchtetes und verhasstes Mitteilungsheft.

Ich hätte es nicht einmal gewagt, eine eventuelle Eintragung auf der Lobseite daheim freiwillig vorzuzeigen, denn die Schandtaten der Tadelseite zeigten die wahre Tiefe meiner schwarzen Schülerseele. Aber es gab ja ohnehin keine Eintragung auf meiner Lobseite.

Wegen dieses Mitteilungsheftes bekam ich bereits Schlafstörungen.

Wenn eine Tante in Vertretung etwas zu unterschreiben hatte, ging es ja noch halbwegs. Die Tanten waren blutjung und zeigten offensichtlich Mitleid mit mir und Verständnis für meine stille, rebellische Auflehnung. Sicher wussten sie von ähnlichen Problemen in ihrer Schulzeit. Zumindest konnte ich mich soweit herausreden und eine angedrohte Schreibstrafe für die eine oder andere wirklich *ungerechte* Eintragung abschwächen oder gar verhindern.

Aber wenn die Mutter ihrer Unterschriftspflicht nachkam, gab es kein Erbarmen. Strenge Blicke, gewaltige Worte, donnernd herabprasselnd auf mich, den kleinen, wehrlosen Wolfi. Mit inkludiert: Strafsanktionen, die sich gewaschen hatten.

Strafweise musste ich viele sonnige Nachmittage im Wohnzimmer auf dem Lerntisch verbringen. Während sich die anderen auf dem Dorfplatz vergnügten, mit Freunden spielten. Ich saß dann allein mit einer Rechen-, Lern- oder der gehassten Strafaufgabe. Zum Beispiel hundertmal schreiben: *Ich muss mein Mitteilungsheft unterschreiben lassen.*

Diese Hundertmal-Schreiberei war eine regelrechte Folter. Für uns Kinder, für die Finger und für das Schreibgerät, die Füllfeder. Denn oft streikte diese Füllfeder (mit etwas Zucker im Tintenflascherl). Da floss dann keine Tinte mehr durch die feine Kanüle der Füllfeder. Sie musste zerlegt, gereinigt und wieder frisch mit Tinte gefüllt werden. Das verzögerte zwar die öde Schreiberei. Aber man bekam blaue Finger und konnte sich so durch manchen »ungeschickten« Handgriff im Übungsschreibheft oder auf der Tischplatte rächend verewigen. Die Strafen aber mussten trotzdem geschrieben werden.

In Gedanken war ich im Freien. So konnte es passieren, dass ich oft stundenlang und trotzig vor meinem Rechenheft saß, vor den Rechenbeispielen, deren Lösung ich nie schaffte.

Ich war in Mathematik (es hieß damals *Rechnen*) eine totale Niete. Mit keinerlei Gefühl für Ziffern und Kombinationen. Von Addieren bis Dividieren – Schreckensgespenster, die mir den Schlaf raubten. Für mich waren Zahlen wie Menschen, die interessante Formen hatten. Der schlanke, flotte Einser war ein Sportler, der Zweier war der Schlittschuhläufer, die Drei mochte ich überhaupt nicht, weil sie optisch nur die Hälfte einer Acht, eine halbe Person war. Oder die Sechs, die war für mich eine dicke alte Frau, die gebückt ging...

Es lernte mit mir auch niemand die Logik des Rechnens. So dauerte es Jahre, bis mein Hirn die Zahlen als Basis für die Rechnerei endlich verstand und ich damit auch umgehen konnte.

Dafür war es mir ein Leichtes, mit Buchstaben umzugehen. Bücher hatten wir genug und ich las sehr gerne und viel.

Vor allem an ein Buch erinnere ich mich besonders. Es ging darin um einen Jungen in einer Jugendgruppe, der Kalle hieß und ein Außenseiter war. Seine Eltern waren zugezogen und arm. Die Kinder in der Jugendgruppe lehnten ihn ab. Er war ein blonder Junge und ein guter Läufer. Der Höhepunkt: Bei einem Sportwettkampf konnte Kalle durch seine Kraft, Ausdauer und vor allem durch seine Kameradschaft die eigene Kampfesgruppe zum Sieg führen. Erst dann wurde er von allen anerkannt. Ein traumhaftes Buch über Freundschaft, Kraft und Sieg. Ganz nach meinem Geschmack. Denn auch ich war ein blonder Bub, zwar klein aber zäh und clever. Und auch ich war ein armes Kind, ein SOS-Kinderdörfler, der nichts besaß. Nicht einmal eigene Eltern. Das tat mir sehr weh. Vor allem, wenn sich Kinder in der Klasse brüsteten, was ihre Papas und Mamas alles konnten. Was sie alles besaßen, was sie Besonderes waren.

Das beliebteste, weil oft sehr hilfreiches Gedankenspiel war meine Orakelbefragung, der ich mich fast schon süchtig auslieferte. Ein Beispiel dafür:
Wenn in den nächsten drei Sekunden keine Katze meinen Weg kreuzt, wird die Mutter nie erfahren, dass ich die Schule geschwänzt habe... ich zählte still für mich: *Einundzwanzig-zweiundzwanzig-dreiundzwanzig – ig – ig – ig...*
Dieses *ig – ig – ig* galt wie ein verzögerter Endpunkt zur absoluten Festigung des Orakels. Als Garantie, dass sich mein Gewünschtes mehr als hundertprozentig erfüllen möge.
Nachdem durch das nachhängend gesprochene *ig – ig – ig...* der Geschehenszeitraum gefährlich verlängert wurde, konnte vielleicht doch noch *eine Katze meinen Weg kreuzen*. So hoffte ich mit dieser Kulanz-Zeitraumspanne das Orakel zu besänftigen, für mich zu gewinnen. Falls sich im ausgesprochenen *ig – ig – ig...* eine Störung ereignete, so durfte ich hoffen, dass sich wenigstens innerhalb der Gesprochenen *Einundzwanzig-zweiundzwanzig-dreiundzwanzig* das Geschehen zu meinen Gunsten auflöste. Also wurde von mir das *Einundzwanzig-zweiundzwanzig-dreiundzwanzig* heruntergerasselt. Doch für das *ig – ig – ig...* ließ ich mir großzügig Zeit.
Wenn also vom ersten *Einund...* bis zum letzten *...ig* das Orakel nichts störte, war das einer göttlichen Fügung, einem Fingerzeig von oben nahe. Dann war meine Haut gerettet.
Wenn der Pfarrer bei seiner Predigt innerhalb der nächsten drei Sekunden mindestens einmal das Wort Gott sagt, bekomme

ich auf die Rechenschularbeit keinen Vierer: Einundzwanzig-zweiundzwanzig-dreiundzwanzig – ig – ig – ig...

Dem-Herrn-sei-Dank. Der Pfarrer sprach innerhalb dieser drei Sekunden das Wort *Gott* aus. Ich bekam daher keinen Vierer, dafür einen Fünfer.

Wenn ich (innerhalb meines Orakelspruches), ohne dass sie mich erwischen, an drei Türglocken läute, werde ich einmal sehr glücklich und sehr alt werden: Einundzwanzig-zweiundzwanzig-dreiundzwanzig – ig – ig – ig... Das dauerte zwar manchmal länger als die drei Sekunden. Laufend und keuchend klingelte ich über hundert Haus- und Wohnungsbesitzer, entlang des Weges in Richtung Gmunden, aus ihren Behausungen.

Bei einem Wohnblock nahm ich ein herumliegendes Brett und drückte es auf mindestens zwanzig Klingelknöpfe auf einmal. Denn je mehr Rrring-rrring-rrring, desto glücklicher und älter würde ich werden.

So funktionierte das, jawohl!

Als ich einmal meinen Freund Heinzi von meinem Orakelritual überzeugen wollte, lachte er mich aus und meinte nur, das sei glatter Blödsinn. Er glaube an nichts – alles komme so wie es komme oder es komme eben nicht und damit basta. Für ihn. Daraufhin hatte ich nie wieder jemanden in meine Orakelbefragung eingeweiht. Aber ich glaubte daran, weil ich wusste, dass sie funktionierte.

Sogar heute noch ertappe ich mich gelegentlich. Bei so mancher Entscheidungsfrage – mit Erfolg?

Ja. Oder befrage ich das Orakel nur dann, wenn ich mir sowieso hundertprozentig sicher bin?

Also, nochmals wie in Kindertagen:
Wenn... wenn... wenn... ja was denn...
Einundzwanzig-zweiundzwanzig-dreiundzwanzig...
ig – ig – ig...

30 Explosives

Im Laufe der Jahre verloren Heinzi und ich das Interesse an unseren Baumstumpf-Landschaften. Einerseits waren die neidigen Zerstörer daran schuld, andererseits kamen wir in ein Alter, wo schon neue Abenteuer auf uns warteten.

Sie warteten nicht zu lange auf uns. Wir fanden nämlich bald eine wesentlich spannendere Leidenschaft, vor allem die explosivste Art an Abenteuer: das Sprengen von Steinen.

Mit Hilfe zweier Substanzen, von der man die eine in jeder Küche fand. Die zweite musste man sich in der Apotheke besorgen.

Ich möchte diese, ansonst harmlosen Substanzen – solange sie getrennt verwendet werden – nicht nennen, schon gar nicht das Mischungsverhältnis verraten. Allein schon deswegen, damit nicht jemand auf die Idee kommt, uns nachzueifern. Obendrein versicherten wir damals unserem Informanten, niemals – auch bei Anwendung sämtlicher damals bekannten Foltermethoden – die Substanzen und das Mischungsverhältnis zu verraten.

Wir selbst kamen nur durch strengste Auslese und durch ewig garantierte Verschwiegenheit unsererseits an die schwerst gehüteten geheimen Ingredienzen.

Die größeren Kinder hatten in der Schule im Naturlehrefach von den Gefahren dieser Substanzen samt Mischverhältnis erfahren. Mit dem sehr ernsten Hinweis bei erhobenem Zeigefinger des Lehrers, ja nicht und niemals damit zu experimentieren. Was zur Folge hatte, dass natürlich sofort jeder eine Möglichkeit suchte, an diese Super-Explosionsmittel heranzukommen.

Und so war es auch. Denn wenn eine Sache – wie in diesem Fall – erfolgreich lief, waren sofort Helfer, Beschaffer und Material zur Stelle. Himmlisch explosiv, aber höllisch gefährlich.

Aber zu damaligen Zeiten waren wir uns der Gefahr dieses hochexplosiven Stoffes in keiner Weise bewusst. Wir müssten alle Gott danken, dass wir nie mehr als ein nur paar Schrammen, ein paar versengte Haare, abbekamen. Als uns die Metall- und Steintrümmer bei unseren geglückten Sprengungen um die Ohren flogen.

Doch Schrammen welcher Art auch immer, holten wir uns ohnehin schneller und leichter. Bei den verschiedenen Revierkämpfen um den saftigsten Rasenplatz mit dem besten Hasenfutter, um das beste Versteck im Zuge unserer Indianerspiele. Bei wahnwitzigen Mutproben, um so manches Mädchenherz für sich zu gewinnen.

Raketen zum Mond

Die Größeren hatten abgesägte Metallrohre, alles Reste, die in beliebiger Menge und Länge auf der Müllhalde zu finden waren oder jene, die Bauleute einfach liegen ließen, gesammelt. Am besten eigneten sich alte Fahrradpumpen, um sie zu Raketen umzubauen.

Das Innenleben der Pumpe wurde herausgerissen. Ein Ende des Rohres wurde zusammengeklopft, sodass man nicht mehr durchsehen konnte. Als Dichtung wurde ein Stofffetzen hineingestopft. Über das zusammengeklopfte Ende wurde ein Stück größeres Rohr gestülpt, damit die Rakete kopflastig wurde. Das andere Ende des Rohres wurde nur soweit verschlossen, damit man noch die explosive Mischung hineinrieseln lassen konnte. Es wurde ordentlich und vorsichtig nachgestopft, sodass sich genügend Treibstoff in der Rakete befand. Schließlich wollte man sie auf den Mond schießen. Und wenn nicht soweit, dann wenigstens weit über das SOS-Kinderdorf hinweg.

Als diese Prozedur abgeschlossen war, wurde eine Well-Eternitplatte als Rampe in Schräglage gebracht und am unteren Ende die präparierte Rakete in Stellung positioniert. Eine Art Zündspur wurde mit der Mischung von der Rakete weg gestreut. Gerade so lang, dass man es schaffte, sich ab Zündung rechtzeitig in Sicherheit zu bringen.

Wir, die noch kleineren, sahen andächtig und bewundernd den größeren Buben zu, wie sie mit ihren Vorbereitungen zur Mondlandung vorgingen. Fachmännisch waren die Kommentare und Berechnungen, wie weit denn die Rakete fliegen würde.

Sinnvollerweise – allein schon wegen eventueller Störungen durch Erwachsene – wurde die Raketenrampe, geschützt und vor allem gut versteckt, am Rande des SOS-Kinderdorfes aufgebaut. Wetten wurden abgeschlossen. Dass die Rakete nie hochkommen würde. Dass sie explodieren würde. Dass sie sehr wohl den Mond erreichen würde...

Beim Countdown, dem Herunterzählen von zehn bis null, mussten wir in Deckung gehen. In sicherer Entfernung.

Aber alle wollten wir die Rakete fliegen sehen. So waren die Sicherheitsbestimmungen der Konstrukteure sehr dürftig und weil sie selbst neugierig waren, verweilten wir meist – lediglich in ein paar Meter Entfernung – hockend und erwartungsvoll im hohen Gras. Um ja nichts zu versäumen. Vom Weltraumflug.

Dann – atemlose Stille. Jemand zählte. *Zehn... neun... acht... sieben... sechs... fünf... vier... drei... zwei... eins...*

Einer der Mutigsten zündete das gelblich-weiße Pulver an, das sofort mit einer beißenden, gewaltigen Rauchwolke zu leben begann und mit einem Flusch aufzischte.

Spannend. Unsere Herzen pochten vor Aufregung.

Dann – nichts. Fehlstart?

Wir erhoben uns schon. Die Größeren wollten gerade zur Eternitrampe, um die Ursache der Panne zu suchen.

Aber nein – kein Fehlstart…

Plötzlich gab es einen surrend-sirrenden Zischlaut und eine Stichflamme schoss an die zwei Meter aus dem Raketenhinterteil, dem Wellental der Eternitplatte entlang. Versengte augenblicklich das hohe Gras und zischte flusch – mit einem kratzenden Geräusch über die Eternitpiste – im hohen Bogen in Richtung Wald. Es geschah in Sekunden, schneller als nacherzählt.

Wuuuiiii… Wahnsinn… hast du daas geseehhn!!!

Jubelrufe – staunende, ehrfurchtsvolle und anerkennende – lobten das Wunderwerk und die Erbauer der ersten Rakete. Den gelungenen Raketenstart.

Schnell war die nächste Rakete zusammengeklopft. Noch größer, noch dicker, noch gewaltiger – ein meterlanges Rohr. Vollgestopft mit mörderischer Schubkraft. Diese Rakete musste weiter fliegen. Nicht nur zum Mond. Diese musste in die Sonne stürzen. Dessen waren sich alle sicher.

Sicher war etwas anderes.

Diese Rakete explodierte. Sie zerriss in tausend Teile. Ein Donnerknall, eine Rauchwolke – Metallstücke und Eternitteile surrten durch die Luft. Spießten sich in die Erde, versengten frisches, unschuldiges Gras. Wir, diesmal alle in Deckung – Gott sei Dank.

Wie durch ein Wunder, wirklich wie durch ein wahres Wunderwunder, wurde niemand verletzt, wenn man von ein paar kleinen Haut- und Haarversengungen absah, die jene Kinder abbekamen, die am nächsten der Raketenrampe in Hockestellung verharrten. Das sprühende Teufelspulver hatte sich, einem Feuerwerk gleich, fauchend, brennend, rauchend und nachglühend über den ganzen Platz verstreut.

Was für ein sagenhaftes Glück für uns alle.

Aber dieser missglückte Start spornte uns noch mehr an. Jetzt ging es erst richtig los. Technisch bessere und bunt bemalte Raketen waren das logische Ergebnis aller folgenden Testversuche.

Heinzi und ich nahmen uns vor, vorerst weniger gefährliche Tests durchzuführen. Man konnte mit dem Pulver Buchstaben, ja ganze Namen, in den Boden schreiben. Nach der Zündung blieb ein verbranntes *H* oder ein *W* auf der Erde zurück.

Wir verewigten uns auf diesem Globus – im Wald, auf Wiesen und auf Wegen. Am besten konnte man auf Asphalt- oder Schotterstraßen feurig und rauchend *schreiben*, weil die verkohlten Rückstände gut lesbar übrig blieben.

Mancher Hinweis konnte bei unseren Indianerspielen nur von geübten Spurenlesern – durch das Entdecken und durch das Entzünden der geheimen, ausgestreuten Richtungspfeile oder Geheimcodes – ausfindig gemacht werden.

Wir beide waren Meister darin. Um unsere Feinde zu verwirren, *schrieben* wir falsche Hinweise, die sie nach dem Entzünden der Geheimbotschaft, garantiert in die Irre führten.

Später übten wir uns im Sprengen großer Steine. Um sie von der Stelle zu bewegen. Wir schoben eine Ladung der Teufelsmischung in Metallrohren unter den Stein und zündeten sie. Mit einem Knall explodierte das Rohr und schob den Stein in irgendeine Richtung, die uns nicht wichtig erschien. Für uns galt das Bewegen von Gewicht und Masse bereits als Erfolg.

Noch interessanter waren unsere Röhrenknaller. Es lagen immer wieder diese kurzen Kanalrohre aus Beton auf den Baustellen herum. Sie waren für das Kanalnetz im Dorf vorgesehen. Wenn wir also in die Mitte einer solchen Betonröhre unseren gewohnten kurzen Metallrohr-Knaller deponierten, eine Zündspur legten und die Röhre beidseitig mit Steinen verstopften, gab es nach dem Zünden einen gewaltigen *Rumms* und die Steine flogen surrend durch die Gegend.

Wie elektrisiert von der Wucht der elementaren Urgewalt dieses Zauberpulvers waren wir uns in keiner Weise der schrecklichen Folgen – durch herumfliegende Trümmer getroffen zu werden – so recht bewusst. Wir achteten jedoch bei jeder Sprengung darauf, dass sich niemand außer uns in der Nähe der Sprengstelle aufhielt. Obendrein mussten wir ohnehin nach jedem gelungenen *Kawuumm* das Weite suchen, damit uns niemand erwischte.

Aber so ist es eben, wenn Jungs in unserem Alter durch solch verführerische Mittel in Versuchung gerieten. Für uns beide waren es lehrreiche physikalische Erkenntnisse. Und wir lernten dabei wesentlich mehr, als uns in der Schule je davon erzählt wurde.

Wir gaben uns – neben der Theorie – ausgiebigst der Praxis hin. Dem Sprengen von Steinen, dem Raketen abschießen, mit Feuer schreiben.

Alles war gefährlich. Das Leben war auch gefährlich. Aber es war einfach klasse. Supertoll und spitze.

31 Freud und Leid

Der Dorfleiter war ein lustiger und fröhlicher Mensch und bei den Müttern äußerst beliebt. Auch wir Kinder mochten ihn, weil er sich mit uns gerne beschäftigte. Einmal im Monat trommelte er alle kleinen und großen Racker zu einer sogenannten Kinderstunde zusammen. Im Haus 4, an einem Samstagnachmittag. Wo sich auch sein provisorisches Büro befand.

Im Wohnzimmer – in der Durchreiche zur Küche hatte der Dorfleiter manchmal eine Kasperlbühne aufgebaut. Von der Küchenseite her erweckte er sie zum Leben. Mit spannenden Abenteuern, die der Kasperl, die Gretl, der Polizist, das Krokodil, der Teufel und das Schlossgespenst durchmachen mussten.

Wir Kinder johlten und kreischten, wenn das Krokodil den Kasperl fressen wollte oder wenn der Teufel versuchte, den Kasperl zu einer schlimmen Tat zu verleiten. Wir lebten, ja litten förmlich mit, wenn der Kasperl weinte, weil ihn die Gretl nicht mehr wollte. Weil er irgendeinen Blödsinn anstellte und sie deswegen auf ihn böse war.

Aber auch tägliche Belange unserer kleinen Kinderdorfwelt wurden in diesen Kinderstunden besprochen. Der Dorfleiter schimpfte mit uns, weil wir immer den Sand aus der Sandkiste im Kinderdorf verstreuten und verschleppten, wodurch permanent akute Sandknappheit innerhalb der hölzernen Begrenzung dieser doch *eh so riesigen Sandkiste* herrschte. Oder wenn wir die Sandkiste mit einem Gartenschlauch sprichwörtlich *blattl-*

voll mit Wasser füllten, sodass die kleinsten Knirpse Gefahr liefen, darin zu ertrinken.

Ein Teich musste her. So wurde für uns Kinder auf der Dorfwiese, vor dem Haus 6, ein knöcheltiefer Dorfteich von den Bauarbeitern ausgebuddelt. Mit dem Ergebnis, dass wir nun öfter pitschnass nach Hause stürmten. Sehr zum Missfallen unserer Mütter.

Aber es war ein unendlicher Spaß, unsere pure Freude. Vor allem in den wärmeren Jahreszeiten, wenn wir uns voll bekleidet in das seichte Becken schmissen, bäuchlings den glatten Betonboden entlang schlitterten, wobei natürlich die Hosenknöpfe fast weggeschliffen wurden. Hemden und Hosen ihr sonst so stabiles Leben aushauchten. Sicher musste der Dorfleiter deswegen so manche Dorfteich-Wasser-Diskussion mit den Müttern überstehen.

Eines Tages wurden vor unseren staunenden Augen bunte Klettergerüste in Bogen- und Hausform vor dem Haus 3 in der Erde verankert. Kindererprobt, aus Metallstäben und fest einbetoniert. Ebenso stellte man vor dem Haus 5 ein buntes Kinderkarussell auf. Alles Spenden eines Kaufhauses aus Gmunden, erzählte man uns. Turngeräte für den Kinderspielplatz, für uns arme SOS-Kinderdorfkinder.

Helle Begeisterung unter uns Kindern.

Aber auch sofortige Kämpfe um die besten Kletterplätze auf den bunten Gerüsten entbrannten. Innerhalb kürzester Zeit. Wie kleine Affen hingen wir in den Metallgestängen und ließen uns kopfüber baumeln. Auf der einen Seite raufgeklettert, auf der Spitze seinen höchsten Platz verteidigend – die Kleineren, die sich mit Hand und Fuß verzweifelt wehrten, verdrängt – um selbst den Größeren (meistens) kampflos das Feld zu räumen.

Eine *Hackordnung* brach aus, unter so vielen Kindern mit zuwenig Klettergerüsten. Das hätte man bedenken müssen.

Besonders um das bunte Karussell entstanden regelrechte

Raufereien um kümmerliche acht Sitzplätze. Acht Sitzplätze für etwa siebzig Kinder! Das konnte nicht gutgehen. Niemals.

Natürlich – typisch, die Großen – immer fahren sie stundenlang mit dem Karussell! Wir Kleineren konnten lediglich vor dem bunten Drehwerk hoffnungsvoll stehen und warten, bis die Größeren so gnädig waren und den Spaß am wilden Im-Kreis-Rotieren verloren. Geschah aber nicht.

Vielmehr formierten sich in den ersten Wochen regelrechte Gruppen, die sich die verbliebene Freizeit – nach Schulunterricht und Hausaufgaben schreiben – für künftige Tage und Wochen ausschließlichen Karussellfahrens aufteilten.

Heute weiß ich, dass sich aus diesen Karussellgruppierungen die ersten Formationen für unsere späteren, legendären Cowboy- und Indianerspiele bildeten. So auch die daraus entstandenen Freund- wie Feindschaften. Unsere fantastisch erlebten Abenteuerzeiten.

Wir Kleineren beschwerten uns daheim, dass wir nie an das bunte Karussell herankamen. »Immer fahren nur die Großen mit dem Ringelspiel, nie lassen sie uns auch einmal drauf...«, jammerte ich der Mutter die Ohren voll. Genauso beschwerten sich auch die anderen Kleineren bei ihren Müttern.

Unser Karussell. Ein symmetrisches Metallkreuz, an dessen Balkenenden jeweils zwei Holzsitze (Rücken-an-Rücken) montiert waren. In der Achse war das Drehkreuz durch diagonale Verstrebungen stabilisiert. Innerhalb dieser Verstrebungen hatte man Platz, um durch kräftiges Anschieben das Karussell schneller, vor allem aber noch heftiger in Schwung zu bringen.

Wenn also ein kräftiger Junge innerhalb des Drehkreuzes lief und so das Karussell in Schwung brachte, musste man sich tief in den Sitz drücken und verdammt gut festhalten, um nicht in die Wiese geschleudert zu werden.

Unsere gemeinsame Beschwerde ...*nie Karussell fahren zu*

dürfen... hatte schließlich Erfolg. Der Dorfleiter verkündete in einer der Kinderstunden, dass die Großen mindestens vier kleinere Kinder pro Karussellfahrt mitkreisen lassen müssten.

Hätte er das doch nie befohlen. Als wir siegestriumphierend *...ätsch-ätsch...* auf unser Recht bestanden, schnappten ein paar Größere mich und noch drei andere Knirpse, verfrachteten uns auf die Sitze des so beliebten Karussells. Nachdem es voll belegt war, stellten sich zwei (!) besonders kräftige Jungs innerhalb des Drehkreuzes. Und los ging die Höllenfahrt. Grimmig grinsend schoben die beiden das Karussell an. Zu Beginn war es noch recht lustig, sich so im Kreise sausend zu bewegen.

Hey – die Bäume, herumstehende Kinder, die Häuser, unser Dorf flog an mir vorbei. Alles drehte sich – huuii, wie schnell...

Heeyyy – haaalt – niicht sooo schneeell!

Doch immer heftiger drehten die beiden das Karussell. Da half unser Kreischen und Brüllen nichts mehr. Ich drückte mich in meinen Holzsitz und versuchte der Schleuderbewegung entgegenzuwirken. Mir wurde schwindelig, ich schloss die Augen. Dadurch wurde es noch schlimmer. Mit jeder Umdrehung rebellierte mein Magen. Auch er wehrte sich gegen dieses rasende Im-Kreis-Schleudern.

Mir wurde schlecht und schlechter.

»Aufhör'n...«, schrie ich, »auufhööör'n... iich wiill rruunterrr!« Mein gellender Hilfeschrei formte sich, akustisch kreisend der Schleuderdrehung nachhängend, weithin hörbar und doch ungehört.

»Nix da«, zischte mich der eine Anschieber an und grinste mir verbissen schadenfroh ins Gesicht, »das wird deine Himmelfahrt, halt dich nur gut fest.«

Und er lief mit hochroter, verzerrter Fratze – entstellt durch letztes Geben all seiner Kräfte – drückend und anschiebend, noch heftiger. Ebenso begeistert strampelte sich sein teuflischer Verbündeter innerhalb des Drehkreuzes ab.

Schwupp – und raus in einem hohen Bogen.

Ich flog. Wir flogen, purzelten der Fliehkraft gehorchend, vom sich rasend schnell drehenden Karussell. Auf die Wiese, in das nasse Gras. In erdbraune Wasserlachen am Wiesenrand, denn es hatte an diesem Tag geregnet.

Hemd, Hose, Stutzen, alles war voll matschiger, schlammiger Erde. Das Hemd zerrissen. Ein Schuh irgendwo. Der Himmel mal oben, dann unten und wieder oben. Alles drehte sich wirbelnd um mich. Ich kotzte mich voll an.

»Na, willst du noch einmal mitfahren?«, fragte mich einer der beiden Anschieber scheinheilig mitleidsvoll und ließ mich, nach meinem verneinendem Kopfnicken mit nochmaligem Würgebedürfnis samt tränenden Augen, links liegen. Ich suchte meinen verlorenen Schuh und sah dabei, dass es meinen leidgeprüften Mitfahrern ähnlich erging. Auch sie krümmten sich im Gras, würgten und kotzten sich die Seele förmlich aus dem Leib.

Mein Bedürfnis am Karussellfahren war befriedigt. Restlos und auf ewig.

Nie wieder hatte ich freiwillig je so ein Teufelsgerät bestiegen. Doch ich schwor mir: *Diese beiden kommen noch einmal in meine Gasse. Und dann Gnade ihnen Gott – meine Rache wird fürchterlich sein.*

Wenn ich nur wüsste, wie ich das anstellen sollte. Schließlich waren sie um ein paar Jahre älter und mir daher auch kräftemäßig weit überlegen.

32 Hiebe und Liebe

Vorerst nur ein Gerücht. Jedoch bald Gewissheit.

Unser geliebter Dorfleiter, Dr. Hansheinz Reinprecht, verließ uns. Obwohl er von Beginn an das SOS-Kinderdorfprojekt in Altmünster betreute und auch derjenige war, der es gemeinsam mit Hermann Gmeiner in Oberösterreich realisieren konnte. Er wollte sich in der Hinterbrühl, nahe bei Wien, neuen Aufgaben für die SOS-Kinderdorfidee widmen.

Es wurde uns in einer Kinderstunde, bei der auch die Mütter anwesend waren, mitgeteilt. Wir waren schockiert und betrübt.

Aber der scheidende Dorfleiter stellte uns bereits seinen Nachfolger vor. Mit dem wir sicher genauso viel Freude hätten, wie er uns versicherte.

Doch es kam anders. Leider völlig anders.

Innerhalb kürzester Zeit entpuppte sich der immer nett grinsende Mensch als ein Sadist, dem es eine besondere Freude war, uns Kinder zu züchtigen, zu schlagen. Mit der Hand oder noch schmerzhafter, mit einem Bambusstab.

Bei Gott, wir Kinder waren nicht immer die Bravsten. Manche waren wirklich sehr, sehr rebellisch. Was sicher ihrer traurigen Vorgeschichte zuzuschreiben war – weshalb sie ja in das SOS-Kinderdorf kamen. Irgendwie musste all dieser Frust über Verlassenwerden..., die Verzweiflung eines Waisenkindes..., die Verbitterung über Rabeneltern..., hervorbrechen. Aus den vielen sensiblen Kinderseelen. Kein Erwachsener war daher berechtigt, uns Kinderdörfler zu schlagen.

Erst war es ein trauriges Geheimnis, eine brutale Gewissheit unter uns Kindern. Wenn wir manchen von uns mit verweintem Gesicht, einer geschwollenen Backe oder mit Striemen am Körper antrafen. Die uns jener Bemitleidenswerte zeigte und erzählte, wie es ihm ergangen sei.

Es wurde schlagartig still im SOS-Kinderdorf. Die unbeschwerte Fröhlichkeit war wie weggeblasen, war verschwunden. Alle hatten Angst, panische Angst. Auch mein Bruder Alf wurde von ihm verdroschen. Wegen irgendeiner Kleinigkeit. Eine schulische Mitteilung – keine bzw. eine freche, bockige Antwort und schon schnalzte das Bambusrohr erbarmungslos auf seinen Hintern, auf seinen Rücken hernieder.

Erst kamen die Großen dran, die Schlimmsten. Es war doch nur logisch, dass es in jedem Haus einen gab, der nicht so spurte. Mit dem es nicht so lief, wie es sich die Erwachsenen wünschten.

Dann musste jener *Schlimme* im Büro des neuen Dorfleiters erscheinen. Schon bald konnte man die Schmerzensschreie des Ärmsten vernehmen. Es war nicht zu überhören. Wir zuckten zusammen, wir duckten uns und waren verschreckt.

Diese Zeit wurde immer unerträglicher. Bis endlich auch die Mütter dieses Ausmaß an Züchtigungsritualen nicht mehr ertrugen. Es gab die ersten Auseinandersetzungen zwischen ein paar beherzten Müttern und dem ungeliebten, von uns verhassten, gefürchteten neuen Dorfleiter.

Doch eines Tages war Schluss damit. Auf Wunsch der Mütter kam der vorherige Dorfleiter und ließ sich von den Missetaten, den Prügelattacken dieses Sadisten, berichten.

In einer Kinderstunde wurde uns ein anderer Dorfleiter versprochen. Einer, der die Kinder nicht mehr verprügeln durfte. Der Prügel-Dorfleiter war anwesend und wurde von uns ausgebuht und ausgepfiffen. Er verschwand mit hochrotem Kopf aus der Versammlung, aus dem SOS-Kinderdorf, aus unserem sonst so glücklichen Leben.

Was waren wir erleichtert. Wir Kinder, aber auch die SOS-Kinderdorfmütter. Wir alle sahen wieder einer guten Zukunft entgegen. Denn Tage später wurde erneut eine Kinderstunde einberufen. Ein neuer Dorfleiter stellte sich vor. Er war schon etwas älter, zumindest sah er so aus. War schmächtig gebaut und sein Kopf sah aus wie ein Totenschädel. Und weil er unentwegt rauchte, hatten seine Finger die Tabakfarbe bereits in sich.

Und doch – es war ein sehr sympathischer Mann, der faszinierend gütige Augen besaß. Zur zerbrechlichen Person passte seine sonore Stimme so gar nicht. Sicher bekam sie durch das Kettenrauchen dieses interessante Timbre.

Durch unsere Mutter erfuhren wir später daheim, dass der neue Dorfleiter seinerzeit einer der wenigen Soldaten war, die das schreckliche Kriegsdrama in Stalingrad überlebten. Er musste Entsetzliches mitgemacht haben. In den Schützengräben von Stalingrad. Daher auch sein bedauernswerter Gesundheitszustand. Er konnte oft nächtelang nicht schlafen und trank Unmengen stärksten, schwarzen Kaffee.

Nachdem ich als schüchterner, introvertierter Achtjähriger mit Krieg und Greueltaten aus der Weltkriegszeit nichts anzufangen wusste – uns Kindern wurde in der Schule dieses Menschenmorddrama auch tunlichst vorenthalten – konnte ich mir noch keine rechte Vorstellung darüber machen.

Ich hatte lediglich verschwommene Erinnerungen an Uniformen, Soldatenaufmärsche mit Blasmusik und an einen lachenden Soldaten, der mir ein Stück Schokolade in den Mund schob. Damals in Solbad Hall in Tirol, als meine geliebte Großtante Anna einmal mit mir an der Hand spazierenging.

Die Menschen waren damals geblendet von einem Mann... und der Krieg war wie eine von Menschen geschaffene Seuche, die schrecklich um sich gegriffen hatte, wurde uns ausweichend erklärt.

Ich hörte aus aufgeschnappten Erzählungen der Erwachsenen

Begriffe wie Hitler, Judenvergasung, Nazis und Tausendjähriges Reich... wenn sie sich unterhielten, ihre Erlebnisse austauschten. Über diesen furchtbaren Krieg und dessen Folgen, die schlimmen Hungersnöte. Über ihre Todesängste, die Greueltaten und Schicksale, die persönlichen und materiellen Verluste, die sie damals alle durchmachen mussten.

In dieser Dorfleiterwechsel-Zeit war gerade mein persönlicher Krieg ausgebrochen. Mit meinem Mitteilungsheft *(die Tadelseite)* sowie mit meinen erbärmlichen Leistungen in der Schule. Aber welch sagenhaftes Glück, dass ich dem vorherigen Prügel-Dorfleiter und seinem biegsamen Bambusstab gerade, aber wirklich gerade noch entkommen war. Seinem apokalyptischen Streichorchester, quer über gebeugte Rücken und über den Schreibtisch gebogene, nackte Hintern.

Aber die Aufdeckung meiner schulischen Schandtaten stand kurz bevor und so war es eine der ersten pädagogischen Handlungen des Totenkopf-Dorfleiters, mir meine Schandtaten bewusst werden zu lassen.

Dieser kam er auch ausgiebigst nach. Der neue Dorfleiter. Meine Lernleistungen waren auf einem kriminellen Tiefststand, meine Mitarbeit im Unterricht so gut wie unbekannt, als wäre ich nicht in der Klasse. War ich ja auch oft nicht. Und erst das Mitteilungsheft *...ohgott-ohgott...* Weltuntergangsstimmung.

Der neue Dorfleiter nahm seine Arbeit ernst. Sehr ernst, denn so hieß er auch: Ernst.

Er besuchte die Schule, stellte sich als der neue Dorfleiter des SOS-Kinderdorfes vor, sprach mit sämtlichen Lehrern und ließ sich von den Leistungen und oft sehr spärlichen Erfolgen seiner neuen Schützlinge berichten.

Meine Tragik nahm ihren unbarmherzigen Lauf. Ich wurde in das Büro des Dorfleiters zitiert. Mit einem Hose-voll-Gefühl schlich ich zu abenddämmernder Stunde samt Schultasche (so wurde mir befohlen) über den Dorfplatz in das neue Büro. Jetzt im Haus 9 untergebracht. Die Treppe hoch und zaghaft angeklopft.

»Herein«, schallte es mir schnarrend durch die verschlossene Tür entgegen. Sonst nichts als Stille, unbarmherzige Stille.

Poch-poch-poch... ach mein armes kleines Kinderherz.

Ich wusste, was auf mich zukam. Ich kannte meine Missetaten. Die fehlenden Unterschriften, die fehlenden Aufgaben, die Fünfer in Was-weiß-ich-wo-Überall. Die Beschwerden des ach mir so verhassten Religionslehrers undundund...

»Na komm schon rein, ich beiß dich schon nicht«, klang es weiter drohend durch die Bürotür.

Noch nicht, aber sicher bald. Wie der böse Wolf das arme Rotkäppchen wird er mich verschlingen... kam es mir plötzlich in den Sinn und sah mich schon zerbissen und zerlegt, vorbereitet fürs Runter-gewürgt-Werden. Immer wieder meine so blühende Fantasie. Schrecklich.

Behutsam drückte ich die Türschnalle und trat in das Kinderzimmer, das als Büro umfunktioniert war.

Büromöbel, volle offene Aktenschränke, ein Schreibtisch mit eingeschalteter Tischlampe, ein schwarzes Telefon, seitlich eine Schreibmaschine. Und hinter dem Schreibtisch saß der Totenkopf-Dorfleiter, mit dem ich bis dato noch keinen persönlichen Kontakt hatte.

»Du bist mir ja ein feines Bürscherl«, waren seine nächsten Worte. Hart, knapp, schnarrend und überhaupt keine gütigen Augen dabei.

»Dir werd ich es aber schnell austreiben, das Schulschwänzen, die Fünfer und den Religionslehrer sekkieren.« Sprach er, stand auf, kam hinter seinem Schreibtisch hervor und hatte plötzlich den Bambusstab in der Hand.

Ich wusste es – ja, ich wusste es!

Der war um nichts besser als der vorherige Dorfleiter. Falsch, freundlich und genauso aufs Kinderschlagen aus!

Entsetzen packte mich mit kalter Hand. Wo ich doch so pani-

sche Angst vor Schlägen hatte.
Da... da... das überlebe ich nicht. Diesen Raum verlasse ich bestimmt im Sarg. Leb wohl, du sonst so schöne Welt.
Ich fiel auf die Knie, ohne dass ich es wollte. Ohne dass er es erwartete. Doch das sichtbare Bambusröhrchen ließ meine Kniemuskeln erschlaffen – ich sank einfach in eine bittende demutsvolle Knie-Stellung. Stumm, mit flehend erhobenen betenden Händen, ihm entgegengestreckt. Wie die geschnitzten Hirten von der Krippe in der Kirche von Altmünster, die andächtig vor dem Jesuskinderl knieten. Eigentlich eher wie jene Hirten, die sich vor dem ihnen erschienenen Engel fürchteten, der ihnen die Niederkunft des Heilandes in Bethlehem verkündete.

»Du wirst nie wieder die Schule schwänzen.«
Stumm, zitternd, kopfschüttelnd versprochen.
»Du wirst nie mehr den Religionslehrer ärgern.«
Ebenfalls. Stumm, zitternd, kopfschüttelnd versprochen.
»Du wirst alle diese hässlichen Fünfer wegkriegen.«
Nochmals. Stumm, zitternd, kopfnickend versprochen.
»Und du wirst dein Jausenbrot nicht mehr verschimmeln lassen. Wenn du es nicht mehr essen kannst, gib es nach der Schule deiner Mutter.«
Ein letztes Mal. Stumm, zitternd, kopfschüttelnd versprochen.
Bei jedem stummen Kopfschütteln und -nicken ließ er sein Bambusrohr gefährlich durch die Luft sausen. Ein Zischen und *zlack*, haarscharf an mir vorbei und mit einem Knall auf den Schreibtisch. Mir trieb es vor Angst die Tränen aus den Augen, über die Wangen – lautlos und auf der Haut brennend.

Ich erschrak vom harten Knall, zuckte zusammen, riss die Hände in die Höhe, schützend meinen Kopf bedeckend. Spürte förmlich den Hauch des Todes. Aber keinen Schlag ließ er mich spüren. Er hatte nie vorgehabt, mich zu verprügeln. Aber er drohte mir an:

»Beim nächsten Mal kommst du nicht mehr so ungeschoren

davon, das verspreche ich dir.«

Oh-Gott-oh-Gott-lieber-gütiger-Gott, wie danke ich dir, dass du mich noch lebend und heil davonkommen ließest. Ich verspreche dir alles was du willst und dass ich ab sofort ein braver und mustergültiger Schüler werde.

Ich glaubte, ein ganz leichtes Zwinkern in den strengen (ansonsten doch so gütigen) Augen des Totenkopf-Dorfleiters gesehen zu haben.

Ich hielt mein Versprechen von diesem Abend an – zumindest was die Schule betraf.

33 Verstauchte Windpocken

Meine Rodel. Ich bekam sie 1957 zu Weihnachten, als ich bereits ein Jahr im SOS-Kinderdorf lebte.

Schifahren war nie meine Leidenschaft. Und das als Tiroler. Ich hatte zwar Jahre später auch ein Paar Schi (wie wir alle) und flitzte hin und wieder die schneebedeckten Hänge im Schuss oder Slalomschwung hinab. Doch die Schi immer wieder den Hang raufschleppen oder mühsam im Trippelschritt hochzutreten war nie meines. Auch bei eisiger Kälte und mit blau-gefrorenen Fingern diese blöden, steifen Bindungsriemen über die eh schon so klobigen Schischuhe spannen, war alles andere als lustig. Die tollen und bequemen Schibindungen wurden erst Jahre später erfunden. Da war meine Bedürfnis am Schifahren schon längst erkaltet.

Obendrein verstauchte ich mir bei einer wilden Abfahrt, einen Kapitalsturz mit inkludiert, so schmerzhaft mein rechtes Fußgelenk (das spüre ich bei Wetterwechsel noch heute), dass ich fortan nie mehr meine Schi anrührte und sie im Keller verstauben ließ.

Mir machte das Rodeln wesentlich mehr Spaß.

Mein ganzer Stolz – meine Rodel. Sie war klein und nur für einen Rodler bestimmt. Für mich. Nicht nur weil sie mir gehörte, sondern weil nur für einen Rodler darauf Platz war. Ihre Form war nicht wie die anderer Schlitten – mit gehörnten Kufen, die einem Ziegenbock ähnlich sahen oder in einem runden Bogen geformte Kufen – mit denen die Kinder die Hänge runtersausten. Mein Schlitten besaß Kufen, nur aus einem Stück Holz gebogen. Nüchtern gebogen wie die Rundung eines Flachmanns. Ohne großen Höcker. Allein schon daran erkannte man: ein schlanker, schneller Flitzer.

Die Sitzfläche hatte ursprünglich ein Stoffstreifengeflecht, das aber schon zerschlissen war und daher vom Dorfmeister gegen ein paar breite, jedoch hauchdünne, aufgeschraubte Holzbretter ausgetauscht wurde.

Ich saß dadurch etwas härter als die anderen in ihrem weichen Stoffgeflecht. Das machte mir nichts aus. Mein Hintern war ja schon einiges gewohnt. Diese Rodel war mein Winterstolz, schnell und wendig. Da ich und sie fast kein Gewicht auf die Waage brachten. Wie ein Düsenjäger oder ein Sportwagen. Nicht so schwer und unhandlich wie die übrigen Familien-Schlitten der anderen Kinder.

Ein weiterer Vorteil: ich konnte meinen Schlitten wie einen Rucksack umhängen. Linker und rechter Arm durch die gebogenen Kufen und schon kletterte ich die Piste hoch. Nicht wie alle anderen, die ihre Schlitten mühsam an der Schnur nachziehen mussten.

Verständlich, dass sich mancher gerne meinen Schlitten ausborgen wollte. Aber ich passte gut auf ihn auf. Nach einem Jahr im SOS-Kinderdorf wusste ich, wie schnell Spielzeug kaputt war, wenn ich es leichtsinnig verborgte. Oder noch schlimmer, nicht mehr zurückbekam. Es verschwand einfach. Nur Heinzi traute ich zu, dass er auf geborgte Sachen achtgab. Er durfte mit meinem Schlitten fahren. Hin und wieder ließ ich auch Brigitte mit der Rodel den Hang runterflitzen. Wenn sie gar zu sehr bettelte.

Geh Wolfi, geh bitte…!
Lass mich auch einmal mit deiner Rodel fahren…

Bei Wettbewerben errodelte ich oft, sicher durch mein Fliegengewicht, einen der Siegerplätze, vor allem bei Tiefschneefahrten. Garantiert auch durch hingebungsvolles und intensives *Waxeln* der Kufen mit Schiwachs.

Ich gewann in diesen frühen Jahren einige Rodelrennen. Das Rennen beim Bauer-im-Feld, den steilen Hang hinunter. Oder bei der Fliegerschule, die lange Strecke von ganz oben, über die Straße (als Schanze) springend, bis runter ins Tal, hindurch und wieder rauf – fast bis zum Gasthaus Felleiten. Das waren meine traumhaften, legendären Gewinner-Pisten.

Eine andere Strecke führte direkt an unserem Haus vorbei durch den Jungwald. Was natürlich einiges Geschick von uns wilden Rodelfahrern abverlangte. Wenn es rasend den Abhang hinunter, im Zick-zack durch den Jungwald ging. Oft landeten wir im Tiefschnee, weil wir bei einem der Jungbäume *einfädelten*. Passiert war nie Ernsthaftes. Dazu waren wir schon zu geübte Rodelfahrer. Vor allem lernte auch ich bald viel mehr auszuhalten, als zu Beginn meiner SOS-Kinderdorfzeit.

Nicht gerade ungefährlich war die Straße neben unserem Dorf. Als gern befahrene Piste für uns Kinderdörfler. Nachdem auch hin und wieder ein Auto sich den steilen Berghang hinaufquälte. Die Straße wurde jeden Winter als *unsere* Piste in Beschlag genommen. Damals waren Autos in der ländlichen Gegend noch eher eine Seltenheit. Im Winter überhaupt. Auch der Streudienst war noch nicht so schnell zur Stelle. Zumindest bei einer so unwichtigen Straße, wie diese Forststraße unterhalb des SOS-Kinderdorfes.

Die Königin der Rennpisten jedoch war die Gmundnerbergstraße. Der Start war beim ersten Plateau, dann ging es atemberaubend steil in die Tiefe. In rasender Fahrt hinunter durch gut ausgebaute Kurven, bis zum Ziel, die Bahnbrücke, wo schon die ersten Häuser von Altmünster standen.

Bei einem Rennen, das von der örtlichen Sportunion veranstaltet wurde, rodelte ich mich auf das Siegerpodest. Den ersten Platz in meiner Altersgruppe. Mit meiner kleinen bulligen

Rodel, der ich bald den Namen *Silberpfeil* gab.

Irgendwann fand ich auf der Müllhalde Lackreste einer Ofenfarbe. Jene Silberfarbe, mit der Öfen und Ofenrohre ein freundlicheres Aussehen erhielten und die ich, wie viele andere wertvolle Fundsachen, in meinem Versteck hortete. Damit pinselte ich meine Rodel an. Ein echter Silberpfeil.

Auch die Sitzfläche. Das war weniger gut, weil die Farbe die vom Schnee durchnässte Knickerbocker-Lederhose bald verfärbte. In Streifen, dem Muster der Sitzbretter und meiner Sitzhaltung auf der Rodel entsprechend, meinen Lederhosen-Hintern peinlich sichtbar verfärbte.

In meiner Panik putzte, kratzte, schliff ich das Silberne von der Lederhose, um es zuletzt mit einer Mischung brauner und schwarzer Schuhpaste zu überdecken und glattzubürsten. Es wurde dadurch nur schlimmer. Als Ergebnis bekam ich einen aufgerauhten Lederhosenhintern, wie ein Streifenhörnchen (schwarzbraun-ledergrau gestreift) sowie eine Strafpredigt mit unmittelbar befohlener Schreibaufgabe aus Mutters Mund zu hören. Wieder einmal, nein hundertmal: *Ich darf meine lange Lederhose nicht mit Silberfarbe beschmieren...*

»Bahn freiii – iiich kommmeee!«

Nachdem Emil, der an der unteren Straßenbiegung stand, mir das Freizeichen zuwinkte, dass kein Auto komme, nahm ich Anlauf, rannte los und schwang mich routiniert auf meine Rodel, den schnellen Silberpfeil. Der Jahresbeginn 1958 war, wie schon die Winter davor, mit grandiosem Schneereichtum gesegnet.

Ich schoss die schneeglatte Forststraße neben unserem Dorf hinunter.

»Aaachtuung eer kooommt!«, schrie Emil, beide Hände vor seinem Mund trichtermäßig haltend, den anderen Kindern zu. Als Hinweis für die anderen Schlittenfahrer, damit sie die Piste freihielten und sich an den Straßenrand stellten.

Ich legte mich ins Zeug, das hieß, ich nahm die Rennfahrstellung auf meiner kleinen Rodel ein: flach auf dem Rücken liegend, lediglich den Kopf leicht angehoben. Damit ich gerade noch mein Ziel erkennen konnte. Die Straße runter – mit einem Höllentempo und rein in die langgezogene Rechtskurve. Mit der linken Hand die Schnur gespannt, die Rodel wie ein wildes unbändiges Pferd an den Zügeln. Die andere Hand seitlich nach unten auf die Piste gelegt, die Straße fast nicht berührend, um im Notfall lenkend und bremsend den Schlitten in die gewünschte Richtung zu leiten. Um im Falle eines Sturzes rechtzeitig in den Straßengraben zu flitzen und hoffentlich halbwegs sanft in die vom Schneepflug aufgehäuften Schneeberge zu fliegen.

Ich war schnell dran. Superschnell. Die Kufen meines Flitzers schnitten ihr Profil in den hartgepressten Schnee.

Eine fantastische Piste. Verschwommen und wackelig – wie von einem fetzenden Rennauto aus gefilmt – durch die Unebenheiten der Straße holpernd, jedoch nicht minder todesmutig den Abhang hinunter rasend, sah ich schemenhaft Emil mit einem Metallgebilde in seiner Hand.

Er grinste, winkte und... *klesch-krach-knorx!*

Ein metallisches Knirschen – ein heißer Stich bis in meine letzten Gehirnwindungen. Brennend schmerzhaft durchfuhr mich ein Blitz. Mir wurde schwarz vor Augen. Ich hob ab und flog. In einem Satz über etwas Metallisches, die Schneewächte hinauf. Dahinter in den Jungwald und krachte zwischen biegsame Baumstämme hinein in das unberührte, schneebedeckte Unterholz.

Stille vorerst. Nur das dumpfe, satte Aufprallen der klebrigen Schneebrocken aus den touchierten Jungbäumen drang wie von Ferne an mein Ohr. Und ein stechender Schmerz in beiden Beinen – von dort in mein Hirn. Überall Schnee. Unter dem Anorak, unter dem Pullover, im Mund, in den Ohren, im Hals. Alles voll Schnee. Haube und Fäustlinge verschwunden, vergraben unter winterlichem Weiß.

Ein kichernder Emil erschien auf der Schneewächte und erkundigte sich scheinheilig mitleidsvoll, ob ich mich denn gar verletzt hätte. Hatte ich. Beide Füße schwollen sofort dick an und waren tiefblau. Ich konnte mich nicht bewegen, nur stöhnen. Ansonsten die üblichen Hautabschürfungen sowie Abriebmuster und Einrisse am Anorak.

Emil, der Hinterlistige, hatte ein altes, rostiges Kinderwagengestell vor meine Rodel geworfen. Als er sah, was er da angerichtet hatte, war ihm plötzlich anders zumute. *Ehrlich, das wollte ich wirklich nicht. Tut mir leid – also echt, ehrlich...* oder so ähnlich.

Ich wusste, es tat ihm in keiner Weise leid. Na warte, du Hund... *meine Rache wird dich ewig verfolgen...* momentan nur mit zwei geschwollenen Füßen.

Emil bekam von der Mutter seine gerechte Strafe dafür – ich weiß nicht mehr welche. Eine stille Feindschaft lag jetzt zwischen uns. Offen, blankgelegt und sollte wohl länger so bleiben.

Der Arzt musste kommen. Zuerst sah es aus, als wären beide Beine gebrochen. Panik und Freude zugleich. Hurra, wochenlang kein In-die-Schule-gehen-Müssen.

Dann waren es laut Mutter *Gott sei Dank nur zwoa verstauchte Fiass*. Absolute Bettruhe für mich. Mit dick eingebundenen Knöcheln und Füßen, eingewickelt in essigsaurer Tonerde. Entsetzlich stinkend und dreimal täglich frisch gewickelt. Morgens, mittags, und abends. Dafür aber auch keine Schule bis auf weiteres.

Aufs Klo konnte ich am ersten Tag nur auf allen Vieren kriechen. Wie erniedrigend für mich. Von Brigitte bekam ich vollstes Mitleid *...ma, da oame Woifi...*

Sie saß auch manche Stunde an meinem Bett, hat mit mir geplaudert und gespielt, mir die Zeit vertreiben geholfen. Brigitte, meine mitfühlende Krankenschwester.

Zu meinen verstauchten Füßen gesellten sich auch noch die Windpocken. Nun lag ich insgesamt drei Wochen im Bett. Teilweise völlig isoliert, damit ich ja niemanden anstecken konnte. Geschwächt von den Pockenpusteln, dem tagelangen Herumliegen, magerte ich noch mehr ab.

Ich das Fliegengewicht. Dünn, bleich und ohne Muskeln an den Knochen machte ich nicht gerade den gesündesten Eindruck.

Als ich das erste Mal versuchte, wieder aufrecht zu gehen, knickte ich wie ein Taschenmesser zusammen.

Was war ich für ein Schwächling, ärgerte ich mich innerlich. Doch bald kam ich durch Mutters gesunde Suppen wieder zu Kräften.

Jedoch der Jahresbeginn samt pulvrigem Jännerschnee, samt Mit-der-Rodel-die-Hänge-Hinunterflitzen war für mich gelaufen. Den Februar 1958 verbrachte ich größtenteils im Bett. Und im März war der Schnee so ziemlich weggeschmolzen.

34 Besuchshaus-Pflichten

Ich überlegte mir krampfhaft, wie ich Emil eins auswischen konnte. Ideen waren bald geboren, wurden wieder verworfen oder mussten noch warten, bis sich die Gelegenheit dazu bot.

Ich spürte intuitiv, dass Emil es auf mich abgesehen hatte. Etwa gleich alt, er war einige Monate jünger, legte er es immer wieder darauf an, mich zu reizen.

Nicht direkt Streit zu suchen, aber immer knapp davor. Beide befanden wir uns in einem stillen Wettkampf, in einem dauernden Wettbewerb, wer der Bessere, der Stärkere, der Klügere sei. Wer die originellsten Ideen hätte, wer schneller wäre, wer einen Sieg für sich buchen könne.

War es Neid, der ihn so gegen mich agieren, intrigieren ließ oder war *ich* etwa gar eifersüchtig? Auf ihn. Auf was von und an ihm?

Ja, doch – es gab etwas, das mich und nicht nur mich störte. Es lag jedoch nicht an ihm, aber…

Es waren die Besucher, die Prominenten, die Presse, die das SOS-Kinderdorf regelmäßig besuchten. Sie waren die Ursache für manchen Neid unter uns.

Wir Kinder waren niedlich und herzig. Aber genauso brutal und gemein. Nicht unbedingt absichtlich. Nur hin und wieder, mit unseren kindlichen Seelen, in Gefühlsbildern denkend, kalkulierend und berechnend. Der Zweck heiligte die Mittel.

Jede Person, die sich für die SOS-Kinderdorfidee interessierte oder gar Spender war, konnte das Dorf besuchen. Um zu sehen, wofür die Spenden verwendet wurden. Aber auch um neue Gönner und Freunde für dieses humane Hilfswerk, das SOS-Kinderdorf, zu gewinnen, wurde jede Woche eines der Häuser als Besuchshaus deklariert.

Am Eingang des SOS-Kinderdorfes stand eine, vom Dorfmeister gezimmerte Hinweistafel. Auf der, eingeklemmt zwischen Holzschienen, ein eingeschobenes Pressholzschildchen das jeweilige Haus ankündigte, das zu besichtigen war.

Liebe Gäste. Unser Besuchshaus in dieser Woche ist das (Schildchen mit Namen): »*Haus Jugendrotkreuz*«

So hieß zum Beispiel unser Haus: *Haus Jugendrotkreuz*. Für uns war es bloß das Haus 1 oder das Einser-Haus.

In unserem Sprachgebrauch war gar keine Zeit für unnötige Wortverlängerungen. Zu wichtig waren uns Abenteuer- und Erlebnishunger. So hieß es lediglich *...wir treffen uns beim Einser-Haus* und nicht *...wir treffen uns beim Haus Jugendrotkreuz*.

Weitere Dreibein-Hinweispfeile im Dorf aufgestellt, zeigten den Weg zum jeweiligen Besuchshaus an. Dieses Haus konnten nun Interessierte besichtigen, sich mit der Mutter unterhalten. Sehen, wie wir Kinder hier glücklich lebten. Näheres über das SOS-Kinderdorf sowie Grundlegendes über die SOS-Kinderdorfidee erfahren.

Zur aufschlussreichen Information wurden Prospekte und Broschüren aufgelegt. Dazu gab es ein Spendenhäuschen – aus buntem Blech, einem SOS-Kinderdorfhaus nachempfunden – zur Motivation, dieses soziales Werk mit einer kleinen oder vielleicht sogar größeren Geldspende zu unterstützen.

Dieses Infopaket – Prospekte und Spendenhäuschen – wurde immer auf dem Schulaufgabentisch aufgebreitet. So war es erklärbar, dass wir manche Seiten der Prospekte heimlich mit Zeichnungen und Strichmännchen verzierten oder aktuelle

Kinderdorfneuigkeiten verewigten: *Erich liebt die blöde Susi... Hansi ist deppert... Walter brunzt noch ins Bett...* oder das von Hauswänden abgeschriebene, mysteriöse Wort *Auto* mit dem eckigen *A*, von dem alle längst wussten, was es hieß. *Das ist das, was die Mädchen und Frauen da unten haben, das Lulu... und warum hieß das Lulu eigentlich so?*

Sicher ein schweinisches Wort. Jedenfalls grinste mein Bruder, als ich ihn einmal danach fragte. Dann wusste auch ich es.

In Altmünster gab es ein kleines Reisebusunternehmen, das mehrmals wöchentlich Herden von Besuchern mit dem Autobus in das SOS-Kinderdorf karrte. Immer vom Chef persönlich. Der nette, wohlgenährte und vor allem wortgewaltige Busunternehmer geleitete seine Reisegesellschaft durch das Dorf, bis in das Besuchshaus. Erklärte dies und das, plauderte mit den Müttern und brachte so auf seine originelle und fröhliche Art viele Spender in das SOS-Kinderdorf.

Wir Kinder mochten ihn und er uns. Wir hörten ihn schon von weitem, erkannten am Motorengeräusch, wenn er mit seinem Bus die Straße hinauf zum Parkplatz fuhr. Der Parkplatz, ganz nah vor unserem Haus. Ein elementarer Heimvorteil für uns Einser-Häusler.

Ein paar Kinder standen an den Samstagen oder Sonntagen immer parat und warteten bis sich die Bustüren öffneten.

Er, der Busunternehmer, stieg zuerst aus. Geschäftig, fröhlich wie immer... *Hallo Kinder, na wie gehts euch heute...* meistens in seiner trachtigen Krachledernen, mit weißem Hemd und bunten, gestrickten Stutzen sowie prallen Schweißperlen auf seiner Stirn. Je nach Wetter steckte sein gewaltiger Umfang zusätzlich in einer Trachtenjacke.

Dann quollen die Besucher aus seinem Bus. Meist ältere Damen und Herren stiegen gemächlich die paar Treppen hinunter, streiften ihre Kleider glatt, knöpften ihre Sakkos zu und guckten neugierig um sich.

Sahen uns.

Wir taten so, als wären wir gerade zufällig hier, um zu spielen. Hier auf dem Parkplatz. So, als wären wir aufgehalten worden vom Bus, den aussteigenden Leuten, bei unserem Spiel gestört.

Mei, sind des liabe Kinder... schau wie die traurig dreinschaun, die armen Kinder... san des net herzige Buam und Madln?... so höflich und so nett... und schön haben sie es da...

Wir wussten, was ankam, welche Masche zog und was wir dafür bekamen: Schokolade, Zuckerln, Kekse. Hin und wieder fielen ein paar Groschen und sogar Schillinge für uns ab.

Das war der Heimvorteil, für uns vom Haus 1. Wir waren sozusagen direkt an der Mitleidsquelle, am Bus.

Als dann die netten und interessierten Damen und Herren durchs Dorf spazierten, platzierten wir uns nochmals – wie zufällig – am Straßenrand der Dorfstraße, meist in Nähe des Besuchshauses. Wohin ja alle wollten, um sich so ein Kinderdorfhaus von innen anzusehen.

Vielleicht erbettelten wir noch – mit gekonnt traurig-sehnsüchtigem Blick – das eine oder andere Stück Schokolade oder gar noch einen heißbegehrten Schilling.

Mag sein, dass wir uns wie glücklich gehaltene Kinder im Freigehege benahmen, die für ein paar Süßigkeiten und Groschen ihr schüchternes *Dankeschön* herunterleierten.

Damals als Achtjähriger hatte ich kein Empfinden dafür, störte es mich nicht. Noch nicht.

Jahre später – ich größer, älter und wissender – waren mir diese Besuche, vor allem im eigenen Haus ein Greuel. Meine Intimsphäre wurde auf das Empfindlichste gestört. Ich hasste diese Neugierigen, die in jede Schublade, in meinen Kasten, ja sogar in die Kochtöpfe hineinguckten.

Wenn sie ausgerechnet zu Essenszeiten in unsere Stube kamen, uns beim Grießkochlöffeln zusahen – fast in den Mund hineinstarrten. Wollten sie unbedingt sehen, was wir für ihre gespendeten Schillinge auf den Tisch bekamen? So, als sollte es nur nicht zu Feines sein. Zumindest nichts Besseres als das, was sie selber täglich von ihren Tellern löffelten.

Es gab sie leider, diese Spenden-Schnüffler. Meistens flüchtete ich aus dem Haus, damit ich mit diesen neugierigen Besuchern nicht konfrontiert wurde. Wir mussten alle auf Wunsch unsere Spielsachen zeigen, freundlich und nett Rede und Antwort stehen.

Ja so ein höflicher, hübscher Bub. Sag, warum bist du denn ins Kinderdorf gekommen?...

Von mir gedacht *...weil meine Eltern große Schufte waren und sich bis heute einen Dreck um mich kümmerten.*

Von mir, mit einer tomatenroten Birne gestottert *...äh – ahh – ja, weil...*

Die Mama gab dann Gott sei Dank für mich irgendwas Neutrales ausweichend zur Antwort.

Danke, dafür – danke dir, liebe Mama, dass ich nicht die Wahrheit hinausbrüllen musste, die mir damals auf dem Herzen und der Zunge lag und mir so entsetzlich weh tat:

Mein Vater, meine Mutter, wollten mich nicht! Ich kannte sie nicht einmal richtig. Sie ließen mich und meinen Bruder am Rande ihres Lebens links liegen. Ich hatte nur dumpfe, böse Erinnerungen an einen schrecklichen Pflegeplatz mit einer Pflegemutter, die mich und meinen Bruder verprügelte, misshandelte, einsperrte.

Einmal in der Schule, als meine Sitznachbarin Petra sich wunderte, nachdem ich ihr erzählte, dass meine Eltern mich (und meinen Bruder) nicht wollten und dass wir auf einem Pflegeplatz oft Hunger hatten und geschlagen wurden, meinte sie, dass sie sich niemals vorstellen könnte ohne Mama und Papa zu sein und dass die sie nie weggeben würden. Weil Kinder doch nichts dafür könnten, wenn die Eltern sich nicht mehr liebhaben. Ich ging dann aufs Klo, weil mir die Tränen kamen. Ich schämte mich vor Petra (ein Junge weint vor Mädchen und so). Also saß ich auf der WC-Muschel und heulte still Rotz und Tränenwasser wegen meiner Rabeneltern, wegen des Pflegeplatzes, weil ich keine so lieben Eltern wie Petra hatte. Weil ich wegen all meiner Erlebnisse so schüchtern und verschreckt – nie mutig – war. Wie zum Beispiel der Baumeister-Sohn in unserer Klasse – immer goschert und lässig – der alles besser wusste, alles konnte und (nicht nur) mich mit seinem Gehabe nervte, weil sein Vater ach ein so toller, reicher Baumeister war. Wie ich den Baumeister-Sohn verabscheute. Wie ich mir ihm und allen anderen Kindern gegenüber so jämmerlich und unwichtig vorkam.

Wenigstens war ich ein Kinderdörfler und hatte zu essen, ein schönes weiches Bett und eine Mutter, die sich um mich kümmerte – wenn es auch nicht die eigene war.

So standen wir in den Anfangsjahren des SOS-Kinderdorfes also unschuldig, stumm, bettelnd herum und überlegten, bei wem wir noch treuherzig-blickend absahnen könnten.

Und in dieser Weise hatte es Emil am Leichtesten. Egal, was er machte, wie er es anstellte. Er kam beim Einschleimen am Besten bei den gütigen Damen und Herren an.

Emil war ja ein wirklich herziger Bub. Dunkel, wuscheliger Krauskopf mit Stupsnase – einfach ein Junge, den man ans Herz drücken musste.

Wenn man ein Herz besaß, so wie die meisten Besucher, die unbekannten und bekannten. Die Stars und Wirtschaftsbosse. Die Könige und Königinnen. Die Politiker. Die Fernsehleute. Die unzähligen Männer und Frauen, die dem SOS-Kinderdorf ihren prominenten Besuch ankündigten, absolvierten und wieder – winke, winke – in ihre eigene Welt verschwanden.

So wie Emil gab es noch ein paar andere niedliche *Superstars* in unserem SOS-Kinderdorf. Sie alle wurden regelmäßig, wenn ein prominentes Haupt seine Nase in das Dorf reinsteckte, ganz vorne in die erste Reihe gestellt. Von der, ach so wichtigen Persönlichkeit auf den Arm genommen. Geherzt, abgebusserlt und in die Kamera gehalten ... *mein Gott, wie lieb, wie süß, dieses arme SOS-Kinderdorfkind...*

Wir, leider nur durchschnittlich aussehenden Kinder, standen herum, füllten artig den restlichen Platz rund um die Reporterschar und Prominenten. Um die Menge an Kindern im SOS-Kinderdorf zu präsentieren. Für Veranstaltungen, fürs Fernsehen und für alle die berühmten Persönlichkeiten, die sich durch einen Besuch im SOS-Kinderdorf in der Öffentlichkeit ins rechte Rampenlicht stellen wollten.

Dass den Repräsentationskindern, wie Emil eines war, dies gehörig zu Kopf stieg, war verständlich. Als Kinder fühlten sie sich bald als etwas Besonderes, als etwas Besseres. *Ätsch, ich hab ihr die Hand gegeben, du nicht... ätsch, ich bin im Fernsehen...* Das störte mich und viele andere Kinder.

Dabei konnten Emil und die seinesgleichen Hübschen doch gar nichts dafür. Sie waren eben wirklich putzige Goldkinder. Dieses Präsentationsritual im SOS-Kinderdorf war die Ursache für viel Neid und Missgunst unter uns Kindern.

Und es war mein Neid auf irgendwas, was ich damals nicht einmal erklären konnte. Heute würde es heißen: *Was ist es, was die haben, aber ich nicht habe...*

Leider bekamen es diese Wonneproppen Jahre später im Leben ziemlich hart zu spüren, als ihr Von-Prominenten-Lippenabgebusserlt-Werden vergessen wurde, ihr In-die-Kamera-strahlen-Ruhm verblasste. Sich niemand mehr sonderlich für sie interessierte, weil sie eben nicht mehr so putzig aussahen, sondern lediglich gewöhnliche, unauffällige Erwachsene wurden.

Ja, dieses immer wieder Zur-Schau-Stellen, ähnlich wie *freilebende Kinder im Kinderdorfgehege*, wurde auch für mich im SOS-Kinderdorf allmählich zum Problem.

Für den Erhalt und Fortbestand der SOS-Kinderdörfer war dies jedoch sicher eine sinnvolle und notwendige Einnahmequelle.

Wir glücklichen Kinder sollten als Werbeträger für die SOS-Kinderdorfidee dienen, um so Spender zu motivieren.

Viele ehemalige SOS-Kinder verschweigen, dass sie in einem SOS-Kinderdorf aufwuchsen. Ich verstehe sie.

Heute stört es mich längst nicht mehr. Vielmehr, ich erzähle jedem, dass das SOS-Kinderdorf Altmünster mein schönstes Zuhause war. Dass ich dort eine Mutter fand, die mit viel Liebe, Arbeit und Geduld aus mir den Menschen formte, der ich heute bin.

35 Beichte und erste Kommunion

Schulfreund Walter: »Sag, was musst du denn alles beichten? Wenn du mir deine Sünden sagst, erzähle ich dir, was ich so angestellt habe.«

Mein Schulfreund war ein kleines Schlitzohr. Mit ihm verstand ich mich in der Klasse am besten. Er wohnte auch in unmittelbarer Nähe des SOS-Kinderdorfes, am Berghang, der Sonnenseite des Gmundnerberges.

Logisch, dass wir beide unseren Schulweg größtenteils gemeinsam gingen. Mit Heinzi, der ja älter und eine Klasse vor mir war, verbanden mich die Abenteuer im SOS-Kinderdorf, mit Walter die Geschehnisse in der Schule.

1958, bereits in der zweiten Klasse – wir, achtundzwanzig Buben und acht Mädchen. Ein gerammelt volles Klassenzimmer. Das erste Mal *Schreiben mit Füllfeder und Tinte*. Und überall Tintenflecken. In den Schreibheften, auf den Fingern, im Gesicht, auf der Schulbank. In der kalten Jahreszeit auf der Knickerbocker, im Sommer auf der kurzen Lederhose.

Die kurze Lederhose wurde (nicht nur) von mir prinzipiell ein- bis zweimal aufgekrempelt. So, wie man ein langärmeliges Hemd hochstülpte. Es erlaubte mehr Beinfreiheit und war äußerst praktisch, wenn ich aufs Klo musste. Da brauchte ich nur durch die verkürzte Hosenröhre greifen und hatte den Piepmatz in der Hand und konnte ungehindert pinkeln. Hinter einen Baum, ins Gebüsch oder sonst wohin. Auch waren aufgekrempelte Lederhosen beim Raufen unbedingt notwendig – wenn ich eine extreme Beingrätsche machen musste, um nicht auf den Boden geworfen zu werden. Oder wenn ich vor stärkeren Buben davonlief, was nicht gerade selten passierte. Als einer der Kleineren war ich in der Klasse eher ein Fluchtkind – wie Pferde Fluchttiere sind. Weniger einer, der sich mit geballten Fäusten kampfbereit zur Wehr setzte.

In Zweierreihen marschierten wir zur Kirche – Vorbereitung zur Erstkommunion. Das hieß, vorerst einmal ordentlich beichten lernen. Ein Ritual, das uns im Religionsunterricht eingetrichtert wurde. Mir war es ein Rätsel, weil ich dachte, mit Gott könne man auch so sprechen, wie und wann einem gerade danach zumute war. Zumindest erklärte der Religionslehrer es uns immer so. *Wir sind alle Sünder, doch Gott liebt uns Kinder, uns Menschen – ob gut oder böse – eben so wie wir sind...*

Mir machte dieses Beichtritual regelrecht Angst. Weil ich es mir nicht merken konnte und weil ich einen richtigen Bammel vor der Strafe für meine vielen kleinen und großen Sünden hatte. Und weil ich nicht einmal wusste, wie ich es dem Pfarrer in dieser düsteren Kabine erklären sollte, was ich denn verbrochen hatte. Es hieß ja immer, Gott sieht und hört alles. Sogar die Gedanken, die sich mein Hirn ausdachte. Warum also sollte ich etwas beichten, was Gott ab dem Moment von mir wusste, als ich es bloß dachte. Ich fühlte mich permanent als ein vom gütigen Herrgott Ertappter. Wenn mir Gedanken kamen wie:

Heute werfe ich mein Jausenbrot den Enten im Bach zu, anstatt es nach Hause zu bringen. Gott sieht es ja ohnehin. Ist doch klüger, anstatt mir daheim eine Moralpredigt anzuhören, weil ich mein Brot wieder nicht aufgegessen habe. So haben wenigstens die Tiere was davon.

Oder:

Wir (Heinzi und ich) sprengen weiterhin große Steine mit zisch, krach und bumm – einfach weil es spannend ist und wir ohnehin aufpassen. Damit nichts passiert, damit niemand verletzt wird.

Eine schwere Sünde beging ich allerdings. Einmal.
Auf unserem Schulweg kamen wir regelmäßig bei einer Konditorei vorbei. Viele der Schüler, die von ihren Eltern Taschengeld bekamen (ich ja leider nicht), kauften sich allerlei Süßigkeiten. Um sich eine leckere Freude zu machen oder auch um damit zu prahlen ...*schau was ich habe und du nicht...*
Mein purer Neid fraß ihnen förmlich jedes Leckerstück aus der Hand, das sie mir höchstens zeigten, um es augenblicklich und genussvoll in ihrem Mund verschwinden zu lassen. Nur Petra bedachte mich mit manchem Stück Schokolade. Sicher aus Mitleid, die Edle.

Einmal ging auch ich in diese Konditorei. Um wenigstens zu gucken, was für süße Sachen da hinter der Glasvitrine bloß für ein paar Schillinge bereitlagen. Meine Augen quollen über vor Staunen und Verlangen nach Süßem. Die vielen Torten, Kuchen, Cremeschnitten. Auf und vor der Vitrine die buntesten Zuckerln, Ringerln, Schokobananen, Schaumhäferln, Kaugummis undundund...

Genau, diese Schaumhäferln hatten es mir angetan. Immer öfter schummelte ich mich – ohne Taschengeld – in den Laden. Denn manchmal fiel ja doch ein Stollwerk oder ein Bazooka-Kaugummi für mich ab. Aber nur dann, wenn eine junge Verkäuferin bediente. Wahrscheinlich bemerkte sie meine hungrigen Blicke nach dem klebrigen, süßen Zeug.

Einmal geschah es, dass ich einen Schüler beobachten konnte, als er ein Schaumhäferl aus dem offenen Karton herausstahl und es unbemerkt aus der Konditorei schmuggelte.

So leicht geht das also, dachte ich mir. Das traue ich mich auch – weit weg vom Zehn-Gebote-Gedanken *du sollst nicht stehlen!* Aber bei einem so süßen Schaumhäferl würde sogar der liebe Gott ein Äuglein zudrücken.

Eines Tages, die passende Gelegenheit. Ich wurde schwach, besser gesagt aktiv und entnahm blitzschnell – in einem Moment, als die Konditorei mit Taschengeld-Schülern gesteckt voll war – ein Schaumhäferl aus dem verlockenden Karton. Das süße Ding, gefüllt mit Schaum und in Schokolade getaucht.

»Was hast du da in der Hand – gib das sofort her«, stellte mich die Frau hinter der Glasvitrine streng zur Rede. Mit einem Male Totenstille in dem sonst so lauten Verkaufsraum. Ich war schon knapp an der Tür und wollte schon verschwinden – samt gestohlenem Schaumhäferl. Der schneidende, strenge Tonlaut ließ mich jedoch vor Schreck erstarren. Im Zeitlupentempo drehte ich mich um, so als wäre ein anderes Kind damit gemeint.

»Ja – du da, der Blonde mit dem bunten Hemd«, die schrille Schneide-Stimme weiter tönend. Es war nicht die junge Verkäuferin, es war eine ältere Frau. Sicher die Besitzerin des Ladens.

Knallrot bis hinter die Ohren und mit pochendem Herzen dachte ich mir ...*oh Gott, sie meint mich. Sie hat mich erwischt, was... was mache ich jetzt bloß...*

»Gib das her, was du in der Hand hast, du Lausebengel. Dir werd ichs geben... von woher kommst du überhaupt – sicher vom Kinderdorf. Ich kenn euch, ihr Gfraster. Na warte, ich werd gleich euren Leiter anrufen. Wie heißt du eigentlich, du Rotzbengel...?«

»Ich... ich... ich... hei... hei... heiße... Wo...«

»Er ist mein kleiner Bruder«, kam mir Walter – mein Lebensretter – der ebenfalls bei der Tür stand, zu Hilfe.

»Er wollte mir nur sagen, dass ich für ihn das Schaumhäferl bezahlen soll.« Ein kurzer Blick verstohlen zu mir, dann ging er zur Theke und bezahlte.

Draußen vor der Konditorei meinte er:

»Das musst du viel geschickter machen«, und erklärte mir, wie ich das in Zukunft anstellen sollte. Er würde mir dabei helfen. Weil diese mürrische Ziege eh immer so geldgierig sei und nie ehrliche zehn Deka abwog bei den kleinen Zuckerln. Er wisse das und daher könne man diesen Drachen ruhigen Gewissens beklauen. Andere täten es auch.

Ich gab ihm das aus Oblaten gepresste Häferl. Mir war sie vergangen, die Schaumhäferl-Klauerei. Gleich beim ersten Mal erwischte es mich voll. Ich hatte genug von den süßen Versuchungen aus der Konditorei.

Eines aber ist bemerkenswert.
Die Konditorei gibt es noch. Schön renoviert und zuckersüß ausgebaut. Und immer wenn ich in Altmünster bin, setze ich mich in diese kleine Konditorei, trinke einen Cappuccino, ein Glas Mineralwasser. Dann sehe ich mich als den damaligen kleinen, taschengeldlosen Jungen mit hochrotem Gesicht vor der Theke stammelnd stehen und höre die schrille, schneidende Stimme, die mich damals beim Fladern erwischte. *Ja – du da, der Blonde mit dem bunten Hemd...* denke an den Walter, der mich rettete – und an das Schaumhäferl.

Ob ich das beichten musste?
Ich hatte das Schaumhäferl letzten Endes ja doch nicht gestohlen. Doch, laut den Erklärungen im Religionsunterricht müsste ich das beichten. Weil bereits der Gedanke an etwas Verbotenes schon Sünde war.
Wenn ich mir zum Beispiel dachte:
Der Emil ist ein blöder Hund. Weil er, wenn er beim Mühlespielen verlor, immer jähzornig wurde. Ich ihm aber nicht sagen wollte, dass er das sei (ein blöder Hund), denn sonst würden sofort die Fetzen zwischen uns fliegen und wir uns streitsüchtig am Boden wälzen. Was zur Folge hätte, dass wir beide strafweise in unsere Zimmer müssten.
Also dachte ich mir nur, er sei es (ein blöder Hund). Und das sollte schon eine Sünde sein? Das verstand ich einfach nicht.
Gut, bei dem Schaumhäferl war es ein Fast-Diebstahl. Sicher hatte mir Gott den Walter geschickt, um mich darauf hinzuwei-

sen: *Mein lieber Wolfi, das nächste Mal kommst du nicht mehr so glimpflich davon, denn dann bist du dran und du stehst (vorerst) vor deinem irdischen Gott, dem Dorfleiter. Der soll dich auch mit allen irdischen Mitteln bestrafen, zum Beispiel hundertmal schreiben: Ich darf nicht in der Konditorei Schaumhäferln stehlen...*
Oh Gott nein, nicht schon wieder Strafe schreiben!

Dann lieber beichten und beten.
Doch das Beichtritual war zu verwirrend für mich. Ich versuche, es mir in Erinnerung zu rufen.
Zuerst musste ich das Kreuzzeichen machen. *Im Namen des Vaters, des Sohnes und des Heiligen Geistes...* Kleines Kreuzerl mit dem Daumen der rechten Hand auf Stirn, Kinn und Brust. Das bedeutete für mich bereits einen kleinen Schweißausbruch, weil ich ja Linkshänder war – ich aber den rechten Daumen dafür nehmen sollte. Es schoss leider bei jedem Kreuzerlmachen automatisch mein linker Daumen auf die Stirn. Der Pfarrer in seiner Kabine mich mahnend:
»Nicht den linken Daumen nehmen – den rechten nimm...«
Puuhh...
Ich glaubte, der Pfarrer erkannte mich bereits an meinem Links-Daumen-Kreuzerl, trotz schummriger Kabinendüsternis. Das war mir umso mehr peinlich, weil ich dachte, bei so vielen Kindern kann sich der doch nie die Sünden jedes Einzelnen merken. Aber mich erkannte er sicher am falschen Kreuzerl-Daumen, bevor ich mein Sündenregister überhaupt begonnen hatte. Ich wusste keinen aus unserer Klasse, der ebenfalls Linkshänder war.

Mein Hemd schon durchgeschwitzt – doch weiter:
»Meine letzte Beichte war am... am... am... – *ich hatte doch noch gar nicht gebeichtet* – ich bekenne vor Gott folgende Sünden.«
Jetzt kam das Ohr des Pfarrers ganz nahe an das Holzgitter in

der engen, dunklen Kabine. Für mich, dem finstere Räume allein schon einen Schweißausbruch entlockten – sich meine Angst davor und die Furcht vor baldiger Gottes Strafe schon gegenseitig überboten und mich in ein abgrundtiefes Loch hineinstießen – begann jetzt die Stunde der Wahrheit, die grausame Offenlegung meiner schwarzen Seele.

»Was hast du getan, Kind Gottes«, sprach das Ohr zu mir.

Und ich stotterte folgsam etwas von Lügen und Stehlen und von Etwas-Schlechtes-Gedacht, Etwas-Sündiges-neugierig-Gehört, dass ich neidig war auf dieses und jenes und dass ich bei der Mädchenzimmertür durch den Spalt ein Mädchen nackt gesehen hätte. Er wollte wissen, welches Mädchen das war. Und ich Trottel sagte ihm, dass es meine Kinderdorfschwester, die Brigitte war. Gleichzeitig schoss es mir durch den Kopf, dass der Pfarrer jetzt genau wusste, wer ich war: der Bub vom Kinderdorf.

Wenigstens war mir eines gewiss: Der Pfarrer musste alle meine Sünden für sich behalten. Das Beichtgeheimnis verpflichtete ihn dazu (was machte der bloß mit so vielen Sünden, die er täglich hören musste?).

Pffaahh... herausgestottert waren alle meine Sünden.

Nach einem geheimnisvollen Flüstergebet des Pfarrers mit der Aufforderung, meine Sünden vor Gott zu bereuen, musste ich mich wieder bekreuzigen. Der Pfarrer in seiner Kabine wieder mahnend:

»Nicht den linken Daumen – den rechten nimm...«

Als Buße brummte er mir drei *Vater unser* und drei *Gegrüßet seist du Maria* auf, die ich gleich anschließend in der düsteren Kirche beten musste. Dort saßen schon die anderen aus meiner Klasse und murmelten leise ihre Strafgebete runter.

Natürlich protzten wir mit der Gebet-Menge, die wir als Buße ausfassten. *Wieviel hast denn du... und wofür bekommen...*

Ich betete statt drei nun fünf der verordneten Buß-Gebete. Nur um die anderen im Glauben zu lassen, ich hätte wirklich so

Schlimmes verbrochen, für diese Menge *Vater unser* und *Gegrüßet seist du Maria.*

Kaum raus aus dem Beichtstuhl und noch in der Kirche, auf der Kirchenbank, wurden von mir neue Angeber-Lügen geboren – zugleich auch schon wieder gesühnt. Durch zwei zusätzliche *Vater unser* und *Gegrüßet seist du Maria,* freiwillig von mir gebetet.

Denn Gott hörte und sah alles, was nach Lüge roch.

Erstkommunion

Ein sonnig strahlender Maientag, ein Festtag.

Aufgeregt und hölzern steif stand ich mit anderen Kindern aus meiner Klasse vor der Kirche. Hölzern steif deswegen, weil mein erster, etwas zu enger und förmlich an mir klebender Anzug mich dazu zwang, steif wie eine Marionette einherzuschreiten. Beim Einzug in die Kirche, mit weißer Schärpe, weißem Stecktuch und der Erstkommunion-Kerze. Vorneweg marschierten die Mädchen, hinterdrein wir Buben, artig und in Zweierreihen.

Die Kerze hielt ich (ein Streiter Gottes) wie ein Schwert in der Hand. Böse Mächte von mir abhaltend. Deshalb tropfte ich mir auch während der Heiligen Messe beim Kämpfen gegen diese Mächte den Anzug voll mit Wachs. Eigentlich war es mein Sitznachbar, mit dem ich um die Wette flüssiges Kerzenwachs produzierte und auf Hand und Finger tropfen ließ – wer es länger aushielt, ohne mit der Wimper zu zucken.

Wir saßen in der ersten Reihe. Vorne beim Altar, ganz nahe bei Gott. In der Kirche war es unerträglich heiß. Ein traumhaftes Feiertagswetter, die vielen Kerzen rund um uns, die atemlose Spannung in mir und die brennende Kerze *zur Erstkommunion* in der Hand, waren schuld am Hitzestau. Trotz der gewaltigen

Höhe des Kirchenschiffes.

Heute sollte ich den Leib Christi bekommen, per Hostie in den Mund geschoben. Im Religionsunterricht wurde uns erklärt, was es mit dem Leib Christi auf sich hatte und wie wir uns bei der Erstkommunion verhalten sollten.

In der Hostie steckt Jesus drin, seine Seele, sein Leib – eben der Leib Christi. Merkt euch das und ehrt den Leib Christi, wenn ihr ihn bei der Erstkommunion zu euch nehmt. Ab diesem Tag dürft ihr jeden Sonntag den Leib Christi in euch aufnehmen, jedoch nur mit reiner Seele, reinem Herzen und mit gutem Gewissen. Also müsst ihr vorher eure Sünden beichten gehen.

Wie sollte ich das damals schaffen – gutes Gewissen, reine Seele – meine Seele war befleckt wie die Kappe eines Rauchfangkehrers. Zu viele Sünden durchbohrten, wie Igelstacheln, ihre so zarte, weiße, unschuldige Membran: verschimmeltes Brot in meiner Schultasche, Schulschwänzstunden und -tage, fehlende Unterschriften, fehlende Hausaufgaben, schlechte Gedanken sowie Verteufelungswünsche all jenen, die mir immer wieder eine auf die Nase gaben.

Vor allem demjenigen Buben, der mich in der Schule während der Mittagspause gegen das Abdeckblech des Holzstoßes stieß, sodass ich ein stark blutendes Cut unterhalb meines rechten Ohres abbekam (die Narbe ist heute noch sichtbar). Wie betäubt lag ich am Boden und kam erst zu mir, als die klaffende Wunde bereits ihr Blut verschoss. Ich schrie ich wie am Spieß... *ich verblute, hilfe ich sterbe...* (immer musste ich sterben). Schnell bildete sich rund um mich ein Kreis neugieriger Schüler, den ein Lehrer aufbrach. Die blutige Sauerei erblickend, bekam auch er es mit der Angst zu tun, drückte geistesgegenwärtig sein Taschentuch auf das klaffende Loch in meinem blutverschmierten Gesicht, schnappte mich und trug mich in das Direktionszimmer.

Man weiß, solche Wunden zeigen sich meistens schrecklicher als sie sind. Mir wurde plötzlich schlecht und ich erbrach – meinen Kopf vom Lehrer noch rechtzeitig abgewendet – auf den Teppich der ehrwürdigen Direktionskanzlei. Jetzt war es eine blutige *und* gekotzte Sauerei. Sicher unter missbilligendem Blick des Lehrers und Schuldirektors. *Verzeihung, Herr Schuldirektor, aber mir ist soo schlecht...* Aufatmung aller und auch meinerseits, denn letzten Endes löste sich meine Verletzung als eine lediglich stark blutende Schnittwunde auf. Gereinigt, mit Puder und Pflaster versehen und mit (eingebildetem) Kopfweh durfte ich nach Hause gehen. Damit ich auf dem Weg dorthin nicht unkontrolliert schlapp machte, musste Walter mich begleiten. Fein, ein freier Nachmittag – erkämpft mit einer Schnittwunde und letztendlich doch auch mit Kopfweh.

Der Leib, die Seele Christi, war unsichtbar und steckte in der Hostie. Wir Kinder knieten – reinen Herzens und Gewissens – vor einem kunstvoll verzierten Geländer, das für jeden Gläubigen die Grenze zum Altar darstellte. Nur der Pfarrer und seine Helferleins, die Ministranten, durften hinter dieser Absperrung Gott näher sein.

Aufgereiht wie die Spatzen auf der Telefonleitung, erwarteten wir Erstkommunionsempfänger vor dieser Balustrade nun den Leib Christi. Ich mit bangem Gefühl. Wie schmeckt er – würde er mir überhaupt schmecken, der Leib Christi? Was mach ich, wenn nicht? Ich sah den Pfarrer, wie er jedem Kind diese reine, weiße Hostie auf die herausgestreckte Zunge legte. Immer näher kam er zu mir. Mein Herz pochte ...*der Leib Christi.* Oh Gott, was musste ich darauf antworten! Ich hatte es vergessen! Und er kam näher, immer näher ...*der Leib Christi... der Leib Christi... der Leib...*

Er war bei mir. Der Pfarrer – samt Leib Christi in runder Hostienform. Körperlich wie gelähmt vor Aufregung, arbeitete jetzt mein Hirn blitzschnell. Ich wusste immer noch nicht, was ich dem Pfarrer antworten sollte. Andererseits wollte ich anschließend die Hostie heimlich aus dem Mund in meine Tasche schmuggeln, um sie daheim mit Heinzis Mikroskop zu untersuchen.

Ich streckte meine Zunge heraus und faselte irgendwas, was dem ähnlich klang, das der Junge neben mir dem Pfarrer als Antwort murmelte, als er seine Hostie in den Mund geschoben bekam. Mit herausgestreckter Zunge war die Antwort ohnehin nicht zu verstehen.

Ein kurzes Innehalten des Pfarrers, die erhobene Hand, in seinen Fingern die Hostie, meine *Der-Leib-Christi-Hostie*, dazu mein Flüster-Gestammel. Ich schloss sicherheitshalber meine Augen, der Frömmigkeit wegen. Jesus würde mir sicher verzeihen, dass ich nicht wusste, was ich antworten sollte.

Ich spürte nur ein zartes Kribbeln auf meiner demutsvoll herausgestreckten Zunge. Der Leib Christi war gelandet. Auf meiner Zunge und wartete, von mir geschluckt zu werden. Ging nicht. Er, der Leib Christi in Hostienform, klebte erst auf meiner Zunge, dann mit einer Hartnäckigkeit auf dem Gaumen und war nicht abzulösen. Während meines fromm-hastigen Kreuzerlmachens (natürlich wieder mit dem falschen, dem linken Daumen), meines Erhebens aus der Knieposition und mit inniger Frömmigkeit zum Sitzplatz Zurückwandelns, klebte der Leib Christi wie ein Magnet an meinem Gaumen und war nicht abzukriegen. So sehr ich es mit der Zunge versuchte, die Hostie verwandelte sich in einen Teil meines Gaumens.

So hielt der Leib Christi Einzug in meinen Körper. Die Grimassen, die ich dabei notgedrungen schnitt, um ihn mit der Zunge zu befreien, interessierten bereits die links und rechts von mir Sitzenden, was ich ihrem verhaltenen Gekicher und Getuschel entnahm.

Meine Hand fuhr vorsichtig hoch. Ein Finger in den Mund – und der Rest vom Leib Christi verschwand unauffällig in meiner Rocktasche. Für Versuchszwecke mit Heinzis Mikroskop. Um zu sehen, welcher Teil vom Leib Christi mir zugedacht war. Ich wollte einfach wissenschaftlich ergründen, ob unser Religionslehrer die Wahrheit sprach – vom Leib Christi.

Natürlich fand ich nichts. Bei der späteren Untersuchung. Das Mikroskop hatte zwei Glasplättchen, zwischen diese ich den Rest der Hostie quetschte. Bei gezieltem Licht, mit einem kleinen Rundspiegel einstellbar, konnte ich lediglich vergrößerte Spuren von Fasern entdecken, wie ein gewebtes Muster, mehr nicht. Ich ahnte es – weit und breit kein Teil eines Leibes oder gar der Seele von Jesus Christus.

Selbst als ich – wie sonst immer – Fliegen, Käfer, Spinnen und Würmer für meine Untersuchungen zwischen diese Glasplättchen legte, sah ich mehr. Blut, Schleim, haarige Beine, fein geäderte Flügelblätter, Fresswerkzeuge undundund... Präzise, in allen möglichen Farben schillernd und deutlich sichtbar vergrößert.

Es gab nur eine Begründung. Jesus war nicht in mir, er verzichtete auf ein Wohnen in mir. Wahrscheinlich wegen meiner vielen Sünden. Sicher war ich zuwenig fromm. Oder zu wissbegierig in allen Fragen, die ihn (Gottes Sohn), seine heilige Mutter Maria, seinen Gott Vater (aber das war doch der heilige Josef, oder?), den Heiligen Geist, alle Heiligen, das Weltall, das Universum, die Unendlichkeit, das ewige Leben nach dem Tode und vor allem mich, den nicht mehr so kleinen Wolfi, betrafen.

Ich glaubte nichts, was ich nicht direkt sah, angreifen oder riechen konnte. Klar doch, dass er, der Herr Jesus Christus, mich mit meinem Misstrauen, mit meiner Unsicherheit einfach hängen lassen wollte. War ich nicht wie der ungläubige Thomas aus seinem Bibel-Geschichtenbuch? Der heilige Thomas, der erst dann an Jesus glaubte, als er ihn leibhaftig sah? Sicher verdiente ich diese Strafe, ihn niemals oder wenigstens Teile von ihm in der Hostie zu sehen.

Ich wollte es einfach nicht nur so glauben, wie es alle anderen Kinder taten. Ich wollte Gewissheit, klare Tatsachen. Doch leider – auch weitere Versuche an Hostien, die ich unbeschadet vom Gaumen ablösen konnte, brachten keinen sichtbaren Leib

Christi. Genauso wenig seine Seele. Und ein besseres Mikroskop mit stärkster Vergrößerung besaß Heinzi leider nicht.

Nach der Erstkommunion-Messe marschierten wir festlich gekleideten Kinder wieder zum Kirchentor hinaus. Die Kerze stramm in Richtung Himmel haltend, links und rechts flankiert von Eltern und sonstigen Kirchenbesuchern. Ich musste schon aufs Klo. *Jetzt!* Jetzt durfte niemand aus der Reihe treten.

»Jetzt nicht. Später, wenn wir in der Schule sind«, waren die ermahnende Worte des Pfarrers.

Wir gingen nach Ebenzweier, einem Ortsteil von Altmünster, in die Mädchenschule, eine von Klosterschwestern geführte Volksschule. Dort war uns zu Ehren eine Festtafel aufgebaut und geschmückt worden. Wir Kinder sollten zum feierlichen Festtag ordentlich mit Kakao und Kuchen verwöhnt werden. Auch die beliebten Bluna- und Libella-Kracherln standen für uns bereit. Viele Flaschen Bluna (die grüne mit dem Orangenzweigerl) und Libella (die orange mit den typischen Ringrillen) frei zur Auswahl und soviele das Herz begehrte. Soviel Kracherlsaft wie ein Kinderbauch eben abgefüllt aushielt.

Damals hörte ich von den größeren Kindern ein paar Werbesprüche – eindeutig zweideutig abgeändert: *Trinkst du Bluna und Libella, dann steht er doppelt schnella.* Gemeint war bei dieser Wortschöpfung natürlich nur der Pimmel, dessen *schnella stehen* für mich erst ein paar Jahre später eine enorme Bedeutung haben sollte. Jedoch nicht bei der Erstkommunion, diesem heiligen Festtag.

Ein anderer: *Trinkst du ein Coca-Cola, brauchst du an großen Olla.* Das Wort *Olla* ergab für mich keinen weiteren Sinn als den Reim auf *Cola.* Aber nachdem alle Kinder bei solchen oder ähnlichen Sprüchen immer so dreckig (weil wissend) grinsten, verzog ich meine Visage ebenfalls zu einem Grinser und genauso schmutzig, allerdings unwissend.

Vor dem Festschmaus musste erst einmal fotografiert werden. Damit wir Kinder noch unbefleckt – ohne Kakao-, Bluna- und Libella-Spuren auf Hemd oder Anzug – für das gemeinsame Foto erinnerungswürdig in des Fotografens Linse grinsten.

Ich musste noch immer aufs Klo, aber schon so dringend, dass meine Augen zu Schlitzen wurden, vom Zurückhalten.

»Jetzt nicht. Wenn der Fotograf mit euch fertig ist, dann darfst du aufs Klo.«

So die Antwort des hektischen Pfarrers, bereits leicht genervt, weil wir Kinder eben nicht das kunstvolle Personenarrangement verstanden, das der Fotograf von uns wünschte. Das Hinstellen, das Hinsetzen ...*der von da hinten nach vorne bitte, der da seitlich näher ran an die anderen... und lächeln bitte, immer lächeln...* alles nur fürs dämliche Erinnerungsfoto-Knipsen.

Für mich war es die reinste Hölle. Es verging eine Stunde mit der Hin- und Hersteherei, der Schieberei, bis sich endlich alle von ihrer schönsten Seite zeigten, die Mädchen ihre Röcke züchtig und gefällig zurecht legten, ganz nach Fotografenwunsch. *Bis wir alle endlich unsere Kerzen senkrecht in die Höhe hielten* – kerzengerade zu Ehren Gottes, an diesem heiligen Festtag.

Ich konnte nicht mehr – nein, ich hielt es nicht mehr aus. Es ging einfach nicht mehr. Unter Aufbietung all meiner Kräfte und Zurückhalte-Reserven ließ mich meine Blase im Stich. Und ich ließ es laufen. Mit verkniffenem Ausdruck im Gesicht, mit angehaltenem Atem, damit ich den körperheißen Strom der Erleichterung unbemerkt an meinem linken Bein hinunterleiten konnte. In den Schuh hinein.

Der Pfarrer allein war an meiner Misere schuld. Oh Gott, wie ich ihn in diesem Moment hasste. Er, nur er, war schuld. Und just in diesem Augenblick drückte der Fotograf ab. ENDLICH. Als ich es rinnen ließ, über mein Bein, hinunter in den linken Schuh hinein. Niemand bemerkte es.

Vom Fotografen und dessen Aufstellungsbefehlen befreit, verschwand ich – eine nasse Abdruckspur des linken Schuhs auf dem klösterlichen Steinboden hinterlassend – in einer der Mädchen-Kloanlagen. Die ausnahmsweise und nur für diesen Tag mit *für Männer* bezeichnet war. Zog hektisch den linken Schuh und Stutzen aus, wusch beide, reinigte mein linkes Bein, rieb mit dem ausgewrungenen Stutzen das linke Bein, die linke Hosenröhre sowie den Schuh trocken. So gut es eben ging. Dann zog ich die feuchten Sachen wieder an und mischte mich unter die Festgesellschaft bzw. setzte mich still auf meinen Platz und verdrückte endlich meinen so schwer verdienten Kuchen. Trank eine Tasse bereits lauwarmen Kakao – unter missbilligendem Blick des Pfarrers *...wo warst du so lange, alle anderen sind schon fast fertig...* leerte daraufhin noch heftiger und verbissen stumm ein Flascherl Bluna sowie ein Flascherl Libella in mich hinein und war unendlich erleichtert.

Nach einiger Zeit rümpften Kinder und Erwachsene ihre Nasen und schnupperten *...hier riecht es so komisch, da hat sicher irgendwer in die Hosn brunzt...*

Ich, ja ich war das – und schuld war nur der Pfarrer und der Fotograf mit seiner Herumstellerei.

Ohne mich. Unauffällig verließ ich kurzerhand die Festtafel. Die Feiertagsstimmung war mir vergangen. Ich eilte geradewegs und frustriert nach Hause. Mein Erstkommunionstag war zerstört. Für immer.

Auf dem Erinnerungsfoto sehe ich alles wieder. Mich und noch viel mehr. Schrecklich verkniffen und gequält gucke ich aus dem viel zu engen Anzug.

Ich sehe einen nassen linken Stutzen, einen nassen linken Schuh, ein nasses linkes Hosenbein und eine gequälte, übervolle Blase.

Meine stumme, postkartengroße *Erinnerung zur Erstkommunion 1958* (rückseitig verewigt) – in schwarz-weiß, schreit um

Hilfe.

Sie brüllt mich schon wieder an:

»Herr Pfarrer! B-i-t-t-e i-c-h m-u-s-s a-u-f-s K-l-o-o-o !-!-!«

36 Caldonazzo

Im Sommer 1958 war es soweit. Diesmal hielt mich keine ansteckende Krankheit zurück. Auch ich durfte in das sagenhafte, abenteuerliche Ferienlager nach Caldonazzo mitfahren.

Monatelang, noch lang vor Schulschluss, bereitete ich mich darauf vor. Geistig – indem ich mir alle möglichen Abenteuer ausmalte, die Heinzi und ich erleben wollten. Seelisch – indem ich oft stundenlang wegen der Vorfreude nicht einschlafen konnte. Und körperlich – weil ich mir vornahm, unbedingt Schwimmen zu lernen und schon eifrig auf der Wiese Schwimmtempi als Trockenübungen absolvierte, die mir Heinzi vorführte, der schon schwimmen konnte. Er hatte es im Vorjahr in Caldonazzo gelernt.

»Die werfen dich einfach ins tiefe Wasser«, erzählte er mir unheilsverkündend, »dort, wo du nicht mehr stehen kannst. Und wenn du nicht sofort mit Armen und Beinen zu rudern beginnst, gehst du beinhart unter und schluckst endlos Wasser. Brutal sag ich dir. Ich hab geglaubt, ich ertrinke. Irgendwer hat mich herausgezogen, knapp bevor ich abgesoffen bin.«

»So haben sie mir das Schwimmen beigebracht. Jetzt kann ich es und Angst vor dem tiefen Wasser hab ich auch nicht mehr«, schloss er seinen Horrorbericht unheilsvoll ab.

Das konnte ja heiter werden. Ich bekam schon jetzt die Panik vor tiefem Wasser.

Ich war bisher noch nie in einem See baden. Auch noch nicht

im Traunsee, obwohl es ein Strandbad gab. Aber dort durften wir nicht hinein, weil es Eintritt kostete und wir dafür kein Geld hatten. Eine Familie mit acht Kindern, die wir momentan waren, konnte sich diesen Luxus nicht leisten. Dafür gab es unser riesiges Plantschbecken mitten auf dem Dorfplatz, allerdings nicht zum Schwimmenlernen geeignet.

Diese Geschichte, die mir Heinzi über seinen brutalen Schwimmkurs in Caldonazzo erzählte, bereitete mir bald zusätzliche schlaflose Stunden, ausgeschmückt mit schrecklichen Todeskämpfen eines hilflos ertrinkenden Wolfi.

Die Mutter hatte wochenlang mit der Markierung unserer Kleidung für das Ferienlager zu tun.

Da Kinder von mehreren österreichischen SOS-Kinderdörfern nach Caldonazzo fuhren, wurde ein System geschaffen, damit jedes Dorf, jedes Haus, selbst jedes Kind seine Siebensachen markiert hatte, sodass man herausfinden konnte, wem denn das jeweilige Kleidungsstück gehörte. Wenn es verloren wurde.

Unser SOS-Kinderdorf Altmünster hatte die *320* als Hauptnummerngruppe. Die Nummer *321* war unserem Haus 1 zugeteilt. *322* war für Haus 2 bestimmt, *323* für Haus 3, und so weiter fortlaufend, damit alle Häuser mit Nummern versehen waren.

Jetzt mussten die Mütter *ihre* (Haus)Nummern in alle Kleidungsstücke einschreiben. Mit Wäschetinte. In Hemdenkrägen, in Unterhosen, in Stutzen und Socken. Oder mit Kugelschreiber auf ein Stück Leukoplast, groß und deutlich. Damit wurden Zahnputzbecher, Kamm, Seifenschale – einfach alles beklebt, worauf die Wäschetinte nicht hielt.

Das war aufwändig, zeitraubend und überhaupt nicht lustig. Manche Mütter waren von den Caldonazzovorbereitungen mehr als überfordert und folglich sehr leicht reizbar.

Das Schuljahr neigte sich dem Ende zu, die Zeugnisse waren

alles andere als Erfolgsmeldungen. Meist waren es Dokumente, hässlich strotzend mit zuvielen Vierern oder gar Fünfern. Was für manchen von uns eine Klassenwiederholung bedeutete. Für mich Gott sei Dank nicht.

Wie auch immer – ab jetzt gab es nichts mehr zu lernen, zu büffeln und auch keine lästigen Hausaufgaben mehr. Dafür waren wir Buben und Mädchen hauptsächlich damit beschäftigt, unsere Bandenkriege und Indianerschlachten nach Möglichkeit noch vor der Reise nach Caldonazzo siegreich auszutragen. Oft wurden diese Kampfszenen – in der Hitze des Gefechtes – direkt in das Haus verlegt. Wenn man gnadenlos verfolgt wurde und sich in den sicheren Keller oder auf den schwer zugänglichen Dachboden retten musste, um nicht von der Meute direkt vor Mutters Augen »skalpiert« zu werden.

Dann bekam die Mutter – sichtlich gestört bei ihrer unliebsamen und aufreibenden Nummern-Schreiberei – einen gewaltigen Wutanfall, schmiss die gesamte Meute aus ihrem Haus und sperrte sich ein, um ihre Kleidersortierarbeit endlich ungestört fertigzustellen.

Wenn man Pech hatte, war man ebenso mitgefangen. Im Keller oder auf dem Dachboden *...Schluss damit. Du bleibst jetzt da und hilfst mir, die Caldonazzosachen zusammenzusuchen und zu nummerieren. Draußen kriegst du von den anderen eh nur deine Schläg...*

Irgendwie hatte sie ja recht.

Es gab eine Caldonazzowäscheliste.

Nach dieser musste jedes Kind seine markierten Kleidungsstücke in einem Rucksack mitnehmen. Der Rucksack, für uns Kinder gewaltig groß und schwer, war entweder dunkelgrün oder dunkelblau.

In diesem Rucksack gab es, laut detaillierter Caldonazzoliste, für jeden Buben allerlei zu verstauen:

1 Anorak (für Regenwetter)
1 Trainingsanzug
1 kurze Lederhose mit Hosenträger
2 bunte Hemden kurz- oder langärmelig
1 weißes Hemd kurz- oder langärmelig
2 Unterhosen
2 Paar bunte Stutzen oder Socken
1 Paar weiße Stutzen
1 Turnhose
1 Badehose
1 Pullover oder eine Jacke (für kalte Nächte)
1 Paar leichte Sommerschuhe oder Sandalen
1 Paar feste Wanderschuhe
Waschzeug, gefüllt in einen Stoffsack:
Seife in Seifenschale, Zahnpasta, Zahnbürste, Zahnbecher, Waschlappen, Kamm
Schuhputzzeug, gefüllt in einen Stoffsack:
Schuhcreme mit Cremebürste, Wischlappen, Glanzbürste
Wenn möglich noch mitzunehmen:
Briefpapier, Schreibzeug, Taschenlampe, Taschenmesser, Bastelzeug, Spagat, Schwimmreifen, Kartenspiele usw.

Man fragt sich nun, was mussten die Mädchen mitnehmen?
Gar nichts.
Die schulpflichtigen Mädchen durften noch nicht nach Caldonazzo mitfahren *...eine Schweinerei ...echt gemein, die Buben dürfen alles und nach Caldonazzo fahren. Wir natürlich nicht, das ist wieder mal typisch...* oder ähnliche Kommentare musste manche Mutter hinnehmen. Doch die Mütter konnten nichts dafür.
Die Mädchen fuhren mit Beaufsichtigungspersonal an irgendeinen See in Österreich. Erst in späteren Jahren wurde auch in Caldonazzo ein eigenes Ferienlager für die Mädchen errichtet.
Zu diesem Zeitpunkt erschien mir dies jedoch nicht sonder-

lich wichtig, nachdem unser Haus im Sommer 1958 bis auf die noch kleine Brigitte als reines Bubenhaus galt.

Nicht nur ich, alle Kinderdörfler waren nach Schulschluss im wahren Caldonazzofieber. Jedes Gespräch drehte sich nur noch um das Ferienlager *...was nimmst denn du alles mit nach Caldonazzo? ...kannst du schon schwimmen? ...und mit wem bist du im Zelt?*

Was ich noch so alles mitnehmen wollte?

Ich hatte nichts. Spielzeug musste prinzipiell daheim bleiben. Es wäre im Caldonazzolager ohnehin zu Bruch gegangen. Ein Schachterl Zündhölzer organisierte ich mir noch rechtzeitig aus dem Unterladenschrank in der Küche. Das fiel nicht auf, weil ich es mir in die Lederhosentasche steckte und nicht in den, von der Mutter kontrollierten Rucksack.

Was das Schwimmen betraf, hatte ich schon so meine Befürchtungen. Nach den schaurigen Erzählungen von Heinzi. Ein Hineingeschmissen-Werden wollte ich unter keinen Umständen zulassen. Da musste ich rechtzeitig vorbeugen. Mal sehen, was auf mich zukommen würde.

Die dritte, wichtigste Frage: Mit wem bist du im Zelt?

Wir konnten uns schon im SOS-Kinderdorf ausmachen, mit wem wir unseren Schlafplatz, das Zelt, teilen wollten. Sicher war vom Dorfleiter vorgesehen, dass besonders schlimme Kinder auf verschiedene Zelte aufgeteilt wurden. Zur Vermeidung andauernder Streitigkeiten oder gar gröberer Raufereien. In der Zwischenzeit kannte der Dorfleiter seine Sorgenkinder und Raufhansln.

Mir erschien nur wichtig, dass ich mit Heinzi im Zelt war. Er hatte mir erzählt, dass es im Freienlager sehr streng zuging. Deswegen kümmerte er sich darum, dass halbwegs ruhige, verträgliche Buben mit in unserem Zelt waren. Warum, das bekam ich sehr bald zu spüren.

Jedes Haus besaß einen Hauswimpel. Ein dreieckiges Fähn-

chen, von der Mutter oder den großen Mädchen des jeweiligen Hauses gestaltet, genäht und an einem Bambusstab oder einem Haselnussstecken aufgeknüpft. Ich kann mich mit bestem Willen nicht mehr erinnern, welches Motiv auf unserem Hauswimpel verewigt war. Eine weitere Bestätigung – mir war es nicht so wichtig. Für mich galt nur einzig und allein:
ICH DARF MIT NACH CALDONAZZO!
Fünf Wochen Ferien in Italien, an einem wunderschönen See. Mein Gott, was war ich aufgeregt. Am letzten Tag vor der Abreise kam der Pfarrer von Altmünster in das SOS-Kinderdorf und gab uns, bei einer Feldmesse im Dorf, den Reisesegen.

Damit uns nichts passierte, keiner sich verletzte oder gar zu Tode kam. *Durchs Reinwerfen in den See. Beim Schwimmenlernen zum Beispiel,* war mein einziger Gedanke. Hoffentlich saufe ich nicht ab. Ich wollte wieder in das SOS-Kinderdorf zurückkommen. Gesund, mit heilen Knochen. Und nicht sterben. Vielleicht gar ertrunken am Grund des Caldonazzosees liegen, von den Fischen angeknabbert.

Im Atlas eines der größeren Kinder waren wir schon längst fündig geworden. Wo Caldonazzo lag, wo wir zustiegen, wie die Reiseroute verlief, wie lang wir fuhren, in welchen Stationen der *Caldonazzosonderzug* hielt.

Es hieß, zwei Autobusse führen uns um Mitternacht nach Attnang-Puchheim, wo wir in den Sonderzug nach Caldonazzo zusteigen sollten. Also mussten wir besonders früh ins Bett, um ausgeschlafen – bereit für die große Reise – zu sein.

Natürlich dachte niemand an Schlaf. In so einer Nacht. Wir Kleineren geisterten durch die Zimmer, durch das Haus. Mit dem Leintuch überm Kopf und *Hu-hu-huu-*Geheul.

Die Größeren zogen durch das Dorf, um die Kleineren zu erschrecken, indem sie Sand mit Steinchen vermischt, auf die Fensterscheiben der Schlafzimmer warfen. Was ein recht schauriges Zischgeräusch (wie zur Krampuszeit) verursachte, worauf wiederum die ohnehin zur Genüge genervten Mütter aus dem Haus stürmten, um die verflixten Ruhestörer zu vertreiben.

Endlich, um elf Uhr nachts war wirklich Ruhe.

Doch da hieß es dann: *Auf, auf und raus aus den Betten!*

Völlig aus dem Schlaf gerissen, torkelten wir wie ferngesteuert in das Badezimmer. Ein bisschen Wasser ins Gesicht gespritzt und in die vorbereiteten Kleidungsstücke geschlüpft. Anschließend hinunter in die Küche, um ein Stück Brot und heiße Milch in den völlig verschlafenen Körper hineinzuwürgen.

Für jedes Kind hatte die Mutter ein Plastiksackerl, gefüllt mit einem Käsebrot, einem Apfel, ein paar Keksen und Zuckerln vorbereitet. Als Reiseproviant für die lange Reise bis nach Caldonazzo.

Im langen Gang vor der Garderobe warteten die Rucksäcke, prall gefüllt mit sorgfältig markierten Kleidungsstücken, auf ihre Träger und auf das große Abenteuer *Caldonazzo*.

»321 – merkt euch eure Nummer«, ermahnte uns die Mutter, »und bringt alle eure Sachen wieder heil nach Hause.«

Sechs groß-aufgehaltene Augenpaare starrten sie weltfremd und verschlafen an. Nickten folgsam zu allen Ratschlägen, die jedem beim einen Ohr hinein und beim anderen wieder unverarbeitet hinaus marschierten. Brigitte und der kleine Hansi, die Einzigen aus unserem Hause, die dieses Mal daheim blieben, schliefen derweilen selig in ihren Betten.

Die verschlafene Familie vom Haus 1 eilte mit ihrer wachen Mutter durch die laue Sommernacht zum Dorfplatz, wo schon zwei Busse warteten. Schnell waren unsere Rucksäcke und der mitgenommene Hauswimpel verstaut und wir im Bus auf einen Platz befördert. Denn, nur wer endlich im Bus saß, konnte wenigstens nicht mehr im Dorf herumgeistern. Schließlich sollte kein Kind verloren gehen und die Abfahrt verpassen.

Alle Mütter standen um die Busse herum und winkten uns heftig zu, als diese sich in Bewegung setzten. Manche liefen noch am Straßenrand mit und klatschten mit der offenen Hand an die Busscheiben. Als letzten Gruß an ihre lieben kleinen Fratzen, denen sie ein wundervolles Abenteuer von Herzen gönnten.

Abenteuer erwarten macht hungrig.

Kaum außer Dorfweite, packten bereits ein paar Kinder ihren Reiseproviant aus und stopften alles in sich hinein. Brote, Wurst, Käse, Zuckerln, Schokolade. Sowie das süße, klebrige Saftgemisch aus der bauchigen, milchglasfarbigen Camping-Plastikflasche mit dem bunten Trinkbecher. Die, wie bei echten Prärie- und Waldläufern, seitlich am Hosengürtel mancher Buben befestigt war.

In Attnang-Puchheim angekommen, übergaben diese Abenteuerhungrigen ihren hineingestopften Proviant bereits kotzend, erbrechend und röchelnd der Bahnsteigkante und dem Gleis 1. Aufregung, Reisefieber, die Nachtfahrt im schaukelnden Bus und ein sensibler Kindermagen – *das haut den stärksten Neger um*, wie wir zu sagen pflegten.

Mit ein paar saftigen Kopfnüssen, samt dazugebrüllten *...was müsst ihr Trottel schon jetzt alles auffressen...* wurden sie dafür von einem der mitfahrenden Erzieher bedacht.

Eine *Kopfnuss* war die übliche Methode zur Eintrichterung von Nichtverstandenem. Dabei wurde mit den Fingerknöcheln (der angespannten Faust) kurz und heftig der Hinterkopf des Nicht-hören-Wollenden mit einem Schlag blitzhaft und kräftig streifend berührt. Sehr wirkungsvoll im Ergebnis, weil sehr einprägsam und schmerzhaft.

Erzieher hießen für uns die Betreuer, die uns während der gesamten Caldonazzozeit *beschützen* sollten. Vor unseren eigenen Torheiten. Uns mit Spiel und Spaß die Zeit vertreiben helfen, eben betreuen sollten. Die damaligen Erzieher – Vorläufer der später so bekannten Animateure in den mondänen Freizeitklubs. Nur nicht so nett und hilfsbereit.

Es waren in erster Linie Studenten, aber auch Lehrer, die sich in der Sommerzeit mit dieser Aufsichtstätigkeit etwas Geld für ihr Moped oder gar erstes Auto dazuverdienten.

Immerhin, neunzig Prozent dieser Erzieher – möchte ich behaupten – waren recht nett, aufmerksam und lieb. Auch zu uns Kindern. Manche aber hatten ihre wahre Freude daran, ihren Frust oder was-weiß-ich, in Form einer speziellen *Erziehung* an uns Kindern abzureagieren.

Schon hier auf dem Bahnsteig in Attnang-Puchheim konnte ich mir ein Bild unserer Erzieher machen, ohne zu ahnen, was noch alles auf uns zukommen würde.

Heinzi und ich hielten uns meistens im Hintergrund. Sehr bald bemerkten wir: Wer von den Buben sich frech in den Vordergrund spielte, war der Willkür unseres Betreuerpersonals hilflos ausgeliefert.

Doch jetzt kam erst einmal der Sonderzug aus Wien. Dieser ging um etwa zehn Uhr nachts vom Wiener Westbahnhof ab. Mit den Kindern aus dem SOS-Kinderdorf Hinterbrühl, dem größten Kinderdorf Österreichs. Um ein Uhr nachts fuhr er in Attnang-Puchheim ein, um die ungeduldige Kinderschar aus Altmünster aufzunehmen.

Wir stolperten, stießen und drängten uns in den Zug. Los, die Stufen rauf und hinein – alle nur in Richtung Caldonazzo. Aufgeteilt in Coupés war die Meute der Altmünsterer endlich verstaut. Sicherheitshalber hatten uns die Erzieher schon am Bahnsteig in Gruppen so zusammengestellt, wie wir in den Zugabteilen zu sitzen hatten.

Im Waggon ging das Gerangel und Gezanke erst recht los, weil einer *niemals-mit-dem-da* oder ein anderer *nur-mit-ihm* im selben Abteil sein wollte.

Kaum fuhr der Zug an, stolzierten schon die Großen der Hinterbrühler durch die Waggons, um uns zu begrüßen, zu begutachten.

Hinterbrühl gegen Altmünster. Wie zwei Nationen, die zu-

sammenprallten und sich beschnüffelten. Um abzuschätzen, ob wir gefährlich seien. Vor allem beim Fußballspiel *...wer ist euer Tormann, wer sind eure Stürmer ...wir Hinterbrühler sind sowieso die Stärkeren ...von uns kriegt ihr einen ordentlichen Schrauben, ihr Wappler...*
Was ging mich das an. Sollten sich unsere Großen mit denen die Köpfe einhauen. Mir ging es um tolle Abenteuer im unbekannten Caldonazzo.

So lief das Spiel: wir galten als die schwachen Altmünsterer und sie waren die goscherten Hinterbrühler – wie Heinzi, der Caldonazzoerfahrene mir schon erzählte *...die Hinterbrühler sind alles nur blöde Angeber. Die glauben, weil sie die meisten Kinder sind, sind sie die Stärksten. Vergiss sie, die packen wir mit Links. Ich zeig dir noch wie...*
Es gab noch die Imster, aus dem ersten SOS-Kinderdorf Imst (das Kinderdorf, in das mein Bruder und ich eigentlich kommen sollten). In den folgenden Jahren kamen noch die Lienzer, die Stübinger, die Moosburger, die Dornbirner, die Seekirchner und die Pinkafelder aus den jeweiligen SOS-Kinderdörfern dazu.
Schnell schufen die Erzieher Ruhe und Ordnung in unseren Abteilen, indem sie die Hinterbrühler Buben in ihre Waggons verbannten. Erst mal sollten alle Kinder den Rest der Nacht schlafend verbringen. So war es auch. Kaum war unser Gepäck verstaut, schlummerten wir selig der Sonne entgegen.
Als wir im Innsbrucker Bahnhof einfuhren, dachte ich mit Wehmut an unsere Großtante Anna. Ich sah aus dem Zugfenster und hörte die Menschen auf dem Bahnsteig in ihrem Tiroler Dialekt sprechen. Wie ein Blitz schoss mir die schlimme Zeit von damals, auf dem Pflegeplatz, in Erinnerung. Es war ein Gefühl, eigenartig und bedrohlich zugleich. Diese markante Tiroler Aussprache vermittelte mir ein gewaltiges Unbehagen.
Mit quietschenden Bremsen und einem Ruck hielt der Zug an. Ich verkroch mich in meinem Abteil. Ich wollte von diesem

hässlichen Tirolerland – meinem Geburtsland – seiner Sprache, seinen Menschen nichts mehr wissen. Ich wollte kein Tiroler mehr sein. Ich war jetzt Oberösterreicher, Altmünsterer, und der wollte ich auch bleiben.

In Innsbruck musste der Zug etwa zwei Stunden bis zur Weiterfahrt warten. Voll gepackt mit Rucksäcken, Hauswimpeln und viel Geschrei zog die fröhliche Horde der Imster SOS-Kinderdorfkinder durch das Bahnhofsgelände und stieg in ihre zugewiesenen Waggons ein.

»Wolferl komm – unsere Annatant ist da!«

Plötzlich stürmte mein Bruder Alf in das Abteil und sprudelte wie ein Wasserfall. »Unsere Großtante Anna, der Opa und die Oma stehen am Bahnsteig unter meinem Abteilfenster …nun komm schon endlich!«

Ungläubig ließ ich mich von ihm durch den engen Waggon zerren, stolperte über Rucksäcke, rempelte Kinder an, die sich im Gang an den Fenstern drängten.

Da standen sie. Unsere Großtante Anna, der Opa und die Oma. Sie winkten. Stumm, zaghaft und lächelnd. Schnell war Alf bei einem unserer Erzieher und holte sich die Erlaubnis, dass wir zwei Brüder aussteigen durften, um mit unseren Verwandten zu plaudern. Wir mussten aber im Bahnhofsgelände bleiben. Schlussendlich saßen wir alle im Bahnhofsrestaurant. Alf und ich, vis-a-vis die drei alten Menschen.

»Wie gehts euch denn… gehts euch eh gut im Kinderdorf«, wollte unsere Großtante leise wissen, während sie sich verstohlen die Tränen aus den Augen wischte. Erst in diesem Augenblick wurde mir bewusst, dass ich unsere Großtante nur noch mit Tränen in den Augen in Erinnerung hatte. Was musste sie für ein trauriger Mensch sein, so sehr gingen wir ihr all die Jahre ab. Sie tat mir unendlich leid.

Unsere Großtante Anna beugte sich über den Tisch und hielt uns, meinen Bruder Alf und mich, je an einer Hand. Und sie lächelte. Mit ihrem so freundlichen Gesicht, ihren so gütigen Augen. Sie hielt uns mit zittrigen Händen fest. So, als wollte sie uns nie mehr loslassen – immer für sich behalten.

»Mei Alfi und du mei kleiner Wolferl, g'sund schauts beide aus. Nach so langem Zugfahren habts sicher an großen Hunger, was wollts denn essen...?«

Die Großtante Anna bestellte uns beiden Würstchen mit Senf und je ein Kracherl. Das Gewünschte war schnell auf dem Tisch und wurde von uns genussvoll vertilgt. Denn Würstchen mit Senf und Kracherl gab es auch bei uns im SOS-Kinderdorf eher selten, so gut es uns dort auch ging.

Ja, wir waren glücklich. Im SOS-Kinderdorf Altmünster. Wir waren zufrieden. Wir wurden nicht mehr geschlagen. Wir wohnten in einem schönen großen Haus. Die Mutter war nett. Wir hatten genug zu essen und viele, viele Freunde.

Alles erzählten wir. Erst stockend, dann immer fließender und alles durcheinander. Vor allem waren wir selig, weil wir jetzt sogar nach Italien auf Urlaub fuhren, an einen See. In ein Ferienlager mit Kindern aus ganz Österreich. Mit Zelten, mit Lagerfeuer undundund... – fünf Wochen lang.

Oma und Opa saßen still daneben und lächelten manchmal. Keiner von uns beiden Kindern fragte nach dem Vater oder gar nach der Mutter. Einmal wollte der Großvater von unserem Vater erzählen, da aber unterbrach ihn die Großmutter fast barsch und lenkte ihre ohnehin karge Einmischung wieder zum Thema Kinderdorf, Schule, Kinderdorfmutter, Essen, Schlafen undundund...

Uns fehlte wirklich nichts. Und doch spürte ich plötzlich, wie mir unsere Großtante Anna doch abging. Sie war aus meinem Leben verschwunden. Damals, als wir – ein paar Jahre vorher – ebenfalls hier in diesem Bahnhof waren.

Und alles kam wieder hoch. Das vergangene, elendigliche Hässliche – der Pflegeplatz, die Schläge, das Eingesperrtsein, der Hunger, die eisige Kälte – alles wurde wieder hochgespült, aus den Tiefen meiner Seele. Sie machte sich gefährlich breit, die verdrängte, noch längst nicht bewältigte Vergangenheit.

Als wir wieder im Zug waren, stand ein Teil unserer Tiroler Vergangenheit – Großtante Anna, Oma und Opa – unter dem Abteilfenster. Alf und ich knieten auf dem Ablagebrett und streckten Kopf, Hals und Arme aus dem Fenster. Unsere Großtante Anna hielt uns immer wieder an den Händen. Reichte uns in Papiertüten Weintrauben, Äpfel, Birnen, Schokolade und Kekse zum Fenster hoch.
»Fredi-Kekse, die isst doch du so gern, Alfi...«
Alles hatte sie aus ihrer großen Tasche gezaubert, die sie mitschleppte. Zuletzt drückte sie uns jeden zwanzig Schilling in die Hand.
»Kaufts euch was Schönes in Caldi... Calda... sagts, wie heißt das noch, wo ihr hinfahrt?«
»C-a-l-d-o-n-a-z-z-o«, wie aus einem Mund.

Ja, so hieß der Zauberort und der Zug fuhr mit einem Ruck in diese Richtung an. Schnell verschwanden die winkenden drei alten Menschen, wurden immer kleiner. Ich rutschte auf meinen Sitz und wurde immer stiller, traurig. Mein Bruder tröstete mich und meinte, dass wir die Großtante eh wieder bei unserer Heimreise sehen würden. Sie hatte es ihm versprochen. Dann würde es sicher wieder Obst und ein paar Schillinge geben. Mein Bruder Alf, ein praktisch denkender Bursche.
Ja, das Geld. Himmel, ich hatte jetzt zwanzig Schilling. In Papierform. Soviel Geld hatte ich noch nie. Bald bekam ich den Neid der anderen Kinder im Abteil zu spüren. Alle wollten was davon, nicht nur von den Weintrauben, dem Obst, der Schokolade und den Keksen, die ich ohnehin bereitwillig und gerecht aufteilte ...*was ist mit den zwanzig Schilling, die musst du auch aufteilen!*
Nichts da – Heinzi hielt zu mir und verteidigte mich.

Es war ein sonniger Julitag, die Temperatur stieg und im Zugabteil wurde es nun ungemütlich heiß. Wir fuhren durch zerklüftete Gegenden, Landschaften mit Weinhängen und Obstplantagen, vorbei an Südtiroler Dörfern und Städten, an Brixen, an Bozen bis nach Trient.

Auf dieser kurvenreichen Bahnstrecke leisteten wir uns einen Riesenspaß. Wir schütteten Wasser oder Saft aus dem Fenster, sodass jene, die weiter hinten aus den Fenstern guckten, voll getroffen wurden und verschreckt ihre Köpfe einzogen. Wenn kurz darauf ein Erzieher wütend in das Abteil stürmte, um die Missetäter ausfindig zu machen, war es natürlich niemand von uns, sondern sicher welche vom einem anderen Abteil.

Manche pinkelten sogar in ihren Zahnputzbecher und auf diese Weise indirekt auf manche Imster, die in den Waggons nach uns saßen und mutig ihre Köpfe aus den Fenstern, dem Fahrtwind entgegenstreckten. *Während der Fahrt aus dem Fenster lehnen sowie Flaschen aus dem Fenster werfen ist bei Strafe verboten.* So das Verbotsschild unter jedem Fenster. Taten wir nicht. Wir schütteten nur Wasser, Saft bzw. Gepinkeltes aus dem Fenster. Gezielt auf die Imster.

In Trient wurde eine Dampflok vor unsere Waggons gespannt. Dann ging es im *Sch-Sch-Schritttempo* bergauf und bergab durch Tunnels, Weingärten und kleine Bergdörfer bis nach Caldonazzo. Bei Pergine (sprich = Perdschinee) tat sich ein wunderschönes Tal auf und wir zuckelten bald an einem strahlendblauen See entlang.

Der Caldonazzosee!

Andächtig und ergriffen sah ich in die, von bizarren Bergen eingesäumte, glitzernde Wasserfläche, die das bergige Spiegelbild geduldig und unbeweglich wiedergab. *Die Tiefe dieses stillen Wassers werde ich ergründen. Diesen geheimnisvollen See werde ich heuer schwimmend bezwingen.*

Das gelobte ich mir.

Russgeschwärzt waren wir, als der Zug endlich im Bahnhof

von Caldonazzo ankam. Unsere Augen brannten, weil wir trotz strikter Anweisung – *die Fenster bleiben zu* – die Abteilfenster offen ließen. Auch als die Dampflok durch Tunnels fuhr. Davon gab es genug auf dieser kurzen Strecke von Trient bis nach Caldonazzo. Für uns es eine Art Mutprobe: *Wer hält es am längsten – bei offenem Fenster – im, von der Dampflok verrußtem Abteil aus.* In Caldonazzo angekommen sah man keinen Unterschied mehr zwischen dem Lokführer und uns Kindern. Dampf-lok-like, mit schwarzen Zähnen und russigem Geschmack auf der Zunge.

Der Bahnhof von Caldonazzo bestand aus einem kleinen gemauerten Stationshäuschen mit angebautem Holzschuppen, ein paar Schienensträngen zum Rangieren, beidseitig eingegrenzt von einem langen Zaun aus Betonteilen.

Aber wo war der See? Urplötzlich war er verschwunden.

Dorthin gehen wir zu Fuß, hieß es. Aber zuerst musste unser, auf einem Nebengleis abgestellter Zug geräumt werden.

Wie in einem Flüchtlingszug spielte sich diese Szenerie ab. Herumbrüllende Erzieher. Wir, vor Russ und Dreck strotzende, von der stundenlangen Zugfahrt geschlauchte Kinder, purzelten aus den Waggons. Wir mussten, den Rucksack vor uns, in Zweierreihen Aufstellung nehmen, was natürlich bei hunderten von Kindern ein Ding der Unmöglichkeit war. Manche der Kleinsten mussten erst geweckt werden. Von der Hitze waren sie erledigt, wie erschlagen, hatten Durst und fingen zu heulen an, riefen nach ihrer Mama.

Da brüllten die Erzieher wie Aufseher durch die Gegend und trieben uns, mit vielen Schubsern, Kopfnüssen und Watschen nachhelfend, wie eine Herde Tiere in die gewünschte Doppelreihe. ...*Seid ihr Affen zu blöd, um euch in einer ordentlichen Zweier-Reihe aufzustellen*... Waren wir sicher nicht und reagierten trotzig. Auch ich murrte bei so einer Behandlung. Bockig stand ich herum und harrte der Dinge, die nun kommen sollten.

Endlich waren die Waggons ausgeräumt, hatte jeder seinen Rucksack umgehängt, der Wimpel in der Hand des Hausältesten und die Zweierreihen formiert. Angetrieben von den Erziehern *...na endlich, geht doch...* stolperten wir in geschlossener Doppelreihe, mit schwerem Gepäck, in glühender Hitze quer über die Eisenbahnschwellen, auf einer staubigen Schotterstraße, in Richtung Ferienlager am Caldonazzosee.

Dieses lag direkt am Ende des Sees, dort, wo ein schmaler aber tiefer Fluss, die Brenta, den Caldonazzosee verließ.

Teilweise geschützt unter Bäumen und auf einer angrenzenden Wiesenfläche standen gelbe, weiße und braune Kegelzelte. Rundum eingesäumt von Maisfeldern, Obst- und Weingärten.

Wir wurden vom Lagerleiter in die uns Altmünsterern zugewiesenen Zelte geführt. Durchschnittlich acht Kinder belegten ein Kegelzelt. Unsere Erzieher teilten uns, nach den schon im SOS-Kinderdorf gewählten Gruppen auf. Wir Kleinen kamen ins Zelt 1. Heinzi, der schon etwas älter als wir anderen war, wurde in unserem Zelt zum Zeltführer bestimmt. Er war für die Einhaltung von Sauberkeit und Ordnung im und rund um das Zelt verantwortlich. Er konnte auch bestimmen, wer den täglichen Reinigungsdienst zu machen hatte.

Das Kegelzelt wurde in der Mitte von einer zusammengesteckten, stabilen Holzstange gehalten. Durch nachstellbare Spannschnüre und in die Erde getriebene Metallpflöcke bekam jedes Zelt seine Stabilität. Wichtig war dabei, dass diese Spannschnüre gleichmäßig unter Zug standen. Es passierte des öfteren, dass bei orkanartigen Regenstürmen das eine oder andere Zelt wie eine schlappe Zipfelmütze in sich zusammenfiel. Weil die Spannschnüre zu locker oder nicht gleichmäßig gespannt waren. Der Zeltboden, eine graue dicke Gummimatte, war in regelmäßigen Abständen an die Seitenwände angeknüpft. In der Mitte, dort, wo die Zeltstange im Boden steckte, hatte sie ein Loch.

Was für mich – in all meinen zehn Jahren Caldonazzoferien –

immer wieder eklig war: Durch dieses Loch krochen unzählige Ohrenschlüpfer, von uns *Ohrnschliafer* genannt, die Zeltstange hoch und drängten sich dicht unter der Zeltspitze als schwarze, bewegliche Masse zusammen. Wenn nun jemand an die Zeltstange stieß oder diese gar absichtlich drehte, so purzelten diese ekligen Viecher zu Boden und verkrochen sich wuselnd unter unseren Strohsäcken. Allgemein hieß es *...die Ohrnschliafer kriechen in der Nacht in deine Ohren und beißen sich mit ihren großen Zangen durch den Kopf. Nicht nur dass du taub wirst. Sie fressen sich weiter bis ins Hirn – und schon bist du tot.*

Die Folge war eine tägliche Vernichtung dieser so harmlosen, armen Tiere. Sie wurden von uns erschlagen, zertreten, in der Seifenschale gesammelt und dem See ausgeliefert.

Das erste Abenteuer

Strohberg und Strohsackstopfen.

Sofort nach Zelt- und Schlafplatzzuteilung wurde unsere Zeltmannschaft zum Strohberg befohlen.

Am Rande des Zeltdorfes sah man schon eine gelbliche Staubwolke, Strohballen zu einem Berg aufgetürmt sowie ein buntes Gewirr schreiender Kinder, die auf diesem Strohberg herumturnten, daran hinaufkletterten, um sich wieder kreischend vor Begeisterung herunterpurzeln zu lassen.

Einige liefen mit leeren Strohsackhüllen dorthin, andere wiederum schleppten ihren prall gefüllten Strohsack zu ihren Zelten.

Der Strohsack war unsere Matratze, unser Bett. Keilförmig, einem Tortenstück gleich, damit er in die Rundung des Kegelzeltes passte. Der weiße Stoff dieser Hülle hatte an der unteren Fläche einen etwa 50 cm langen Schlitz mit dranhängenden

Schnüren. Durch diesen Schlitz musste soviel Stroh wie möglich hineingestopft werden. Mit den Schnüren wurde das Stopfloch fest zugezogen und verschlossen, damit kein Stroh entweichen konnte.

Das war bei dieser Nachmittagshitze und in dieser Strohstaubwolke ein schweißtreibender Akt. Wer noch genug Kraft besaß, konnte seine schlappe Stoffhülle in einen prallgefüllten Strohsack verwandeln. Schwächere mussten sich mit einer dünn gestopften Strohmatte begnügen. Also wurden die Stärksten – die schlimmsten Kinder, die schon bei der Zugfahrt nach Caldonazzo *besonders* aufgefallen waren – dazu verdonnert, den Kleineren ihre laschen Stofflappen nachzustopfen.

Natürlich ließen sich die Erzieher ebenfalls ihre Nachtlagermatratzen von den Schlimmen (als Strafmaßnahme) oder von den Freiwilligen, den sogenannten Einschleimern, brettlhart stopfen.

Einschleimer und Verpetzer, ja die gab es. Sie erhofften sich in diesen fünf Wochen Ferienlager verschiedenste Vorteile. Das Strohsackstopfen trennte »Freund und Feind«. Man wusste ab diesem Moment, wer in Zukunft beim Frühstück das größte Weckerl bekam. Wer beim Wandern *sicher nicht* den vollen Proviant-Rucksack tragen musste. Wer bei Zeltbau- und Rucksackkontrolle am schnellsten durchkam. Und man musste wissen, was man wem – vor allem wie – sagte.

Dieser Strohsack war nun über fünf Wochen unser nicht nur nächtliches Bettlager. Bereits nach einer Woche war das gestopfte Stroh flach gelegen und die Liegefläche hart und spießig wie das Holzbrett indischer Fakire. Man bekam zwei graue, grobe Pferdehaardecken, eine für das Beziehen des Strohsackes, die zweite zum Zudecken. Dazu ein winzigkleines mit Schaumstoffflocken gefülltes Kopfpölsterchen im rot-weiß kariertem Überzug. Das war im Grunde das gesamte Inventar eines Kegelzeltes: acht Strohsäcke, acht Pölsterchen und sechzehn Decken.

Die Strohsäcke waren, wie bereits erwähnt, in Tortenstückform und wurden so auch ins Zelt gelegt. Zwischen den Strohsäcken, am breiten Teil, wurde der Rucksack abgestellt. So hatte man wenigstens durch den Rucksack einen kleinen Abstand zum Nächstliegenden – als einzige persönliche Ecke. Nach fünf Wochen, vor allem nach oft tagelangem Regen, kam es schon vor, dass man sich gegenseitig gehörig auf die Nerven ging: der vielgefürchtete Lagerkoller brach aus.

Jeder wollte am liebsten, links oder rechts, direkt beim Zelteingang liegen. Es hatte den Vorteil, dass man als Erster aus dem Zelt springen konnte. Damit die vielen Furze, die jeder mit einer Hingabe von sich gab *...je leiser, desto stinker und feiner, denn erstunken ist noch keiner...* am ehesten überstanden wurden. Was sich besonders nach Abendmahlzeiten wie Bohnengulasch, gekochtem Gemüseallerlei sowie Polenta in allen Geschmacksvarianten auf das Extremste auswirkte. Und diese Speisenkombinationen wurden fast jeden Tag von uns in die immer-hungrigen Mägen gefuttert.

Heinzi als unser Zeltführer bestimmte, wer links und rechts vom Eingang zu liegen hatte: Er und ich – und Tod den verdammten Furzern. Wir vereinbarten demokratisch, wer absichtlich *einen fahren ließ*, musste sich zu erkennen geben, sich entschuldigen und strafweise fünf Minuten vor dem Zelt stehen. Nicht selten stand die gesamte Mannschaft vor dem Zelt.

Pfjhhh – tschuuuldigung...
Woaahh, der stinkt – außi mit dir, du grausliche Sau...

In den ersten Tagen mussten wir mit Spaten rund um das Zelt einen Wassergraben ausheben, der das Regenwasser abfangen sollte. Damit es seitlich des Eingangs abfließen konnte, um nicht das Zeltinnere unter Wasser zu setzen.

Was natürlich wichtig war: Jedes Dorf hatte genügend Werkzeug und Material für das Lagerleben, in schweren Holzkisten verstaut, mitgenommen, die nun die Erzieher mit Argus-Augen bewachten – die Ausgabe von Gerät und Material genauestens kontrollierten – weil sie für Zustand und Vollständigkeit desselben verantwortlich waren. Da kannte unser Dorfmeister keine Gnade, wenn etwas kaputtging oder – wehe, wehe – gar etwas fehlte. Wenn er nach Ferienende die Werkzeugkisten wieder in Empfang nahm.

Wir Altmünsterer waren – wie auch die Kinder aus den anderen Dörfern – zu Beginn des Ferienlagers hauptsächlich mit der Gestaltung des eigenen Zeltlagers beschäftigt. Wir bastelten aus Obststeigen Schuhregale, die wir links und rechts unseres Zelteinganges aufstellten. Mit Schnüren und Stangen wurde ein Trockenplatz für die Wäsche eingerichtet. Auch eine kleine Lagerfeuerstelle hoben wir in der Mitte unseres Zeltlagers aus. Umrandet von kurzen Baumstämmen, die wir aus dem ausgetrockneten Flussbett heranschleppten. Die Hauswimpel wurden am Appellplatz in die Erde gerammt. Rund um eine quadratisch betonierte Bodenfläche steckten nun während der gesamten Lagerzeit diese Hauswimpel in der Erde. Nur an Wandertagen – jeweils Mittwoch – wurden sie mitgenommen. An diesem Tag durfte tagsüber kein Wimpel beim Appellplatz stecken. Alle Kinder hatten sich auf Wanderschaft zu begeben.

Damit das Lagerleben ohne Störung reibungslos und kontrolliert ablaufen konnte, gab es strenge Lagerregeln, an die sich alle – selbst die Erzieher – rigoros zu halten hatten. Zu Beginn des Lagers wusste ich dies noch nicht. Ich bekam jedoch bald diese (zwar etwas abgeschwächte) Form eines Militärlagers zu spüren. Wenigstens ohne salutieren und ohne Waffen.

Ansonsten genauso streng und – von den Erziehern abhängig – mit Schlägen, Schikanen und Schleifereien. Was sich Gott sei Dank im Laufe der Jahre bald zum Positiven änderte, als die Lagerzeit wesentlich humaner wurde. Nur dieses Schlagen der Kinder durch die Erzieher hielt sich noch lange. Leider wurde in frühen Jahren – seitens der Dorfleitung – die Auswahl der

Erzieher für diesen eigentlich sehr schönen und angenehmen Sommerjob zu wenig sorgfältig betrieben. Damals in den fünfziger Jahren.

Wir Kinder »genossen« manchen Erzieher, der seine wahre Freude daran hatte, an einem so kleinen, hilflosen Knirps seine sadistischen Gefühle auszuleben. Auch ich war damals des öfteren *Ausbadender* solch schikanöser Behandlung und dem Treiben eines Sadisten – mit der kurzzeitigen Lizenz zum Erziehen von SOS-Kinderdorfkindern im Ferienlager Caldonazzo – chancenlos ausgeliefert.

Immerhin, wenn es dem SOS-Kinderdorfgründer Hermann Gmeiner zu Ohren kam, musste jener »Erzieher« sofort das Lager verlassen. Hermann Gmeiner beschützte uns immer. Jeder von uns war »sein« Kind. Das betonte er wieder und wieder, bei den Appellen, beim sonntäglichen Lagerfeuer. Leider aber war Hermann Gmeiner nicht immer die gesamte Zeit im Ferienlager anwesend. Zu vielen Verpflichtungen musste er auch in den Sommermonaten nachkommen. Aber sooft es für ihn möglich war, verbrachte er diese Wochen mit uns – seinen Kindern – in Caldonazzo. Wir mochten ihn wie einen gütigen, gerechten und verständnisvollen Vater.

Das tägliche Lagerleben

Das Ferienlager war in den ersten Jahren sicher noch nicht so perfekt ausgestattet. Vor allem, wenn Stürme und Regen dem Campinglager arg zusetzten – was in dieser Bergregion allemal von einer Stunde zur anderen passieren konnte. In meiner Ferienzeit in den fünfziger Jahren spürte ich noch das absolute Feeling des perfekten Abenteuers.

Mit allen Konsequenzen. Denn das Lagerleben machte mich

bald widerstandsfähiger und robuster. Im Zweikampf mit größeren Kindern wie auch gegen Erzieherwillkür. Es nahm mir schnell mein übersensibles Wesen – ich wurde gerissener und wilder, um diese Fülle von Erlebnissen halbwegs überstehen zu können. Vor allem aber setzte ich mit gezielter Sturheit meinen Willen, meine Ideen durch.

In den späten sechziger Jahren war das Ferienlager bereits bestens durchorganisiert. Zelte wurden teilweise durch Bungalows ersetzt, eigene Wasch- und WC-Anlagen errichtet. Unvorhersehbarem sah ich daher wesentlich gelassener ins Auge. Sicher, weil ich schon älter, eben ein echter *Caldonazzoveterane* war.

Der Oberst(e) des Lagers war der LvD, was soviel hieß wie *Leiter vom Dienst*. Täglich wurde bei der Erzieherbesprechung ein Erzieher als LvD für den kommenden Tag bestimmt. Am Anschlagbrett, das an der Kantine hing, konnte man das gesamte Programm des jeweiligen Tages erfahren.

Ein normaler Tagesablauf im Ferienlager Caldonazzo:
          6.00 Uhr Weckruf, Aufstehen
  6.00 – 7.00 Uhr Waschen, anschließend Bettenbau
  7.00 – 8.00 Uhr Frühstück
  8.00 – 9.00 Uhr Flaggenappell, anschließend Zeltbau
  9.00 – 12.00 Uhr allgemeine Badezeit
 12.00 – 13.00 Uhr Mittagessen
 13.00 – 14.00 Uhr Mittagsruhe
 14.00 – 16.00 Uhr allgemeine Badezeit
 16.00 – 16.30 Uhr Jause
 16.30 – 18.00 Uhr Gruppenprogramm
 18.00 – 19.00 Uhr Abendessen
 19.00 – 21.00 Uhr Gruppenprogramm
 21.00 – 22.00 Uhr Waschen, Vorbereitung zur Nachtruhe
         22.00 Uhr Zapfenstreich – absolute Nachtruhe

Mahlzeit

Essen und Trinken, das waren – noch weit vor Schlafen, Schwimmen, Klogehen, Lesen, Spielen, Sporteln, Wandern, Singen, Marschieren, Streiten, Raufen sowie den Erziehern permanent Auf-den-Nerv-Gehen – unsere wichtigsten Bedürfnisse.

Die Kantine war eine direkt unter den Bäumen und nahe dem Strand stehende Holzbude. Ein paar tüchtige Frauen kochten so gut es ging unsere täglichen Mahlzeiten. Als »Küchendienst« abkommandierte Kinder mussten helfend zur Seite stehen. Vor allem beim Reinigen der Gerätschaften, des Küchengeschirrs, unserer Essnäpfe, des Bestecks bis hin zur totalen Säuberung der gesamten Kantine. Anstatt auf die Mole rauszulaufen, um mit einem kühnen Sprung das kühlende Seewasser zu teilen.

Was soviel hieß, niemand machte diesen Dienst freiwillig. Es gab jedoch genug Streithansln und Aufsässige in unseren Reihen, die es sich mit den Erziehern »verscherzten« und diesen ungeliebten Job erledigen mussten. Wobei die Küchenarbeit eigentlich nicht die schlimmste war, weil ja doch hin und wieder ein saftiger Essensbrocken für den Strafdienst abfiel. Und wenn man selbst gerade zur rechten Zeit an der Kantine vorbeikam – mit etwas Glück »erbarmte« sich eine der Küchenfeen *...da hast was, weil du gar so traurig dreinschaust*. Schwupp – und ein Weckerl oder eine Birne landete geschickt in deiner Hand. Oder ein Freund absolvierte gerade seinen Strafdienst und zweigte für dich unauffällig ein Weckerl ab. Ein kurzer, wissender Blick, ein hinweisendes Kopfnicken zur Seite und schon wuchs einem ein frisches *Corpus Delicati* durch die Holzlattung seitlich der Kantine in die Hände. Ein Frühstücksweckerl, flachgedrückt wie eine Flunder, passte gerade noch hindurch, ein saftiger Apfel oder ein Pfirsich leider nicht mehr.

Was mich an der Kantine am meisten beeindruckte waren die Bäume, die durch diese Holzbaracke hindurch – durch das

Dach – wuchsen. Die Bäume hatten das Vorrecht, weil sie ja schon seit einer Ewigkeit stolz an ihrem Platz standen und die Holzhütte lediglich, um sie herum gebaut, duldeten. Sie gaben diesem Platz samt der Kantine die ultimative Robinsonstimmung. Der Mensch beugte sich der Natur und diese Baumriesen ließen sich gnädigerweise darauf ein. Wie edel von der Natur.

Heinzi und ich hatten in unseren Baumstumpf-Dörfern genau dieselbe Art und Bauweise (naturschonend) angewendet, nur eben in einem viel kleineren Maßstab.

Im Inneren der Holzhütte waren an den mächtigen Bäumen Eisenringe befestigt, an denen die riesigen Schüsseln, Bratpfannen, Spieße und Schöpfer hingen. Für mich sah dies wie in einer Schmiede im Märchen aus. Zwei große Eisenöfen verströmten eine Teufelshitze, geschäftig und befehlend gestikulierend schoss die Chefköchin hin und her. Zwischen den Töpfen und Pfannen. Kontrollierte, gab Anweisungen, lobte, schimpfte lachte und fluchte. Und alle ihre Dienerinnen (das Küchenpersonal) und Diener (die Strafdienstler) folgten ihr aufs Wort. Da durfte sich niemand einen Fehler erlauben.

Es war wie »Kochen vor Publikum«, ein Showkochen. Denn wir lauerten täglich wie hungrige Hyänen gebannt davor und staunten, wie diese Frau alles im Griff hatte. Wenn ihr die zuschauende Meute zuviel wurde, kam sie mit einem riesigen hölzernen Kochlöffel und vertrieb uns...*was schauts denn so bled ummadumm. Vaschwindts, gehts badn – aber hoits uns net von da Arbeit ab, sunst gibts heit nix zum Essn!*

Der Appetit und Hunger in unseren Mägen wurde dadurch nur noch mehr angeregt. Denn ehrlich, zuviel bekamen wir in diesen Tagen nie in unsere hungrigen Mäuler. Eher war die tägliche Ration sehr, sehr knapp bemessen. Es gab auch das Essensverbot als Erziehungsmaßnahme. Und dieses war wohl die härteste aller Strafen: kein Abendessen.

Eine Strafe, die auch ich ein paar Mal durchzuhungern hatte. Wegen einer Rauferei um einen Schwimmreifen. Wegen einer verlorenen Zahnbürste und wegen eines Wutausbruches an einem Wandertag, als ich den schweren Proviant-Rucksack nicht mehr schleppen wollte, ihn einfach liegen ließ und mich im Buschwerk solange versteckte, bis mich ein Erzieher fand und an den Haaren und Ohren hervorzog. Meine drei schlimmen Magenknurr-Erlebnisse, damals im Sommer 1958, in Caldonazzo.

Kein Abendessen, wo man doch durch das ganztägige Herumtollen zu Wasser, zu Lande und immer in frischer Luft förmlich ausgehungert war.

Einmal konnte mir Heinzi ein Weckerl vom Abendessen ins Zelt schmuggeln. Einer unserer sadistischen Erzieher erwischte ihn dabei und prompt bekam auch er am folgenden Abend kein Essen. Daraufhin streikte auch ich. Während sich die anderen den Bauch vollschlagen konnten, lagen wir mit knurrenden Mägen im Zelt und dachten uns Gemeinheiten aus. Wie wir diesem hundsgemeinen Kinderquäler eins auswischen könnten.

Kloudienscht

Nach der schlimmsten Strafe *kein-Abendessen,* war der grauenhafte Häusldienst, genannt *Klodienst*, als zweitschlimmste Maßnahme in unseren Kinderhirnen gespeichert. Immer noch mehr gefürchtet als der beschriebene *Küchendienst.*

Eigentlich hieß dieser Saubermachdienst *Kloudienscht,* wie ihn die Imster Kinder in ihrer derben Tiroler Aussprache bezeichneten. Mir kamen diese Tiroler Buben, vor allem in späteren Jahren, schon immer etwas eigenartig, schrullig, oft engstirnig vor. Das machte ihr klobiger Dialekt aus, den ich allzugerne nachhäffte. Ihn auch noch heute hin und wieder in lustiger Runde verbal karikiere.

War es – nein, ist es – meine unbewusste Ablehnung gegen

alles Tirolerische, wo ich doch selbst von Geburt her ein Tiroler, ein Solbad Haller, bin? Der jedoch in diesem Land allzu schlimme Erlebnisse durchmachen musste. Mein Dialekt war schon längst ein oberösterreichischer, einer aus dem Salzkammergut.

Jedenfalls gefiel es mir immer, wenn ich einen Tiroler Buben jammern hörte: »Mei, heit muass i decht schun wieda so oan scheiß Kloudienscht machchn!«

Allein schon deswegen, weil die Imster und nicht wir Altmünsterer dran waren, den *Kloudienscht zu machchn*.

Aber die Imster waren genauso liebe Jungs wie die Hinterbrühler oder alle anderen Kinder, die im Laufe der Jahre in immer größeren Massen ihre Ferien im Caldonazzolager verbrachten. Dass dabei Rivalitäten zwischen den Dörfern entflammten, war durchaus verständlich, waren es doch in erster Linie sportliche Leistungen, die uns alle emotionell aufwühlten.

In meinem ersten Jahr in Caldonazzo, war die Toilettenanlage höchst abenteuerlich gebaut. Das Seeufer, durch einen etwa 70 cm hohen gemauerten Sockel begrenzt, zog sich über die volle Länge unseres Badestrandes. Von der Strandmitte aus führte eine lange hölzerne Mole vom Ufer weg, direkt in den See hinaus, an deren Ende ein Sprungbrett befestigt war.

Links und rechts umgab ein dichter Schilfgürtel unseren Strand und war daher für Fremde so gut wie uneinsehbar. Wir SOS-Kinderdörfler konnten unter uns sein und ungestört die wonnigen Badefreuden genießen.

Auf der rechten Seite der Mole war die WC-Anlage direkt in den Schilfgürtel hineingebaut. Auf wackeligen Brettern und mit Hilfe eines Halteseiles gelangte man zu ein paar WC-Kabinen mit Plumpsautomatik, die links und rechts dieses fragilen Holzsteges aufgestellt waren. Die von innen verschließbaren Holzhütten mit Herzloch-Türen besaßen lediglich ein Brett in Sitzhöhe, mit kreisrundem Loch. Mit direktem Durchblick auf das Wasser.

Tagsüber war er sicher keine mutige Sache – der Gang auf

das Klo. Obendrein war ich mir sicher, dass *sämtliche* Kinder während der Badezeit in den See pinkelten. Niemand gab sich die Mühe, aus dem bacherlwarmen Wasser zu springen, um umständlich über einen schwankenden Steg zum Klo zu gelangen. Deswegen hatte der See an manchen intensiven Badetagen uferseits eine verdächtige Gelbfärbung. Auch wenn die Erzieher uns Kinder liebevoll ermahnten: *Was miassts es klanen Scheißer dauernd ins Wasser schiff'n, wofür ham ma denn de Häusln im Schilf* – ein wohlgemeinter Ratschlag, der leider nicht den gewünschten Erfolg brachte.

Aufs Klo gehen war vor allem in der Nacht eine Sache wahren Mutes. Dieser lange Weg – vom Zelt über den Wackelsteg bis in die WC-Kabine – ein purer Horrortrip. Waren schon die nächtlichen Geräusche in schauriger Finsternis mysteriös und furchterregend. Wie das geheimnisvolle Rauschen von Schilf und Bäumen etwa. So auch das geschäftige Treiben der nachtaktiven, quakenden Frösche und Kröten. Silberglänzende liegende Schilfrohre, die sich im Mondlicht als gefährliche Schlangen ausgaben. Unruhig und gefährlich lautlos flatternde Fledermäuse. Dazu die eigene Fantasie, dadurch erst recht beflügelt, die schrecklichsten Gespenster und Gruselmonster auferstehen ließ.

Am Schlimmsten aber war der gewaltige Druck auf der Blase, sodass ich, anstatt den schwankenden Steg zur WC-Kabine zu betreten, mich auf den gemauerten Ufersockel stellte und erleichtert im hohen Bogen in den See pinkelte.

Mit dem Spruch *…uuhh-und-aahh-und-uuhh. Hinweg ihr Geister und Dämonen. Ich brunze euch ein Teufelskreuz, dann müsst ihr mich verschonen…* erleichterte ich allnächtlich meine geplagte Blase und meine angstvolle achtjährige Kinderseele.

Vor dem Zugang zur Kloanlage stand eine Holzbank. Darauf saß tagsüber jener bemitleidenswerte Junge, der *Kloudienscht* schieben musste. Als Strafdienst, sicher für irgendeine schlimme

Sache, die dieser Bursche ausgefressen hatte.

Einfache Spielregel: Vergehen gab es mehr als genug. Oder es wurde von den Erziehern eine Handlung zum Vergehen erklärt, um einen Buben, den sie schon länger auf ihrer Abschussliste hatten, einen Klodienst aufzubrummen.

Das Unbarmherzige an der Strafe war, bei glühender Hitze, bestückt mit Wasserkübel, Klobürste und einer Rolle WC-Papier auf dieser Bank zu sitzen und vor sich hinzudösen bis »Kundschaft« kam.

Während dieser Wartezeit gab es, neben Micky-Maus-lesen, eine weitere Möglichkeit der Zeitverkürzung: alle anderen Kinder richtig zu beneiden. Sich auszumalen, wie toll und klasse sie es gerade hätten. Beim Baden, beim Schwimmen und Herumtollen im erfrischenden Caldonazzosee.

Auf dieser Holzbank und in glühender Hitze bekam man, neben einem saftigen Sonnenbrand, auch erste Einblicke in die östliche Weisheit: *übe dich in Geduld und lerne Ungerechtes zu verzeihen*, so sehr einem auch die Wut über einen ungerechtfertigt ausgefassten Klodienst sowie der Gestank an diesem unheiligen Ort bis weit über die Nasenflügel hochstieg.

Auch ich war des öfteren auf diese Bank verdammt, um jeden Klogeher *freundlich* zwei Blatt WC-Papier in die Hand zu drücken und *Gut-Schiss* zu wünschen. Anschließend mit Klobürste und Wasserkübel hinterherzugehen, um nötigenfalls nachzureinigen.

Wie konnte ein gewöhnlicher Bubenschiss – um alles in der Welt – im ganzen WC verteilt sein. Das Sitzloch war doch so groß, dass man fast hindurchfallen konnte. Sicher wieder so ein (un)reiner Willkür-Akt, eine übliche Auseinandersetzung zwischen einem Altmünschterer-Kloudienschtler und einem Imschter, einem depperten Tiroler-Kacker *...dem Altmünschterer scheiß ma jetz richtick de Hittn voull, damitt err a was z'tuan hatt – da in da Sunn, gell?!*

Das Ekligste aber an diesem Reinigungsdienst waren die Klowürmer. Grausige, Blutegeln ähnliche Würmer, die sich aus unerklärlichen Gründen in den WC-Hütten ausbreiteten. Mit entsetzlich stinkendem Chlorpulver, das aufzustreuen war, wurden diese Mistviecher zum größten Teil vernichtet. Aber über Nacht kamen neue Würmer und räkelten sich ungeniert auf Holzboden und Sitzbrett.

Ein Blinder hätte diese WC-Anlage mühelos, sogar ohne Stock gefunden. Er wäre dem Chlorduft nachgegangen, der sich während der gesamten Ferienzeit rechts der Mole hartnäckig ausbreitete und sich auch bei Regen standhaft hielt.

Der Klodienst war ein wahrer Himmelfahrtsjob. Abgesehen davon, dass die Menge Chlorpulver, die wir aufstreuen und mit der Klobürste verteilen mussten, sicher so schädlich war, wie sie erbärmlich stank. Aber wer wusste das damals schon.

Im folgenden Jahr wurde die WC-Anlage aufs Land verlegt und zwar hinter das Zeltlager. In einer Doppelreihe stand WC an WC auf einem betonierten Fundament. Eine fast luxuriöse WC-Anlage, die aber weiterhin von den abscheulichen Klowürmern »belebt« wurde. Auch der entsetzliche Chlorgeruch ließ uns wissen *...do san de Häusln...*

Und der *Kloudienscht?* Unverändert, scheußlich wie bisher.

Immer, wenn ich heute in Hotels übernachte und in deren geheizten Pools schwimme, erinnert mich der Chlorgeruch an die Klowürmer-WC-Anlage und an meine *Kloudienschte* in den fünfziger Jahren. Im Ferienlager von Caldonazzo.

Zahnpasta und Seifenschaum

Jeden Morgen um sechs Uhr früh:
Taag-waa-cheee!!!... oder *Alles raauus aus den Betten!!!...*
Ein Pfiff aus der Trillerpfeife und sämtliche Kinder sprangen, stolperten oder wurden aus den Kegelzelten getreten. Stellten

sich im Trainingsanzug und bewaffnet mit dem Waschbeutel vor dem Zelt auf.

In einer Reihe – vom größten bis zum kleinsten Jungen – standen wir nun bibbernd in taufrischer Morgenkälte.

Der Zeltführer: »Ze...Ze...Zelt Eins fertig zum Waschengehen!« Er musste bei unserem Dorfführer (Cheferzieher unserer Erzieher) Meldung machen. Dieser meldete es wiederum dem trillerpfeifenden Leiter-vom-Dienst (LvD).

Aber erst, wenn alle Altmünsterer in Reih und Glied vor ihren Zelten standen, dann durfte zum Waschengehen abmarschiert werden. In Richtung Betonsockel, die morgendliche Waschbank für Körper und Kleidungsstücke, am Seeufer.

Dieses frühe Aufsteh- und Melderitual – welche Zeltinsassen zuerst fertig zum Waschengehen bereitstanden – hatte es in sich. Denn diese Reihung zählte auch für die Platzierung zum Frühstückgehen. Dorfweise galt Zelt für Zelt. Im Lager gesamt zählte Dorf für Dorf. Je früher wir Altmünsterer also geschlossen zum Waschen gingen, desto eher bekamen wir unser Frühstück, unser Mittagessen, die Jause und das Abendessen.

Die Schlange vor der einzigen Essensausgabe, bei der Kantine, war nämlich ein paar hundert Buben lang – viermal täglich. Wenn die ersten Kinder mit dem Essen längst fertig waren und sich schon in ihr Zeltlager begeben konnten, standen die letzten noch immer hungrig in der Reihe.

Momentan war das morgendliche Reinigen angesagt.

Nachdem wir SOS-Kinderdörfler aufgrund unserer bedauernswerten Herkunft einen meist heftigen Leidensweg hinter uns hatten, gab es in fast jedem Zelt Bettnässer.

Das hieß, jeden Morgen ein beißender Uringestank im Zelt. Brutal wurden diese armen Würstchen samt ihrem Strohsack aus dem Zelt geworfen ...*schleich dich runter zum See. Hast schon wieder ins Bett g'schifft, du Strohsackbrunzer...*

Sich vor allen anderen schämend, zogen die so betitelten

Strohsackbrunzer mit ihren voll gepinkelten Trainingsanzügen am Körper, die nasse Strohsackdecke hinter sich herziehend, hinunter zum See. Wie eine Karawane Aussätziger. Am See angekommen, mussten sie bei der Nichtschwimmergrenze voll bekleidet, samt ihrer angepinkelten Decke ins Wasser springen. Mit einer Trainingskleidung zu schwimmen war ohnehin schon ein immenser Kraftaufwand. Zu so früher Stunde, wo der See noch grimmig kalt war, eine sehr harte und vor allem unmenschliche Tortur für sämtliche Strohsackbrunzer. Die Erzieher waren damals wirklich der (pädagogischen!) Ansicht, diese Methode würde helfen, einem Bettnässer das nächtliche, unkontrollierte Wasserlassen auszutreiben. Sie merkten nicht, dass sie sich den ohnmächtigen Hass der Leidtragenden zuzogen. Auch mir passierte dieses Ungeschick ein paar Mal, sei es durch Erschöpfung oder Hunger. Meistens jedenfalls, nachdem eine gewaltige Tageswanderung absolviert war.

Wie sehr litt jedoch mein armer Bruder darunter, der jeden Tag diese Schmach über sich ergehen lassen musste. Obendrein war er auch einer jener, die sich sofort aggressiv gegen die Erzieher auflehnten und dafür auch jede Menge Strafdienste einheimsten. Mein großer Bruder, er tat mir unendlich leid.

Barfuß am See angekommen, zogen wir – die Buben vom Zelt 1 – die Trainingsjacke aus, krempelten die Trainingshose bis über die Knie hoch und stellten uns ins Wasser. Vor uns der Inhalt des Waschbeutels auf dem Betonsockel ausgebreitet.

Schwupp – ein Becher voll Wasser schwungvoll aus dem See gefischt und los ging die Zahnputzerei, das Waschen mit der Seife, das Spucken und Schlucken von Seewasser. Daneben kamen die Strohsackbrunzer ans Ufer gekrochen und zogen ihre nassen Decken nach. Keine gschmackige Sache, aber wir haben alles überlebt – ohne gesundheitliche Schäden.

Nach so einem morgendlichen Waschen war das Seeufer weiß geschäumt von Zahnputz- und Seifenwasser. Aber um neun

Uhr, als die Badesaison begann, war der ganze Spuk weg, der See sauber und rein – dank des kräftigen Abflusses durch die Brenta.

Phänomenal. Als würde man den Stöpsel aus einem riesigen Waschbecken, dem Caldonazzosee, rausziehen und das ganze Zahnpasta-Seifenschaum-Gepinkel durch den Abfluss abrinnen lassen. *Schnell wieder zustöpseln, sonst rinnt der See aus und wir schwimmen auf dem Trockenen!*

Wandertag

»Lass dir nix gfoin, Alf«, schrie ich aufgebracht und feuerte meinen Bruder an. »Hau eam oane in die Pappn, dem goscherten Hund.«

Ziemlich zu Beginn des Lagers hatte mein Bruder einen Streit mit einem der stärksten Buben aus der Hinterbrühl. Worum es ging ist nicht mehr nachvollziehbar. Jedenfalls kam es zu einer fetzigen Schlägerei zwischen den beiden. Ich wollte mich ebenfalls auf seinen Gegner stürzen, meinem unterlegenen Bruder zu Hilfe kommen.

Da zog mich einer unserer Erzieher (der Blonde) zurück und hielt mich fest. Ich musste zusehen, wie mein Bruder regelrecht verdroschen wurde. Das Ergebnis: blutende Nase, blaues verschwollenes Auge sowie zerrissenes Hemd und Hose.

Ich sah das hämisch grinsende Gesicht des Erziehers, der genau wusste, dass mein Bruder gegen diesen wesentlich stärkeren Gegner nur verlieren konnte. Ich heulte vor unbändiger Wut, biss um mich, mit dem Ergebnis, dass auch ich ein paar saftige Watschen und Kopfnüsse vom Erzieher abbekam.

Er hatte es auf uns zwei Brüder abgesehen. Jener superblonde, selbstgefällige Erzieher. Ein wahrer Sadist. Schon nach den ersten Tagen im Ferienlager spürten wir seine Willkür, seine unberechenbare Lust am Kinder-Sekkieren. Mit seinen Foltermethoden glaubte er tatsächlich, uns kleinzukriegen.

Sicher, mein Bruder war ein Raufhansl, der alle möglichen Streits vom Zaun brach. Aber er war fair. Wenn es um ungleiche Kämpfe ging, wenn ein Größerer einen Kleineren verdreschen wollte, dann griff er ein und stürzte sich auf den stärkeren Jungen. Aber gerade diese ungleichen Kämpfe faszinierten den Sadisten-Erzieher. Er konnte sich nicht sattsehen, wenn sich Buben gegenseitig verprügelten. Erst ließ er sie herumbalgen, sich die Zähne einschlagen. Wenn Blut floss, schritt er dazwischen und bestrafte beide mit hämischem Grinsen.

Wie ich ihn verabscheute, diesen selbstverliebten Arsch von Erzieher. Wenn er sich *schön machte*, seine blonde Mähne immer mit Pomade einfettete und nach hinten kämmte.

Schmierig, wie ein Narzisst, stand er permanent vorm Spiegel, zelebrierte Selbstgefälligkeit vor uns Kindern. Um anschließend wie ein aufgetakelter Hahn, wie ein wandelndes Parfumflascherl, durchs Ferienlager oder durch den Ortskern von Caldonazzo zu stolzieren.

Gott sei Dank war dieser Erzieher nur ein einziges Mal mit uns Altmünsterern in Caldonazzo. In den Folgejahren hatten die Hinterbrühler das zweifelhafte Vergnügen mit diesem Sadisten.

Der Mittwoch war auf der Ankündigungstafel als Wandertag eingetragen. Zeitgerecht mussten die Dorfführer ihre Wanderziele festlegen. Damit nicht alle Wandergruppen denselben Berg oder dasselbe Tal als Ziel hatten. Denn Wanderziele, bei uns *Hatscher* genannt, gab (und gibt) es in dieser traumhaften Gegend mehr als genug. Ein kleiner Auszug der von uns im Laufe der Jahre immer wieder gegangenen Routen:

Der Monte Rovere Hatscher.
Der Monte Pizzo Hatscher.
Der Valscuratal Hatscher.

Der Lavarone Hatscher (besonders schlimm).
Der Pergine Hatscher mit Burg und Bergwerk.
Der Monte Vetriolo Hatscher.
Der Monte Marzola Hatscher.
Der Monte Corner Hatscher.
Der Flussbett Hatscher.
Der Blueberry Hill Hatscher.
Der Weinberg Hatscher.

Ich bezeichne die Wanderungen bewusst so, wie sie von uns seinerzeit benannt wurden. Sicher heißen die Berge oder Täler manchmal anders. Doch für mich bleiben sie so in lebhafter Erinnerung, diese Wanderwege, Berge, Seen und Täler, kurz Hatscher genannt.

Damals mit meinen acht Jahren war der Lavarone Hatscher mein Canossagang.

Sicher auch wegen der langen, mühsamen Wanderstrecke. Vor allem aber wegen der ungerecht eingeteilten Rucksack-Schlepperei. Es war leider nicht so – wie es sinnvoll gewesen wäre – dass jeder seinen Proviant im eigenen Rucksack mitnahm. Nein. Der gesamten Reiseproviant für etwa zwanzig Kinder und zwei Erzieher, wurde auf vier Rucksäcke verteilt. Der Reiseproviant war in erster Linie Unicef-Essen (American Food) und alles in Dosen. Käse in der Dose. Beafsteak, Wurst und Fleischaufstrich, ebenfalls in der Dose. Weiters Kekse, Erdnussbutter, Marmelade, Schokoladenaufstriche, luftdicht dosenmäßig abgepackt. In Viertelkilo-, Halbkilo-, Kilo- und Dreikilo-Dosen. Das hieß, der »Goldene Schlüssel« dafür war der Dosenöffner. Es gab zwei Varianten: der eine Öffner sah wie ein winzigkleines Schlüsselchen aus – eher für ein intimes Tagebuch – nur mit einem Schlitz statt Schlüsselbart. Dieser Öffner klebte an der Unterseite mancher Dosen. Man musste ihn wegbrechen, die kleine Lasche an der Seite der Dose aufbiegen, den Schlüssel darüberstecken und ihn vorsichtig umdrehen, aufziehen wie eine Uhr und hoffen, dass der so abgedrehte Metallstreifen nicht abriss. Was leider oft der Fall war. Da half nur noch brachiale Gewalt, um zum leckeren Inhalt, zur Dosenwurst, zu gelangen. Mittels Taschenfeitel – jenes geniale Allzweckmesser, das fast jeder von uns besaß.

Andere Dosen wiederum mussten mit einem sehr filigranen Dosenschneider aufgewurstelt werden, wobei man sich meistens einen blutigen Finger holte. Ein Metallblättchen mit lose dranhängender scharfer Klinge – klein wie ein Bleistiftspitzer – sollte einem mühelos zur wohlverdienten Kraftnahrung verhelfen. Nach ein paar nutzlosen Einstechversuchen waren Fingernägel abgebrochen und die Dose mit Fingerblut verschmiert. Nichts für kleine Kinder. Aber auch die Erzieher ärgerten sich über dieses amerikanische Sch...patent. Gut, dass ein paar Buben wirklich brauchbare Fahrtenmesser mithatten. Also wurden die widerspenstigen Dosen regelrecht abgeschlachtet.

In den schwersten Dosen gab es einen orangegelben, salzigen Käse. Ideal als Fischfutter, weniger ideal als Wanderproviant. Für mich, weil ich davon meistens Verstopfung bekam und daher auch am längsten in den Büschen saß, um qualvoll Verdautes wieder loszuwerden.

Oder umgekehrt, ich bekam Durchfall vom eiskalten Wasser, das ich an spärlichen Trinkquellen ergatterte und in mich hineinschüttete, sodass ich wiederum alle Augenblicke in den Büschen hockte, weil mich deswegen ein *Dünnschiss* plagte.

Kein leichtes Wanderleben für mich. Die Hitze, das meist zuwenige Wasser, das Rumoren in meinem so strapazierten Magen und das immer wieder von den Erziehern antreibende *...jetzt gehts endlich weiter, ihr laschen Affen.*

In diesen Momenten trat wieder jener blonde Erzieher in Aktion, indem er mich so oft wie möglich einen der schweren Rucksäcke tragen ließ. Mit hämischem Grinsen *...so, den tragst jetzt du...* und schnallte mir einen, prall mit Dosen und Kilobroten gefüllten Rucksack auf den Rücken, sodass ich mich wankend und drehend wie ein Wüstenkamel erst orientieren musste, in welche Richtung ich überhaupt zu traben hatte.

Verständlich für mich – weniger für den Sadisten-Erzieher – dass ich nach einiger Zeit Rucksackschlepperei einfach selbigen fallen ließ und mich in die Büsche verdrückte. Sollte er sich damit abschleppen, dachte ich mir. Versteckte mich und wollte später zurück ins Lager. Leider – er suchte, fand und fischte mich aus dem Unterholz. Zwei Watschen sowie gefürchtete Kopfnüsse von ihm, heiße Tränen des Schmerzes und der Wut von mir. Tränen, in denen sich das pralle Sonnenlicht der zwölften Stunde des Tages, der Mittagszeit, widerspiegelte. Immerhin Mittagszeit, das hieß Pause machen, ausrasten, essen, trinken und im Schatten liegen. Am besten weit weg vom Sadisten. Das hieß aber auch, der Rucksack wurde leichter, schlapper, weil Gegessenes gleichmäßig verteilt in den Bäuchen der Mitwanderer zum Weitertransport zwischengelagert war.

Das Ziel der kilometerlangen Wanderung – des Hatschers durch Schluchten und Almhöhen, über Wiesenwege, über Asphaltstraßen – hieß Lavarone, genauer Lavaronesee. Der Ort war ein liebliches Kaff und für mich völlig uninteressant, weil ich sowieso kein Geld hatte, um ein Eis oder gar eine Limonade zu kaufen. Aber der See, besser bezeichnet die kleine Seelacke hier mitten im Gebirge war köstlich erfrischend. Einfach die schweren Bergschuhe auszuziehen und die wundgelaufenen Füße hineinstrecken ...*aahhh*... das hatte was für sich. Sich in die Wiese werfen, einen Grashalm zwischen den Lippen wandern lassen und die Augen schließen. An nichts denken – und doch nachdenken, wie könnte ich dem Sadisten-Erzieher eins auswischen für die ungerechte Rucksackschlepperei.

Der Nachhauseweg war noch langwieriger und mühsamer, weil er sich über eine endlose, staubige Schotterstraße zog. Ein Umweg mit noch weniger Wasserstellen. Aber mit dem Vorteil, dass ich mich dem strengen Regime des Sadisten-Erziehers entziehen konnte. Die gesamte Wandergruppe zog sich innerhalb kürzester Zeit in eine unüberschaubare Länge. Die heiße Nachmittagssonne, die Müdigkeit aller und der Staub der Straße erstickte sämtliche Aktionen und Emotionen. Es gab nur noch ein Ziel: nach Hause, zurück ins Lager...

Spät am Abend, als es schon finster wurde, trottete die Wandergruppe, latschten die Erschöpften und Fußblasen-Verletzten mit einer Stunde Zeitunterschied, im Lager ein. Auch ich humpelte als einer der Letzten, völlig ausgelaugt, wie gerädert und mit Blasen an den Füßen durch das Lagertor. Aber ich machte mir den Spaß und versteckte mich. War sozusagen unauffindbar. Sodass der Sado-Erzieher es mit der Angst bekam, weil er für seine Gruppe ja verantwortlich war. Abendessen, Flaggenappell, Zapfenstreich – alles ohne mich. Ich hatte mich im angrenzenden Maisfeld versteckt und wollte es ihm heimzahlen. Sollte er mich suchen müssen. Heimlich schlich ich mich irgendwann ins Zelt und schlief erschöpft ein. Als er mich heftig flüsternd – weil schon Nachtruhe – zur Rede stellen wollte, jammerte ich, dass ich Durchfall wie noch nie gehabt hätte und deswegen die ganze Zeit am Klo sitzen musste. Ich hätte jetzt Kopfweh und Bauchweh. Es ginge mir sehr, sehr schlecht und ich müsse mich bald wieder übergeben. Tat so, als würde ich ihm direkt ins Gesicht kotzen. Mit einem Ruck riss er seinen Kopf zurück und murmelte Schimpfendes, ähnlich ...*selber schuld, warum frisst und saufst du alles durcheinander, du Depp...* ließ mich aber in Ruhe und verschwand aus dem Zelt. Gute Nacht, Herr Sadist.

In dieser Nacht ertränkte ich meinen Strohsack förmlich, ich pinkelte ihn voll. Aber ich war einfach zu erschöpft. Ich wurde nicht munter, um das wankende Schilfklo bzw. das Seeufer mit einer nächtlichen Geisterbeschwörung zu taufen. Am frühen Morgen zog auch ich mit den Strohsackbrunzern in Richtung Seeufer. Wie ich mich schämte.

Meine Caldonazzoferien in den Jahren 1958 und 1959 waren

leider nicht so toll, wie ich sie mir daheim noch ausgemalt hatte. Es lag in erster Linie daran, dass es bei den Erziehern leider ein paar Typen gab, die etwas heftige Methoden an Schikanen und Schleifereien, ähnlich einem Militärlager, an uns Kindern praktizierten. Ich erinnere mich an einen heißen Nachmittag, an dem wir stundenlang bloßfüßig über ein Stoppelfeld getrieben wurden, weil wir irgendetwas angestellt hatten. Die andauernden Kopfnüsse, das Abwatschen, das sinnlose Rucksack ein- und ausräumen, das Liegestütze-und-Kniebeugen-Machen bis zum Umfallen, die Häschen-Hüpf-Methode... und vor allem diese rüden Beschimpfungen. Wenn wir nicht so schnell reagierten, wie die Erzieher es wünschten. Wenn wir zum Beispiel nicht kräftig genug die Lieder zur Heiligen Messe sowie die Marschlieder für die Sonntagsparade zur Kirche trällerten. Ob unser Sangeswerk richtig gesungen erschallte, war unerheblich. Laut und kräftig musste unser Gegröle klingen. Obwohl ich schon damals gerne sang, aber nicht unter solchen Voraussetzungen.

Diese Schikanen machten mich – nicht nur mich – bockig und stur. Ich war damals noch viel zu sehr mit der Aufarbeitung meiner Vergangenheit beschäftigt. Denn Aggressionen, Träume und Ängste hatten alle, die im SOS-Kinderdorf landeten. Wir waren ja nicht freiwillig hier. Unsere Herkunft, denke ich nur an meine, war nicht gerade eine freudvolle.

Mancher Erzieher verstand dies sicher nicht, hatte keine Vorstellung der Qualen, der Ursachen für unsere Phobien oder Neurosen. Vor allem verstanden viele der noch so jungen Ferienbetreuer kaum etwas von Kinderpsychologie, von Therapiemaßnahmen usw. Waren es doch meistens nur Ferialpraktikanten. Studenten eben, die sich in diesen paar Wochen in Caldonazzo als Betreuungspersonen etwas Taschengeld dazuverdienten.

Da konnte es schon mal passieren, dass so ein »Erzieher« ein Schuss-in-den-Ofen war, in der Betreuung von sensiblen SOS-

Kinderdörflern. Oder der Erzieher hatte selbst einen ordentlichen Schuss oder seelischen Knacks (was oft genug auch in den besten Familien vorkam), den er an uns Kindern unverblümt ausleben konnte. So wie jener blonde Erzieher, der mich immer wieder an der Gurgel hatte.

Manche von uns Kindern traf es eben härter, manche weniger hart. Zumindest in diesen beiden Jahren 1958 und 1959 war das Caldonazzolager für mich alles andere als mein Freund Heinzi mir vorschwärmte. Aber er war ja doch schon älter und diesbezüglich robuster.

Das sollte sich für mich erst in den Sommerferienwochen von 1960 bis 1968, als das Betreuerpersonal gewissenhaft ausgesucht wurde, bewahrheiten. Wie gerne denke ich daran zurück. Wieviel hatte ich damals doch an schönen Abenteuern erlebt, wie vieles gelernt. Ab 1960 begann für mich die sorglose glücklichste Caldonazzozeit.

Aber noch schreibe ich von den Jahren 1958 und 1959, vom Sommerferienlager der SOS-Kinderdörfer in Caldonazzo.

Wallfahrt nach Pinè

Eines Tages hieß es, alle Kinder müssten zur Wallfahrtskirche nach Baselga di Pinè pilgern. Irgendein Bischof (wars der von Trient?) sollte dort eine besondere Messe lesen. Mich kleinen Wolfi und fast alle anderen interessierte das herzlich wenig. Für uns bedeutete es nur, wir mussten um drei Uhr früh losmarschieren, damit wir rechtzeitig um neun Uhr vormittags bei der Wallfahrtskirche in Pinè eintrafen.

Durch unsere wöchentlichen Tageswanderungen, samt Rucksackschlepperei, war ich sicher schon einiges gewohnt. Aber diese Wallfahrtstour, etwa 25 Kilometer lang, war für mich wie ein Gefangenenmarsch. Die Erinnerung an diese mörderischen Strapazen der qualvollen Marschkilometer, treibt mir noch heute einen kalten Schauer über meinen Rücken. Was hatte ich verbissen geheult, wie rannen mir die Tränen voll Schmerz, Wut und hilfloser Ohnmacht über die Wangen. Ein brennendheißer Tag und immer zuwenig Wasser zum Trinken. Barfuß, mit Blasen an den Fersen und fast allen Zehen, die schweren Wanderschuhe mit den Schuhbändern verknüpft – erst über die linke Schulter geworfen, nach schmerzenden Minuten wieder über der rechten Schulter baumelnd, weil sich die Schuhbänder durch das Gewicht der Berghammerln ins Schulterfleisch einschnitten – taumelte ich letzten Endes über den glühendheißen Asphalt. Über spitze Steine auf Schotterwegen und immer wieder von einem genervten Erzieher angetrieben. Wie ein Stück geschwächtes, unwilliges Vieh, das den Weg einfach nicht mehr schaffte.

Endlich, nach Stunden angelangt irgendwo in den Bergen im kühlen Schatten eines dichten Waldes hinter der Basilika, der Wallfahrtskirche von Pinè, ließ ich mich ins Gras fallen, am Rande einer Waldlichtung. *Bis hierher und nicht weiter... hier bleibe ich bis ans Ende meines Lebens, zumindest die nächsten paar Stunden...*

Eine Messfeier im Freien, mit vielen Menschen, Weihrauch und Gebeten ging an mir spurlos vorüber. Mich interessierte weder die Kirche, noch der Bischof oder Kardinal, noch die Messzeremonie inmitten des kühlen Wäldchens.

Ich war zu erschöpft, hatte nur Durst, nochmals Durst und Hunger. An einem Wasserhahn stillte ich nach langem Anstellen hastig meine ausgetrocknete Kehle. Etwas Essbares wurde mir in die Hand gedrückt. Wie ein Häufchen Elend saß ich auf einem morschen Baumstumpf zwischen Wurzel- und Blattwerk, verschlang einen Apfel und kaute genussvoll an einem weichen, laschen Käseweckerl herum. Eine in dieser Gegend übliche Weißbrotart, etwas größer als eine Semmel. Manchmal wurden sie auch länglich, wie ein übergroßes Salzstangerl, Marke XXL aber ohne Salzkruste, gebacken. Wenn sie frisch waren, schmeckten sie köstlich. Ich riss ansonsten diese länglichen Weckerl an der Stirnseite auf, aß das Weiche heraus und streute Salz in die Weckerlhöhle hinein. Dann noch zusammengedrückt und abgebissen – das schmeckte mir besonders. Einfach herrlich.

Diesmal war das Weckerl leider matschig, von Käse und Butter aufgeweicht. Was solls, mein Hunger wurde gestillt. Ich besah mit Schrecken meine Blasen an Fersen und Zehen. Wie sollte ich mit diesen angeschwollenen Füßen jemals wieder in die Schuhe, nach Hause kommen? Barfuß natürlich, wie sonst.

Genauso passierte es auch.

Der Abstieg, nach Stunden der Erholung und (weniger für mich) religiösen Erbauung, war anders als der Aufstieg. Anfangs ersichtlich angenehmer, weil es bergab ging. Aber bald hatte ich das Gefühl, meine eigenen Füße überholten mich, so rutschig bzw. steil entwickelten sich Waldwege, Schotter und Asphaltstraßen.

Barfuß-Gehen war nicht mein Problem. Durch das dauernde Ohne-Schuhe-Laufen bekam ich innerhalb kürzester Zeit eine dicke Hornhaut auf den Fußsohlen. Nur das stundenlange Dahinlatschen auf Juli-heißen Landstraßen weichte nicht nur den Asphalt sondern auch die sonst so strapazfähige Hornhaut der Fußsohlen auf. Jetzt begann erst die Qual, weil sich Hornhaut und Teer untrennbar verbanden, schmerzhaft verschweißten. Ging ich aber am Randstreifen auf Sand und Wiese, der den Asphalt einsäumte, klebten sofort hunderte, spitze kleine Steinchen auf der Sohle. Ich rieb und schliff meine Fußsohlen, so gut es ging, am Asphalt sauber, brabbelte dazu mein Barfuß-Wander-Gebet, meinen innerlichen Sprechgesang, und zählte dabei:

Fünfazwoanzig Schritt auf'm Asphalt
wann die Fiaß mia brennan mach i halt.

Dann fünfazwoanzig auf da Wiesn
Barfuaß wandern, des is gschissn.

Verse reimen war schon immer meine stille Leidenschaft. Der Schritt-Rhythmus brachte mich weiter, ließ mich Schmerzen, Hitze und Durst ertragen...
Spät in der Nacht kamen wir, kam ich, nach wieder fast 25 Kilometer Fußwanderung – angetrieben durch motivierende Strafsanktionen der Erzieher – torkelnd, humpelnd, mehr tot als lebendig, durch das Lagertor. Ich fiel augenblicklich ins Bett und schlief mit der lebhaften Erinnerung an die vielen geschwitzten Schweißtropfen (der Sonne geopfert) und die vielen geweinten Tränen der Wut und Erschöpfung sowie meinen unausgesprochenen Fluchwünschen (den Erziehern gewidmet) ein.

Rucksackkontrolle

Jeder Samstag war in erster Linie Reinigungsritualen vorbehalten. Von der totalen Lagerplatzreinigung, der totalen Zeltreinigung, der totalen Kleiderreinigung bis hin zur totalen Körperreinigung.

Dorfplatzreinigung: Der dörfliche Lagerplatz war ohnehin schnellstens saubergemacht, befreit von Papierschnipseln und Holzresten diverser Bastelstunden. Alle mussten sich daran beteiligen. Rings um die Zelte durfte kein Fuzerl von Irgendwas liegen.

Zeltplatzreinigung: An den Zelten rollten wir die Seitenwände hoch. Sämtliche Strohsäcke schleppten wir hinaus, in die pralle Sonne. Die Decken (die Strohsack-Überzugdecke sowie die Decke zum Schlafen) mussten wir zum Lüften in der Wiese ausbreiten oder über eigens dafür aufgespannte Wäscheleinen werfen.

Raus, alles raus aus dem muffeligen Zelt! Raus, an die helle, schon stark wärmende Vormittagssonne! Der Zeltboden wurde erst saubergefegt, zuletzt feucht aufgewischt. Niemand durfte das ausgeräumte Zelt jetzt betreten. Sonnenstrahlen mussten erst ihre Pflicht erfüllen und den Zeltboden schnellstens trocknen.

Kleiderreinigung: Auf die in der grellen Sonne ausgebreiteten Decken stülpte ich meinen Rucksackinhalt. Hemden, Stutzen, Socken, Lederhose, Unterhosen, Waschzeug, Schuhputzzeug... alles purzelte heraus. Sämtliche Kleidungsstücke legte ich auf die Decke. Sortierte nach Art und Farbe. Weißes Hemd, weiße Stutzen – bunte Hemden, bunte Stutzen oder Socken usw. Die Schuhe, das Schuhputzzeug, die Waschutensilien... Jedes Teil wurde von mir glattgestrichen und wieder neu zusammengelegt.

Schmutzige Wäsche, die zu waschen war, legte ich auf einen eigenen Stoß, um sie nach der Kleiderkontrolle auf dem Seeufer-Betonsockel gründlich zu reinigen. Mit Seewasser, Seifenschaum sowie eifrigem Schrubben, Klopfen und Kneten von Hemden, Stutzen und Unterhosen auf dem gerippten Betonmuster.

Vorher jedoch musste ein Erzieher laut seiner Liste die Kleiderkontrolle durchführen. Und wehe, es fehlte irgendein Wäschestück oder gar ein Schuh. Eine schnelle, flüchtige Kontrolle meinerseits. Ich hatte doch noch alle meine Siebensachen beisammen. Wirklich alle...?

Schreck lass nach!

Wie kam es, dass mir die Zahnbürste fehlte! Ich hatte doch beim morgendlichen Waschen am Seeufer alles – die Seife samt Seifenschale, den Waschlappen, den schwarzen Kunststoffkamm, die Zahnpastatube... – in mein Waschsackerl gesteckt. Die Zahnbürste hatte ich glattweg verschlampt, sicher auf dem Betonsockel beim See liegen gelassen. Musste wohl so sein, denn heute morgen bekamen meine Zähne die Zahnbürste noch zu spüren. Mit Zahnpasta und Seewasser.

Verdammt, sie fehlte mir wirklich. Wenn ich jetzt noch rechtzeitig, bevor der Erzieher die Rucksackkontrolle machte, zur Fundkiste lief und sie dort eventuell fand, wäre ich gerettet.

Aber zu spät. Mein Sado-Erzieher hatte mich schon im Visier. Schadenfroh grinsend kam er mit meiner Zahnbürste lässig winkend auf mich zu. Meine Zahnbürste, gelb war sie und ein Stück Pflaster klebte am Griff. *321 – Wolfi* stand drauf.

Das hieß im besten Falle ein paar heftige Kopfnüsse mit Beschimpfung. Schlimmer war ein Tag Badeverbot... oder kein Taschengeld am Sonntag, kein Sonntagsbummel... oder kein Abendessen... oder sonst irgendein Strafdienst (Küchendienst, Kloudienscht...). Meine Zahnbürste in des Erziehers Hand bedeute dieses Mal: kein Abendessen.

Die Fundkiste

Eine klobige Holzkiste, an einem A-förmigen Hauptstrommasten befestigt, in unmittelbarer Nähe des Appellplatzes, wurde *Fundkiste* genannt. So bezeichnet stand es oberhalb, auf einem montierten Holzschild mit roter Farbe unheilvoll gepinselt. Darüber war ein amtliches Metallschild am Masten angebracht. Mit Totenkopf, gekreuzten Knochen *...pericolo di morte!* Achtung tödlicher Strom! Oder so ähnlich. Dieser Hinweis gab der Fundkiste einen noch gefährlicheren Charakter.

In diese Holzkiste wurden sämtliche Wäschestücke, Seifen mit oder ohne Seifenschalen, Zahnbürsten (wie meine), Schuhe, einfach alles, was im Lager gefunden wurde und auf einen schlampigen Besitzer hindeutete, hineingeworfen. Aufgesammelt von den Erziehern. Oder vom LvD (Leiter vom Dienst), der den lieben langen Tag die Verantwortung für ein sauberes

Lager, für einen reibungslosen Lagerablauf hatte.

Aber auch von bösartigen Buben, die absichtlich ein Wäscheteil aus dem Rucksack eines anderen nahmen und in diese Fundkiste warfen. Eine der gemeinsten, hinterhältigsten Aktionen, wenn es um irgendwelche Streitereien oder Revierkämpfe unter uns Buben ging.

Einzige Ausnahme: gelang es einem von uns Kindern, ein Wäschestück eines verhassten Erziehers in der Fundkiste zu versenken, dann war dies schon ein triumphaler Erfolg. Beim Hochhalten des vor versammelter Mannschaft hergezeigten Fundstückes. Das während des Morgenappells passierte. Wenn der LvD die vor ihm ausgebreiteten, mit Nummern versehenen Wäscheteile einzeln in die Höhe hielt, die Nummer laut vorlas.

...*und hier* (ein verdreckter, bunter Fetzen hochgehoben) *wem gehört dieses Hemd... mit der Nummer...* (umständliches Hochkrempeln des Hemdkragens) *...mit der Nummer 321?*

Das hieß, dieser Fetzen, sprich buntes Hemd, stammte aus Altmünster, vom Haus 1. Typisch, mein Bruder – sein Hemd. Ein, zwei heftige Kopfnüsse vom Erzieher, schadenfrohes Gelächter in der Runde – peinlich, peinlich. Dieses Prozedere ging so lange weiter, bis sämtliche in der Fundkiste gesammelten Stücke an ihre rechtmäßigen Besitzer verteilt waren.

Besonders genüsslich war es jedoch, wenn der LvD ein Wäschestück eines Erziehers in die Höhe hielt. Weil sich jener, bis über beide Ohren schamhaft errötend, als Besitzer outen musste. Allerdings, wenn er zu feige war, sich genierte um sich zu melden, konnte er sein verschlamptes Wäscheteil immer noch später heimlich aus der Fundkiste entnehmen. Unauffällig bei Tag – so, als würde er Verlorenes seiner Kindergruppe suchen. Er konnte auch des Nachts mit der Taschenlampe zur Fundkiste schleichen und seinen verlorenen Fetzen raussuchen. Daher wurden jene Erzieher von uns mit Argusaugen beobachtet, wann sie ihren unauffälligen Start zur Holzkiste unternahmen – Codewort »Fundkistenwühler«.

Leider gelang es mir nie, einen Wäscheteil meines eitlen, selbstverliebten Sado-Erziehers in der Fundkiste landen zu lassen. Zu misstrauisch war er uns gegenüber. Er hatte wohl allen Grund dazu. Denn niemand mochte ihn. Außer jene, die sich bei ihm einschleimten, seine Arschkriecher.

Wir ziehen über die Straßen...

...mit schwerem festen Schritt.
Und über uns die Fahne,
sie knallt und flattert mit!

Im Widerhall der engen Gassen von Caldonazzo erschallte der kräftige, muntere Gesang von hunderten Bubenstimmen. Den grölenden Sound hatten wir eifrig gelernt. Jeden Samstag nachmittag war Singen, für Untalentierte das Grölen, angesagt. Für zweierlei Veranstaltungen. Liedgut einstudieren für den sonntäglichen Marsch zur Kirche sowie für die Heilige Messe.

Zuerst sangen wir die bekannten Kirchenlieder durch, die uns ohnehin im Religionsunterricht eingebläut wurden und die wir jeden Sonntag während der Heiligen Messe eifrig mitsangen. Von *Wohin soll ich mich wenden* bis zu *Großer Gott wir loben dich* reichte unser Repertoire. Diese Übungsstunde war schnell abgesungen. Texte und Melodien konnten wir wie im Schlaf – auswendig. Ja, gelernt ist gelernt, wenn auch unser Gsangl eher dürftig klang. Sicher waren diese einschläfernden Melodien schuld daran. Wie sollte man denn ein *Wohin soll ich mich wenden* wuchtig singen, wenn darin keine schrillen Schreie, kein zackiges Hey-joh oder Ho-ho, auch kein Hey-hey-hey zu singen war. Aber wir machten uns, motiviert durch einen strengen Chorleiter. Bei den Erziehern war meistens ein sangesfreudiger Student, dem es Spaß bereitete, mit uns die Messlieder durchzusingen. Der aber auch die Geduld und Ausdauer aufbringen musste, uns die zackigen Marschmelodien einzutrichtern.

Am wichtigsten war jedoch, dass das Messe Abschlusslied *Großer Gott wir loben dich*, bombastisch-mächtig aus unseren Kinderkehlen erschallte. Das wünschte sich unser Hermann Gmeiner – sein Lieblingslied eben. Er ermahnte uns deswegen jeden Samstag, abends beim Flaggenappell:

Buam, singts ma morrgn während der Heiligen Messe ordentlich und kräftig mitt. Beim »Großer Gott wir loben dich« möcht ich, dass die Kirchnfenschterscheibm wackeln. Erscht nachher dürfts bummln gehn, gell…!

Der zweite Teil der Singstunde war den Marschliedern gewidmet. Zuerst mussten wir die Texte lernen. Kopierte Zetteln mit den Liedtexten wurden, ein Textpackerl für je drei Buben, verteilt. Deutsches und abenteuerliches Liedgut:
Wir ziehen über die Straßen…
Es lebt der Schütze…
Wir lieben die Stürme…
Hoch auf dem gelben Wagen…
Die blauen Dragoner sie reiten…
Wir lagen vor Madagaskar…
sowie noch andere Hau-drauf-Lieder.

Da saßen wir unter schattenspendenden Maulbeerbäumen und lernten im Sprechchor. Wenn dieser halbwegs verständlich klang, ging es zur Melodie über. Unter uns Buben gab es natürlich ein paar absolute Sangesnieten. Sie ließen es sich aber nicht nehmen, ihre akustische Unfähigkeit ohrenbetäubend, einem gefauchtem Katzengejaule ähnlich, ertönen zu lassen. Entsetzlich und wiederum erstaunlich, dass es Kinder gab, die nicht einmal einen einzigen Ton richtig trafen. Natürlich vermutete der Chorleiter sofort einen von uns ausgeheckten Sabotageangriff auf seine sensiblen Künstlerohren. Mit Dirigentenstab (kurzer biegsamer Weidenast) und Kopfnüssen wurde den absichtlichen *Falschsingern* zu Leibe gerückt. Was zur Folge hatte, dass jene Sangestalente sofort abhauten, sich in den umliegenden Maisfeldern verkrochen, andere beleidigt verstummten, trotzig und bockig waren bzw. weiterhin falsche Töne von sich gaben. Leiser, sozusagen den groovigen Bass dazu grummelten. Plötzlich klangen diese (M)arschlieder nach halbwegs Melodiösem. Man konnte sogar erahnen, welches Lied wir gerade zum Besten gaben. Ein Sangesmeister fiel damals schon nicht vom Himmel. Ein paar Naturtalente gab es Gott sei Dank in unseren Reihen, die uns tonal vor der peinlichen Blamage des totalen Verrisses retteten.

Nun kam das Marschieren dran. Wir mussten in Viererreihen antreten. Die Großen zuerst, die Kleineren zuletzt.

Im Gleichschriitt maarsch! Links-rechts und links-rechts. Links-rechts und links-rechts... Links heißt: linker Fuß nach vorn... ja was seids denn ihr für ein chaotischer Sauhaufen...!

Der Chorleiter krähte sich förmlich die Seele aus seinem sportgestählten Leib, während er sich vergeblich abmühte, uns *links* und *rechts* einzutrichtern. Um aus dem chaotischen Sauhaufen eine zackig marschierende Einheit, Marke *Deutscher Soldat* zu machen. Es erinnerte mich an die Titelseiten der Schundhefte – in diesem Falle der Kriegsromane *Der Landser*.

Links-rechts und links-rechts. Links-rechts und links-rechts... das gibts doch nicht – wissts ihr blöden Affen wirklich nicht, was linker Fuß und rechter Fuß heißt...?

Nach Stunden des Hin-und-her-Marschierens, des Im-Kreis-Marschierens und schlussendlich des Singend-grölend-durch-das-Lager-Marschierens, wussten wir Affen endlich, was *links* und *rechts* hieß.

Nachdem auch die anderen Kinder der jeweiligen Dörfer auf diese Art singen und marschieren übten, erschallten im Ferienlager bald in einem einzigen Durcheinander Lieder und Marschbefehle. Welchen Feind galt es wohl niederzusingen, marschierend zu zertrampeln? Wir Dorfgruppen uns gegenseitig! Jeder gegen jeden, Altmünsterer gegen Imster, Hinterbrühler gegen Altmünsterer, Imster gegen Hinterbrühler...

Dagegen mussten wir schwächlichen Altmünsterer uns behaupten. Nachdem wir – die Kinderanzahl betreffend – nicht das größte Dorf waren, vor uns kamen die Hinterbrühler, dann die Imster (Imschter). Erst an dritter Stelle waren wir, die Altmünsterer. Das hieß, noch lauter zu krächzen, grölen und zu brüllen, um den anderen zu zeigen, wer der singende Platzhirsch war.

Ich muss ehrlich bleiben: so laut wir Altmünsterer sangen, die anderen grölten uns nieder. Sie hatten mehr krächzende Sänger, waren auch mehr Kinder. Da kam es auf jeden einzelnen Kehlkopf, jede Stimme an. Dennoch, auch wir waren nicht zu überhören. Unsere Falschsinger waren unser Triumph. Sie gaben *den Altmünsterern* einen Old-Minster-Sound.

Das Singen bereitete mir unendlichen Spaß. Voll Freude krähte auch ich aus Leibeskräften mit. Das Marschieren mochte ich weniger. Doch diese Marschlieder waren zackig zu singen und es machte schon was her, wenn am Sonntagmorgen die SOS-Kinderdörfler gruppenweise, singend und marschierend das Lager in Richtung Caldonazzo-Kirche verließen:

Es-leebt-der-Schüütze frooh-und-freiii,
ja-frooh-und-freiii, jaa-froooh-uund-freeiii...!

Sonntagmorgen.

Das Aufweck-, Reinigungs-, Frühstücks- und Zeltbauritual war wie immer. Am Sonntagmorgen gab es kleine, jedoch wohltuende Unterschiede gegenüber Wochentagen. Es wurde statt Kaffee ein leckerer Kakao ausgeteilt. Dazu ein knusperfrisches Weckerl (manchmal sogar Nusskuchen). Bei der Menge Weckerl, Brot und Kuchen die wir verschlangen, musste der örtliche Bäcker sicher auch am Sonntag eine Sonderschicht einschieben. Ein paar Weckerl waren immer zuviel im Korb. Diese wurden von den Erziehern natürlich an ihre braven Lieblinge (die Schleimer) verteilt.

Unsere Sonntagsdress hatten wir schon angezogen:
Die kurze Lederhose, mit aufgestülpten Hosenröhren. Bei den großen Buben hielt sich diese Hose ohne Hosenträger am Körper. Die hatten schon mehr Fleisch und Muskeln um den Hintern. Bei uns Kleinen mussten noch Hosenträger eine tragende Rolle spielen. Aber auch die waren echt Leder.

Das weiße Hemd. Sauber gewaschen, hochweiß und im Prinzip kurzärmelig. Wer ein langärmeliges Hemd besaß, krempelte an diesen heißen Sommertagen ohnehin die Ärmel hoch. Kein Fleck, kein schmutziger Kragen, kein fehlender Knopf durfte diese Unschuld in Weiß trüben. Sonst fasste man Kopfnüsse oder Strafdienste aus.

Die weißen Stutzen. Ebenfalls immer sauber, eingeseift im Seewasser bleichgeschrubbt. Der Einziehgummi schnitt sich tief ins Wadenfleisch. Kein Loch in Schienbein- und Wadenhöhe. Stutzenlöcher im Fersen- und Zehenbereich waren selbstverschuldetes Risiko. Weil sie in den Schuhen die zarte Oberhaut von Ferse und Zehen aufrieben. Ich hatte in allen Stutzen Fersenlöcher.

Die festen Schuhe. Sie waren eine Qual. Hartes, unnachgiebiges Leder mit schwerer Sohle. Sicher beim Klettern, schlecht zum Marschieren. Aber immer tipp-topp auf Hochglanz geputzt.

Ein Pullover bzw. die Trainingsjacke schützte das weiße Hemd vor eventuellen Kakaoflecken. Nach dem Frühstück ging es zurück zu den Zelten. Schnell raus aus der Kakaoflecken schützenden Hülle und vor den Zelten aufgestellt.

Es gab Taschengeld. Zehn Lire pro Kind und die bar auf die Kralle! Eine Zehn-Lire-Münze in meiner Hand, welch Reichtum!

Hart erarbeitet, sechs Tage lang durch möglichst unauffälliges Verhalten und gutes Benehmen. Überall fleißig mittun, vielleicht ein bisschen einschleimen, wenns unbedingt notwendig war.

Was tat ich nicht alles für zehn Lire. Um zehn Lire gab es entweder zwei Stanitzel Eis zu je fünf Lire oder ein Glas Limonade. Und wenn ich mein Sonntagsweckerl gegen zehn Lire tauschte, mich dafür mit Kakao vollfüllte, um den Vormittag hungernd zu überstehen, konnte ich vier Stanitzel Eis oder zwei Glas Limonade wegputzen. Zwei mal zehn Lire waren einen hungrigen Vormittag allemal wert.

Nach der sonntäglichen Lire-Verteilung gab es natürlich unter uns Buben auch etliche Tränen- und Wutausbrüche. Denn mancher bekam eben keine zehn Lire zum Verprassen. Weil er schlimm war, wie der Erzieher meinte. Daher diese drakonische Strafe, keine zehn Lire – und keine langen Diskussionen deswegen. Aus, basta!

Wir mussten in die Kirche. Der Herrgott wartete schon dort auf uns. Wie vortags stundenlang geprobt, hieß es:

Aufstellen in Viererreihen! Und alle auf mein Kommando:

Links-rechts und links-rechts... Links-rechts und links-rechts...

Und ab durch die Mitte.

Das Testlied, beim Auszug aus dem Lager trällernd, galt nur dem Aufwärmen der Stimmbänder bzw. um den anderen Dörfern zu zeigen, dass die Altmünsterer ihre Lektion gelernt hatten. Kaum aus dem Lager, kamen wir auf die endlos lange Schotterstraße, Richtung Centro Caldonazzo. Jetzt zu singen wäre der Tod für alle zarten Kinderlungen gewesen. Auch wenn wir weit hinter der vorherigen Dorfgruppe marschierten, die Luft war zum Schneiden bereits zu dick. Durch den zackigen Marschschritt wirbelte jede Dorfkolonne eine riesige Staubwolke auf, die sich schwerfällig auf die Nachkommenden niederließ, dass selbst Winnetou und Old Shatterhand ihren Vordermann nicht mehr erspäht hätten.

Beim Bahnhof, beim Schranken angekommen, konnten wir Altmünsterer das erste Mal wieder nach staubfreier Luft schnap-

pen. Weil der Schranken meistens unten war, obwohl halbstundenlang kein Zug heranbrauste. Um uns durch sein Vorbeizischen ein wenig kühlende Frischluft zuzufächeln, denn die Sonne brannte zu dieser Stunde bereits heftig auf unsere Köpfe. Na endlich.
Wenn sich der schwarz-weiß gestreifte Balken entschloss, mit viel Geschepper und Bim-bam ächzend aufwärts zu fahren, war es für uns soweit. Nochmals die Aufstellung überprüfen und los ging es. Ab jetzt singend:
Links-rechts und links-rechts...
Ein Lied... der Vordermann stimmt an... zwo-drei-vier...
Wir ziehen üüber die Straaßen mitt schwerem festen Schrittt...
Jaah – das klang echt fetzig. Ein Schauer feiner Pipihaut überzog meinen von der Sonne gebräunten Rücken, als wir im Ort einmarschierten. Durch die kleinen, engen Gassen von Caldonazzo, immer zackig *links-rechts, links-rechts, zwo-drei-vier...*
Wir liiebenn die Stüürme, die brausendenn Woogen...
Da guckten die Einheimischen ganz baff aus ihrer sonntäglichen Wäsche. Uns war es wichtig, gerade im richtigen Moment um die Ecke einer Gasse einzubiegen, um nicht mit einer anderen Marschlied-singenden Gruppe zu kollidieren. Es war ein Wettstreit. Lied gegen Lied, Dorf gegen Dorf marschierte auf und ließ Caldonazzo in einer Sangeswolke deutschen Marschliedgutes erschauern. Verunsichert dreinschauende Menschen – nicht recht wissend, worum es hier eigentlich ging – gab es genug. Sie standen links und rechts der Straßen und Gassen, durch die wir zackig links-rechts stampfend, singend durchzogen. Wie ein schriller Wirbel, ein Sturmgebraus.

Das sprach sich auch schnell in der Gegend herum: Jeden Sonntag marschieren hier junge Pimpfe, in Lederhose, weißen Hemden, weißen Stutzen, singend durch den Ort. Auch wenn Caldonazzo in den fünfziger Jahren noch nicht so fremdenverkehrsverwöhnt war. Einheimische, Sommerfrischler sowie Kurgäste aus Levico-Therme, einer bekannten Kurstadt in unmittelbarer Nähe, waren die verdutzten Zaungäste. Wir mussten unheimlich gut sein. Mit unserem Sing-Sang, im Marschschritt.

Es gefiel vielen Leuten anscheinend, sicher aber nicht allen. In dieser von beiden Weltkriegen drangsalierten Grenzregion zwischen Südtirol und Italien.

Denn irgendwann in den sechziger Jahren wurde dieser, uns andressierter Sing- und Marschierkult, abgeblasen. Er erinnerte zu sehr an HJ-Gruppen und die Nazizeit. Wurde dies der SOS-Lagerleitung verboten oder wurden sie gebeten, davon Abstand zu nehmen? Davon ahnten wir Kinder so gut wie nichts. Vielmehr, wir hatten einfach unseren unschuldigen Spaß dabei. Vor allem auch, weil wir durch unser Outfit (weißes Hemd, Lederhose, weiße Stutzen) sofort als die armen Villàggio-Bambini erkannt wurden. Wir durften Gratiseis schlecken, Gratislimonade schlürfen sowie Gratiskekse verdrücken. Sogar Lire wurden uns hin und wieder in die Hand gedrückt. Weil wir immer so schön sangen und so zackig marschierten. Sie waren sehr spendabel, die netten Kurgäste und die Menschen von Caldonazzo.

Sicher auch, weil wir eine alljährlich größere und lukrative Einnahmequelle für die Einheimischen wurden.

Die liebliche Kirche von Caldonazzo war jeden Sonntag ab neun Uhr gesteckt voll mit Kinderdörflern und ihren Erziehern. Da fanden selbst Einheimische ihren gewohnten Platz in den Holzbankreihen der Kirche von uns besetzt. Wir waren zu stark für diese kleine Kirche. Das zeigte sich ab dem Moment, als wir uns gegenseitig förmlich niedersangen. Welch ohrenbetäubender Hall und Schall zu Ehren Gottes. Wir gaben stimmlich alles, als ob unser Leben davon abhing. Dabei ging es lediglich um einen anschließenden Stadtbummel, um zehn Lire Taschengeld zu verprassen.

Aber unser Singen brachte selbst Ungläubige zu Gott. Wir waren ihm so nahe, dass sogar die Kirchenfensterscheiben wahrlich zu klirren begannen. Wir Kinderdörfler, wir schafften es gemeinsam. Und dann, als wir *Großer Gott wir loben dich* anstimmten, strahlte unser Hermann Gmeiner, den wir mochten und verehrten. Er verdiente es, dass wir nicht nur zur Ehre Gottes sondern auch zu seiner Ehre sangen. Weil auch er gerecht und gütig war, weil er uns beschützte. Uns akzeptierte, wie wir waren. Der uns allen erstmals ein wunderschönes Zuhause, eine gütige Mutter und dieses Ferienlager gab.

Aber Gott liebte auch uns, liebte mich. Wie innig spürte ich das. In diesen Momenten des schönen, kräftigen Gesanges wogte in mir das Gefühl einer kindlichen, leidenschaftlichen Freude und eine Welle des Verzeihens. In diesen Momenten konnte ich sogar meinem verhassten Sado-Erzieher vergeben. Zumindest heute am Sonntag. Bis zur nächsten Gemeinheit, die er sich gegen mich ausdenken würde.

Nach dem letzten ausklingenden Ton dieses bombastischen Schlussliedes war es mucksmäuschenstill. Hermann Gmeiner sprach kurz und bedankte sich für diese schöne Messe, unser hingebungsvolles Singen. Er versicherte uns, welche Freude er mit uns habe und dass er immer für uns da sei, uns beschützen wolle. Dass wir jederzeit zu ihm kommen könnten, wenn wir etwas auf dem Herzen hätten. Welch großartiger Mensch. Er war sichtlich gerührt. Ich auch. Wenn er nur wüsste, welch Sado-Erzieher mich schon tagelang piesackte. Aber ihm das zu sagen, getraute ich mich nicht.

Raus aus der Kirche und hinein in den Trubel. Sämtliche Geschäfte waren hier sonntags offen. Die Cafés hatten Tische und Sessel vor ihre Lokale gestellt. Ein fröhliches Treiben, ein Lachen und Scherzen bei strahlendem Wetter. Und ich war mittendrin. Ich, der kleine Wolfi, ein geborener und geschlagener Tiroler, der jetzt viel lieber ein stolzer Altmünsterer war, saß hier im sonnigen Caldonazzo in Italien. In einem kleinen Eisladen und schleckte genüsslich mein zweites Fünf-Lire-Eis.

Auch wenn meine zehn Lire nur für zwei Eis reichten, ich war einfach glücklich und zufrieden. Sonnenschein, fröhliche Menschen, italienisches Feeling rundum und viele Sachen zu bestaunen. Ich konnte in Geschäfte hineingehen und so tun, als würde ich etwas kaufen. Das fehlende Geld dafür störte mich nicht. Ich war allein zufrieden mit der Auswahl, mit dem Bestaunen der unterschiedlichsten Waren. Wasserspritzpistolen. Windräder. Drehpropeller, die man mit einer Schnur-Mechanik zum Fliegen brachte. Kapselrevolver. Blechspielzeug – Autos und Tiere zum Aufziehen. Schwimmreifen. Luftmatratzen. Aufblasbare Plastiktiere. Bunte Kindermagazine. Und natürlich die verschiedensten Leckereien, die mir aus den Auslagen zulachten. Mein Gott, was ich hier alles zu sehen bekam. Mag es naiv klingen, für mich acht-neunjährigen Buben war es eine kaleidoskop-bunte Welt, die meine Träume, Wünsche und Fantasien beflügelte.

Nach dem Stadtbummel, dem Verprassen der zehn oder mehr Lire, ging es zurück in das Ferienlager. Ohne Sing-Sang, ohne Marschieren, alleine oder mit Freunden, einfach wie jeder es wollte. Wir kannten den Weg, er wurde während der Woche oft genug von uns gegangen. Bei Wanderungen oder bei Dauerläufen durch Wiesen und Obstgärten.

Der Heimweg war auch insofern ein spannender, weil wir versuchten, per Auto-, Vespa- oder Motorradstoppen bequemer in unser Lager zu kommen. Die endlos lange und staubende Schotterstraße war der direkte Weg für alle Feriengäste, die im Caldonazzosee baden wollten. Das taten alle, die mit ihren Fiats, Vespas oder Motorrädern einherfetzten, fröhlich winkend an uns vorbei. Manche erbarmten sich unser, die wir in sengender Hitze dahinlatschten. Blieben stehen und nahmen uns mit. Weil wir fleißig den Daumen hoch und nieder schwangen. Bei den Vespa-Fahrern hatten wir meistens Pech, denn am Sozius saß immer eine hübsche Ragazza, sicher die Freundin des Vespa-Lovers. Da war kein Platz mehr zwischen den beiden. So eng schmiegte sich jede Schöne an ihren Geliebten.

Auch wenn sie einen von uns mitnehmen wollten.

Eines Tages war auch mir sagenhaftes Glück beschert. An einem besonders heißen Sonntag. Ich schleppte mich inmitten der Straße, schon mehr als geschlaucht von der unbarmherzigen Hitze, in Richtung Lager. Ein sattes Motorradgebrumm ließ mich noch rechtzeitig in den Straßengraben hechten, um einem atemberaubenden Motorrad nachzusehen. Sollte ich aber nicht, denn es blieb kurz nach mir stehen. Bremslichter, brmm-brmm, aufheulender Schwerzylinder, schwarz- und chromglänzende Karosserie, die ein in völlig schwarzer Lederdress gekleideter »Außerirdischer« mit seinen Händen bändigte. Verspiegelte Sonnenbrillen deuteten mir aufzusteigen. Ich, wie in Trance, bewegte mich auf das Mördergerät zu und schob mich schüchtern auf den Sozius. Mit einem Ruck fuhr diese Höllenmaschine an, sodass ich fast wieder in der Straßenmitte gelandet wäre. Panisch umklammerte ich den Unbekannten und begann innerlich *Himmlvatta hüf ma...* zu beten. Der fegte mit mir weg, als wäre Italien in einer Stunde abzufahren. Wenn ich nach vorne blicken wollte, raus aus seinem Windschatten, begannen meine Wangen zu schlappern, als wäre ich ein junger Spaniel, der seine noch zu groß geratenen Lefzen schüttelte. Vor Schreck zog ich den Kopf ein und blickte zurück. Eine Staubwolke, einem Raketenstart ähnlich, versperrte mir die Sicht. Obstgärten, Maisfelder und Weinstockreihen flogen in einem Höllentempo an mir vorbei. *Ohgott-ohgott. Bitte, bitte bleib stehen du Selbstmörderfahrer, du rasender Wahnsinniger...*

Und schon stand er. Fast. Hoppla – ein kurzer Schleuderer, erst nach links dann nach rechts. Steine, Sand und Schweißperlen (meine) wegschleudernd – jetzt stand er. Direkt vorm *Lido,* dem damals größten Badestrand von Caldonazzo. Das todesverachtende Rasen dieses Wahnsinnigen hatte einen Vorteil: Bevor ich mir vor Angst die Hose vollschiss, war ich auch schon angekommen. Zittrig runtergerutscht vom Sozius, ein

grazie in Richtung verspiegelte Sonnenbrille gestammelt und mit gummiweichen Knien ins Lager geschlichen. Schreck lass nach, aus und vorbei. Ich lebte noch, das genügte und ich schwor mir:
Nie-nie-wieder steige ich auf ein Motorrad!

Lagerfeuer-Romantik

Der restliche Sonntag verlief ruhig. Wer schon früher im Lager war, konnte sich mit schwimmen vergnügen. Jedoch spätestens eine Viertelstunde vor dem Mittagessen mussten alle Kinder anwesend sein.

Nach dem Essen war, wie jeden Tag, eine Stunde Mittagsruhe einzuhalten. Nachdem es meistens schönes Wetter gab, war es zu gefährlich in der Mittagshitze – überhaupt mit vollem Magen – baden zu gehen. Damit niemand einen Hitzeschlag bekam. Bei Regen wurde die Mittagsruhe in den Zelten abgehalten.

Ein kleines Rinnsal, das mitten durch unser Lager, in Richtung See floss, war auf einer Seite mit unzähligen Maulbeerbäumen gesäumt. Auf der gegenüberliegenden Seite lag im prallen Sonnenschein der Allzweckplatz – Sportplatz, Fußballplatz, Lagerfeuerplatz, Veranstaltungsplatz in einem.

Jeder musste sich seine Schlafdecke nehmen, sie im Schatten unter diesen Bäumen ausbreiten, um darauf sein Mittagsschläfchen zu halten. Lesen oder Briefschreiben war gerade noch erlaubt. Nicht jedoch plaudern, herumlaufen oder sonst irgendwie Lärm verursachen. Dies wurde streng geahndet. Mit Badeverbot oder mit Strafestehen (laut Sado-Erzieher – wie sinnvoll) in glühend heißer Mittagssonne.

Diese herrlichen Maulbeerbäume, ihre saftigen Maulbeeren, schwer an den Ästen hängend. Wenn sie reif waren, schmeckten diese violettschwarzen Früchte wie Brombeeren, leicht süßsäuerlich. Sie waren ihnen auch ähnlich, hingen aber nicht an stacheligen Sträuchern, sondern an diesen schattenspendenden Bäumen.

Reife Früchte fallen nun mal, wenn sie nicht geerntet werden, den irdischen Gesetzen gehorchend, zu Boden. Wenn Wind aufkam noch eher. So sehr ich sie genoss, es war verboten, diese leckeren Beeren zu essen. Einerseits, weil sie für entsetzliche Durchfallqualen verantwortlich waren (die Nichtreifen) und andererseits, weil sie angeblich Fieberschübe bis um die vierzig Grad verursachten. So wurde es uns jedenfalls erklärt, was aber sicher nicht stimmte. Die Erzieher gönnten uns diese edle Frucht einfach nicht.

Wenn wir also unter diesen Maulbeerbäumen unsere Siesta abhielten, stopfte ich mir heimlich die Backen, den Bauch voll. Ich brauchte nur am Rücken liegen und warten, bis kühlender Wind aufkam und den Baum sanft von seinen reifen Früchten erlöste. Direkt in meinem offenen Mund, wie im Schlaraffenland. Weniger schön war, dass diese verdammten Beeren überall Flecken verursachten. Auf der Decke, auf den Kleidern und wehe – gar auf dem weißen Sonntagshemd. Das gab Flecken, die nie, nie mehr rauszuwaschen waren. Sogar auf der Haut, im Gesicht um den Mund, verriet diese markante Maulbeerenfarbe, wer vom Baum der Versuchung naschte. Selbst am Klo, wenn das Gegessene meinen Körper unter Durchfallgestöhne befreiend verließ: alles blauschwarze Maulbeerenfarbe. Die Nichtreifen waren sicher daran schuld.

Endlich. Als der Trillerpfiff die Mittagsruhe beendete und wir alle mit einem Einheitsgebrüll zu unseren Zelten liefen, war die Badezeit angebrochen. Die, die ins Wasser durften, streiften sich ihre Badehose über, stürmten über die Mole und mit einem Freudenschrei in den erfrischenden Caldonazzosee. Die strafweisen Nichtbader stapften murrend mit einem Erzieher durch das Lager und sammelten achtlos Weggeworfenes auf. Papierschnipsel, leere Eisbecher, bunte Eislöffel...

Es war finster, stockdunkle Nacht. Die Julimond-Sichel und ein gewaltiger Sternenhimmel zeigten sich als einzig gnädige Lichtspender. Wenn man von den unruhig tanzenden Taschenlampenkegel absah, die sich zuckend und hüpfend mit ihren flüsternden Besitzern in eine Richtung begaben. Zu einer mannshoch aufgetürmten Holzpyramide am Lagerfeuerplatz. Dürres Reisig, alte Obststeigen und rissiges Schwemmholz aus dem ausgetrockneten Flussbett waren als Brennmaterial für das Lagerfeuer zusammengetragen worden.

Endlich saßen wir Buben im Kreis um diesen Holzhaufen, eingehüllt in unsere Schlafdecken (mit Maulbeerflecken) und harrten der Dinge, die auf uns zukommen würden.

Stille. Dunkelheit. Eine unsagbare Spannung lag in der lauen Julinacht. Unheimliches wurde uns vorausgesagt. Schon am Abend, beim Nachtmahl, taten die Erzieher geheimnisvoll und prophezeiten Gespenstisches...

Eine Stimme aus dem Dunkel, eine schemenhafte Silhouette, eingehüllt in eine Decke und mit Hut am Kopf, trat in den Bubenkreis und begann mit einer schaurigen Geschichte. Von einem alten Seefahrer. Fast flüsternd begann er, dann lauter, heftiger erzählend:

Als ich noch vor Jahren zur See fuhr, hat mir eines Tages ein Seefahrer in einer schummrigen Seemannskneipe ein schreckliches Erlebnis erzählt, das er wiederum von einem alten, einbeinigen Piraten erfuhr. Also Buben hört genau zu und staunt, welch wunderliche Dinge sich auf unseren Meeren zutragen können:

Einen jungen Seefahrer hatte es eines Tages bei seinen abenteuerlichen Reisen über die Meere auf eine einsame Insel verschlagen. Niemand wusste bisher von diesem kleinen Eiland. Es war auch unbewohnt und doch fand er durch Zufall eine Höhle, die er, neugierig geworden, mit einer Fackel erforschen wollte. Erst musste er sich kriechend hineinzwängen, nach einigen Metern ging es schon in gebückter Haltung. Plötzlich stand er in einer gewaltigen Höhle, deren Plafond er mit seiner Fackel nicht einmal ausleuchten konnte und...

Während die Erzählergestalt atemlos berichtete, wanderte sie unablässig rund um den Holzhaufen, damit alle Buben seiner aufregenden Geschichte folgen konnten. Nach einer sekundenlangen Pause erzählte er weiter:

...und dann fand er Schreckliches. Er trat mit seinen schweren Seemannsstiefeln darauf. Verdammt! Ein menschliches Skelett, das im Fackelschein zusammenfiel, sprang ihn förmlich an. Er glaubte, es bewegte sich. Doch es war nur der Schein seines getragenen, zuckenden Feuers, das diese Täuschung hervorrief, als ihm der grausige Totenschädel entgegenrollte. Direkt vor seine Füße. Grinsend starrten ihn zwei Augenhöhlen und ein Zahnlückengebiss an. So, als würden sie ihn begrüßen: »Willkommen in der ewigen Verdammnis, der schwärzesten Hölle des Teufels«. Eine Hand des Gerippes zeigte hinein in die Höhle. Mit Grauen im Nacken stolperte der junge Seemann weiter, immer tiefer in die Höhle hinein, dem knöchrigen Fingerzeig nach...

Und wiederum verstummte der schaurige Erzähler abrupt. Die Spannung stieg, wurde unerträglich. Dicke Gänsehaut überzog meinen Körper, schleichend vom Kopf bis zur Zehe.

...plötzlich blendete ihn der Glanz eines gewaltigen Schatzes. Aufgehäuft lagen Gold- und Silberschmuck. Aus vermoderten Seemannskisten und Truhen quollen Perlenketten, Geschmeide und Edelsteine. Im Fackelschein funkelte und glitzerte eine unbeschreibliche Pracht an Kristallgefäßen und Golddukaten, wie er sie noch nie gesehen hatte. Sprachlos vor Staunen legte er die Fackel zur Seite und begann wie in einem Rausch darin zu wühlen.

»Bei allen Geistern – Gold, Gold, alles Gold...!«, rief er wie in Trance und wälzte sich wie von einer Klapperschlange gebissen in all den Dukaten und Geschmeiden. Er hatte ihn gefunden!

Den sagenhaften Goldschatz eines längst verstorbenen einbeinigen Seeräubers. Von dem jeder Seemann nur flüsternd erzählte, auch wenn er schon seit Jahrzehnten verschollen war. So schrecklich und brutal war dieser seinerzeit zu seinen Leuten.

Vorsichtig verstaute er die wertvollen Schätze auf seinem Schiff und brachte sie nach Hause. Keinem Menschen erzählte er davon. Jetzt er war ein reicher Mann und angesehen in seiner kleinen Heimatstadt. Die Damenwelt lag ihm zu Füßen. Bald fand er eine schöne Frau, verliebte sich in sie, heiratete und bekam mit ihr zwei gesunde Kinder...

Nun kniete der unheimliche Erzähler nieder und zündete sich eine Seemannspfeife an. Die Glut des Tabaks ließen seine Augen feurig leuchten. Mit tiefer Stimme fuhr er fort:

...der Seemann sollte eigentlich zufrieden sein. Bei soviel Glück und Reichtum. Jedoch schlief er immer schlechter, weil ihn plötzlich Albträume plagten. Nacht für Nacht derselbe Traum. Er sah das Skelett des einbeinigen Seeräubers aus der Höhle und wie es klapprig – tok-tok tok-tok – auf sein Haus zuhumpelte.

Tok-tok tok-tok – klopfte das Seeräubergerippe an seine Tür...

Tok-tok tok-tok – kam es über die Treppe herauf...

Tok-tok tok-tok – öffnete es die Tür und stand vor seinem Bett...

Atemlos und schweißgebadet lag der Seemann auf seiner Matratze. Das Gerippe beschwörte ihn mit Grabesstimme:

»Seee-mannn, giiib mir meinen Schatz wiiiedeer!«

Der Seemann, starr vor Angst, war stumm und wie gelähmt. Wiederum erklang drohend fordernd vom Gerippe:

»Seee-mannn, giiib mir meinen Schatz wiiiedeer!!«

Eiskalter, weißlicher Nebel umhüllte die bleichen Knochen.

Der Erzähler (mit der Pfeife in der Hand) musste kurz husten, räusperte sich. Atemlose Stille. Meine Nerven, meine Nerven – sie waren dem Zerreißen nahe.

Dann – plötzlich schrie der Seemann:

DA NIMM IHN, VERDAMMTES GERIPPE!

Wuschsch... zischsch... fluschsch...

Gleichzeitig und mit wütendem Fauchen entflammte sich die Holzpyramide. Gierig fraßen sich die Flammen in das trockene Holz, schlugen wild zuckende Lichterschauer über unsere vor Schreck erstarrten Gesichter und in die Nacht hinaus.

Wumm – Schreck lass nach – der Leibhaftige fuhr in mich...

Denn während der Erzähler mit seiner Stimme leiser und leiser wurde, schrie er den letzten Satz schrill in die Nacht:

»*Da nimm ihn, verdammtes Gerippe..!*«

Gleichzeitig hatten heimliche Helfer das Feuer an mehreren Stellen entzündet, als effektvolle Unterstützung seiner schaurig-spannenden Story. Gefangen und verzaubert hatten wir seinen Worten gelauscht, gingen ihm voll auf den Leim. Gemein, aber wirklich gelungen. Ein köstliches Erlebnis.

Und schon ging es weiter im Programm. Buben aller Dörfer überboten sich mit Sketches und anderen lustigen Darbietungen, die – je nach Gelingen – mit heftigem Applaus oder mit Buhrufen belohnt wurden. Als das Feuer nur noch ein gewaltiger Haufen Glut war, sprach wieder Hermann Gmeiner zu uns. Er erzählte von seinen Erlebnissen, berichtete von neuen SOS-Kinderdorfprojekten und wieviel Elend es auf der Welt gäbe. Wenn wir eines Tages Erwachsene wären und zusammenhielten, könnten auch wir dazu beitragen, diese Not etwas zu lindern.

Gutes tun ist leicht, wenn viele helfen. Wie recht er hatte. Ich bewunderte ihn. So stellte ich mir einen Vater vor. Einen, den ich leider nie hatte.

Wir sprachen gemeinsam das Kinderdorfgebet. Zuletzt nahmen wir uns alle an der Hand und sangen *Wahre Freundschaft...* Als ich mich zum Schlafen im Zelt verkroch, war ich zufrieden wie schon lange nicht mehr.

Trillerpfeifen-Drill

Neben *Taagwaache* oder ähnlichen Guten-Morgen-Wünschen wie *Raus-aus-den-Säcken-ihr-Säcke*, je nach Stimmung des jeweiligen LvD (Leiter vom Dienst) und sicher spaßhalber gedacht, erschallte ein zusätzlicher schriller Trillerpfeifton. Lang anhaltend, sich nervtötend in meinen Ohren verkrallend.

In späteren Jahren, als sämtliche Lagermethoden wesentlich humaner abliefen, durfte ein Junge von uns Altmünsterern ein flottes Morgensolo auf seiner Trompete schmettern. Nachts zum Zapfenstreich blies er immer das stimmungsvolle *Il Silenzio*, das vom legendären Nini Rosso. Unser talentierter Trom-Peter, der eigentlich David hieß. Seine geblasenen Klänge waren wesentlich angenehmer als der schrille Trillerpfiff des LvD.

Es war ein regelrechtes Pfeif-Ritual, das am frühen Morgen mit dem Weckpfiff begann. Die Trillerpfeife teilte die restliche Tageszeit in Zeitzonen auf. Es genügte aber nicht, nur einmal zu pfeifen.

Denn, einmal lang anhaltend gepfiffen hieß *Achtung!*

Egal wo man war. Im Wasser, zu Lande oder in der Luft (auf einem Baum, auf der Zeltstange im Zelt...), wir mussten auf schnellstem Wege in unser Dorflager. Und wehe, einer fehlte.

Zweimal lang anhaltend gepfiffen hieß *Fertigmachen!*

Aufstellung nehmen, der Größe nach vor dem eigenen Zelt. Und wehe, einer von uns stand nicht zackig, stramm und stumm.

Dreimal lang anhaltend gepfiffen hieß *Abmarsch!*

Zeltweise, Dorf für Dorf. Wie der LvD es befahl, denn jene Dorfgruppe, welche zuerst melden konnte, dass ihre Jungs parat standen, durfte abmarschieren. Zum Essenfassen: Frühstück, Mittagessen, Jause, Abendessen.

Unser Essenswerkzeug. In den ersten Jahren bestand es aus einem weiß-emaillierten Blechschüsserl. Einem Katzenschüsserl ähnlich, was uns jedoch in keiner Weise störte. Manches Schüsserl hatte sogar eine blaue Randverzierung. Um solche gab es ein besonderes *Griss.* Wenn wir unseren Blechnapf vom Stapel nahmen. Gegenseitig sahen wir uns auf die Finger, damit ja keiner sich unerlaubt einen Blaurand-Napf aus dem Stapel fischte. Schön der Reihe nach, nur der oberste durfte weggenommen werden. Glückspilze waren jene, denen ein Blaurand-Schüsserl in die Hände fiel. Weil diese neu und unbeschädigt waren. Noch keine Dellen, keine abgesprungene Emailglasur aufwiesen, die diese Blechnäpfe zu einem hässlichen, teils rostigen Fressnapf degradierten. Dazu gab es für jeden Buben einen klobigen Aluminiumlöffel. Zu groß für kleine Kinderhände, aber ideal zum gierigen Reinstopfen des täglichen Futters in viel zu hungrige Mäuler.

Emailschüsserl und Alulöffel, diese Ausrüstung zur Speisenaufnahme reichte aus. Genügte uns völlig. Sicher war unser bescheidenes Essgeschirr die Spende eines Blechnapf- und Aluminiumlöffelproduzenten.

An den hässlich verbeulten, emaillackgeschädigten Behältern waren wir selber schuld. Wenn wir unisono im Chor *Wir-haben-Hunger-Hunger-Hunger* riefen und mit dem Alulöffel auf das leergeputzte Emailschüsserl eindroschen, dass sich die Löffel bogen, die Glasur aus den Dellen sprang wie ein blutrünstiger Floh von Hund zu Hund. Weil das Essen gut schmeckte und wieder einmal zuwenig zum Nachfassen da war. In späteren Jahren wurden die deformierten, angeschlagenen Katzenschüsserl gegen formschönes Plastikgeschirr ausgetauscht. Zum Alulöffel gesellten sich auch bald Gabel und Messer.

Wir lebten ein paar Wochen in Caldonazzo, im legendären Feriencamp der SOS-Kinderdörfer und unsere Sinnesorgane waren in erster Linie auf Unmengen von Ess- und Trinkbarem (ohne Anspruch auf Optik und Qualität) sowie auf Spaß und Abenteuer ausgerichtet. Da war es normal, dass alles, was mit Fingern zu essen war, auch mit Fingern gegessen wurde. Für den Rest reichte der Löffel. Wenn wir dann, wieder daheim bei der Mutter diese (Un)Sitte weiterpraktizieren wollten, wurde uns dies aber schnellstens ausgetrieben ...*furchtbar, ihr seid ja wie die Wilden wordn...* Unser Lager war eben einem Rangercamp ähnlich, da konnten schnell mühevoll eingelernte Tischmanieren unter den Tisch fallen. Und dort bleiben, glaubten wir.

An eine Suppe erinnere ich mich jedoch mit Schaudern. Wenn schon einmal Essensreste übrig blieben, was ohnehin selten vorkam, so wurden diese am nächsten Tag kunstvoll im aktuellen Menü untergemischt. Wenn dann wider Erwarten nochmals etwas übrigblieb, so wurde am dritten Tag damit immer noch eine Suppe erfunden.

Polenta war eine dieser Zauberspeisen, von der meistens zuviel übrig blieb. Wahrscheinlich hatten wir Kinder eine Polenta-Allergie. Sie, die Polenta, blieb uns jedenfalls erhalten. Tagelang, bis eine Polentasuppe, als das letzte Gericht, den Rest des eigentlichen Ursprungsmenüs ankündigte. Nur, diese Suppe war einfach nicht mehr zu essen. Sie schmeckte ungenießbar, säuerlich, wie nach Erbrochenem. So passierte es auch wörtlich. Wir schütteten oder kotzten das Suppen-Brechwerk geradewegs unter die klobigen Holz-Esstische. Nachdem wir mit der Ferse, bloßfüßig wie wir waren, auf den Kiesboden eine Mulde bohrten. Rein mit der Kotzsuppe und wieder Kies drübergeschoben, mit den Zehen – und vergessen. Die Ärmsten, die sofort brechen mussten, liefen, mit Händen vor dem Mund zum Seeufer und *kotz-hust-spritz*, ab ins Wasser mit der Suppe. Gschmackig. Mich, mit meinem empfindlichen Magen, (be)traf es ebenso.

Auch der anschließende Strafdienst. Die mit Mulden übersäte Kieslandschaft unter den Esstischen von den Polentasuppenresten zu befreien und wieder in ihren Urzustand, einen schönen gleichmäßigen Kiesboden, zu bringen.

Sturmraketen und fliegende Zelte

Das Wetter in der Region rund um den Caldonazzosee war schon ein Abenteuer für sich, weil es nie vorhersehbar war. Es konnte tagelang schönstes und heißes Wetter sein, vielleicht nur ein kleines Wölkchen am azurblauen Himmel. Binnen einer Stunde blies sich dieser harmlose Wattebausch als drohende Wolkenwand auf, als wäre Petrus persönlich und plötzlich auf die Idee gekommen ... *und jetzt lassen wirs ordentlich schütten, blitzen und krachen.*

Was auch passierte. Innerhalb kürzester Zeit formierten sich drohende, fast schwarze Regenwolken. Wind kam auf und wie! Für uns hieß das: schnellstens raus aus dem Wasser und die Zelte wetterfest machen. War das ein Rennen und Geschrei. Wer bereits im Zeltlager war, ließ die Seitenwände des Zeltes runter und verknüpfte sie mit dem Zeltboden. Andere wiederum liefen um das Zelt und spannten die Seile gleichmäßig. Damit der Wind keine schlappe Seite der Zeltwand erwischte, um sie davonzublasen. Zuletzt wurden sämtliche Schuhe und Kleidungsstücke durch den Zelteingang in das Innere geworfen, was zu manchem blauen Auge führte. Nicht nur bei dem, der von einem harten Wanderschuh getroffen wurde, oft auch bei jenem, der den Schuh so ungeschickt warf.

Alle Buben husch-husch rein ins Zelt, den Zelteingang wetterfest verschnüren und durchatmen. Jetzt konnte es Schusterbuben wascheln. Das Zelt war dicht, so hofften wir.

Keine Sekunde zu früh. Eine wahre Sturmflut brach über uns sintflutartig herein. Grelle Blitze erhellten das Zeltinnere. Sekunden später – *krachbumm-kawumm.* Wir rochen förmlich verbrannte Luft. Es musste in unmittelbarer Nähe in den See eingeschlagen haben. Es folgten Blitze, Donnerkrachen, wieder Blitze, Donnerhall. Plötzlich auch Kanonenschüsse.

Trotz aufpeitschendem Wind und prasselndem Regen krochen wir, im Trainingsanzug unterm Anorak, aus dem Zelt. Die

Neugierde war stärker als die Angst von einem Blitz getroffen zu werden. *Ein Blitz sucht sich immer das Näheste zum Einschlagen*, meinten die Erzieher. In unserem Fall den Caldonazzosee. Also wähnten wir uns relativ sicher. Auf die Mole durfte ohnehin keiner mehr hinaus. Im sicheren Abstand zum See staunten wir, als Blitze wie gezackte, endlos lange, glühende Eisenstangen aus den Wolken in den See zischten. Unmittelbares Donnerkrachen ließ uns schaurig zusammenzucken.

Ich liebte diese unbändigen Naturgewalten. Sie so hautnah zu erleben. Obwohl ich eher nicht der Mutigste war, doch dieses Geblitze und Getöse gefiel mir außerordentlich. Denn ich fühlte mich ebenso. Seelisch immer unter Druck, noch lange nicht geheilt von früheren schrecklichen Erlebnissen, rebellierte ich innerlich. Ich führte einen stillen Kampf mit mir selbst. Ich kam noch nicht zur Ruhe. Diese Gewitter waren für mich Eruptionsersatz, Ausbruchsversuche. Wie seelische Ventile, die sich bei Überdruck öffneten. Sie drückten auch meine chancenlose Auflehnung aus – gegen diesen Sado-Erzieher, der mich als Opfer, als Ventil für seine eigenen Unzulänglichkeiten brauchte. Vor ihm hatte ich Angst, panische Angst.

Der Wind peitschte den See auf, meterhohe Wellen mit weißen Schaumkronen überschwemmten die Mole und klatschten in einer zerstäubenden Gischt an die Ufermauer. Ein schauriges Szenario. Wie ein Schwamm voll Wasser hing die Wolkendecke schwer über dem See.

Kanonenschüsse, woher kamen die? Raketen waren es!

Sssssssttt... Die Bauern schossen aus ihren Weingärten zahllose Raketen in den von Blitzen durchzuckten Wolkenhimmel. Sie zischten über uns hinweg. Eine schlanke Rauchfahne hinter sich herziehend, bis sie in den tiefhängenden Regenwolken verschwanden. Ein kurzes Aufblitzen, ein Knaller. *Bumm...*

Es wurde uns erzählt, dass die Bauern hier spezielle Raketen in die Wolken feuerten, damit es nicht zu hageln begann. Wenn diese Raketen explodierten, entwich Silberjodid, ein sehr feiner

Silberstaub, der eine Eisbildung zu Hagelkörnern verhindern sollte. Sicher war die Hoffnung der Bauern größer als die Wirkung dieser Raketen – bei so massiven Regenwolken.

Allerdings – in den Ferienzeiten, die ich von 1958 bis 1968 in Caldonazzo verbrachte, hagelte es kein einziges Mal.

Fußballfieber

Wenn es um uns Kinderdörfler ging, waren alle Buben ein Herz und eine Seele. Ich glaube, niemanden wäre es gelungen, damals unser Lager zu überfallen oder uns gar zu verschleppen. Wir hätten gemeinsam und verbissen *bis zum letzten Mann* gekämpft. Einer für alle, alle für einen.

Aber wenn es um Fußball ging, dann war die globale Kinderdorfeinigkeit wie ausgelöscht. Jedes Dorf war erbitterter Gegner eines anderen Dorfes. Hinterbrühler gegen Imster, Imster gegen Altmünsterer, Altmünsterer gegen Hinterbrühler.

Worum ging es eigentlich wirklich? War es die Gewissheit, für eine Saison SOS-Kinderdorf-Fußballmeister und im Besitz eines handgestickten Fußballwimpels zu sein?

Es war mehr, viel mehr. Es war ein nationaler Triumph über ein gegnerisches Dorf. Eine Niederlage, eine Schande für das Verliererdorf.

Ich hatte meine eigene Ansicht. Fußballspielen kümmerte mich nicht die Bohne, weder damals als Acht-Neunjähriger, noch heute als über Fünfzigjähriger. Einem Ball nachzulaufen, ihn einem anderen wieder abzujagen – ich hatte nie diesen Jagddrang, diesen Trippel- und Ballbesitzer-Ehrgeiz. Wenn einer den Ball haben wollte, sollte er ihn haben. Für mich war dieses *den Ball in das gegnerische Tor zu knallen* bedeutungslos. Sicher fehlte mir das Fußballer-Gen. Ich empfand daher keinerlei Emotionen, außer, dass mir immer jene leid taten, die verloren. Nicht wegen ihrer schwachen Leistungen, sondern weil das gesamte Dorf verhöhnt wurde *...ihr Schwächlinge ...solche Nudelaugen ...ihr Schraubenkaiser...*

Diese Aggression, die bei solchen Meisterschaftsspielen oft zu Tage trat – weswegen auch immer wieder Raufereien zwischen Kontrahenten unter den Zuschauern entbrannten – gefiel mir überhaupt nicht. Es mussten jedoch alle Buben beim Spiel anwesend sein, um die eigene Mannschaft anzufeuern. Ich aber verdrückte mich meistens ein paar Minuten nach Spielanpfiff ins Zelt, las ein Comicheft oder ein Buch. Wenn ein Erzieher mich wegen meiner fehlenden Begeisterung fürs Fußballspiel aus dem Zelt warf, setzte ich mich demonstrativ unter einen Maulbeerbaum, das Spielfeld zwar im Blick, aber mit keinerlei Interesse daran.

Damit begann für mich auch ein Gewissenskonflikt. Ich hatte nichts gegen die Hinterbrühler und Imster. Auch nichts gegen Lienzer, Stübinger, Seekirchner, Moosburger, Dornbirner, Pinkafelder, als Kinder dieser Dörfer ein paar Sommer später in Caldonazzo ihre Ferien verbrachten. Nicht einmal gegen die Deutschen gab es meinerseits Aversionen, als sie unsere buntgemischte Kinderschar vergrößerten, die Diessener, Worpsweder, Harksheider, Oberpfalzer und wie sie alle hießen...

Auch bei uns, den Altmünsterern, musste ich achtgeben, wenn ich nicht zur eigenen Mannschaft hielt. Wenn ich einen Freund bei den Moosburgern hatte, so hielt ich solidarisch zu ihnen, weil sie schwächer spielten als wir Altmünsterer. Wehe, ich zeigte mein Mitleid mit dem Verliererdorf. Leicht konnte ich mir eine blutige Nase holen – von eigenen Leuten. Dabei ging es mir nie um Fußballstärke, sondern nur um Toleranzverständnis. Mir war es völlig egal, ob die Imster oder die Hinterbrühler gewannen. Wir Altmünsterer waren ohnehin nur die Drittbesten, wenn überhaupt. Weil wir zuwenig Kinder waren, daher zuwenig *Spielermaterial* zur Auswahl hatten.

Es gab noch die B-Mannschaft, die der Kleineren. Bei denen

musste ich mitspielen, in Ermangelung genügend talentierter Spieler in unseren Reihen. Als Verteidiger. Welch Desaster.

Ich hatte zwar einen halbwegs kräftigen Schuss, wenn ich den Ball durch Zufall vor meine Füße bekam. Ich traf ihn leider viel zu selten. Einmal allerdings so verhext, dass ein Eigentor daraus entstand. Das verschaffte mir (schadenfrohes) Ansehen bei den Gegnerischen, den Hinterbrühlern, nicht aber in den eigenen Reihen. Somit war meine Ballkarriere ehe sie beginnen sollte blitzartig beendet ...*bist du deppert, du Trottl, kannst net Fuaßballspieln!* Nein, konnte ich nicht, wollte ich nicht. Kein Verlust für die Fußballerwelt.

Marina, Marina, Marina...

Eines Tages große Aufregung im Lager. Am Sportplatz war ein kleines Podium aus Kisten und mit Brettern darüber aufgestellt. Alle waren wir versammelt, denn ein Italiener sollte bei uns auftreten. Da kam er auch schon. Unauffällig, nur mit einer Gitarre in der Hand und sah aus wie Rocco Granata.

Aber dann legte er los. Eine Melodie jagte die andere. Der Italiener sang und spielte wie ein Gott. Ich war fasziniert. Ja, das gefiel mir. Damals schon wünschte ich mir, das möchte ich auch können. So toll spielen und so singen wie der Italiener:

Bei Tag und Nacht denk ich an dich Marina,
Du wunderschöne kleine Ballerina...
Marina, Marina...

Im typischen Italo-deutsch erklang sein Marina-Song. Sein *Hang down your head Tom Dooley...* stellte mir den Haarflaum auf den Unterarmen auf. Tagelang sang ich die Melodien vor mich hin. Damals hatte ich das erste Mal den Wunsch, Gitarre spielen zu lernen. Es sollte allerdings noch über zehn Jahre dauern, bis ich die Saiten meiner ersten Gitarre zupfen konnte.

1958, gegen Ende der Ferienzeit bekamen mein Bruder und ich an einem Sonntag unerwartet Besuch einer Familie aus Tirol. Sie stellten sich als Verwandte vor: Tante Helga, ihr Mann Helmut und die Tochter Astrid. Sie blieben zwei Tage, campierten am Rande unseres Lagers, bevor sie weiter ans Meer fuhren. Das Meer. Wie gern hätte ich es gesehen, durfte natürlich nicht mitfahren. Wir bekamen aber die Erlaubnis, mit ihnen auf den Jahrmarkt zu gehen, der gerade in Caldonazzo abgehalten wurde.

In der Dorfstraße hatten unzählige Kaufleute ihre Marktbuden dicht nebeneinander aufgestellt. Ein buntes Menschengewirr schob sich durch die engen Budenreihen. Stand für Stand vollgefüllt mit Spielsachen, Bildern, Büchern, Magazinen, Süßigkeiten, Wäsche, Früchten, Gemüse, Fleisch, Haushaltswaren...

Wir Kinder waren ja schon am Vormittag, nach der Heiligen Messe bummeln, konnten sogar fünfzig Lire Taschengeld ausgeben. Mein Geld verschleckte ich wie immer mit Gelati.

Jetzt drängten wir uns schon wieder, diesmal mit der neugewonnenen Verwandtschaft, durch den Markt. Sie wollten uns auch was schenken. Auf ihr Drängen, was wir uns denn von ihnen wünschten, dachte ich für mich *...eine Gitarre, ja eine Gitarre, so wie der Marina-Sänger...* wagte es dann doch nicht, sie mir zu wünschen, sagte daher nur *eine Spritzpistole oder... oder... ein Spielzeugauto bitte.*

Ich bekam beides.

Nichtschwimmer-Schicksal

Einer der Hauptgründe, warum ich die ersten beiden Jahren

in Caldonazzo nicht so unbeschwert verbrachte, war, dass ich nicht schwimmen konnte. Nein, nicht dass ich wasserscheu gewesen wäre. Ich ging gern baden, jedoch nur im Seichteren, im Uferbereich. Dort wo mir das Wasser maximal bis zur Badehose stand. Wenn der Wasserspiegel darüber hinaus reichte, war Schluss für mich. Ich hatte einfach Panik vor der Menge Wasser, wie sie in diesem Blickwinkel auf mich wirkte. Was war ich für ein Hosenscheißer, der sich freiwillig nicht einmal bis zur Nichtschwimmer-Grenze traute. Wo mir das Wasser ja eh nur bis zum Hals reichte. Einmal wagte ich es und watete zitternd, den ekligen Schlamm mit den Zehen vor mir herschiebend, bis an die Kette, die Nichtschwimmer-Grenze. Verkrampft daran anklammernd streifte mein angstvoller Blick über die Wasseroberfläche. Die Wellen schwappten drohend nahe um meinem Mund, um meinen Hals. Panik, Panik...

Plötzlich Platsch...

Irgend so ein Trottel sprang, die Knie angezogen, in unmittelbarer Nähe in den See. Schwupps – war ich unter Wasser, verlor vor Schreck den Halt auf glitschigem Grund und begann wie wild mit Händen und Füßen zu rudern, schluckte Unmengen Seewasser... *ich ertrinke... ich sterbe* (wieder einmal)...

Eine kräftige Hand packte zu, zog mich aus dem Wasser. Vor Angst zitternd, hustend und Wasser spuckend, stand ich nun wie ein nasser Pudel auf der Mole. Sah meinem Retter, dem Badewaschl, verschwommen und dankbar ins Gesicht. Lachend schob er mich über die Mole, vorbei an spöttisch grinsenden Schwimmern in Richtung Ufer und meinte, ich solle zu einem Erzieher gehen und mich zum Schwimmkurs anmelden. Ein Imster rief mit höhnisch nach ...*hurch zua Altmünschterer! Schwimmenn sollln mia holt schun kennenn do in Kaldonazzzo. Scheiß di nitt glei un wegn dem bisserle Wossa...*

Nie, niemals bei meinem jungen Leben, protestierte ich innerlich. Durch diese unfreiwillige Taufe entwickelte ich erst recht eine phobieartige Panik vor tiefem Wasser. Ich hatte Albträume, in denen ich immer wieder ertrank, jämmerlich ersoff, den Boden unter den Füßen verlor und in endlosen Tiefen versank. Wie eine willenlose Puppe im dunklen Wasser zwischen Algen und bunten Fischen tot umhertrieb.

Natürlich wurden Schwimmkurse abgehalten, an denen wir Nichtschwimmer teilnehmen mussten. Mir gelang es bisher erfolgreich, mich davor zu drücken. Wie dumm von mir, aber verständlich, bei meiner Panik vor tiefem Wasser.

1958 fuhr ich als Nichtschwimmer nach Caldonazzo und kam als solcher wieder nach Hause.

Erst ein Jahr später erlernte ich das Schwimmen. Aber wie.

Eines Tages wurde ich aus dem Klo gezerrt, weil ich schon wieder beim Schwimmkurs fehlte. Sie fanden mich dort und schleppten mich (zu viert!) auf die Mole. Zur Nichtschwimmergrenze. Ich schrie aus Leibeskräften, weit über das Lager hinaus hörbar. Mein Wie-am-Spieß-Gebrüll zog zahllose Neugierige (vor allem Schadenfrohe) an. In einer schaurigen Prozession trugen mich nun meine Peiniger, einen Rattenschwanz Schaulustiger hinter sich nachziehend, zur Mole.

Kummts alle mit, do schauma zua...!

Ich verkrampfte mich, begann verzweifelt um mich zu schlagen und zu beißen. Wie ein wildes Tier, das zur Schlachtbank geführt werden sollte. Zum tödlichen Stich. Panikartige Todesangst ließ mich fast ersticken. Mein zappeliges Um-mich-Schlagen, meine Hilferufe machten es nur schlimmer. Ich war nicht zu bändigen, nicht stillzukriegen. Ich flog im hohen Bogen...

Platsch, spritz... gurgelwurgel... gluck-gluck...

Abrupt verstummten bei soviel Seewasser meine Hilfeschreie. Ich kämpfte Arm-und-Bein-Rudernd mit dem flüssigen Element, das ich einfach nicht fassen konnte, in dem ich keinen Halt fand. *Todesnähe...* Sollten meine schrecklichen Absaufträume gar Wirklichkeit werden...?

Ein Ruck, ein Emporheben.

Irgendwer nahm meine Hände und hakte sie an der Nichtschwimmer-Kette ein. Verzweifelt ergriff ich die rettenden, rostigen Kettenglieder. Saugte mich verkrampft an ihnen fest. Wie ein Neugeborenes an Mutters Brust.

Nie wieder Loslassen!

Luft, Luft – aahh wieder Luft...!

Wasser, Tränen, Rotz, Angst und Wut...

Ihr verdammten Arschlöcher, ihr Schweine, ich will nicht schwimmen lernen... nicht so, ihr blöden Hunde...

Ha-ha-ha... nur hämisches Gelächter kam von der Mole runter. Auch Wilhelm, einer aus unserem Haus, war mit dabei, bei meinem Wasserwurf. So sehr ich ihn anfangs verwünschte, er war der Einzige, der mir anschließend mit viel Geduld das Schwimmen beibrachte. Die anderen hatten einfach ihren Spaß dabei, wieder so einen *wasserscheuen Nichtschwimmer* gewaltsam ins Wasser zu befördern. Wie es eben in damaligen Zeiten üblich war. *Ha-ha-ha, wie lustig, ihr blöden Affen...*

Aber man staune.

Ich konnte plötzlich schwimmen. Meine Angst war wie verflogen. Ich schwamm, ich hatte meinen Todfeind Wasser bezwungen. Ich war stolz, war glücklich. Ab jetzt verbrachte ich mehr Zeit im kühlen Nass als zu Lande. Wie oft musste mich der Badewaschl aus dem Wasser stampern. Weil ich schon blaue Lippen hatte. Dann kletterte ich bibbernd die kleine Holzleiter hoch, um mich auf der Mole bauchliegend von der Sonne trocknen und wieder aufheizen zu lassen.

Nur bei Schwimmwettbewerben machte ich nie mit. Ich vertrug kein Wasser in den Ohren, auch meine Augen entzündeten sich jedes Mal beim Tauchen. Aber ich schwamm. Anfangs noch hektisch wie ein junger Hund, mit Armen und Beinen rudernd und immer schön den Kopf über Wasser. Es dauerte eben seine Zeit bis auch ich souverän, mit langsamen, ruhigen Tempi den Caldonazzosee bezwang.

Ich bekam zu den unzähligen Freundschaften, die ich in Caldonazzo schloss noch vier elementare Freunde dazu: die Erde von Caldonazzo, ein Lagerfeuer jeden Sonntag, täglich erfrischendes Badewasser und das alles in himmlischer, gesunder Luft.

Sportlich gesehen war ich keine Leuchte, eher eine Niete. Ich war einfach zu langsam, war nie ein Sprinter. Egal, welche Sportarten, ob Laufen, Hochspringen, Weitspringen, Kugelstoßen, Wettschwimmen... alles Disziplinen, die ich unterdurchschnittlich absolvierte. Was für mich soviel hieß wie, kein Sportabzeichen, keine Schwimmer-Urkunde. Dabei war ich zäh wie Leder und ausdauernd. Meine Tiroler Wurzeln waren sicher die Ursache. Wenn schon stur, dann zumindest ausdauernd.

Nur wenn *ich* wollte und nicht wenn *er*, der Sado-Erzieher es von mir erwartete. Schon gar nicht, wenn er mich unter Druck setzte. Wegen der Sportabzeichen, wegen der gesamten Leistungssteigerung seiner Gruppe, als *sein* erfolgreiches Vorzeigeergebnis. Das vermieste ich ihm. Meine Rache. Für seine Schleifergemeinheiten. Jetzt traf ich ihn, wo ich ihn treffen wollte – in seiner Eitelkeit. Diese Sportauszeichnungen bedeuteten mir ohnehin nichts.

Einzig allein Federball, heute Badminton genannt, das war meine Leidenschaft. Das beherrschte und spielte ich für mein Leben gern. Bei diesem Spiel entwickelte ich eine Schnelligkeit und Ausdauer, sodass die Erzieher staunten und meinten, ich sei in anderen Sportarten nur *ein fauler Hund, ders eh kann, wenn er will...* – wie wahr.

Wir hatten Jahre später eine schlagkräftige Mannschaft zusammen. Vier Altmünsterer, der Hansi, der Rudi, der Helmut und ich. Wir waren jene gefürchteten Vier, die viele Dörfer legendär in die Versenkung schlugen. Mit unseren harten, gezielten Ballschlägen, scharf über das Netz gezogen. Im Einzel wie im Doppel flogen unsere Federbälle, dass die Gegner die Ohren anlegten, ihnen die Augen stecken blieben. So schnell, fast unschlagbar waren wir Altmünsterer allerdings erst 1963/64. Viel Übung (übers Jahr daheim) machte uns zum Meister.

Der letzte Tag

Der für mich intensivste Tag in Caldonazzo war jedes Mal der letzte Tag. Der Tag der Abreise. Immer schon beschlich mich an solchen Tagen ein melancholisches Gefühl. Weil er von Abschiednehmen-Wehmut beherrscht wurde. Abschied von neu gewonnenen Freunden, von Erlebnissen, von aufregenden Abenteuern, von schönen Plätzen und Orten. Und weil die Gewissheit, dass die Ferienzeit zu Ende war, mich schon sehr betrübte. Ferienzeit war eben um Unendliches schöner als In-die-Schule-gehen.

Und doch wiederum ein schöner Tag – es ging nach Hause.

Eigentlich begann dieser Tag schon am Vorabend. Als unsere Rucksäcke längst kontrolliert und gepackt waren. Reisefertig für die lange Zugfahrt, zurück in die Heimat, nach Altmünster. Neben meinem (bereits zum harten Brett geschlafenen) Strohsack stand er, der pralle Rucksack. Nichts fehlte von meinen Kleidungsstücken, nichts vom Wasch- und Schuhputzzeug. Alles brachte ich – fast unbeschädigt – nach Hause. Außer Seife, Zahnpasta und Schuhcreme. Sie wurden von mir aufgebraucht, verwaschen, verputzt und vercremt.

Was ich aber noch mitbrachte war ein Kopf voller schöner, aber auch schmerzhafter Erlebnisse. Zumindest in den ersten beiden Jahren. Ich lernte (1959) Schwimmen und hatte eine Angst weniger – die vor tiefem Wasser. Ich lernte einen Sado-Erzieher physisch und psychisch zu erdulden, auszuhalten und letztendlich zu bezwingen. Ich wurde härter, gefestigter, legte das Weinerliche bereits im ersten Jahr ab. Cleverer, gefinkelter und geschickter kam ich zurück nach Altmünster. Braungebrannt, dünn und zäh, nach soviel Sonne, Baden, Sport und langen Wanderungen. Auch rauer im Benehmen, rüde im Umgang mit (Schimpf)Wörtern und sonstiger Sprechweise. Kein Wunder, bei so vielen Revier- und Verteidigungskämpfen. Bei den erlernten Dialekten. Den der Hinterbrühler, der Imschter...

Die Mutter trieb mir und den anderen diese Unsitten schon in den ersten Tagen erfolgreich aus. *In Caldonazzo könnts raufen und euch beschimpfen wias woits, aber daheim gibts wieder Tischmanieren, ein Bitte und ein Danke und auch ein Besteck...*

In der letzten Nacht begann im Lager die Geisterstunde, die Stunde der Vergeltungen. Was einem in der Ferienzeit an Unversöhnlichem passierte, in der letzten Nacht versuchte jeder den Verursacher zu treffen. Im wahrsten Sinne des Wortes. Längst wusste man, welches Zelt, welchen Schlafplatz der Auserwählte hatte. Dann ging es nur noch darum, unbemerkt in das Zelt zu gelangen, um einen Becher Erde mit Wasser vermischt (dünnflüssiger Gatsch) in dessen Gesicht zu schütten.

Die Folge war, dorfweise, zeltweise, bubenweise musste man aufpassen, damit kein Feind in eigenes Terrain kam. Ein allerletzter Kampf – jeder gegen jeden.

Am Morgen zogen die armen, leidgewohnten Bettnässer zum letzten Mal ihre nassen Decken zum Seeufer, wurden zum letzten Mal *...es Bettbrunzer...* verhöhnt. Auch ich zählte in diesen fünf Wochen Ferien ein paar Mal zu ihnen.

Nach der Morgentoilette mit Seewasser an der Betonmauer am Seeufer und dem Frühstück – der letzten Schale Kaffee, dem letzten Weckerl – war allgemeiner Zeltabbau angesagt. Das hieß, die Zelte blieben natürlich stehen. Jedoch die Strohsäcke wurden ausgeleert. Alles Stroh wieder auf einen Haufen. Hätte wer den Lagerbeginn gefilmt, könnte er jetzt den Film verkehrt abspulen. Genauso war diese Situation. Nur dass das Stroh entsetzlich miefte, der Strohberg sich als gelber Fleck in der vertrockneten Wiese ausmachte, wir Buben braungebrannt darauf herumhüpften und uns gegenseitig die leeren Strohsackhüllen um die Ohren knallten. Eine stickige, stinkende, laute wie bunte Idylle.

Während unserer Lagerzeit hatten die Erzieher den Fachausdruck *Lagerkoller* geboren. Für uns waren dies lediglich Machtkämpfe – bis zur letzten Stunde. Bei so vielen Buben unterschiedlichster Charakterzüge und die alle auf einem Haufen. Da musste sich jeder behaupten, um seinen sicheren Platz in der Gemeinschaft erstmals zu finden und dauerhaft zu verteidigen. Sonst ging er unweigerlich unter. Doch von uns wollte niemand untergehen, höchstens beim Tauchen im See.

Die Zelte wurden völlig geleert. Die Zeltböden vom Zelt gelöst und in die Wiese gelegt. Verschwundenes tauchte urplötzlich wieder auf und wurde von den Verlieren glücklich in Empfang genommen, in ihre Rucksäcke gesteckt. Wegen dieser wiedergefundenen Schätze gab es während der Lagerzeit manch blutige Nase und blaues Auge, weil man deswegen als Dieb verdächtigt wurde, obwohl – wie jetzt bewiesen – das blöde Ding die gesamte Lagerzeit unter irgendeinem Strohsack lag. Nur, wie sollte man ein längst abgeheiltes blaues Auge, eine längst nicht mehr blutende Nase ungeschehen machen. Das ging nicht. Nun schlug das Schicksal erneut zu – nur andersrum. Der glückliche (Wieder)Besitzer bekam noch eines drauf. Blut oder blau – Gerechtigkeit musste sein. Allemal.

Sämtliche Decken wurden von uns zum See geschleppt und dort in verschiedene Haufen (bunte und einfarbige Decken) zur Reinigung aufgetürmt. Sämtliches, während der Lagerzeit nützliches Mobilar wie Obststeigen-Schuhregale, Wäscheleinen-Stangen, Mistkübel-Blechdosen, Lagerfeuer-Begrenzungssteine, Dorfplatz-Zäune… legten wir schön getrennt in Holz, Stein und Metall als separate Haufen, ebenfalls zum Seeufer. Wie die emsigen Ameisen, die ihren morschen Baumstamm verließen, zogen wir nun in Kolonnen mit irgendeinem Stück auf der Schulter oder unterm Arm zum See und leer wieder zurück.

Ich wollte noch einmal auf die Mole hinaus. Das letzte Mal für dieses Jahr. Ich nahm mir einen größeren Stein mit, für meine Orakelbefragung. Wenn ich bis drei zählte und der Stein noch in der Luft war, sollte mein kommendes Jahr gut verlaufen. In der Schule vor allem, aber auch daheim.

Denn *mein* Jahr verlief nicht von Jänner bis Dezember, sondern von der *Caldonazzoheimfahrt bis zur Caldonazzoanreise im kommenden Jahr*. Die Caldonazzozeit selbst war Auszeit – Abenteuerzeit. Meine Erholung von den schrecklichen Schulleistungen, vom Zeugnis-Schock. Eine Zeiteinteilung, die ich mir nach dem ersten Sommer 1958 in Caldonazzo schuf.

Der Stein flog im hohen Bogen...

Einundzwanzig-zweiundzwanzig-dreiund... platsch...

Verdammt, der Stein klatschte schon ins Wasser und ich mit dem Auszählen noch nicht fertig. Panik, Panik... mein neues Jahr würde schlimm werden. Das nächste Mal nehme ich einen kleineren Stein, der länger in der Luft blieb, gelobte ich mir.

Ich setzte mich auf die Mole und blickte bekümmert auf den See hinaus. Ich dachte an Erlebtes, an die vielen Gemeinheiten des Sado-Erziehers, den ich für immer los war. Gedanken an meine Großtante gingen mir durch den Kopf, denn sie hatte versprochen, dass sie wieder in Innsbruck am Bahnhof sein würde.

Ganz traurig wurde ich, weil diese Wochen in Caldonazzo ja doch wunderschön waren. Jetzt sollte es wieder nach Hause gehen.

Doch daheim war unsere Mutter auch nicht mehr so oft bei uns. Wieder und wieder musste sie nach Hause zu ihren Verwandten fahren. Immer öfter, immer länger waren Tanten als Vertretung bei uns. Es hieß sogar, dass wir eine neue Mutter bekommen sollten.

Immer diese Unsicherheiten, nie Endgültiges, nichts Sicheres!

Mir kamen plötzlich die Tränen, einfach so vor Wehmut, vielleicht auch, weil diese paar Wochen hier in Caldonazzo eine gewaltige Veränderung für mich waren. Ich Heulsuse, ich jämmerlicher Angsthase – immer wenn ich sentimental wurde, tropfte es aus meinen Augen.

Andere Kinder kamen auf die Mole gelaufen. Hastig wischte ich mir die Tränen von den Wangen, blieb noch ein paar Minuten sitzen, sah in die Sonne, blinzelte, sah über den See, auf die Berge und war unglücklich... glücklich...

Elf Sommer verbrachte ich in Caldonazzo. Die letzten vier davon war ich Erzieher und betreute die kleinsten Buben von Altmünster. Ich wurde von unserem Dorfleiter als der jüngste Betreuer in Caldonazzo eingesetzt.

Unvergessliche Abenteuer erlebte ich. Caldonazzo bleibt für mich wie eine neu gewonnene Geliebte. Ich lasse mich mit schönsten Erinnerungen fallen.

Und genieße sie. Immer wieder.

37 Wieder daheim

Ich gewöhnte mich bald und gern an Zuhause. Wieder ein frisch bezogenes Bett. Statt Seewasser für die Morgenwäsche sauberes, warmes Wasser. Wohlduftende, gebügelte Wäsche. Vor allem keine *Ohrnschliafer* an der Decke, keine Spinnen unterm Strohsack.

Abenteuer erleben, Lagerfeuerromantik, im Zelt schlafen – in der Ferienzeit schön und gut. Aber daheim war eben daheim.

Ein paar Wochen blieben ja noch bis zum Schulbeginn. Für die Akklimatisierung im Haus, im Kinderdorf. Jetzt war auch die Zeit der vielen Besucher im Dorf. Feriengäste von Altmünster, Kurgäste aus Gmunden. Viele Menschen planten das SOS-Kinderdorf als Tagesausflug in ihr Urlaubsprogramm ein. Daher war unser Dorf auch während der Woche gut besucht.

Ein Fahrrad für sich allein zu besitzen war bei uns in den fünfziger Jahren schlichtweg unmöglich. Nicht einmal in jedem Haus gab es einen Drahtesel. Wir im Haus 1 allerdings, besaßen ein altes Steyrer-Waffenrad (seltsame Bezeichnung). Woher wir es bekamen weiß ich nicht mehr. Es gehörte auch niemandem persönlich. Wäre ohnehin zwecklos gewesen. Denn dieses Fahrrad wurde in erster Linie von den Großen gefahren, von ihnen in Beschlag genommen. Wer es in die Hand bekam, fuhr solange, bis er das Interesse verlor. Kontrollierte aber genau, ob die Kette gespannt, genug Luft in den Reifen war…

Schließlich war er verantwortlich und müsste womögliche Reparaturen selbst durchführen bzw. den Dorfmeister bitten zu helfen.

Sehr, sehr heikel, weil dieser immer überfordert war und unter dauerndem Zeitdruck stand. Bei einem Dorf mit so vielen Häusern und Haushalten gab es allerlei einfache und komplizierte Reparaturen, die jedenfalls schnellstens erledigt werden mussten. Kaputte Bügeleisen, streikende E-Herde, lecke Wasserleitungen... Dementsprechend war seine Laune, obwohl der Dorfmeister ein herzensguter Mensch war.

Wenn dann so ein Rotzbengel schon wieder mit einem kaputtgefahrenen Rad daherwackelte, dann grummelte er in seinen nicht vorhandenen Bart, während er reparierte *...was miaßts ihr Fratzn imma so wüd foahn, dass ois glei hi wiad...* Mit schlechtem Gewissen stand man dann neben ihm, guckte ehrfurchtsvoll zu, wie geschickt und flink seine Hände werkelten. Hoffte stumm, dass sich seine Laune nicht noch mehr verschlechterte und war heilfroh, wenn keine weiteren Probleme auftraten. Endlich – fertig repariert und *danke, vielen Dank* gehaucht, auf das Rad geschwungen und ab.

Wettfahrten wurden abgehalten. Der Start war beim Einser-Haus. Einen Fetzen Stoff als Startsignal auf- und abgeschwenkt, nachdem der Sekundenzeiger auf der Armbanduhr eines Gefirmten (nur sie besaßen schon eine) die Zwölf anpeilte.

Achtuung, feertiig, losss...!

In Vollschussfahrt die geschotterte Dorfstraße hinuntergestrampelt. *Ausm Weeeg, ii kuumm...* vorbeigeflitzt an den Häusern 13, 12, 11, 10. Gefährlich in eine scharfe Linkskurve gelegt, den Kindergarten, das Gemeindehaus rechts liegenlassend. Eine kleine Steigung, an den Häusern 9, 8, 7, 6 bis zum Haus 4, stehend durchgetreten, um am Ende der Straße eine rasante Bremsspur in den Schotter zu schneiden.

Steine flogen Unbeteiligten, Kindern wie Besuchern, um die Ohren. Selber schuld, wenn sie zu nahe waren. Hier beim Haus

4 stand ein anderer und hob sein Signaltuch. Mit Sichtblick quer durch das Dorf auf das Haus 1, wegen der Zwischenzeitabnahme. Und wieder aufgesessen und retourgestrampelt auf der Schotterpiste.

Unser Fahrrad litt zusehends durch die Permanentverleihung an unterschiedliche Rennfahrer und Normalradler. Bald waren die Reifen platt, zerfetzt, verschwunden. Jetzt durften es auch die Kleinen (so wie ich) benutzen. Also fuhren wir mit blanken Felgen. Später fehlten die Pedale, nur die beiden Achsen dafür waren noch vorhanden. Auch so ließ es sich noch halbwegs radeln. Zuletzt aber fehlte sogar die Kette. Jetzt konnten wir nur noch angeschoben werden oder die Hänge runterrutschen. Statt zu bremsen warfen wir uns rechtzeitig in die Wiese oder in die Büsche. Mit etwas Übung gelangen diese Bremsmanöver ohne schlimmere Schrammen.

Außerhalb des Dorfes gab es eine Barackensiedlung. Von diesen niedrigen Holzhäusern ging eine Forststraße weg, einen Hügel hoch in Richtung Gmunden, mit einer Beschüttung aus festgewalztem Kies. Einen Asphaltbelag hatten nur die Haupt- und Durchzugsstraßen. Das SOS-Kinderdorf war weit entfernt von einer asphaltierten Straße, was uns vor störendem Autoverkehr gnädig verschonte. Die paar Autos, die uns auffielen, waren nur die der Besucher, die ohnehin zu uns wollten, sowie der Autobus des lustigen, dicken Reiseleiters, der wöchentlich spendenfreudige Gäste zu uns ins Dorf karrte.

An einem sonnigen Feriennachmittag kam mir die glorreiche Idee, mit unserem ramponierten Fahrrad diese Kiesstraße zu bezwingen. Sozusagen als Mutprobe. Zuerst schob ich den Drahtesel hinauf bis zum höchsten Punkt. Eine Strecke von etwa dreihundert Metern, kerzengerade und sanft abfallend, direkt im Neunzig-Grad-Winkel zu den Holzhäusern. Wenn ich nicht bremste, also nicht rechtzeitig seitlich in der Wiese landete, würde ich mit vollem Tempo in eine der Baracken knallen. Je später ich also absprang, desto *mutiger* wäre meine Mutprobe.

Da stand ich nun auf der Anhöhe und blickte nicht mehr so siegesgewiss die Straße hinunter. Von hier oben sah die Strecke steiler, länger aus. Was solls, wenn ich nicht sofort startete, würde ich es nie mehr tun. Denn die Sekunde der Entscheidung schaltet jegliche Vernunft aus – nur so erreicht man Siege. Dachte ich jedenfalls. Also, nochmals kurze intensive Konzentration mit letztem prüfenden Blick bezüglich Windrichtung und freier Fahrbahn.

Losss! Angeschoben, aufgesprungen auf das klapprige Radgestell und die Kiespiste runter mit einem todesverachtenden *waahh...obi mit eam...* (mit mir).

Metallfelgen auf Kies haben die Eigenschaft, dass sie keinerlei Halt finden, weil ja das Profil fehlt. Doch mittels Anlaufschwung, Gleichgewicht halten und Ausnützen der Hanglage bekam sogar mein Radgestell Bodenhaftung. Bis zur Senke, dort wo es im tieferen Kiesbett abrupt stoppte, steckenblieb und mich *schwupp* – saltomäßig – im flotten Bogen über die Lenkstange abwarf. Mein störrischer (Draht)Esel. Der Abwurf passierte so plötzlich, dass ich mich nicht mehr rechtzeitig abstoßen konnte, um ins weiche Gras zu fliegen. Hart und wie es das Gesetz der Fliehkraft vorschrieb, knallte ich auf die Straße. Landete auf Händen und Knien... und noch ein bisschen weitergerutscht, damit sich der spitze Kieselsplit *auaah...verdammte Scheiiße...* schmerzhaft in Hände und Knie bohrte. Benommen kniete ich, als würde ich dem Herrgott danken, dass ich noch beten konnte. Und schon zog der Schmerz ins Gehirn – und dann... dann rann Blut, aber wie!

Ein paar Leute aus den Baracken kamen auf mich zugelaufen. Sicher hatten sie an meiner Mutprobe kopfschüttelnd teilgenommen. *Wia kann ma denn nur so deppert sein und so oan Bledsinn mochn. Mit so oan hinign Radl no dozua...*

Konnte ich.

Geschockt von Salto und Schmerz, verdrückte ich mich humpelnd und blutend mit meinem halben Drahtesel ins Dorf zurück. Am Parkplatz empfing unser Dorfleiter gerade eine Autobusladung Klosterschwestern. Schwarz-weiß wie Pinguine standen sie um ihn herum, während er Interessantes über unser SOS-Kinderdorf berichtete. Als er mich sah, an Händen und Beinen rinnendes sowie schon vertrocknetes Blut, den Fahrradrest neben mir herschiebend, verstummte er und eilte auf mich zu. Ich ließ das Rad Rad sein und ging leicht in die Knie. Verhaltene Aufschreie, Schreckensrufe unter den Klosterschwestern. Plötzlich umringten sie mich. So himmlisch könnte sterben sein. Filmreif dramatisch. Würden die aufgeschlagenen Hautflächen nicht gar so brennen. Aber ich biss die Zähne zusammen. Mitleidsvoll fragten sie mich, ob ich mich verletzt hätte. *No, na, net...* sah man doch. Ich musste sofort verarztet werden.

Auf den Arm des Dorfleiters gestützt humpelte ich, begleitet von einer Schar Heiliger Schwestern, durch das Dorf bis zum Büro. Dort erhielt ich eine gründliche Waschung der Handflächen und Kniescheiben. Mit schäumendem Borwasser. Unter *auaah...schluchz*-Gestöhne sowie Tränen des Schmerzes wurden mir die Kieselsteine mit einer Pinzette aus den klaffenden Wunden gezogen. Schlecht wurde mir, als ich mein Inneres, die blanken Knochen meiner Kniescheiben, erblickte. Ohgottohgott tat diese Auswaschung und Pinzettenwühlerei weh!

Zuletzt wurde orangegelbe Jodsoße auf den Wunden verteilt. Die Handflächen bekamen je einen großen Flecken Pflaster, die beiden Knie weiche Mullverbände mit Leukoplaststreifen verpasst. Dazu ein paar Worte des Trostes und der Ermahnung seitens des Dorfleiters. Das wars dann. Mit dem Handrücken noch die letzten Tränen im verheulten Gesicht verwischt und schon konnte ich die Stätte der Verarztung verlassen. Stolz und mit erhobenem Haupt durch die stumm wartenden, mich bemitleidenden Klosterschwestern.

38 Eine neue Mama

Herbst 1959. Unsere Mutter musste wieder auf Erholung fahren. Verschiedene Tanten gaben sich in unserem Haus die Türschnalle in die Hand. Fast gewöhnten wir uns schon daran, sie waren auch meistens lieb zu uns und hilfsbereit.

Eines Tages aber kam eine besondere Muttervertretung ins Einser-Haus. Eigentlich unterschied sie sich, außer durch ihr Äußeres, kaum von den anderen Tanten. Und doch, sie hatte etwas. Sie war wesentlich ruhiger, nicht so stimmgewaltig und ausflippend wie manch andere, wenn irgendwer von uns etwas ausgefressen hatte. Sie sprach mit uns direkter, wollte jeden verstehen, warum er dieses oder jenes angestellt hatte. Sie ermahnte uns immer so, dass wir einfach zuhören mussten, erklärte ihre Argumente. Wir verstanden und akzeptierten sie – und das bei einer Tante!

Aber da war noch etwas. Diese junge sportliche Frau sah super aus. Das sprach sich auch unter uns Kindern herum, dass da eine neue Tante wäre, die so klasse aussähe. Und jetzt war sie bei uns und sollte die kommenden Wochen unsere Ersatzmutter spielen.

Einen Nachteil gab es dadurch bald für mich. Meine fehlenden Schulleistungen wurden sichtbar, all meine Schandtaten gnadenlos aufgedeckt. Denn diese neue Tante war gründlich. Sie wollte eben mehr als nur die Muttervertretung sein. Nahm ihren Tantenjob ernst, trotz ihres überaus heiteren Wesens. Sie sang und lachte gerne mit uns und nahm uns beim Wort. Beim Ehrenwort, denn sie lehnte Lügen, Streit und Bequemlichkeit rigoros ab, forderte von uns absolute Offenheit und Zusammenhalt. Teamarbeit.

Zwischendurch, nach Wochen, kam zwar wieder unsere Mutter zurück. Jedoch entschwand sie mir immer mehr und mehr als meine Mutter. Dieser Wechsel zog sich ein paar Mal übers Jahr hin. Immer öfter zog die hübsche *Tante Helene* im Haus 1 als Vertretung ins Mutterzimmer ein, als Dauertante.

Mittwoch, 30. März 1960.
Ein denkwürdiger Tag. Am Abend kam der Dorfleiter zu uns mit einem schönen Strauß Blumen, überreichte ihn Tante Helene und verkündete feierlich, dass sie ab heute unsere neue Mutter sei. Jedes von uns Kindern sollte sie fragen: *Tante, darf ich zu dir Mama sagen?* Diese innige, herzensnahe Zeremonie ging mir sehr nahe.

Zu dieser Zeit hatte ich ein hässliches Abszess auf meiner linken Wange, das mehr und mehr anschwoll und mein Gesicht dementsprechend entstellte. Was war ich verzweifelt, obendrein spannte die Wange und tat höllisch weh. Mit einer nach Teer stinkenden schwarzen Salbe bekleistert und eingefascht wie ein Am-Kopf-Verletzter, sollte ich nun diese Frage stellen, den *Tante darf ich...*-Satz herunterleiern. In diesem Moment sprang mein Abszess endlich auf.

Wir waren alle festlich gekleidet, ohne vorher zu wissen, wofür. Es geschah auf Wunsch des Dorfleiters. War es die Aufregung, die meine Wangen zum Glühen brachte? Egal, es blutete durch dem Verband. Rührung, Schreck und Wundschmerz vermischten sich mit meinen (Freuden)Tränen. Es wurde ein schöner Abend mit gutem Essen und einer stillen Fröhlichkeit. War es nicht eine göttliche Vorsehung, wenn aus einer sehr hübschen Tante plötzlich eine sehr hübsche Mutter wurde? Mit nur einem Satz: *Tante, darf ich zu dir Mama sagen...* Noch

fremd und doch schon vertraut war sie mir, die neue Mama.
Der Dorfleiter wusste von fantastischen Abenteuern aus seinem Leben zu berichten. Auch sie, meine neue Mama, begann von sich zu erzählen, von ihrer Familie, von ihrer Heimat. Ich hing förmlich an ihren Lippen.
Sie wurde die beste, gütigste und herzensliebste Mama, die mir je passieren konnte. Eine Mama, wie ich sie noch nie hatte. Was für ein Glück für mich, den fast zehnjährigen Wolfi, vom Haus 1. Und nicht nur für mich. Denn im Laufe der Jahre schenkte unsere Mama 24 Kindern ihre Liebe und Fürsorge.

Helene kam aus der Steiermark. Aus Naintsch, in der Nähe von Heilbrunn. Der nächste größere Ort war Anger. Bescheiden und ärmlich wuchs sie auf dem kleinen elterlichen Bauernhof auf. Alles andere als ein Honiglecken. Ebenso die Kriegs- und Nachkriegsjahre. Diese durchlitt sie wie alle in der Gegend. Angst vor Kriegsgreuel, Angst vor russischen Besatzern, die sich skrupellos junger Frauen bemächtigten. Manche Nacht verbrachte sie mit ihren Freundinnen im Wald versteckt. Der große Bruder beschützte sie.
Als Jüngste von acht Kindern – drei Kinder starben schon frühzeitig, ein Bruder kam tragisch ums Leben, als ihn ein Pferd mit seinen Hufen traf – musste Helene bei den Eltern bleiben. Ihre Mutter wurde von der schweren Arbeit auf dem Bauernhof, den acht Geburten sowie den harten Schicksalsschlägen, krank. Sie musste gepflegt werden.
Ihr Vater war ein fleißiger und überall beliebter Zimmermann. Sicher in diesen schweren Zeiten streng bei der Erziehung seiner Kinder. Aber ein gerechter, sehr gütiger Vater, der froh war, dass seine Jüngste, *die Leni*, daheim blieb und sich um die bettlägrige Mutter kümmerte.
Helene war von Kind an hartes Leben gewohnt. Als Schülerin galt es einen Schulweg über Berg und Tal zu bewältigen, eine Stunde zur Schule und eine Stunde nach Hause. Tag für Tag.

Die schwere Schultasche auf ihrem Rücken. Im Winter reichten die Schneemassen oft bis in Schultaschenhöhe. Also musste sie noch früher aufstehen, um rechtzeitig in der Klasse zu sitzen. Nie war sie krank, nie kam sie zu spät, egal bei welchem Wetter. Auf die kleine Helene konnte sich jeder verlassen.

Als sie mit der Schule fertig war, wollte sie den Eltern nicht auf der Tasche liegen. Sie fand eine Anstellung in einem naheliegenden Wirtshaus. Flink bediente sie die Gäste. Höflich und freundlich war sie zu allen, auch wenn es in der Schankstube manchmal recht deftig zuging, wie es in einem Dorfgasthaus schon mal passieren konnte. Die Wirtsleute waren mit ihr sehr zufrieden. Denn niemand sollte sagen, Helene sei nicht fröhlich, nicht fleißig. Aber Kellnerin sein war nicht ihre Erfüllung, nicht ihr Beruf. Sie wollte im sozialen Bereich tätig werden, für andere Menschen dasein. Das konnte sie jedoch nicht, solange sie ihre Mutter pflegte. Als diese nach Jahren von ihrem schweren Leiden erlöst wurde, wollte auch der Vater, dass sich Leni endlich in der Welt umschauen sollte. Er würde zu einer seiner anderen Töchter übersiedeln und käme schon zurecht. Denn dort oben am Berg, im kleinen Bauernhaus – noch immer ohne Strom, das Wasser draußen vom Brunnen – das wurde auch ihm, dem noch rüstigen Vater, schon zu anstrengend.

Helenes Vater war ein Mensch, der sich trotz seines hohen Alters immer noch für die Geschehnisse außerhalb seiner eigenen vier Wände interessierte. Über alles was in dieser Welt passierte, las er gerne und viel. Eine Wissbegierigkeit, die sie sicher auch von ihm vererbt bekam.

Sie brachte ihrem Vater alles, was im Gasthaus an Magazinen und Zeitungen liegen blieb. Seit einiger Zeit nahm sie auch die Prospekte vom SOS-Kinderdorf mit nach Hause. Diese Idee der SOS-Kinderdörfer von Hermann Gmeiner gefiel ihrem Vater und er meinte eines Tages zu seiner Leni, dass Mutter in einem SOS-Kinderdorf zu werden für sie geradezu ideal wäre. Er wusste nur nicht, dass sie sich schon längst für diesen Beruf entschieden hatte.

Auch sie war wie alle Mädchen im Dorf verliebt. Verguckte sich in diesen oder jenen. Aber nie war einer dabei, der sie überzeugen konnte, mit ihr eine Familie aufzubauen. Zu wählerisch sei sie, sagten sie ihr nach. Damals. Die Burschen aus dem Dorf. Aber so war sie halt schon immer, die Leni. Bei ihr musste einfach alles stimmen, passen.

Ja, bei diesen Prospekten über die SOS-Kinderdörfer, da sprang der Funke über, entflammte in ihr das Feuer der Begeisterung. Sie fühlte die Berufung zur SOS-Kinderdorfmutter.

Sie hatte ihr Lebensziel gefunden. Armen Kindern in einem Dorf, in einem Haus, mit ihr als Mutter ein neues Daheim, Liebe und Geborgenheit zu schenken. Diese verlassenen Kinder mit Fürsorge zu betreuen, zu beschützen. Aus ihnen aufrechte, wertvolle Menschen zu machen. So, als wären es ihre eigenen Kinder. Ja, sie verstand diese Botschaft Hermann Gmeiners in seinen Prospekten: Einen wertvollen Beitrag zu leisten. Als SOS-Kinderdorfmutter zur Linderung der Not und des Elends dieser hilflosen Kinder.

Um dieses Ziel zu erreichen, wollte sie weg. Musste sie weg von Zuhause, dem Bauernhof, weg vom Heimatdorf und hinaus in die Welt. In die Welt des SOS-Kinderdorfes.

Sie landete im SOS-Kinderdorf Hinterbrühl bei Wien, wurde in Kursen geschult. Lernte, was im schweren Beruf einer SOS-Kinderdorfmutter auf sie zukommen würde, ohne zu ahnen, was wirklich auf sie zukam. Doch diese Schulungen *gingen ihr leicht von der Hand,* denn das Wichtigste hatte sie in sich: unendliche Liebe. Als sie mit der Ausbildung fertig war, durfte sie sich ein Dorf aussuchen, in dem sie Mutter sein wollte. Ihre Wahl fiel auf Altmünster im wunderschönen Salzkammergut.

So wurde sie, nach monatelanger Praxiszeit als Tante in verschiedenen Häusern, abends am 30. März 1960, unsere Mama.

Auch Jahre später – immer wieder bat ich sie, mir zu erzählen, wie das damals war. Als sie in das SOS-Kinderdorf kam. Ich wollte ein bisschen teilhaben an ihrem Leben. Als ihr kleiner Wolfi, den sie großzog. Der ihr auch so manche Sorgen, schlaflose Nächte bereitete. Wegen mieser Schulleistungen, Krankheiten, erster Liebe…

Ich höre immer wieder gerne ihre Geschichten. Wenn es mir die Zeit erlaubt, sie zu besuchen. Dann freue ich mich über ihre leuchtenden, wachen Augen. Wenn wir die Fotoalben durchblättern, vor und zurück. Gemeinsam Erlebtes aus unseren Erinnerungen hervorkramen, die schönen aber auch die schlimmen Zeiten. Dann spüre ich sie, ihre innere Kraft, diese unendliche Liebe und Zuversicht.

Mit ihrem Lebensziel *Liebe geben* hatte mir die fremde Frau, die meine Mutter wurde, so unendlich viel geholfen. Und nicht nur mir. Auch ihren 23 anderen Kindern.

Als ich eines Jahres meine leibliche Mutter kennenlernte, ein paar Gespräche mit ihr führte, empfand ich nichts. Keinerlei Gefühl. Weder Zuneigung oder gar Mutterliebe. Einfach nichts. Die biologische Mutter ließ und lässt mich kalt.

Aber denke ich an die tolle Tante Helene aus der Steiermark, eine fremde Frau, eine SOS-Kinderdorfmutter – wieviel Herzenswärme, Zuneigung und Dank empfinde ich doch für sie, die meine Mama im SOS-Kinderdorf Altmünster wurde.

Die meine Mutter ist. Was für ein Unterschied. Welten.

39 Neuordnung

Neue Besen kehren bekanntlich gut. Neue Mütter noch besser. Das bekamen wir bald zu spüren. Zu einer jungen hübschen Tante plötzlich Mama zu sagen, war die eine Sache. Dass sie es auch wurde, war die andere. Wir Einser-Häusler galten durch die monatelangen Tantenvertretungen als ein wilder Haufen.

Neun Kinder waren wir zu dieser Zeit, sieben Buben und zwei Mädchen. Denn im November 1959 bekam unsere Brigitte Verstärkung durch Renate. Ein sehr hübsches Mädchen in meinem Alter, mit zwei wunderschönen Zöpfen.

Das aktuelle Haus 1 im April 1960:

Die zwei Großen (Hans und Wilhelm) galten als der dominierende Ruhepol. Sie sollten auch schon nach den Sommerferien in die Hinterbrühl (bei Wien) übersiedeln, in das SOS-Jugendhaus.

Die zwei Mittleren (Alf und Franzi) waren die körperlich Aktiven, mit viel *Unsinn im Sinn,* was natürlich andauernde Revierkämpfe zwischen den Großen und Mittleren hervorrief.

Emil und ich waren noch zu klein, um als ernsthafte Kämpfer mitzumischen. Wir beide bereiteten uns noch im Stillen auf die spätere Revierübernahme vor.

Renate und Brigitte – Mädchen hatten ohnehin in einem Bubenhaus noch nichts zu sagen. Und der kleine Hansi war –

wie der Name schon sagt – noch zu klein.

Eines abends beim Essen musste Wilhelm (der Große) rigoros gegen Franzi (dem Mittleren) vorgehen, um ihm zu zeigen wer – neben Mama – der eigentliche Chef im Hause war.

Es gab Grießbrei. Eigentlich hieß der Brei bei uns Grießkoch. Uns betreute einmal eine deutsche Tante, deren Lieblingsspeise *...jetzt löffeln wir mal alle unsern Grießbrei...* war. Neben Bananenmilch. Was das Haushaltsbudget wegen des Bananenkaufes (um Himmels Willen – Bananen) extrem in die Höhe trieb.

Zurück zum Grießkoch – der heiße zähe Matsch wurde uns mit Zimt-Zucker bestreut vorgesetzt. Nach einem kurzen Essensgebet, saßen wir bei Tisch. Jeder seinen vollen Teller vor sich. Nach einem gemeinsamen *Guten Appetit,* der Mama geantwortet, wollten wir loslöffeln. Wilhelm meinte schelmisch zu Franzi, wenn man seine Nase vorsichtig und ganz nahe an die Breioberfläche hält, würde man spüren, wie magnetisch Zimt-Zucker sei. Gesagt und getan. Franzi schnüffelte wie ein junger Hund und Wilhelm drückte seinen Kopf heftig in den brennheißen Brei.

Auaahh..!
Mit einem Ruck fuhr Franzis Kopf zurück.

Aber sein Gesicht sah himmlisch aus – wie der Heilige Nikolaus persönlich. Hochrote Wangen, umrandet von einem weißen Grießkoch-Bartflaum, durch Zimtflecken leicht marmoriert. Schon rannen seine Tränen vor Schreck und Schmerz. Wir grinsten still in uns hinein, weil wir dem Franzi, dieser Nervensäge, seinen Grießbart von Herzen gönnten. Weil er immer so lästig war, uns Kleinere (Emil, Renate, Brigitte, Hansi und mich) immer pflanzte und sekkierte. Wir waren ohnehin nur Mitläufer. Machten jeden Blödsinn mit und nach, den die Größeren von uns verlangten oder den wir freiwillig von unseren Vorbildern abguckten. Aber diese Grießbrei-Geschichte hatte was Endgültiges an sich – keine Belästigungen mehr von Franzi. Leider musste Wilhelm strafweise hinter die Kellertür und eine Stunde lang über sein Vergehen nachdenken.

Mein Bruder war der ewige Kämpfer. Er prügelte sich fast mit jedem. War niemand Passender zu verklopfen, so musste Franzi herhalten. Keiner der beiden ließ je eine Gelegenheit aus, um mit Haxel-stellen oder anderen Stänkereien einen Streit vom Zaun zu brechen. Wobei genug zu Bruch ging, die blauen Augen und sonstigen Cuts nicht zählend. Eine angeblich unzerstörbare Heizkörperverkleidung sowie eine durchgetretene Doppelglastür waren die sichtbaren Schäden. Mit diesen beiden Kampfhähnen hatte es unsere Mama wirklich nicht leicht. Gleich zu Beginn als neue Einser-Haus-Mama.

Hans und Wilhelm wiederum versuchten durch eine subtile Strategie Mamas Reizgrenze auszudehnen. In einer Nacht-und-Nebel-Aktion überspannten sie ihr Schlafzimmer mit sämtlichen Leintüchern und Überzügen, sodass kein Stückchen Fußboden zu sehen war. Darunter versteckten sie sich und harrten der Dinge die da kommen würden. Die Mama kam. Zu nächtlicher Stunde, der Leintuch-Bespannungslärm war ja nicht zu überhören. Sah und staunte *...was denn das sollte...* ob der schwachsinnigen Abdeck-Aktion. Sie wunderte sich über nichts mehr. War sie in einem Haus völlig Wahnsinniger gelandet?

Einmal im Monat trafen sich alle Mütter im Gemeindehaus, besprachen mit dem Dorfleiter alles, was ihre Sorgenkinder betraf, gingen ihre eigenen Wünsche und Vorschläge durch. Entscheidungen wurden getroffen. Nicht zuletzt war diese Mütterrunde ein gesellschaftliches Zusammensitzen, bei dem die Mütter Zeit zum Plaudern hatten. Bei Kuchen und Kaffee konnten sie Erfahrungen austauschen, sich näher kennenlernen. Oft wurden dabei jahrelange Freundschaften geschlossen.

Damit jede Mutter erfuhr, wann diese Mütterrunde stattfand, schickte der Dorfleiter ein Kind mit der Infomappe von Haus zu

Haus. Natürlich wussten wir sofort, wann eine Mütterrunde angesagt war. Dann hieß es für uns Geisterstunde. In so einer Nacht war im Haus 1 *Aktion Zuckerfladern* angesagt.

Zucker, das Ersatzmittel für Zuckerln, Schokolade und sonstiges Naschwerk, das wir nur von Konditor-Auslagen und Schulkollegen kannten, selbst aber so gut wie nie besaßen.

Die neue Mama war in der angekündigten Mütterrunde. Wilhelm, Hans, Alf und Franzi brauchten Süßes für eine nächtliche Zuckerorgie. Einer der vier schlich in die Küche holte sich ein Blechhäferl, zog die Zuckerlade heraus und schöpfte aus dem Vollen. Eine stattliche Portion Zucker, das Häferl gestrichen voll. Plötzlich ging das Licht in der Garderobe an. Ein unterdrücktes *...spinnst du, drah des Liacht ob, ma siacht uns jo...*

Er wurde schon längst gesehen. Beobachtet vom Dorfleiter in der Garderobe. Die neue Mama erzählte zu Beginn der Mütterrunde, dass sie so ein unbestimmtes Gefühl hätte, dass in ihrem Haus bestimmt etwas im Gange sei. Weil sich die Großen so plötzlich und unüblich brav zeigten. *Alarm, Alarm* – der Dorfleiter machte sich heimlich auf den Weg. Schlecht für die Kalorienschlecker, denn er erwischte die ganze Einser-Haus-Bagage beim Zuckerfladern. Zackbumm, ein paar Watschen links und rechts, sodass das Zuckerhäferl durch die Luft wirbelte. Aus wars mit Zuckerschlecken.

Arme Mama. Gleich solch heftige Geschütze, die da gegen ihrer Mutterautorität aufgefahren wurden. Aber sie erstarkte daran. An uns Kindern.

Wir, Emil und ich, hatten ebenso unsere persönlichen Kämpfe, in denen wir die Rolle des künftigen Platzhirschen bestimmten. Wenn wir eines Jahres als die Großen gelten würden. Die beiden Mädchen Brigitte und Renate übten sich in speziellen Taktiken, um die neue Mama bis knapp zur Explosion zu bringen. Es verging kaum ein Tag, an dem sich die beiden nicht in den Haaren lagen. Sehr zum Nachteil der älteren Renate, da sie mit ihren schönen langen Zöpfen meist den Kürzeren zog.

Was taten wir nicht alles, um der Mama zu zeigen, *wo der Bartl den Most holt.* Glaubten wir zumindest am Beginn, wurden jedoch sehr bald eines Besseren belehrt, wo und von wem die Mama den Most holen ließ.

Alltag in einer ganz normalen SOS-Kinderdorffamilie mit sieben Buben und zwei Mädchen. Eine bunt zusammengewürfelte Notgemeinschaft. Ein Haufen, dem es nicht immer gelang in Eintracht und Frieden zu leben, der sich zusammenraufen musste. Was uns Einser-Häuslern schlussendlich gelang.

Wir Kinder waren in einer Umbruchphase. Alle hatten wir mit den Defiziten unserer Vergangenheit fertig zu werden. Doch durch dieses Zusammenraufen therapierten wir uns am besten selbst. Natürlich mit liebevoller Hilfe und langatmiger Geduld seitens unserer neuen SOS-Kinderdorfmutter, die unsere traurigen Herkunftsgeschichten kannte.

Behutsam und diplomatisch ging sie ans Werk, so sehr auch jeder, seinem Charakter entsprechend, ihre Grenzen ausreizen wollte. Mit der Tierwelt vergleichbar war unser damaliges Revierverhalten. Da wir infolge eines monatelangen führerlosen Stils wie ein Rudel wilder, übermütiger Welpen waren. Wenn also ein Ersatz-Muttertier diese Meute übernehmen sollte, musste es sich behaupten. Das tat unsere neue Mama allemal und ausgezeichnet, wie ihre erfolgreichen Jahre – als Mama im legendären Haus 1 – zeigten.

Unser tägliches Brot

Liebevolle Erziehung sowie eine gesunde Nahrung sollte uns ab sofort in einem sinnvollen Maße zuteil werden. Seelische, geistige wie körperliche Nahrung.

Nahrung für die Seele:
Eines vorweg. Die neue Mama gewann von Anfang an unsere Herzen. Meines vor allem. Man muss bedenken, wie schwer es für mich war. Nach diesen Misshandlungen in Neder, diesem Höllenort mit prügelnder Pflegemutter, endlich gut aufgehoben im SOS-Kinderdorf gelandet. Eine erste Mama, die leider auch wieder verschwand. Daraufhin monatelang ein wechselnder Mutterersatz durch verschiedene Tanten. Und jetzt schon wieder eine neue Mama. Mein Seelenhaushalt kam ganz schön durcheinander.

Erste lobenswerte Änderung: Mama führte ein moderates Bet-Ritual ein, von Beginn an stark reduziert. Zur Freude von uns allen. Nicht, dass unsere neue Mama weniger gläubig gewesen wäre, als die vorherige. Von ihrer Familie religiös erzogen und geprägt, galten für sie stabile Glaubenshaltung, Tradition und Brauchtum als Stützpfeiler, als seelischer Halt. Regelmäßiger Kirchgang zu den gewohnten Sonn- und Feiertagen war ungesagte Pflicht, vielmehr Freude. Weniger für mich. Jedoch gerade durch ihre Vorbildwirkung fand ich wieder einen kindlichen Draht zu Gott. Gläubig war ich ohnehin. Mama erklärte uns durch viele Gespräche ihre positive Gesinnung und Haltung, Themen wie Gott, Kirche und Religion betreffend.

Sie handelte intuitiv bei ihren Entscheidungen. Was hätte es für einen Sinn ergeben, jeden Freitag (wie bisher) kniend vor dem Sessel eine Unzahl von Gebeten runterrasseln zu müssen, wenn unsere Konzentration innerhalb weniger Minuten auf ein Minimum schmolz. Wir in unseren Gedanken ohnehin ganz wo anders herumruderten und sicher nicht bei Gott und seinen Heiligen verweilten. Daher entschied sie, dass es sinnvoller und genauso heilsam wäre, einmal im Monat einen Rosenkranz-Durchgang, mit lediglich zehn *Gegrüßet seist du Maria* zu beten. Und die auch nicht kniend vor dem Sessel, sondern in der Gruppe stehend. Endlich. Knien vorm Sessel – abgesagt. Endlos langes und wöchentliches Beten des *Freudenreichen,* des *Schmerzhaften* und des *Glorreichen* Rosenkranzes – abgesagt. Welch göttliche Erleichterung. Sie verstand uns und wir sie und ihre sinnvollen Entscheidungen. Unsere Mama, die Beste.

Allen sonstigen religiösen Ritualen gingen wir mit der normalen Euphorie nach. Wie sie ein Kind eben zeigte, das nicht gerade Priester oder Klosterschwester werden wollte. Sonst auch keine rechte Vorstellung vom baldigen Tod, der Sorge für die Reinheit der Seele hatte. Um garantiert in den Himmel zu kommen.

Später, mit dreizehn, vierzehn Jahren waren meine Kirchenbesuche, der Gang zur Kirche und zurück, in erster Linie ein paar Mädchen gewidmet, für die ich anschließend daheim Diskussionen und Wortduelle über mich ergehen lassen musste. Aber, wenn ich mir etwas in den Kopf setzte und es bei Mama nicht erreichte, ging ich schmollend damit spazieren. Hinaus ins Grüne, in den Wald, durch die Wand. Wie bald sollte ich erkennen, dass seelische Nahrung viel mit dem anderen Geschlecht, den Mädchen, zu tun hatte. Im und außer Haus.

Oh Gott, wie hast du uns so schön erschaffen.

Nahrung für den Geist:
Das Gespräch, die Kommunikation zwischen Mama und uns war eines ihrer wichtigsten Anliegen. Jeden Abend nach dem Essen wurde geplaudert. Wir erzählten von der Schule, von unseren Sorgen, Wünschen, Vorstellungen. Alle, die Großen wie die Kleinen, waren in die Gespräche mit eingebunden. Probleme wurden besprochen, diskutiert, analysiert und gelöst. Mit einfachen Worten, liebevoll und für alle verständlich. Wenn notwendig aber auch unerbittlich, endgültig. Klare Grenzen wurden uns gesetzt. Mamas Leitspruch *Zweng und zvü is in Noarrn sei Zü* war ein geflügeltes Zitat. Nach welchem auch ich mich richtete, vor allem nach dem *Zweng*, wenn es Schulisches betraf. Doch ich musste erst meine persönliche Krise bewältigen, meinen Blick auf das Wesentliche, betreffend Schule und

Leistung erst finden und verstehen. Das sollte noch ein paar Jahre dauern.

Mama las uns Geschichten vor. Ich erinnere mich vor allem an ein Abenteuerbuch. Ein Bergdrama in heimatlichem Gebirge, mit viel Liebe, Tod und Tragik, wo zwei Freunde sich gegenseitig bekämpften. Wegen einer schönen Frau in eine Felswand kletterten. Selbstüberschätzung, Neid, Eifersucht und eine dramatische Rettung. Über Wochen gab es von ihr diese Geschichte in Folgen vorgelesen.

So machte sie uns das Bücherlesen schmackhaft. Leseratten sollten wir werden, daran lag ihr viel. Lesestoff gab es genug. Bücher zum Geburtstag, zu Weihnachten oder in der Dorfbibliothek auszuleihen. Emil brachte mich zum Karl May lesen, wobei ich es nicht mehr als Lesen bezeichnen kann. Ich fraß mich förmlich in diese Indianer-, Trapper- und Beduinengeschichten hinein. Im Laufe der Jahre verleibte ich mir sämtliche Karl May-Abenteuer ein. Landete bei Jules Verne, fraß der Astrid Lindgren sämtliche Kalle Blomquist-Geschichten aus den Büchern (ich besitze heute noch einen Band davon). Lassie, Rin Tin Tin, Ivanhoe, Lederstrumpf, Der Graf von Monte Christo, Die drei Musketiere, Deutsche Heldensagen, Grimms Märchen, Hauffs Märchen, Tausendundeine Nacht (Sindbad, Ali Baba und die vierzig Räuber, Aladdins Wunderlampe...), Münchhausen, Robinson Crusoe, Schatzinsel, Wolfsblut, Tom Sawyer und Huckleberry Finn... alles Abenteuer und Geschichten, die mich bis in meine Träume begleiteten. Schöne und schaurige. Micky Maus, Fix & Foxi, Hobby, Rasselbande, Wunderwelt. Ein paar Wildwest-, Landser- und Edgar Wallace-Hefterl, Heimatromane – sogenannte Schundhefterl (Lesematerial für Zwischendurch) – löschten meinen damaligen Lesehunger nur zum Teil. Was ich in die Hand bekam, las ich, stopfte ich in mich hinein. Als wäre ich ein leere Tonne, die schon längst gefüllt werden müsste. Mit Abenteuern, mit Wissen, mit

Sinn und Unsinn – mit Leben eben.

Bald machte ich mich (mit Erlaubnis) über Mutters Bücherschrank her und begann in jungen Jahren mit ihrer Lektüre. Dieses viele Lesen verschlug mich natürlich oft in die gute Stube. Auch bei schönstem Wetter, wenn ein spannendes Abenteuer danach verlangte. Mama musste mich sprichwörtlich aus dem Haus werfen. Mit dem unterbrochenen Abenteuer unterm Arm verkroch ich mich schmollend und suchte einen ungestörten Platz im Dorf, um den Ausgang des Geschichte vor geistigem Auge leibhaftig mitzuerleben.

Das viele Lesen machte mich Jahre später selbstsicherer. Bald war ich nicht mehr der stille Bub, der in der Schule so schwach war. Schade nur, dass es so lange dauerte, bis ich von allen meinen negativen Erlebnissen vor der Kinderdorfzeit geheilt wurde. Wie gut war es wiederum, dass ich im SOS-Kinderdorf solche Fortschritte machte. Plötzlich lief es für mich auch in der Schule gut. Ab der sechsten Klasse Volksschule ging mir der sprichwörtliche Knopf auf.

Ihr Kinder habts kein Geld und keine Reichtümer. Aber ihr habts a gsundes Hirn und zwei gschickte Händ. Machts was draus, weil des is euer ganzes Kapital...

In all den Jahren ermahnte uns Mama, wenn wir über die Zukunft sprachen. Träumten, was wir einmal werden wollten. Wie wahr. Wie gerne erinnere ich mich an diese kraftvollen Worte.

Mamas große Sorge waren die Leistungen *ihrer* Kinder in der Schule. Wie sehr war sie dahinter, dass jeder so halbwegs durchkam. Am Schulschluss ein passables Zeugnis in Händen hielt. Sie war stolz, wenn uns tolle Leistungen gelangen. Sie freute sich mit uns, lobte uns sehr. Genauso traurig, aber auch verärgert war sie natürlich bei Misserfolgen eines ihrer

Schützlinge. Hartnäckig und mit viel Geduld lernte sie das Jahr über mit dem kleinen Racker, auch wenn er sich partout nicht helfen lassen wollte. So wie ich. Dann gabs Tadel, ein kräftiges Donnerwetter in steirischer Mundart, das ich gut verstand, trotz starken Dialektes. Aber geschlagen hat sie mich nie. Doch einmal, eine einzige Ohrfeige bekam ich, als sie mich beim Rauchen erwischte.

Auch im SOS-Kinderdorf gab es den Wettbewerb. Den Kampf um Ehre. Um kinderdörfliches Ansehen. Weniger mit Geld und Besitz, damit konnte wahrlich keiner von uns auftrumpfen. Aber, welches Haus hatte die beste Mutter (wir), die schönste Mutter (wir), die lässigste Mutter (wir). Welche Mutter hatte als erste den Führerschein, ein Auto. Ätsch – unsere. In welchem Haus waren die klügsten, schlimmsten, hübschesten oder stärksten Kinder... Wir hatten sonst nichts zum Angeben. Die paar Kleidungsstücke im Kasten, Spielzeug und Schulsachen. Alles keine Wertsachen, geschweige denn Reichtümer. In der Schule konnten wir wenigstens behaupten, dass wir nach Italien auf Urlaub fahren. Das war schon was. Damals. Oder wenn irgendeine Berühmtheit das SOS-Kinderdorf besuchte. Mit Trari-trara das Kinderdorf überfiel, einen Schwarm Reporter, Zeitungsleute und Kameraleute wie einen Rattenschwanz hinter sich nachziehend. Aber damit wollte ich mich nie wichtig machen. Und doch protzte ich selbst einmal damit. Dieses angeberische *ich kenne wen, den du nicht kennst,* obwohl ich ihn selbst nie kannte, höchstens einmal sah. Jener mich zufällig hochnahm, nicht einmal wahrnahm. Warum auch. Berühmtheiten pflegten andere berühmte Kontakte. Nicht mit so einem unwichtigen Zwerg aus dem SOS-Kinderdorf. Höchstens beim Emporhalten des Knirpses in die Kamera. Berühmtheit und Unwichtiger, ein sekundenkurzes Kennenlernen ...*hallo, du Berühmter. Ich mach dich mit mir noch sympathischer. Weil du für arme verlassene Kinder warmherzig lächelnd so viel Herz zeigst.* Einen Fotoknips lang für die Presse. Danke und Klappe zu. Erstarrtes Lächeln für niemanden und herunter mit mir, abgesetzt auf den Boden der Unwichtigen. Eine letzte berühmte, rechte Hand streichelte über meinen blonden Schopf. Tagelang durfte auch ich mich rühmen, von einem Berühmten auf den Arm genommen, gestreichelt worden zu sein. Das war unantastbares Selbstüberschätzungskapital. Damals am Schulhof, während der Pause, im Kreise staunender, neidvoller Zuhörer. Standesdünkel eines Besitzlosen.

Alles, was besser, schöner und was-weiß-ich-alles war, hielt als unschätzbares Kapital zum Interessant-Machen her. Schon zu meiner Zeit galt: Wenn man etwas nicht selbst hatte, kannte man jemanden, der dieses besaß. Damit konnte man protzen. Spiele der Erwachsenen, wie schnell wir diese lernten.

Nahrung für den Körper:
Eine neue Mama haben hieß, neue Gerichte, neue Esskultur. Was mich von Beginn an begeisterte, wir durften uns beim Essen auch unterhalten. Das war bei der ersten Mutter nicht so selbstverständlich. Nicht mit vollem Munde natürlich und nicht durcheinander gebrüllt, sondern sittsam und gepflegt. Mama liebte diese angenehmen Essensrunden und kultivierte sie mit einer Hingabe, die wir gern unterstützten. Jeden Abend, speziell an den Wochenenden.

Wie genoss ich dieses Heimelige, dieses wohlige Familiengefühl. Rückblickend weiß ich, wie wichtig diese Tischrunden für mich doch waren. Wenn wir alle hungrig und ungeduldig rund um den Tisch warteten. Auf die dampfende Schüssel und dass der Schöpfer in Mamas Hand endlich unsere Teller blattlvoll füllte. Glaubten wir doch immer, zuwenig zu bekommen. *Also, koana kummt von euch zu kuaz, es is gnua für alle da...*

Schon vor dem Essen liefen wir zur Mama und meldeten uns an, wer die Schüssel, das Reinderl oder den Schöpfer ausputzen, ausschlecken, abschlecken durfte. Erst recht, wenn es unsere Leibspeise gab, war die Reihung, wer die Reste aus den Töpfen kratzen durfte, besonders heiß umkämpft. Wie gern denke ich mich in diese Zeit zurück.

Das Frühstück wurde schon immer etwas gehetzt eingenommen. Je nachdem, wie leicht wir aus den Betten kamen oder rausgeworfen wurden, weil das Bett halt gar so angenehm kuschelig war. Ich gehörte zur Gruppe der Früh- und Leichtaufsteher. Meistens einer der Ersten, der mit Waschen und Zähneputzen fertig war. Zum Frühstück gab es während der Schultage ein paar Scheiben trockenes Brot und heiße Milch zum leichter Runterschlucken. Wer fertig war – ab in die Schule.

Milch und Brot macht Wangen rot, war Mamas täglich verkündete Lebensweisheit. Nachdem sie selbst gesunde rosa Wangen hatte, was sie jedoch störte und mich stets verwunderte. Sah sie damit doch so blühend, so fröhlich aus. Wahrscheinlich wollte sie eher diese dezente, noble Blässe haben, wie sie von den Schönen und Berühmten in den Illustrierten präsentiert wurde. Aber die waren mit einer Schicht Make-up verkleistert, dazu noch peinlich aufgedonnert. So etwas hätte sie nie notwendig gehabt und auch nicht gemacht. Mir gefiel sie so wie sie war, die schönste Mama vom Dorf – meine Überzeugung.

In der Vormittagspause aß ich mein mitgebrachtes Brot oder gab es, je nach Hunger, beim Nachhauseweg über die Brücke zerbröckelt, den Enten. Bei der Schulausspeisung (was für ein Wort) nahmen wir ein warmes Mittagessen in der Schule ein. Schrecklich in Erinnerung blieb mir davon das Beuschel. Tierische Innereien geschnetzelt in einer undefinierbaren dunklen Soße schwimmend. Säuerlich im Geschmack, streng im Geruch. Dazu eine Semmel in die Hand gedrückt. An Beuscheltagen schüttete ich das Geschnetzelte immer heimlich ins Klo und begnügte mich mit der trockenen Semmel.

Je nach Unterrichtsschluss kam ich zu unterschiedlichen Zeiten nach Hause, bekam als Stärkung eine kleine Jause und machte mich an die Hausaufgabe.

Zur Jause gab es meistens Butterbrote. Doppelbrote, mit einer dünnen Schicht Butter zwischen zwei Brotscheiben. Da die Butter aus dem Kühlschrank nicht so streichfähig war, bildete sich in der Mitte des Brotes immer ein kleiner Butterhügel. Durch das Anwärmen des Doppelbrotes in beiden Handflächen sowie das Aneinanderreiben der Brotscheiben, wurde die Butter schön weich und ließ sich auf den Brotinnenseiten besser verreiben. Meistens schlich ich mich unbemerkt in die Küche. Schnell die Zuckerlade auf und die beiden weichen Butterseiten fest in den Zucker gedrückt, wieder zusammengeklappt. Jetzt erst schmeckte das Butter-Zucker-Brot so richtig lecker.

Nie frisches Brot. Mit dieser Tatsache mussten wir uns alle im Haus 1 abfinden. Die täglichen Brotscheiben waren mindestens drei Tage alt. Jeden Samstag kam der Bäcker mit der gewohnten Lieferung. Etwa zehn Zweikilo-Brotlaibe, einen Weißbrot-Wecken und zehn Nusskipferl. Die wöchentliche Ration für das Einser-Haus. Obwohl immer zwei Brotlaibe von der letzten Bestellung übrig blieben. Die waren jedoch nicht als Notration gedacht. Diese beiden Wecken mussten zuerst aufgegessen werden, erst dann kam das neugekaufte Brot an die Reihe, was natürlich nicht mehr so knusprig frisch wie am ersten Tag war. Hätten wir sofort das frische Brot bekommen, wäre es im Nu von uns weggegessen worden und der Brotverbrauch unnötig gestiegen. Doch das Haushaltsgeld war knapp und sie musste damit sparsam umgehen.

Jeden Sonntag, jeden Feiertag, das beliebte Ritual.

Wir, frisch geschniegelt und gestriegelt, im Sonntagsgewand am Frühstückstisch. Statt Milch gab es Kakao. Dazu für jeden zwei dicke Scheiben Weißbrot und ein Nusskipferl. Alles noch knusperfrisch, weil vom Vortag und daher auch viel zuwenig.

Doch nix da, es musste reichen. Zu Mittag gab es ohnehin wieder zu Essen. Aber wir waren eben eine ewig hungrige Meute. Mama war schon in der Frühmesse, damit sie das Mittagessen vorbereiten konnte. Hin und wieder nahm sie die beiden Mädchen mit in die Kirche. Sie sollten ihr anschließend beim Zubereiten der Mahlzeit helfen. Denn bei Mädchen konnte man nie früh genug beginnen, sie fürs Kochen zu begeistern und ihnen für Haushaltsarbeiten und Sauberkeit das rechte Geschick anzuerziehen.

Sollten sie doch eines Jahres gute Ehefrauen und Mütter werden, die Mann und Kinder mit ebenso gutem Essen zu verwöhnen verstanden. Unsere Mädchen hatten keine lukrative Mitgift, waren sozusagen außer ihrem Können und Charakter keine »gute Partie«. Also mussten sie sich frühzeitig ins Zeug legen, um es perfekt zu beherrschen. Das Kochen, Waschen, Bügeln, Stricken, Stopfen. Das Betten-Machen, das Haus-Sauberhalten, das Mann-und-Kindern-Dienen. Alles perfekt beherrschen, um eines Tages einen Mann damit zu überzeugen, zu gefallen.

Das war die allgemeine Vorstellung. Die Mädchen kochten, wuschen, bügelten, stopften und strickten. In der Freizeit, während wir Buben herumtollten und Indianer spielten. Welch kluge Entscheidung von Gott, dem Schöpfer von Himmel, Erde und allem, was darauf herumkreucht und fleucht, mich einen Buben werden zu lassen und von mir, damit einverstanden zu sein. *Danke lieber, kluger Herr Schöpfer.*

Sonntag mittags gab es das einzige Fleischgericht der Woche. Faschierte Laibchen oder faschierter Braten mit Saft waren die Norm. Das aß ich am liebsten. Auch Wiener Schnitzel ging noch. Alles andere, das an Fleischlichem auf den Sonntagsteller kam, war für mich leider jedes Mal eine Essensüberwindung. Sehr zum Missfallen von Mama. Sie verstand meine Ablehnung – vor allem gegen das fette Schweinefleisch – nicht. Auch beim Geruch eines Henderls (gebraten wie gekocht), beim Anblick dieser gelbbraunen Pipihaut mit angekrusteten Federkielresten, da stellten sich bei mir die Nackenhaare auf. Brrr...

Heute, längst Vegetarier, bereitet mir Bratengeruch von Henderl, Schwein und Co. ein Gefühl prinzipieller Ablehnung. Totes Fleisch – wie kann man nur totes Fleisch essen. Das Raubtier Mensch kann es.

Was sollte ich machen. Je mehr ein Stück Fleisch seiner lebenden Form ähnlich sah, desto mehr ekelte mir davor, es zu vertilgen. Bei Faschiertem konnte ich mir kein Tier mehr vorstellen, ebenso bei Wurst und Leberkäse. Mein Glück war, dass es meistens diese faschierten Versionen gab, weil sie am billigsten waren. Fleisch war teuer und für so viele hungrige Mäuler, die zu stopfen waren, da musste Mama mit ihren Finanzen ordentlich jonglieren. Um das Monat durchzukommen ohne Aufstand, einer Meuterei unsererseits. Daher brachte sie meistens aus jedem ihrer wohlverdienten Erholungsurlaube aus der Steiermark ein paar saftige Schweinsstücke mit. Die hin und wieder (Gott sei Dank eher selten) an Sonntagen auf unseren Tellern lagen. Als Schweinsbraten, mit dicker Schwarte und mit Kümmel bestreut. Zwischen Fleisch und Schwarte ein hässlicher, breiter Streifen weißliches, wabbelndes Fett. Im Bratensaft schwimmend wie ein Eisberg. *Igitt-igitt...*

Die kräftige Suppe als Vorspeise, von ausgekochten Knochen mit Suppengrün, die schaffte ich, weil sie mir schmeckte. Nur diese glänzenden Fettaugen – aber Augen zu und runter gelöffelt, immer in Gedanken an die süße Nachspeise.

Jedoch die Hauptmahlzeit – Kümmelbraten, Schweinsbraten, Geselchtes – die Schwarte, wie ein Stollwerk an den Zähnen hartnäckig haftend, dieses triefende Fettzeug am mageren Fleisch, das brachte ich nie runter. Mal probierte ich es mit dem Reis, der als Beilage das Menü abrundete. Ich durchmischte kleinst zerteilte Fettbrocken mit Reiskörnern. Noch kräftigst mit der Gabel flachgedrückt und fest zermanschkert *...poahh...*

Bissen für Bissen reckte es mich. Wieder – Augen zu und an was Schönes gedacht, an ein Zitroneneis um zehntausend Lire.

Dass durch die Zerteilung und Zermanschkerung das Essen kalt wurde, machte das Schlucken zum Martyrium. Des öfteren musste ich mit Fettstücken im Mund das Klo aufsuchen, um diese in die Muschel zu spucken. Das nahm mir Mama immer sehr, sehr übel. *Mei, des guate teire Fleisch...*

Die Nachspeise – welch leckerere Entschädigung für meine Schweinefleisch- und Henderlhaut-Phobie. Meist »Grießkoch-Pudding«, eine meiner Leibspeisen. Dieser wurde am Vortag zubereitet, in eine viereckige Pfanne gegossen und über Nacht zum Hartwerden stehengelassen. Der so gehärtete Grießbrei wurde am Folgetag in Stücke zerteilt, auf Desserttellern mit einem Schuss unverdünnten Zuckersirup (Spitz-Himbeersaft) serviert. *Hmmm...*

Nach dem Mittagessen entstand eine plötzliche Hektik. Für Sonntag nachmittag war Freizeit angesagt. Aber zuerst wurde abgeräumt und gesäubert. Unsere zwei Mädchen mussten Mama helfen. Sie wusch das Geschirr, Renate trocknete ab, Brigitte räumte weg. Wir Buben hatten jeder seine zugeteilte Arbeit zu erledigen. Tischabwischen, Sesselpolieren, Zusammenkehren, Staubwischen... zuletzt den Boden frisch aufpolieren. *Blocker*, so hieß diese schwere Bodenbürste, ein unhandlicher Metallblock mit Haltestange. Mit der Bürstenfläche stellten wir diese auf einen Putzlappen und polierten damit den dunkelgrau gesprenkelten Kunststoffboden auf. Damit er richtig glänzte, sich das Sonnenlicht darin spiegelte. Dieser Kunststoffboden war ein Horror für Sauberkeitsfanatiker, so auch für unsere Mutter. Jeder Abrieb einer Schuhsohle war zu sehen. Mit eigens von Mama gehäkelten Hausschuhen, welchen als Sohle das Leder alter ausgedienter Lederhosen aufgenäht war, konnten diese hässlichen Fußbodenstreifen verhindert werden. Jeder von uns besaß daher ein solches Paar streifenverhindernder Hausschuhe.

Wenn also die Frauenbrigade Geschirr und Essenswerkzeuge gereinigt und getrocknet in den Küchenschränken verschwinden ließ, wir Buben unsere Arbeiten zur Zufriedenheit der Mutter erledigt hatten, durften wir aus dem Haus. Zu unseren Spielkameraden. Fein, ein Nachmittag für uns allein. Im Nu war das Haus kinderfrei. Und die Mutter bereitete in Ruhe Fischbrote für das Nachtmahl vor.

Fischbrote für sieben, acht oder neun hungrige Mäuler. Diese Fischbrote gab es jahrelang jeden Sonntagabend. Dazu heißen oder kalten Tee, je nach Jahreszeit. Butterbrote mit Fischaufstrich verfolgen mich seither mein Leben lang. Ölsardinen (Made in Portugal oder Spanien) von zwei, drei Dosen wurden mit einer Gabel zerdrückt und im eigenen Ölsaft zu einer Fischpaste verrührt. Drauf damit auf das Butterbrot. Fertig. Auf einem großen ovalen Servierteller wurden diese Fischbrote turmähnlich aufgestapelt (der Fischbrot-Turm zu Babel). Nachdem diese Brote bis zum Abend warten mussten, um endlich verspeist zu werden, bekamen sie in der Zwischenzeit ein Eigenleben. Sie bogen und wölbten sich – wie Schiffchen. Ähnlich kleinen Fischerbooten, wie sie in Griechenland, Italien und sonst überall auf der Welt in jedem Fischerdorf im Meerwasser sanft vor sich hinschlenkern.

Warum? Darum: Die Butter weichte den Brotteig unter sich auf, dieser quoll und dehnte sich. Die harte Brotrinde hingegen hielt eisern stand, wich keinen Millimeter. Das Gewicht des Fischaufstriches drückte zusätzlich das sensible Brotinnere weiter nach unten...

Jedenfalls waren am Abend etwa vierzig Fischbrote zu kleinen Fischerbooten geworden. Hungrig vom stundenlangen Herumtoben verschlangen wir sie gierig. Geschmeckt haben sie immer. Eines Jahres aber hatte ich sie einfach über.

Ich schwöre es bei allem was mir heilig ist: Nachdem ich am 18. August 1968 aus dem SOS-Kinderdorf Altmünster weg zog, habe ich jahrzehntelang auf Sardinenaufstrich liebend gern verzichtet.

Das Essen an Wochentagen war voll nach meinem Geschmack. Saisonbedingt wurden die im Garten gezüchteten Gemüsesorten menübestimmend serviert. Tomatensalat, grüner Salat, Kohlrabi in Suppen, Karfiol mit Bröseln...

Die köstlichen Nudelgerichte: Spaghetti mit Tomatensoße, Eier- und Wursthörnchen, Krautfleckerl. Tirolerknödel mit Sauerkraut, Kartoffelgulasch mit Bohnen, Gröstl, Butterkartoffeln mit heißer Milch.

Ja, erst Mamas legendäre Kartoffellaibchen. Diese handtellergroßen Laibchen aus Kartoffelteig mit Zwiebel, Wurststückchen und Zaubergewürz, im Backrohr erhitzt. Dafür müssten unserer Mama der Friedensnobelpreis (für dauerzufriedene, glücklichgesättigte Kinder) und der Gourmetpreis – nein, sieben Hauben auf ewig – verliehen werden. Nie wieder in meinem Leben bekam ich solche (von wem auch immer) zubereitet. Nur unsere Mama schaffte diese geheimnisvolle Mischung. Waren es die Kartoffel, die Gewürze, die Wurst, die Backrohrhitze...?

Nachdem ich heute weder Fleisch noch Wurst esse, bleibt mir dieser einzigartige Wohlgenuss für immer versagt.

Damit wir während der Woche nicht unter Gaumen-Eintönigkeit litten, fabrizierte Mama auch bestens bewährte und beliebte Süßspeisen wie Grießkoch oder Milchreis mit Zimt, Kaiserschmarren, Gebackene Mäuse, Marillenknödel, Zwetschkenknödel, Apfelstrudel, Apfelspalten, Mohnnudeln, Obstkuchen...

Apfel-, Zwetschken- und Hollerkompotte, Marmeladen von Tomaten, Quitten, Marillen. Selbstgemachte Vorräte, die wir zur Bereicherung des Speiseplans, übers Jahr verteilt, verzehrten.

Wenn im Herbst die Zwetschkenknödelzeit anbrach, musste Mama Schwerstarbeit leisten. Zwetschkenknödel waren kein Essen, das war Abenteuer, das war Kult. In einem Knödel war ein Schilling versteckt, ein Knödel hatte Kartoffelschalen in sich verborgen. Der Rest war gefüllt mit selbstgepflückten Zwetschken. Auf den Bäumen des nahegelegenen Blaslbauernhof hingen sie zu Tausenden. Eine Decke untergebreitet und kräftig geschüttelt, die einfachste Art der Ernte. Der Rest wurde vom

Baum geplündert. Bis in die Baumspitzen wagten wir uns vor, um diese süßen Früchte zu ergattern. Natürlich futterten wir uns in den Ästen hängend die Wampe voll. Als die reiche Beute daheim im Kartoffelteig verschwand, ging die Knödelvertilgung erst richtig los. Schüssel für Schüssel wurde aufgetragen, bis sämtliche Knödel verdrückt waren. Schließlich und endlich wollten wir wissen, wer den Schilling-Knödel bekam und wer die Niete mit den Kartoffelschalen auf seinem Teller fand.

Wenn ich bedenke, dass unsere Mama im Laufe der Jahre durchgehend sieben bis neun Kinder durchfutterte – es waren Tonnen von Lebensmittel mit Liebe zubereitet.

Schulzirkus

Sie war gut, nein – sie war höchst notwendig für mich, die neue Mama. Denn es war an der Zeit, ihre durchgehende Kontrolle langsam aber unerbittlich zu spüren. Vorbei sollte es sein, mein lotterhaftes Schülerleben. Ab nun galt regelmäßiges Schule besuchen, inklusive gewünschter aktiver Mitarbeit im Unterricht; Schulstoff lernen mit gnadenlosem Abfragen; Hausaufgaben schreiben plus strenger Kontrolle; Durchsicht der Hefte bezüglich allfälliger Unterschriften; Sortieren der Unterlagen und Lehrbücher für den kommenden Schultag; generell, die tägliche Schultaschenkontrolle...

Erst wenn der hohe Ordnungslevel der neuen Mama erreicht war, gab es grünes Licht für Spiel und Spaß. Bei Schönwetter im Freien, bei Regen im Haus. Ohne aber die anderen bei ihren Lernaufgaben zu stören. Denn in Sachen Schule verstand die neue Mama keinerlei Spaß. Sie führte aber ein Reglement ein, das gänzlich ohne Watschen oder andere drakonische Strafandrohungen funktionierte. Wie es ihr gelang? Sie argumentierte und ich (nicht nur ich) parierte, so einfach ging es und ich war damit einverstanden.

Zugegeben, so locker und problemlos lief es natürlich auch nicht ab, denke ich an die elende Hundertmal-Schreiberei, wegen vergessener Aufgaben, verlorener Schulsachen, verübter (Un)Taten...

Ich gewöhnte mich aber an diesen neuen, regelmäßigen Rhythmus. Wurde langsam besser in den Lerngegenständen. Nur dort, wo mir die Logik fehlte, ließ auch der Erfolg, die bessere Note, zu wünschen übrig. Ein prinzipielles Problem hatte ich nämlich schon seit meiner Übersiedlung nach Altmünster. Das Auswendiglernen konnte ich nie, weder als Kind, heute noch weniger. Wenn ich in der Schule aufpasste, behielt ich das (für mich) und schrieb dies bei Prüfungsarbeiten nieder bzw. konnte es bei der Mündlichen runterrasseln. Was ich mir wegen Ablenkung oder Träumerei im Unterricht nicht merkte, *mir durch die Lappen ging*, war verloren. Unwiederbringbar. Auch dieses stupide Ablernen eines Lernthemas brachte selten den gewünschten Erfolg. Als würde sich innerlich etwas in mir querlegen. Bei der Abfrage von Gelerntem stotterte ich ewig herum, konnte mir gerade ein paar wichtige Eckdaten merken, das wars dann schon. Obwohl meine neue Mama immer meinte, Lernfächer wie Geschichte, Naturlehre, Naturgeschichte, Geografie wären leicht zu schaffen. Man brauche sich das Gelernte nur zu merken. Ich schaffte es nicht. Nicht so bald.

Himmlblauasee... Mit diesem Kraftausruf unterstrich sie ihre endgültige Meinung. Ihre allerletzte Aufforderung *Himmlblauasee – i sog das jetzt zum allerletzn Moi...* wenn ich nicht ihre Meinung teilte, dieser Bitte nicht Folge leisten wollte. Eigentlich nicht konnte, weil kein Lernstoff in mich eindrang, daher nicht abrufbar war. Als wenn das so einfach ginge. Aber schließlich und endlich gab es Lernbehelfe, wertvolle Kniffe. An der Benotung der jeweiligen Schularbeit war abzulesen, ob und wie gut mir das Schummeln gelang.

Mich interessierte während des Unterrichtes alles andere, als

Weltgeschehen und Menschheitsgeschichte. Meine Fantasien, die ziehenden Wolkenfetzen, die vier Spatzen auf dem Baum da draußen. *Mei, wär des sche, jetzt a Vogerl sein und wegfliagn...* Weil mir die Lehrer, von der dritten bis zur fünften Klasse überhaupt nicht sympathisch waren. Weil sie sich mir gegenüber so gar nicht nett zeigten. Meine Zeugnisnoten als Beweis.

Sollte ein Lehrer nicht ein wichtiger Motivationsfaktor für gute Noten sein?

Gut, die Religionsstunde war ohnehin eine Katastrophe, mein persönlicher Kampf mit dem Religionslehrer. Doch diese Stunde gab es Gott sei Dank nur einmal in der Woche und war locker zu verschmerzen.

Aber fünf Tage die Woche, das ganze Jahr immer derselbe Lehrer. Einzig in den Ferien Schonzeit. Das war hart, da musste ich ja eine Sympathiekrise bekommen. So ein Lehrer hatte es leicht. Wie es ihm beliebte, konnte er Lob und Zuwendungen verteilen. Kinder dafür gab es genug in der Klasse. Aber ich, was sollte ich tun, wenn dieser eine Lehrer mich fertigmachen wollte. Zurück fertigmachen, was sonst.

Drei Schuljahre wurden für mich und die Lehrer eine verdammt harte Rangerübung. Eine Prüfung fürs Leben. Auch der Spruch *Nicht für die Schule, sondern für das Leben lernen wir,* den wir mindestens einmal in der Woche eingetrichtert bekamen, stimmte so nicht. Denn wenn *ich für* den Lehrer lernte, hatte *auch er* es leichter. Wenn ich mich hin und wieder einen anstrengenden Schultag lang gefügiger und aufmerksamer verhielt, war es für einen Lehrer sehr wohl nervenschonend.

Ja, mein Lehrer in der dritten und vierten Klasse, der mochte mich nicht und ich ihn nicht. Immerhin eine offene, faire Abneigung. Man ging sich aus dem Weg. Das war die Zeit, wo ich gern meiner Wege ging – nicht in die Schule, sondern in die Natur. In die Felder zur Blumen- und Schmetterlingsbetrachtung. Das war die Zeit der wechselnden Tanten daheim. Als dann die neue Mama das Sagen hatte, wars vorbei mit meinem Zigeunerleben, mit dem Eigene-Wege-Gehen. Da mussten wir – der Lehrer und ich – ob wir wollten oder nicht, zu einem positiven (Schul)Ergebnis kommen. Die Mama erwartete es, der Lehrer wollte es. Ich nicht so recht. Daher keinerlei Begeisterung beim Zeugnis herzeigen. Zum Semester und am Schulschluss.

Richtig dramatisch wurde es in der fünften Klasse, beim zweiten Unsympathler als Lehrer. Unter uns Kindern überhaupt der gefürchtetste Lehrer in der Schule. War ich gar so schlimm, oder war es die Tatsache, dass ich ein Kinderdörfler war? Das konnte ich mir schon gar nicht vorstellen, obwohl sicher manche im Ort nicht gerade gut auf uns zu sprechen waren. Wenn ich bedenke, was wir Kinderdörfler manchmal anstellten. Vielleicht uns sofort zugedichtet wurde, wie man es *Zuagroastn* in die Schuhe schiebt, bis sie von den Einheimischen akzeptiert werden. Das konnte schon Jahrzehnte dauern. Aber – ein Lehrer hätte was gegen Kinderdörfler? Das glaubte ich nie, das konnte gar nicht sein. Denn es gab viele nette Lehrpersonen, die sogar mir, dem Hilflosen, dem Stillen geduldig halfen.

Also konnte ich nicht so ein Ungeheuer sein. Aber an diesen netten Lehrern sollte ich mich erst Jahre später erfreuen dürfen. Noch hatte ich den Fünfte-Klasse-Lehrer mit seinen erzieherischen Methoden um die Ohren. Ja, meine Ohren, sein Lieblingsspielzeug an mir. Die Ohren und die feinen Härchen seitlich vorm Ohr. Diese paar Haare, die eines Jahres zu stattlichen Koteletten heranwachsen sollten, konnte er mit Daumen und Zeigefinger so richtig genussvoll (für ihn) und äußerst schmerzhaft (für mich) hochziehen. Wenn ich unaufmerksam war. Oder meine Ohren langziehen, bei Stören-des-Unterrichts meinerseits. Das linke oder das rechte Ohr. Je nachdem, welches ihm gerade näher war, wenn ich vor ihm stehen musste. Dank meines Fünfte-Klasse-Lehrers besitze ich heute schön ausgeprägte Ohrwaschln.

Meine Schularbeiten, egal welches Lehrfach, waren ein Schlachtfeld roter Tintenanmerkungen, tief eingeritzte Streichungen quer über die Seite, die sich auf der Rückseite des Blattes erhaben abzeichneten. Vierer und Fünfer waren die Norm, mit Beisätzen wie *sehr dürftig... schwache Leistung... schlampige Form...* Fast hätte man glauben können, meine Mama hätte was mit dem Lehrer, so oft wurde sie in die Schule gebeten. Wegen mir, dem faulen Hund. Das sagte natürlich niemand zu mir, dachte nur jeder. Doch ich war kein fauler Hund, ich war ein gemobbtes Opfer, das sich wehrte. Und wie. Doch eines Tages sollte meine große Chance kommen, sich meine Rache erfüllen. Bei einer Deutsch-Schularbeit.

Das Thema ist mir entfallen, nicht aber meine Heldentat. Die übliche Spannung und unerträgliche Stille im Klassenzimmer. Während ich nachdenkend vor mich hinglotzte, um eine treffende Formulierung für einen guten Satz zu finden, starrte mich der Lehrer nachäffend genauso an. Mag sein, dass ich beim scharf Nachdenken keinen geistesblitzigen Gesichtsausdruck von mir gab (wer das tut, denkt nicht richtig scharf). Doch kein Lehrer hatte das Recht, sich so über mich lustig zu machen. Mit Nachäffen während einer anstrengenden Schularbeit. Schon gar nicht dieser Lehrer. Obendrein war Deutsch, neben Zeichnen, Lesen und Singen eines der Fächer, in dem ich gut sein wollte. Auch nie einen Vierer hatte, meistens Zweier oder Dreier.

Dieses blöde Nachäffen lehrerseits musste bestraft werden. Während der Stunde schlich er mit einem hölzernen Zeigestab durch die Sitzreihen. Blieb abrupt stehen, stütze sich mit dem Zeigestab auf der Tischklappe der Schulbank ab, um zu lesen, was ein Schüler so vor sich hinschrieb. Was ohnehin schon zu Schweißausbrüchen führte.

Es gab nichts Schlimmeres für mich, als mir beim Schreiben auf die Finger gucken zu lassen. Meinen ungeschickt hingekritzelten Buchstaben nachzustarren. Klar doch – in solchen Momenten verschrieb ich mich, machte Fehler. Schei..., verdammt ein Tintenpatzer – und der Lehrer war schuld.

Bei diesem Lehrer hatte ich von Grund auf ein schlechtes Gewissen, ohne zu wissen, warum. Sein durchdringender Blick ließ mir prinzipiell die Röte der Verlegenheit, der Scham ins Gesicht schießen. Es waren seine starr auf mich gerichteten Augen, die mich mit einem *...ich kenne dich, ich durchschaue dich...* bloßstellten. Es gelang mir nie, diesem unversöhnlichen Blick standzuhalten. Bis auf dieses eine Mal als ich mich für seine Nachäfferei rächte.

Ich saß damals in der Mittelreihe am zweiten Tisch, rechts außen. Der Zufall wollte es, dass er vor mir zu stehen kam, weil er den Schüler vor mir beobachtete. So hatte ich sein ausladendes Hinterteil, das prall in einer schwarzen Rauhleder-Knickerbocker steckte, rechter Hand vor mir. Diese Trachtenhosen, mit abgesteppten Hosennähten, die beige-weiß leuchteten. So auch die Naht, die beide Hosen-Pohälften zusammenfasste.

Und jetzt, jaahhh...

...einen Tintenklecks auf den einen Punkt. Auf die Stelle, wo jeder seine Darmöffnung hat, wo der Furz rauskommt, den man großzügig fahren lässt, leise oder tönend. Dieser Gedanke durchblitzte kometenschnell meine Gehirnwindungen und fuhr in meine Hand. Wie mechanisch hob ich meine Plastik-Füllfeder, gefüllt mit tiefblauer Pelikan-Tinte.

Behutsam...

...vorsichtig drückte ich auf diese bewusste Stelle einen Tintenfleck. Sanft und sachte kreisend.

Flitzzz...

...drehte sich der Lehrer um und starrte mich giftig an. Sekundenlang – um mich an einer verratenden Schlechtes-Gewissen-Reaktion zu ertappen.

Und ich?

Ich starrte ihn genauso verkniffen an. Sekundenlang unbeweglich, wie einer Cobra in ihre Visage blickend. Meine Hand mit der Füllfeder lag unbeweglich auf dem Schularbeitsheft. Ich glotzte ihn weiter an. Hirnlos, dumpf, ohne mich nur einen Millimeter zu bewegen. Mein Herz schrie, pochte und dröhnte im Hirn *bu-bumm... bu-bumm... bu-bumm...* die Hauptschlagader am Hals schlug wie wild, verräterisch. Wenn er es nur nicht sah, das Schlagen, das Pumpen. Langsam spürte ich, dass mir dieses starre Glotzen Tränen in die Augen trieb. Da – endlich ließen seine Augen von mir ab. Er drehte sich um und zog weiter katzenhaft schleichend seine Bahn durch die Bankreihen. Den Holzstab in die linke Handfläche schlagend, auf-und-ab-reibend.

Uff – war – das – knapp...
Haarscharf. Aber gelungen!

Alle anderen, die meine gefährliche Tintenfleck-Aktion mitbekamen freuten sich ebenso gewaltig, zeigten mir stumm und grinsend hinter Lehrers Rücken die Daumen-nach-oben-Faust.

Ein tiefblauer, zerronnener Tintenfleck auf Herrn Lehrers prallen Trachten-Hintern. Meine Rache für ein frustvolles Schuljahr. Mit vielen Tränen wegen oftmaligem Nachsitzen. Schlaflosen Nächten wegen böser Fünfer auf Schularbeiten und einem Vierer-Regen im Jahreszeugnis.

Ja, Rache kann süß sein!

40 Tante Hannah aus Hawaii

Eines Tages, knapp vor Weihnachten, bekam ich Post aus Hawaii. Im blassblauen Air-Mail-Kuvert, mit dem typischen rotblauen Rand und federleicht.

Ich, der kleine Wolfi, bekam einen Brief aus Hawaii, direkt aus Honolulu! Von dort, wo die Hula-hula-Mädchen leben. Diese schönen Frauen mit den großen Blüten im Haar, mit den umgehängten Blumenkränzen. Darüber las ich schon einmal einen Bericht in der *Wunderwelt*. Mit exotischen Zeichnungen, atemberaubenden Stränden, seltenen Früchten und Pflanzen, Blumenmädchen, feuerspeienden Vulkanen…

Wer konnte mir da wohl schreiben. Ich wusste zwar von meiner Großtante Anna, dass ich einen Verwandten in Südamerika hatte. Einen berühmten Maler, den Großonkel Tony. Aber wer lebte in Hawaii? Der Absender: eine gewisse Mrs Hannah Soundso aus Honolulu, Kahala Avenue 4860, in Hawaii. Die kannte ich nicht, hatte noch nie von ihr gehört.

Schnell machte ich auf dem Globus, der Mama in ihrem Zimmer als Nachttischleuchte diente, die kleine Inselgruppe mitten im Pazifischen Ozean aus. Winzige Punkte nur, die Buchstaben Hawaii-Inseln waren wesentlich größer und drohten, die Inseln glatt verschwinden zu lassen. Kaum lesbar konnte ich Honolulu und Hawaii erahnen. Von dort kam der Brief an mich. Um die halbe Welt flog er. Würde ich mit einer Stricknadel in Österreich durch den Globus stechen, käme ich in Hawaii wieder heraus.

Mrs Hannah war meine neue Tante. So stellte sie sich im Brief vor. Nicht meine leibliche Tante, sondern meine SOS-Patentante. Sie war eine geborene Wienerin, mit einem Deutschen verheiratet und konnte 1938, noch vor Kriegsbeginn, aus Europa fliehen. Ihr Mann war Installateur. Auf abenteuerlichen Wegen kamen sie über Portugal nach Amerika, von dort weiter nach Honolulu. Dort baute ihr Mann ein gutgehendes Unternehmen auf und sie kamen so zu Wohlstand. Wohl gemerkt, Wohlstand, nicht Reichtum. Dies alles erfuhr ich, angedeutet aus diesem und noch vielen folgenden Briefen, im Laufe der Jahre im Detail.

Im SOS-Kinderdorf hatte fast jedes Kind Paten. Ich erinnere mich noch an zwei Bezeichnungen. CCF-Paten und SOS-Paten. Es klang für mich immer etwas komisch, wenn es hieß, *schreib deinem CCF-Paten einen Dankesbrief*, weil ich ja nicht wusste, wer und was CCF-Paten waren. Erschien mir auch nicht wichtig. Ich schrieb halt einfach, was mir angesagt wurde. Es waren edle Spender, irgendwo auf der Welt, die mein Wohlergehen im SOS-Kinderdorf mitfinanzierten. Bei den SOS-Paten war der Kontakt schon persönlicher. Und diese Tante Hannah war ab jetzt meine SOS-Patin. Ich besaß einen Brief von ihr, in dem sie mich bat, meine Tante Hannah sein zu dürfen. Sie wollte mit mir in regen Briefwechsel treten, von mir alles wissen, meine Erfolge in der Schule (welche Erfolge?) fördern und mich auch sonst unterstützen. Damit ich mir von ihr ein Bild machen könne, lag ein Foto dem Brief bei.

Für uns Kinder waren diese Patenschaften natürlich wieder begründete Argumente, um mit CCF- und SOS-Paten kräftig auf den Putz zu hauen:

Ätsch, i hob jetzt oan SOS-Patn aus Noawegn kriagt.

Geh, mei – wos isn des scho. Weu meine Patn san aus Holo... Hono... Honolulu!

Wo isn des?

Des is in Hawaii, wou sunst!

A-ha... und wo is des?
Gaunz weit weg, hintam Globus.
A-jo...?
Jo, so a poa Insln san des, mittn im Meea, woaßt eh!
A-so...

Dieses Foto – ein Bild für Götter. Da saß sie, meine neue Tante Hannah mit wallendem, rötlichem Haar. Mit einer riesigen exotischen Blüte seitlich vorm Ohr. Das faltenwerfende Kleid, ein einziges Blumenmeer aus Stoff. Daneben saß ihr Mann, braungebrannt und im buntem Hawaiihemd, eine Hand auf dem Kopf eines großen Hundes ruhend, der seitlich von ihm wie eine Statue hockte. Mit heraushängender Zunge. Im Hintergrund stand, vom Blitzlicht schwach beleuchtet, ein exotischer Baum, weihnachtlich geschmückt.

Dieses Foto trug ich immer bei mir, bis es im Laufe der Zeit zerbröselte, sich auflöste. Sowie die SOS-Patin eines Jahres aus meinem Leben wieder verschwand. Dabei hätte ich sie gerne einmal in Honolulu besucht. Aber zuerst wollte sie meine schulischen Erfolge belohnen, mein junges Leben bereichern. Immerhin hielt sie sieben Jahre den Kontakt zu mir aufrecht.

Ich musste natürlich sofort auf ihren Brief antworten und bedankte mich recht herzlich, dass sie mich als ihr Patenkind ausgewählt hatte. Schrieb Allgemeines, was eine Tante, die man überhaupt nicht kennt, interessieren könnte. Einfach herzlich wenig, weil ich mir nicht vorstellen konnte, was so eine Honolulu-Schönheit an mir fand. Ich kritzelte mühevoll ein paar Zeilen: dass ich ein Junge mit brünetten Haaren, zehn Jahre alt war und einen älteren Bruder habe, den Alf. Dass mir Schule und Lernen ganz viel Freude bereite (Lüge). Dass ich leidenschaftlich Briefmarken sammle. Dass ich gerne Bücher las. Dass ich gerne mit dem Rad herumfuhr (mit keinem eigenen leider). Dass ich am liebsten zeichne, male und bastle...

Dein dankbares Patenkind.

Meine Unterschrift, lässig und weltmännisch hingefetzt. Schließlich ging mein Brief um die halbe Welt. Zu schönen, wichtigen Menschen. Zu meiner neuen Tante Hannah und ihrem Mann, dem Installateurgeschäftbesitzer.

Darunter malte ich mehrere Zierleisten, für die ich schon in der Schule vom Lehrer in Zeichnen einen Einser bekam. Damit auch die untere Hälfte des Blattes gefüllt war. Kunstvoll verziert, sodass der Brief ein abgerundetes Bild meines schöpferischen Könnens zeigte.

Zu Weihnachten erlitt ich den totalen Freudenschock. Ich glaubte zwar schon seit Jahren nicht mehr an das Christkind, aber ein großes Paket aus Hawaii war persönlich von ihm, dem Tante Hannah-Christkind.
Der Inhalt:
– Eine Kodak-Instamatic Kamera, dazu zehn Filmschachteln und zehn Schachteln Blitzbirnen.
– Ein kompletter Satz Ölfarben (24 Tuben), die großen dicken. Dazu harte, weiche, schmale und breite Pinsel sowie ein Anleitungsbuch für die richtige Anwendung der Ölfarben.
– Eine Schuhschachtel voller Briefmarken, von Briefsendungen abgerissene, gestempelte Marken.
– Zwei bunte Hawaiihemden.
– Und ein dicker Brief.

Wahnsinn so viele Geschenke für einen Zehnjährigen! Was hatte ich angestellt, dass mir soviel Gutes zuteil wurde. Mama meinte sogar, ihre Geschenke für mich seien dagegen bescheiden. Waren sie jedoch keineswegs. Der Traktor mit Gangschaltung und Anhänger, so sehr wünschte ich mir diesen. Die große Blechschachtel Malstifte, der Kalle-Blomquist-Krimi, der Pullover, eine Bescherung mit der ich nie gerechnet hatte. Ich freute mich riesig darüber, denn diese schönen Sachen schenkte mir meine Mama. Ich wusste, wie sparsam sie haushalten musste, bei so vielen Kindern, den Geschenken für alle. Denn jeder von uns sollte in etwa gleich viel erhalten.

Nach wochenlanger Adventstimmung und weihnachtlicher Vorfreude sehnte ich endlich den Heiligen Abend herbei. Das gute Essen, den Christbaum, das Feiern, die Geschenke, das gemütliche Zusammensitzen. Jetzt war ich jedoch von dieser Geschenk-Orgie völlig benommen. Selig kauerte ich unter unserem Schulaufgaben-Tisch und wühlte in meinem Geschenkehaufen. Blätterte im Anleitungsbuch für Ölmalerei, eine englische Ausgabe, wobei ich nur erahnen konnte, was gemeint war. Jedoch die Bilder erklärten genug. Ich drehte die Ölfarbentuben auf, schnupperte wie ein Hase daran. Ja, sie rochen nach Öl. Probierte den Fotoapparat aus, verknipste blitzend einen ganzen Film, bis ich endlich kapierte, wie dieses Wunderding funktionierte. Schließlich nahm ihn Mama in Verwahrung, sonst würde ich alle zehn Filme unnütz verschießen. Glücklich fiel ich erschöpft ins Bett, freute mich schon auf die kommenden schulfreien Tage. Spielen, Spaß, Schnee und Schlittenfahren.

Natürlich musste ich während der Feiertage sofort einen ausführlichen Dankesbrief an Tante Hannah nach Honolulu schreiben. Kein so ein oberflächliches Wischiwaschi, wie der erste Brief. Was ich von Mama erfuhr: sie erhielt von Tante Hannah mit meinem Geschenkspaket ebenfalls einen Brief, mit Geld für meinen späteren Ausbildungsweg und mit der Bitte, mich anzuhalten, einen regen Briefkontakt mit ihr zu pflegen. Sie wolle mich fördern, damit aus mir was Tolles werde.

Uff, meine Tante Hannah ging es aber scharf an. Sie erwartete von mir eine genaue Auflistung. Was ich alles so machte, wie brav ich war, wie meine Leistungen in der Schule seien. Sie wollte über meine Aktivitäten informiert werden. Auch meine eventuellen Berufswünsche sollte ich beizeiten kundtun... vor allem sollte ich ihr erst mal so bald wie möglich ein schönes

Bild malen und schicken. Mit den teuren Ölfarben, Motiv nach freier Wahl.
  Schluck, was malen...?

41 Basteln, spielen, Feste feiern

Basteln. Ein Freizeitspaß, der in unserem Hause zum Kult erhoben wurde. Basteln zu allen Jahreszeiten, mit allen möglichen Materialien und mit der Mama, weil es ihr selbst außerordentlichen Spaß bereitete. Wer die meiste Geduld und Freude daran zeigte, sollte sich bald herausstellen. Ein paar Kindern fehlte das Talent, die Fingerfertigkeit, daher bald auch die Ausdauer. Für mich aber war das Basteln meine Welt schlechthin. Stundenlang werkelte ich mit Schere, Klebstoff, Karton, Buntpapieren und Metallfolien.

Das Jahr war in klare Bastelquartale eingeteilt. Die damit verbundenen Anlässe wurden in stimmungsvollen Festen zelebriert. Zu Beginn des Jahres bestimmten Fasching und Ostern die Themen.

Muttertagsgeschenke, kunstvoll angefertigt, sowie handwerkliche Ergebnisse aus der Schule und aus Caldonazzo bewiesen meine ungeheure Bastelfreude.

Im Herbst war die Drachenbastelzeit angesagt.

Zum Jahresausklang galten die Advent- und Weihnachtszeit sowie Silvester und Neujahr als absoluter Bastel-Höhepunkt.

Advent, Weihnachten und Silvester

Ich beginne mit der intensivsten Bastelzeit.

Waren schon die ersten Weihnachtsfeiern mit der ehemaligen Mutter wunderschön, so sollten die kommenden Feste (und nicht nur Weihnachten) mit der neuen Mama alles in den Schatten stellen. Sie verstand es einfach meisterhaft, eine richtige Spannung, eine rechte Vorfreude in uns (nunmehr) neun Kindern zu entflammen.

Gerade jetzt zur Adventzeit 1960. Ich war mit meinen zehn Jahren schon wesentlich ausgeglichener. Meine seelische Verfassung hatte sich nach einem Jahr mit der neuen Mama bereits so sehr gefestigt, dass ich ein recht fröhlicher, aufgeweckter Junge wurde.

Nur in der Schule klappte es noch immer nicht. Ich war mit meinen Leistungen ja auch nicht zufrieden. Es lief halt nicht besser. Wäre ich damals ein Erwachsener gewesen, hätte ich argumentiert: meine leiblichen Eltern, meine damalige Verwahrlosung, mein schlimmer Pflegeplatz... seien schuld an meinem Unvermögen für was-weiß-ich-alles. Für meine langsame Auffassungsgabe, meine Lernschwierigkeiten, undundund... Als Zehnjähriger fehlte mir zur überzeugenden Verteidigung dieser Wortschatz, dieser Überblick. So konnte ich bestenfalls nur betroffen dreingucken und musste mich reumütig schuldig zeigen. *Wen Gott hasst, den schlägt er mit Blindheit. Doch mich liebte er – wetten!* Was auch immer ich damals dachte. Ich wusste, ich war kein Depp, höchstens ein Nerverl.

Ich hatte immer noch diese sich wiederholenden Schockträume. Unbewusste, unausgesprochene Ängste steckten in mir. Ängste vor Erwachsenen und vor plötzlichen Veränderungen. Es würde eben noch eine gewisse Zeit dauern, bis ich endgültig geheilt war. Ich musste nur warten. Doch der *Himmelvatta* zeigte für meine seelische Genesung Verständnis und Geduld.

In der Adventzeit sollte jedes Haus eine Krippe unterm Christbaum stehen haben. Ein Pater aus Tirol in brauner Kutte, mit Bart und wirrem Haar bastelte schon seit Herbst im Keller vom Haus 9 mit Kindern. Der Dorfleiter hatte diesen talentierten Krippenbauer gefunden, der sich bereit erklärte, uns Buben zu zeigen, wie eine Krippe auszusehen hatte. Wer wollte, konnte mitbasteln – ich war sofort mit dabei.

Tiroler Krippen, aus Holz- und Wurzelresten zusammengeleimt, Pappmaché mit Kleister aufgetragen und mit Leimfarbe kunstvoll bemalt. Wir bauten, Haus gegen Haus, um die Wette, denn jeder wollte das schönste Werk daheim stehen haben, am Heiligen Abend unterm Christbaum. In der Krippe mit anwesend waren: Josef, Maria, das Jesuskindlein sowie Kuh und Esel. Drei Hirten und drei Schafe vor einem Lagerfeuer. Der Verkünder-Engel und der Kometenstern überstrahlten die biblische Szene. Ab dem sechsten Jänner marschierten zusätzlich die Heiligen drei Könige auf.

Der Pater half uns geduldig, zeigte uns, die Pappmaché aus Zeitungspapier richtig anzusetzen und mit Kleister zu verrühren. Bei manchen Bastlern verschimmelte nämlich diese Pappmasse, weil sie zu dick aufgetragen und zu schnell mit Farbe überpinselt wurde. Da blühten die Schimmelpilze wie frische Schwammerln auf angedeutetem Mauerwerk. Sah zwar realistisch aus, stank aber muffelig. Moos holten wir aus dem Wald und verteilten es gleichmäßig, saftigen Wiesen nachempfindend, um unser kleines Bauwerk. Fertig war die liebliche Kulisse mit angedeutetem Mauerwerk und einer Wurzelhöhle für die Heilige Familie.

Jahrelang nahm ich mich vor Weihnachten der Krippe an, möbelte sie mit frischem Moos auf. Futter für die Schafe. Das Lagerfeuer mit rot leuchtendem Taschenlampen-Birnderl bastelte ich den Hirten nachträglich. Damit sie es in der Finsternis bei Feuerschein und Wärme bequemer hatten, die Ärmsten. Auch die Heilige Familie bekam ein stimmungsvolles Licht in ihre armselige Stallnische. Elektrisches Licht, gespendet von einem Kraftwerk, einem Trafo. Ein bisschen Wohlstand sollte auch in der Krippe einziehen, wenn es wieder an der Zeit war, Josef, Maria und dem Heiligen Knirps ein würdevolles Weihnachtsfest zu bereiten. Ich war es ihnen schuldig, gut wie es mir selbst ging.

Bis heute hat unsere Krippe gehalten. Der Kirchturm musste allerdings gestutzt werden, sonst könnte Mama das Kunstwerk von 1960 nicht in der Schranknische unterbringen. Warm wird mir ums Herz, sehe ich diese Krippe aus Kindertagen in Mamas Wohnung. Wenn ich sie besuche.

Wer klopfet an?
Oh zwei gar arme Leut!
Was wollt ihr dann?
Oh gebt uns Herberg heut...

Wir Einser-Häusler stapften bei Einbruch der Dunkelheit, mit Kerzen bewaffnet, durch tiefen Schnee zum Haus 2 und sangen diese wunderschöne Adventweise. Wie ein kleines Theaterstück spielten wir die Herbergsuche durch und trällerten hingebungsvoll die berühmten vier Bitte-lass-uns-rein-Strophen runter. Daraufhin wurde uns die Tür geöffnet und wir durften in die warme Stube. Beim Schein brennender Adventkerzen erklangen noch ein paar Adventlieder, jetzt von allen gemeinsam gesungen. Ein bisschen plaudern, eine Tasse Tee zum Aufwärmen und Kekse als Wegzehrung. Schon ging es weiter zum nächsten Haus. Wieder: *Wer klopfet an...* singen, quatschen, Tee trinken, Kekse essen und ab zum Haus 3. Beim Vierer-Haus war Endstation.

Wir hatten uns heiser gesungen, wegen der Kälte im Freien, wegen der Wärme und der heißen Tees in den Häusern. Auch war nach drei *Wer klopfet an*-Hausbesuchen unser Bauch eine Teegrube mit schwimmendem Keksbrei. Aber einen Riesenspaß bereitete dieses Herbergsuchen. Als wir zu später Stunde wieder daheim ankamen, nahm Mama eine kleine Eisenschaufel und holte damit aus dem Kellerofen ein paar glühende Kohlen. Streute etwas Weihrauch auf die Glut und zog vor uns hergehend von Raum zu Raum. Wir beteten und Mama sprach Fürbitten, damit der Herrgott unser Haus beschütze, wir gesund blieben und eines Tages brave, glückliche Menschen seien. Ein schöner Brauch, das Haus-Räuchern.

Viele Gönner und Freunde des SOS-Kinderdorfes nahmen sich besonders zur Weihnachtszeit der Kinder an. Im Gemeindehaus hinterlegten Menschen ihre Spenden. Wir sahen, wie sie mit schweren Kartons oder mit einem Koffer durchs Dorf marschierten. Da wussten wir: wieder ein guter Mensch, der für uns Kinder Spendensachen brachte. In den Räumen oberhalb des Kindergartens, von allen *Lager* genannt, wurden diese Spenden – Kleider, Schuhe, Spielsachen und Bücher – aufbewahrt. Eine Tante war hauptsächlich damit beschäftigt, die geschenkte Ware auf Tauglichkeit zu prüfen und anschließend in offenen Kästen und Regalen zu verstauen. Wie in einem Greißlerladen konnte jede Mutter hier suchen, finden und kaufen, was sie für ihre Kinder dringend benötigte. Wenn der bunte Laden geöffnet war. Die Preise waren moderat, fünf Schillinge für eine Jacke oder eine Hose. Ein Schilling für ein Buch, zwei Schillinge für ein paar feste Schuhe...

Wenn also Mama ins *Lager* ging, gab es immer eine Überraschung. Für den, der Schuhe oder eine Jacke brauchte. Weil er nie wusste, in welchem Leder seine Füße stecken, aus welchem Rock seine Arme hängen werden. Mir waren Design und Farbe egal, Hauptsache die Sachen passten.

Sicher ein Grund, warum ich heute für Mode keinerlei Gefühl besitze. Ein großes Dankeschön meiner lieben Ehefrau, die mich beim lästigen *Gwand-Aussuchen* weiterhin unterstützt.

Firmen kamen vor allem um die Weihnachtszeit mit ihren

Lieferautos und luden Mengen von Lebensmittel aus. Da konnte es schon mal passieren, dass wir zu den Feiertagen mit Mannerschnitten eingedeckt wurden. Oder ein Zuckerlfabrikant dachte an uns Kinder und belieferte das Dorf kartonweise mit seiner Ware. Gerecht wurden die Leckereien pro Haus aufgeteilt. Wir nahmen alles dankbar an und vertilgten das Geschenkte, sobald wir es in unsere Finger bekamen. Denn Süßware jeder Art war bei uns seltenes Gut. Schade, dass es nicht mehr Schoko-Feiertage wie Fasching, Ostern, Geburtstag, Nikolo und Weihnachten gab. Wie war das mit dem Namenstag? Dieser wurde bei uns Einser-Häuslern nie gefeiert. Schon wieder ein Tag weniger für Süßes.

Dafür gab es für uns Altmünsterer noch einen zusätzlichen Schoko-Feiertag im Dezember: den Lenzing-Tag, das feine Lenzingpackerl. Jedes Jahr vor Weihnachten veranstaltete die Betriebsleitung der Lenzinger Zellwolle AG ein Weihnachtsfest. Dazu lud sie alle Kinder aus unserem Dorf ein. Mit zwei Bussen wurden wir nach Lenzing gefahren. Ein Theaterstück gab es zu sehen, ein Tombolalos bekam jedes Kind in die Hand gedrückt (manche gewannen sogar etwas) und eine Kakao-und-Kuchen-Jause rundete das schöne Tageserlebnis ab. Mit schönen Wünschen für das bevorstehende Christkindlfest und einem gefüllten Zellophan-Weihnachtssackerl in unserer Hand, dem *Lenzingpackerl* wurden wir wieder nach Hause entlassen. Bevor ich zu Hause anlangte, war mein Sackerl leergegessen, die Wampe voll mit Schnitten, Schokolade, Zuckerln, Erdnüssen, Orangen.

Waah, is mia schleecht...

In Sachen Zuckerln waren wir vom Haus 1 bestimmt vielen, auch außerhalb des Dorfes, um einiges voraus. Um schottische Süßwaren von unserem schottischen Hauspaten.

So wie jedes Kind von einem Paten unterstützt wurde, hatte auch jedes Haus seinen Gönner, den Hauspaten. Meistens eine

Firma oder ein Konzern, denn die monatliche Zahlung musste man sich erst leisten können. Ein Privater brachte kaum soviel Geld auf, oder war dazu bereit, ein ganzes Haus zu unterstützen. Wobei ich mir sicher bin, dass es doch einige besonders selbstlose Menschen gab, die sogar eine Hauspatenschaft übernommen hatten. Wir Einser-Häusler durften einen Schotten, einen Großfabrikanten, als unseren Hauspaten bezeichnen.

Welch ein Glück, denn Schotten wurde eher eine knausrige Sparsamkeit, ja sogar Geiz nachgesagt. Jedoch unser Hauspaten-Schotte war alles andere als knausrig. Vielmehr zählte er in unseren Kreisen zu den edelsten Spendern. Meine Tante Hannah aus Hawaii war zwar genauso edel, aber sie betreute ja nur mich, ihr Patenkind. Doch dieser schottische Hauspate kümmerte sich zusätzlich um alle im Haus. Besonders Mama hatte er in sein Herz geschlossen. Er besuchte uns jährlich, wenn er auf Stippvisite durch die halbe Welt flog. Er besaß nämlich mehrere Firmen und Produktionsstätten in Schottland und Afrika. Wenn es hieß, Mister Wilson kommt zu Besuch, dann wurde das Einser-Haus, das sich sowieso dauernd auf Hochglanz präsentierte, noch hochglänzender aufpoliert.

Fürwahr, ein wirklich feiner, feiner Herr. Genauso stellte ich mir einen Lord vor. Er lud unsere Mama sogar nach Schottland ein. Mit einem Rolls Royce ließ er sie vom Flughafen abholen und auf sein Schloss fahren. Ja, er besaß ein richtiges Castle, von dem uns Mama wundersame Dinge erzählte, als sie wieder zu Hause landete.

Stellts eich vor, was i duat olles gsegn hob. Und des erste Moi gflogn bin i a, so weit weg von do...

Jährlich zu Weihnachten erhielten wir vom Hauspaten einen Karton voll mit schottischen Süßigkeiten sowie Tischdeko für das Silvesterfest. Tischbomben, die angezündet, mit einem Knall einen bunten Konfettiregen über uns schneien ließen. Knallerbsen, die auf dem hochpolierten Plastikboden hässliche Rußspuren hinterließen. *Mei, wia der schene Bodn wieda ausschaut, weg mit dem Klumpat...* und waren auch schon konfisziert.

Am interessantesten aber schmeckten diese schottischen Zuckerln. Wir, die nur heimische Stollwerke, Bensdorp-Schokolade, bestenfalls noch ein Blockmalz-Zuckerl kannten, wurden plötzlich mit ungewöhnlichen Zuckerlformen wie Würfeln, Quadern, Zylindern oder ovalen Plättchen mit exotischen Fruchtmischungen der Schotten konfrontiert. Einige waren durchsichtig, wie diese bunten Glaskugeln mit dem flammenden, gedrehten Blättermuster. Glaszuckerln.

Manche schmeckten einfach herrlich, andere wiederum waren sowas von eklig, rochen ölig, sodass ich mir über den Geschmack der Schotten wahrlich Sorgen machte.

Der Heilige Abend.

Gefeiert wurde er wie schon die Jahre vorher. Bei der neuen Mama jedoch noch viel inniger, intensiver und fröhlicher – so meine unauslöschlichen Erinnerungen an diese wunderschönen Feste.

Ich hatte erstmals eine Mama, die zu mir stand. Das spürte ich, obwohl ich von ihr nie so richtig in die Arme genommen wurde. Warum, kann ich nicht nachvollziehen, ich hätte es vielleicht nicht gewollt. Vielleicht wollte sie auch niemanden von uns Kindern so innig drücken. Um Eifersüchteleien zu verhindern. Immerhin, wir bekamen von ihr jeden Abend – im Bett, vorm Licht-ausschalten und Einschlafen – mit Weihwasser ein Kreuzzeichen auf unsere Stirn gemalt und *Gute Nacht* gewünscht. Hin und wieder ertappte ich sie dabei, dass sie mir mit der Hand über meine Wange strich. Für mich ein Zeichen ihrer absolut innigen Zuneigung. Vielleicht war sie als Kind ebenso ohne Liebkosungen, ohne Streicheleinheiten aufgewachsen, tat sich schwer in solchen Dingen. In ihrer Kinderzeit gehörte solch ein Gefühle-Zeigen, ein Innig-gedrückt-Werden von so schwer arbeitenden Eltern sicher nicht zum Alltag.

Mich störte es nicht, von Mama nicht geherzt und gedrückt zu werden. Es ging mir nicht ab, denn ich spürte, wie sehr sie mich mochte.

Meine Großtante Anna war die Einzige, die mich immer an sich drückte und abbusserlte. Aber das war schon Jahre vorbei, die Erinnerung an sie verblasste immer mehr. Sicher, weil ich im SOS-Kinderdorf gut aufgehoben, glücklich war. Als die Großtante meinen Bruder und mich – im Herbst 1960 muss das gewesen sein – das erste und einzige Mal im SOS-Kinderdorf besuchte, hatte ich bereits eine gewisse Scheu, mich an sie zu drücken. Artig gab ich ihr die Hand und sie mir ein heimliches Busserl.

Sicher kam ich schon in das pubertäre Alter, in dem körperliche Nähe zeigen von der Mutter oder von Erwachsenen peinliche Gefühle weckte. Auch wusste ich, dass meine Mama nicht meine leibliche Mutter war. Auch wenn ich sie so sehr mochte, eine gewisse Hemmschwelle war vorhanden. Durch meine Vergangenheit, meine unausgesprochene Angst vor Erwachsenen, konfrontiert mit ihrer Verlegenheit, sodass ein An-sich-Drücken oder ein Busserl-Geben nie passierte. Eine seltsame Nähesuchen-Situation.

Ein Vater fehlte mir, das wusste und spürte ich. Doch für mich unvorstellbar, mich jemals an den Dorfleiter zu drücken! Obwohl er sehr nett war. Ich sah zu sehr die Respektsperson. Überdies erinnerte ich mich bei seinem Anblick jedes Mal an jenen Abend in seinem Büro. An den Bambusstab. Der so unheilverkündend herabsausend auf den Schreibtisch knallte.

Der Weihnachtsablauf wie schon die Jahre zuvor.

Mit Leintüchern blickdicht abgehängte Wohnzimmertüren. Das bereits gewohnte »festliche Abendessen«, ein paar Frankfurter mit Senf und Semmel, in der Küche verzehrt. In zwei Schichten, da zuwenig Platz für alle Kinder war. Heftig spekulierend wurde diskutiert, voll Vorfreude auf die womöglichen Geschenke. Die Großen gönnten *den Gschrappn* ihren noch naiven Glauben an das Christkind.

Wir alle wollten diesen gewohnt eingeführten Festablauf. Kein üppiges Abendessen sollte die Weihnachtsfeier, die Bescherung unnötig hinauszögern. Und dann, wenn die Geschenkeverteilung, das Wegräumen von Papier und Spielsachen erledigt war, gab es ohnehin noch heißen Tee mit Keksen. Für den, dem die Frankfurter zuwenig waren. Verhungern brauchte bei uns niemand, schon gar nicht zu Weihnachten.

Nun verschwand die Mutter, nicht vergessend, uns laut durcheinanderquasselnde Meute zu ermahnen ..*seid leise, sounst hörts ihr des Christkindl net läutn. Oiso, wos hob i gsogt: leise sein...* Finger auf den Mund und Stille. Man stelle sich unser Haus mit den aufgeregten Kindern vor, die knapp vor der Bescherung leise sein sollten – unmöglich. Und doch, wir waren still. Augenblicklich.

Nach endlos langen Minuten endlich ein leises Klingeln und wir durften in das Wohnzimmer, das von einem bis zur Decke ragenden Christbaum beherrscht wurde. Ein einziger Kerzenlichterschein. Knisternde Wunderkerzen, dieser heimelige, wenn auch verbrannte Geruch, wenn sie ihre Sterne versprühten. Unsere Krippe. Auf dem alten Nähmaschinengestell, das mit einem weihnachtlichen Tuch verdeckt, als Podest dafür herhalten musste. Diese Stille, Ruhe und doch Spannung in mir. Meine erwartungsvollen Blicke unter den Baum. Vielleicht durch die Verpackung ein verräterisches Detail eines Geschenkes zu erahnen. Nicht möglich, zuviele Pakete lagen übereinander gestapelt. Bei so vielen Kindern kam schon mal ein stattlicher Berg Geschenke zustande.

Die Adventkranzkerzen brannten in der gewohnten Unregelmäßigkeit ihren Docht ab. Die Vierte war natürlich die längste Kerze. Was mich immer störte und ich der Mutter jedes Jahr vorschlug: die Kerzen doch *gleichmäßig* abbrennen zu lassen.

Nein, das gehörte sich nicht. Der Brauch besagte, wochenweise nur eine der vier Kerzen anzuzünden. Es war jedoch ein Risiko, den Adventkranz nochmals zu aktivieren, da der Kerzenstummel des ersten Adventsonntags leicht den Kranz, den Tisch, schließlich unser Haus entzünden konnte. Bei dem dürren Reisig, nach vierundzwanzig Tagen und Nächten wohliger Zentralheizungswärme. Die vierte, fast unverbrannte Adventkranzkerze, fand aber noch Verwendung als Betlicht beim Herrgottswinkel.

Wir standen vor dem Christbaum und beteten. Einer der Großen durfte aus der Bibel die Weihnachtsgeschichte vorlesen. Ein paar Kinder sagten artig Gedichte auf, die Mutter las eine Peter Rosegger- oder eine Karl Heinrich Waggerl-Geschichte. Weihnachtslieder wurden angestimmt. In späteren Jahren unterstützten Renate und ich mit der Ziehharmonika die eifrigen Sänger. Aus Liederbüchern kannten wir sämtliche Weihnachtsweisen, die wir mehrstimmig zu singen in der Lage waren. Wir Einser-Häusler, wir klangen wirklich beeindruckend. Wir, eine bunt zusammengewürfelte Notgemeinschaft – so viele traurige Kinderschicksale, die uns zu einer stabilen Familie verbanden. Mit einer fröhlichen, mutigen Mutter.

Die Weihnachtszeit war mir die wichtigste. Ich liebte dieses Familienfest, diesen Zusammenhalt unter uns Kindern.

Als Abschluss widmeten wir immer ein Gebet jenen Menschen, die an uns dachten, die für uns spendeten. Wir beteten für die SOS-Kinderdörfer, damit Hermann Gmeiner noch vielen armen Kindern helfen konnte, so wie uns. Dabei fühlte ich mich keineswegs als armes Kind. Bei dem Glück, das ich hier hatte. Die neue Mama, die mich mochte. Weihnachten, Christbaum, Geschenke, all die Freunde im Dorf. Was wollte ich mehr? Wir baten auch Gott, denen zu verzeihen, die uns im Stich ließen (Meine die leiblichen Eltern? Ich kannte sie nicht mal richtig!). Zuletzt wünschten wir uns mit Hand-Geben *Frohe*

Weihnachten. Ab jetzt saßen wir erwartungsvoll vor dem Christbaum und harrten sehnsüchtig der Geschenke.

Was unsere Spannung zusätzlich steigerte: erst wenn jeder seinen Teil an Geschenken in Händen hielt, durften wir die Packerln und Sackerln vom weihnachtlichen Papier befreien. Mama achtete stets darauf. Was natürlich ab dem Freizeichen *...so und jetzt dürfts anfangen und auspackn...* zu einer Raschelorgie ausartete, einem Rauschen im Geschenkpapierwald. Von zwischentönenden Freudenschreien unterbrochen, denn der Wochen vorher geschriebene Brief an das Christkind wurde erhört. Die Mutter freute sich, hatte bestimmt ebenso glänzende Augen wie wir, nur nahm ich in meiner Papier-aufreiß-Freude ihre Rührung kaum wahr. Manche öffneten ihre Pakete systematisch, mit Bedacht, um den Genuss der Spannung auszukosten. So agierten eher die großen Kinder. Unterschiede mussten sein. Ein großer Kinderdörfler war eben schon abgeklärter, hatte Welterfahrung (ha-ha) zumindest im Öffnen von Weihnachtspaketen. Ich, noch ein Kleiner, zählte zur Geschenke-Aufreiß-Generation.

Schnölla aufgrissn, hoasst schnölla wissn!

Auch für Mama gabs Geschenke. Selbstgebasteltes. In der Schule, im Werkunterricht unter Anleitung des Lehrers zusammengebaut. 36 Kinder hieß, 36 Einheitsgeschenke für 36 Mütter. Meistens ein nützliches Ding für den Haushalt. Zum Beispiel ein bemalter Kochlöffel, weniger zum Kochen, weil das Umrührholz garantiert das Gulasch verfälscht hätte. In der Farbe, wie im Geschmack. Daher wurden sinnvollerweise kleine Metallhakerl in den Griff geschraubt, damit die Geschirrtücher gut sichtbar in der Küche am bemalten Kochlöffel baumeln konnten. Weihnachtliche Basteleien hingen ohnehin im ganzen Haus.

Im Laufe der Jahre gingen uns die Geschenksideen für die

Mama aus. Selbst unauffälliges, schon Wochen vorher Hinterfragtes *...du Mama, wos tätst denn du so brauchn, oda wos tätst da du denn vom Christkind so wünschn, wenns da du jetzt wos wünschn kenntast?* Ihr bescheidener Wunsch war unerfüllbar. Da sie sich nichts anderes wünschte, als dass wir braver und vor allem in der Schule fleißiger sein sollten. Bastle wer bitte ein *Braver-Sein* oder ein *In-der-Schule-fleißiger-Sein.* Schlicht unmöglich – unerfüllbare Wünsche.

Die Folge war, dass wir – ich gehörte in der Zwischenzeit schon zu den Großen – der Mama ein separates Weihnachtsfest organisierten. Mit eigenem Christbaum. Eine geniale Idee.

Bereits im Advent begannen wir Weihnachtsschmuck, Kerzen und Kerzenhalter zu organisieren, zu schnorren. In der Klasse erzählte ich, dass wir unserer Mama einen Christbaum in ihr Zimmer stellen wollen. Aber dazu bräuchten wir halt Christbaumschmuck. Ein paar Schüler brachten mir daraufhin Weihnachtskugeln, Weihnachtsketten, sogar einen Christbaumspitz. Deren Eltern hätten ihnen den Weihnachtsschmuck für mich gegeben. Der mit dem Christbaumspitz drückte mir diesen in die Hand und grinste nur *...jetzt wea ma woi an neichn Spitz brauchn, aufm Bam dahoam.* Selig mit der glitzernden Beute brachte ich diese, in der Schultasche bruchsicher verstaut, nach Hause.

Wo Mama den Christbaumschmuck aufbewahrte, wussten wir. Ein paar Schmuckstücke mussten leider abgezweigt werden. Wir brauchten mehr Kugeln, sonst konnten wir die Christbaumaktion gleich vergessen. Aus jedem Karton entnahmen wir nur ein, zwei Gehänge, damit es nicht auffiel. In unseren Nachtkästen verteilt, versteckten wir den Glitzerschmuck.

Der Baum. Woher nehmen, wenn nicht... abschneiden! Unter unserem Haus standen sie zahllos herum, die Fichten, groß und klein. Das bemerkte kein Mensch, wenn am 23. Dezember über Nacht ein kleines Bäumchen sein Leben aushauchen würde – für einen guten Zweck. Das Christbaumkreuz erbettelten wir, dank gut argumentierter Bitte (für einen kleinen Baum für den Lehrer in der Schule), vom spendablen Dorfmeister.

Als im Einser-Haus das Bescherungsfest voll im Gange war, die tollen Spielzeuge getestet, die Pullover, Hosen, Hauben, Röcke anprobiert wurden, lenkten unsere zwei Mädchen die Mutter ab. Währenddessen schlichen Emil und ich in das Mutterzimmer und stellten dort den Christbaum auf, den wir unterm Haus gelagert hatten. Blitzschnell passierte das Behängen mit Kerzen, Kugeln, Lametta...

Zuletzt der pompöse Christbaumspitz – fertig.

Bescheiden, bunt behängt und krumm sah er aus, Mamas Christbaum. Beim Baumabschneiden in der Dunkelheit sahen wir nicht *wie* krumm er war. Mussten wir doch achtgeben, dass uns dabei niemand erwischte. Aber der Kerzenschein überdeckte gnädig den Geburtsfehler dieser armen, krummen Fichte. Sogar sie strahlte in Schönheit (was Kerzenlicht, ein paar Kugeln und ein riesiger Christbaumspitz alles ausmachten). Jetzt noch Mama ins Zimmer locken und sie überraschen.

Sie gelang, die Überraschung. Mehrfach. Einerseits, weil sie wirklich überrascht war und sich freute. Andererseits, weil sie aus uns nach und nach herauslockte, wie wir das alles zuwege brachten. Mit einem prüfenden Blick auf den Baum, wobei ihr ein paar der hängenden Schmuckstücke sehr, sehr bekannt vorkamen. Großzügig lobte sie unsere gut gemeinte Tat.

Jo Himmlblauasee, ihr seids jo ollahaund...

Ja, sind wir. Waren wir.

Silvester und seine knallharten Folgen.

Immer wenn sich ein Jahr dem Ende zuneigte, wurde die Mutter hektisch. Waren es die vielen Feiertage, das nasskalte Wetter? Oder waren es wir lästigen, noch immer schulfreihabenden Kinder? Sicher von allem etwas.

Bereits am Silvestervormittag mussten wir unsere Schulsachen durchforsten, eventuelle Hausaufgaben erledigen. Die Schultasche wurde auf den Kopf gestellt, ausgeräumt und gesäubert. Schmierzettel – sofern nicht mehr brauchbar – weg damit. Eselsohren in Heften und Büchern wurden gerade gebogen, beschädigte Schutzhüllen repariert. Bleistifte und Farbstifte frisch gespitzt. Die Füllfeder einer Totalreinigung unterzogen und auf einwandfreie Funktion geprüft, notfalls die Schreibfeder ausgetauscht *...wie kann ma mit sowas Vadrecktn nua schreibm?*

Sämtliche Schubladen, Nischen aus dem Wohnzimmerschrank und Nachtkasterln – alles raus – leergeräumt. Drüber mit einem feuchten Fetzen und trocken nachgewischt. Die rausgeräumten Spielsachen wurden auf Funktionalität getestet. Einiges kam plötzlich zum Vorschein, wofür man im Laufe des Jahres den einen oder anderen des Diebstahl bezichtigte. *Ma, du schlaumpada Hund du – do schau her: dei hölzanes Lineal, wos i da angeblich gstoihn hätt...* Verliererschicksale mit versöhnlichem Ausgang. Schließlich fand das stundenlange Raus- und wieder Einräumen ein sauberes Ende. Gerade rechtzeitig, um die Silvestervesper um vier Uhr nachmittags in der Pfarrkirche von Altmünster mitzufeiern. Die Mutter konnte aufatmen, endlich alle Fratzen aus dem Haus. Auch wir atmeten befreit durch, endlich war die anstrengende Silvesterräumerei vorbei.

Die Silvesterandacht. Der Treffpunkt für jahresausklingendes Krachen, Böllern und Knallen. Kaum war die Messe vorbei, flogen vor der Kirche die ersten Knaller zwischen die Beine der Gläubigen. Ich besaß keine solchen Krachmacher, hätte sie aber liebend gerne geworfen. Leider fehlte mir das Geld für die von uns so heiß begehrten *Schweizerkracher*. Welch seltsamer Name, hatten nur die Schweizer einen Grund zum Herumknallen? Doch es war mir völlig egal, Hauptsache die Sache krachte ordentlich. Damit sich die Leute mordsmäßig erschreckten. Die Schweizerkracher-Werfer wurden von uns umringt, waren Allmachtfiguren. Bloß einer von denen zu sein, mit dabei zu sein. Großspurig brüsteten sich diese Knallerwerfer, wieviel sie schon unter die Leute geworfen hätten und wieviele Kracher noch in ihren Taschen steckten. So war es eben: wenn man schon selbst keinen Kracher hatte, kannte man zumindest einen, der welche besaß. Mich ärgerte das schleimige Huldigen der Knallerwerfer. Diese eingebildeten Affen, kaum besaßen sie ein paar Schillinge für Kracher, schon fühlten sie sich wie die Übergrößten.

Ich erinnerte mich an die Raketen-Abschussaktionen mit den Well-Eternitrampen, an die Steinsprengungen damals, gemeinsam mit Heinzi. Mit dem gefährlichen, weißen Pulver. Da musste sich doch was machen lassen. Selbst Knaller bauen, das Mischungsverhältnis der beiden Materialien wusste ich ja.

Ich probierte also, mischte und unternahm Versuche mit dem explodierfreudigen Pulver. Die kleinen Kartonröhrchen der Kracher-Blindgänger damit zu füllen – eine Möglichkeit. Ich suchte welche, trocknete sie und stopfte sie mit Pulver voll.

Sch-sch-schttt...

Sie knallten nicht, sie gaben nur eine grelle Stichflamme von sich und das wars. Sicher schön bei Dunkelheit anzusehen, aber ohne kräftigen *Rumms* als effektvollen Abschluss. Obendrein waren diese dünnen Kartonröhrchen langwierig zu stopfen. Also, keine gute Idee.

Ich probierte nun, eine feste Form aus dem Pulver zu zaubern. Denn in einem zerlegten Knaller fand ich ebenfalls die feste Form des Sprengmittels. Ich verrührte mein Pulver mit Wasser und Mehl (Mehlpapp = herrlich zum Kleben von Papier)... aber zu flüssig, es brannte auch nicht mehr. *Mist, Klumpert vadammtes!* Irgendwie kam ich auf die Idee, das Pulver mit flüssigem Klebstoff zu vermischen. Sofort saugte es sich in den zähen Kleber und wurde bröckelig. Nun knetete ich die teigige Masse und formte daumengroße, quaderförmige Zäpfchen und ließ sie trocknen. Abwarten, vielleicht würden das gute Knaller werden. Denn das Pulver brannte lichterloh. Der Kleber ebenfalls, was ich schon vorher probierte.

Über Nacht wurden die Knaller-Zäpfchen steinhart. Ich

schnappte meine Zäpfchen-Sammlung, holte mir Zünder und verdrückte mich in den Wald. Mein Testgebiet. Schließlich wollte ich nicht, dass mir einer bei meinen Versuchen zusah. Um mich nicht zu blamieren, wenn das Experiment misslang. Vor allem aber auch um geheimzuhalten, wenn es sich als erfolgreich herausstellen sollte.

Die Zäpfchen knallten zwar nicht, aber sie brannten lang und ausdauernd. Wie Leuchtkugeln... Leuchtzäpfchen?

Genau, wenn ich sie mit... mit... ja, wenn ich meine Leuchtzäpfchen mit einer Steinschleuder in die Luft schoss, dann müssten sie eigentlich weithin strahlend leuchten. Meine erste Erfindung: Silvester-Leuchtzäpfchen.

Aber dazu brauchte ich jemanden, der mir half, die Zäpfchen zu entzünden. Während ich mit gespannter Steinschleuder das Leuchtzäpfchen festhielt. Emil musste mir helfen. Ich weihte ihn in meine geniale Erfindung ein und zeigte ihm die geknetete Wunderwaffe, meine Leuchtzäpfchen. Mit seinem Schwur auf Ehre und Gewissen niemandem mein Geheimnis zu verraten, war er mein erster Assistent.

Eine Steinschleuder besaß ohnehin jeder. Die ultimative Verteidigungswaffe im Kampf gegen Cowboys oder Indianer, Räuber oder Gendarm. Je nachdem, welche Rolle man gerade spielte. Wenn ab den ersten frühlingshaften Sonnenstrahlen unsere Bandenkämpfe das Kinderdorf wieder in ein spannendes Indianer- oder Räubernest verwandelten.

Emil stand mit den Zündhölzern bereit. Ich hielt die Steinschleuder mit dem Leuchtgeschoss angespannt. *Jetzt zünd scho an, i daboits nimma...* und Emil zündete.

Flusch – flog das erste Einser-Haus-Leuchtgeschoss in den dämmrigen Winterhimmel.

Wau – gierig! Wuii – leuchtet des bombig!

Eine Wucht – das war es in der Tat. Wie eine Sternschnuppe zischte meine Erfindung, das Leuchtzäpfchen, in einem gigantischen Bogen über das Berghaus und verglühte noch in der Luft.

Ergriffen vom geglückten Start, standen wir beide mit glänzenden Augen. Als ahnten wir es bereits: meine Idee erobert nun das Einser-Haus, das Kinderdorf, die restliche Welt. Denn das Einzige was wir bisher zu Silvester in die Luft geschossen hatten, waren ein paar brennende Wunderkerzen vom Christbaum. Mit der Steinschleuder in die Silvesternacht hinausgeschleudert.

Jetzt gab es kein Halten mehr. Gleich noch ein Leuchtzapferl, noch eines und ein weiteres – wir beförderten die halbe Ladung meiner produzierten Munition in den Nachthimmel. Bald gesellten sich Neugierige zu uns und staunten über die gigantischen Leuchtbögen, die wieder und wieder den Nachthimmel über unserem Dorf verzauberten.

In unserer Abschießhektik stieß ich mit einem Leuchtzapferl unabsichtlich an die Reibfläche des Zündholzschachterls, bevor ich es abschießen wollte. Es entzündete sich sofort und ich ließ es vor Schreck fallen.

Wui schau, de Zapfaln kaunn ma sogoa direkt mit da Reibflächn vom Zündhoizschachtal aunzündn!

Fantastisch – einfach genial. Ich hatte ein Leuchtwerk erfunden, das sich mit der Reibfläche entzünden ließ. Jetzt ging das Starten eines Leuchtbogens noch einfacher. Leuchtzapferl einklemmen, Steinschleuder spannen, Reibfläche drüberziehen und ab – weithin leuchtend.

Meine Erfindung wollte ich Mama zeigen. Ich musste sie überzeugen. Von der Notwendigkeit zukünftiger Silvester-Feuerwerke... *olle andern ham wos zum Schiassn zu Süvesta, nua mia ham nix...* und von den geringen Kosten dafür. Das Teuerste war ohnehin nur der Kleber. Ich brauchte unbedingt ihr Einverständnis, vor allem ein bisschen Geld für das Pulverzeug sowie den Kleber. Die weitere Zutat gabs ohnehin in der Küche.

Nach einer Vorführung, Leuchtzäpfchen von unserem Balkon über das Zweier-Haus abgefeuert, zeigte sich die Mutter vorerst misstrauisch, dann überrascht, bald überzeugt. Zuletzt (wage ich zu behaupten) war sie ebenso begeistert wie wir.

Sch-sch-schttt... *Jo Himmlblauasee – wos habtsn do scho wieda ausgheckt... mei, schee – wia de fliagn...und so leise...!*

Das war er *...und so leise...* der Startschuss, die Freigabe für das Grundkapital, für den Kauf aller Utensilien, um eine ordentliche Produktion Leuchtzäpfchen zu starten. Das hieß, ich bekam von ihr die Materialien zur Verfügung gestellt und sie wachte darüber, dass kein Stäubchen von mir abgezweigt wurde – vielleicht für andere Zwecke. Das musste ich ihr hoch und heilig versprechen. Versprochen – hoch und heilig.

Jahre später gestand sie mir, dass sie damals wegen meiner Leuchtzapferl-Produktion sehr in Sorge war. Damit mir nichts passiere. Was hätte sie denn anderes machen sollen. Wären mir diese Leuchtzäpfchen, diese Panscherei mit Pulver und Kleber von ihr verboten worden, ich hätte sowieso meinen Kopf durchgesetzt und sie heimlich geknetet. So hatte sie immerhin eine Kontrolle. Über mich, meinen explosiven Erfindergeist und die Produktion von mindestens tausend Leuchtzapferl.

Ebenseer Fasching

Der Ebenseer Fasching galt seit eh und je, bis weit über die Grenzen des Landes, als der bekannteste Faschingsrummel. Diese närrischen Tage im Februar waren für Ebensee eine Attraktion, zu der tausende Besucher strömten, um dem ausgelassenen, deftigen Treiben beizuwohnen oder auch selbst mitzuwirken. Ich wusste von Ebensee nur, dass der Ort am Beginn des Traunsees lag. Dort, wo die Traun den See füllte. Weiters war mir dieser Faschings-Kampfruf der Ebenseer geläufig:

Faschingtag, Faschingtag kumma boid wieda!
Wamma koa Geld net ham, haun ma di nieda!

Diese lustigen Ebenseer. Jährlich am Faschingssonntag kam eine Abordnung des Ebenseer Faschingszuges und zog mit viel Trara und Getöse im SOS-Kinderdorf Altmünster ein. Wir Kinder waren natürlich verkleidet und mit Schminke zugekleistert.

Kaum war die Weihnachtszeit vorbei, entstand unter uns ein einziges Wettmaskieren. Wer in der heurigen Faschingszeit als »Was« ging. Dieser Faschingsumzug bei uns im Dorf war bald genauso bekannt wie der der Ebenseer. Denn das Kinderdorf füllte sich zusehends mit Besuchern aus naher und ferner Umgebung. Viele liefen lustig verkleidet oder standen zumindest mit einer Pappnase herum. Waren es etwa gar die Süßigkeiten, auf die sie scharf waren? So wie wir?

Doch bevor die süße Ware in die Höhe flog, schmetterten die Ebenseer Clowns ihren bekannten Slogan:

Faschingtag, Faschingtag kumma boid wieda...

Dann zischten sie durch die Luft, über die Köpfe der Menge hinweg. Die Orangen, Schokoladen, Schnitten und Zuckerln...

Ein Schieben, ein Verdrängen und Geraufe um die süßen Sachen entbrannte. Jung wie alt, Kinder wie Erwachsene, rissen ihre Arme hoch, griffen nach fallenden Orangen. Warfen sich auf den Boden, um ein Zuckerl oder ein Schnittenpackerl zu erhaschen. Mit einem Triumphgeheul erkämpfte auch ich mir manche Orange.

Als der offizielle Begrüßungsteil zwischen Dorfleiter und Ebensee-Clowns abgeleistet war, zog die übermütige Meute von Haus zu Haus. Überreichte jeder Mutter zwischen vielen Späßen, Gelächter und Papierschlangenwerfen eine Riesentorte sowie Unmengen von Orangen und Süßigkeiten für ihre maskierte Kinderschar.

Ein explosives Faschingserlebnis von 1963 sehe ich immer

wieder bildhaft vor mir.

Mein Bruder war schon nach Innsbruck übersiedelt. Er kam aber extra wegen des Ebenseer Faschingsumzuges wieder nach Hause. Ich bastelte noch an meinem Clownkostüm herum. Er half mir, eine Brille aus Draht mit roter Nase zu fabrizieren. Nachdem Alf als Lehrling schon ein bisschen Geld verdiente, zeigte er sich spendabel und kaufte mir einen Stoppelrevolver samt Magazin. Hundert Schuss mussten reichen für seinen Bruder, den kleinen Wolferl.

Eigentlich hatte ich vor, als Old Shatterhand verkleidet herumzulaufen, nachdem ich die Jahre vorher schon einmal als Indianer, mal als Trapper, dann als Zwerg und zuletzt als Zauberer maskiert war. Da aber schon so viele im Dorf die Karl May-Helden aufleben ließen, entschied ich mich, diesmal ein Clown zu sein. Bewaffnet mit einem Stoppelrevolver, um mir gehörig Respekt zu verschaffen. Hauptsache, es krachte und rauchte ordentlich.

Die Munition – Korkstoppel, wie verkleinerte Flaschenkorken, die auf einem Stück Karton klebten. Rückseitig waren sie hohl und hatten einen kleinen Tropfen Explosives eingegossen. Ich musste nur einen Korkstoppel ausbrechen und mit der hohlen Seite in den Lauf drücken. Mit aller Kraft klopfte ich den Revolver samt Stoppel auf den Boden, bis der Stoppel im Lauf verschwand, verkorkt wie eine Flasche Wein. Der schwarze Blechrevolver besaß einen Metalldorn, der bei Betätigen des Abzughahnes nach vorne schnalzte und das explosive Pulver entzündete. Durch Reibung und Explosion schoss der Stoppel mit einem grandiosen Knall aus dem Lauf. Es war ratsam, in die Luft zu schießen, denn diese zerberstenden Stoppelreste waren heiß und konnten leicht ins Auge gehen. Es krachte, rauchte und stank nach Schwefelpulver. Herrlich – dieses Knallen, dieser Stoppelrevolver. Die Waffe sah wie ein uraltes Vorderladergewehr aus, war in diesem Sinne auch ein Vorderlader.

Der Februar war nun mal eine feuchte Zeit und schießen

durfte man nur im Freien. Nachteilig war daher, wenn diese Stoppel feucht wurden, entzündete sich das Pulver nicht mehr – also auch kein krach-und-bumm. Mühevoll musste ich dann mit einem Schraubenzieher den eingepressten Korkstoppel aus dem Revolverlauf herauskratzen.

Eigentlich dürfte ich überhaupt nicht herumballern, denn die Waffe war nur für Jugendliche ab Sechzehn freigegeben. Wenn die Mutter das wüsste. Naja, mein Bruder war schon so alt. Fast.

Als ich zum wiederholtem Male einen wertvollen Stoppel wegen Feuchtigkeit zerbröselte, verlor ich auch das Interesse an der so anfälligen Pistole. Mein Bruder jedoch – gönnerhaft den *großen Jimmy* markierend, versprach mir beim Revolverlaufauskratzen zu helfen. Im Keller musste ich, verkleidet als Clown, meinem Bruder die Pistole an die Brust setzen. Nein, vor seine Brust halten, damit er mit Schraubenzieher und Hammer den Stoppel aus dem Lauf klopfen konnte. Ich hielt verkrampft seinen Hammerschlägen stand und...

krach-bumm...!

Der Revolver ging los und ließ meinen Bruder in Rauch und Schwefelgeruch verschwinden. Weg war er. Nicht ganz. Er krümmte sich am Boden, weil er sich – nein, weil ich ihn – voll ins Gesicht schoss. Eigentlich schoss niemand, zumindest nicht absichtlich. Das blöde Ding ging von selbst los und knallte meinem Bruder die (inzwischen) getrocknete Ladung Kork und Pulver um die Ohren.

In der Bedienungsanleitung stand *...es ist verboten, mit der Spielzeugwaffe auf Menschen zu zielen... nur in die Luft schießen, um Verletzungen von Mensch und Tier zu vermeiden...*

Osterhasen

Ich hatte zwei kleine schwarz-weiße Hasen, zwei Weibchen.

Eigentlich gehörten sie meinem Bruder Alf. Er übergab sie meiner Obhut, als er nach Innsbruck, in das SOS-Jugendhaus Egerdach, übersiedelte.

Unter dem Küchenfenster stand der Hasenstall, windgeschützt in einer Mauernische. Da die Kaninchen auch über Winter im Stall hockten, musste immer genügend Heu eingestreut werden, damit die putzigen Nager nicht froren. Küchenabfälle, wie Gemüsereste, hartes Brot, manche heimlich entwendete Karotte und Unmengen von Zuckerrüben waren der Hasen Winterfutter. Sie legten dabei ordentlich an Gewicht zu und bekamen eine stattliche Größe. Gefräßig wie Hasen eben sind, vertilgten sie sogar die Unterstreu, das Heu. Also musste ich immer wieder den Blaslbauern anbetteln, um genügend Heu vorrätig zu haben. Es dauerte einen ganzen Winter, bis ich mit der Kaninchenhaltung halbwegs zurechtkam. Mama zeigte mir mit viel Geduld, wie ich die Viecher heil durch die Kälte brachte.

Schon zu Beginn der Kaninchen-Übernahme kam ich wegen der Futterplatz-Reviere in eine heftige Diskussion mit anschließendem Faustschwingen. Es gab nämlich mehrere Kaninchenhalter im Dorf, was mir nie so auffiel, weil ich mich bisher nicht für diese Grasfresser interessierte. Ich half meinem Bruder zwar hin und wieder beim Füttern, weswegen er mir diese beiden Hasenviecher auch (zur Betreuung) vermachte. Süß und schnuckelig waren sie ja. Aber ich sah mich schon immer eher als Konstrukteur von bahnbrechenden Erfindungen, die der Menschheit eines Tages große Dienste erweisen sollten. Weniger als Tierzüchter oder gar Bauer.

Zurück zum Futter-Revierstreit. Die Grenze der saftigen Hasenfutter-Felder reichte (laut Bruders Hinweis) exakt von unserem Haus 1 bis zur Mitte der Wiese vorm Haus 2. Jetzt gab es aber im Dreier-Haus einen gewissenhaften Hasenhalter, der *...scho imma des Gros von da Zwoara-Haus-Wiesn fia seine Hosn grupft hot. Oiso soi i mi von do sofoat schleichn, weil des*

Gros gheat eam. Nach einem kurzen Rededuell standen unsere kleinen Holzsteigen für zu pflückendes Hasenfutter verlassen in der Wiese. Ein neugieriger Kreis Kinder schloss sich bereits um uns beiden Revierverteidiger und feuerte verschiedentlich an. Je nachdem, für wen Partei ergriffen wurde. *Hau eam oane in di Goschn, dem Dreier-Haus-Deppn...* so die lakonische Aufforderung an mich. Bevor ich diesem Ratschlag Folge leisten konnte, bekam ich ihn dorthin – den Treffer *in di Goschn*. Von Schmerz und unbändiger Wut angefeuert, steckte ich ein *...den Peta packt der nie, dazua is er zschwoch auf da Brust, da Woifi...* verbissen weg, denn schon wälzte ich mich mit dem Peter in der saftigen Hasenfutterwiese. Ein dunkler Schatten trat in den sonnigen Septembertag – der Dorfleiter – und hielt uns zwei verbissene Steithähne auseinander.

Er... er... er hot angfaungan, weu... weu er... brüllte ich, blutend, heulend und zappelnd an der Dorfleiterhand. Warum musste ich eigentlich immer sofort heulen?

Das Ende einer Hasenfutter-Fehde: der Dreier-Haus-Depp und der Einser-Haus-Dodel rupften friedlich ihr Kaninchenfutter vorm Zweier-Haus. Wir wurden sogar dicke Freunde und Kaninchenzucht-Spezialisten. Na, es geht doch...

Und als Ergebnis der fruchtbaren Kaninchenzucht-Freundschaft tummelten sich im Frühjahr zusätzlich sechs niedliche Hasenwollknäuel in meinem Hasenstall. Jetzt war aber Schluss mit lustig. Zwei Hasen gingen ja noch. Aber gleich acht Hasen insgesamt zu betreuen und zu füttern. Mama legte mir klare Argumente auf den Tisch. Nachdem ich ohnehin schulisch nicht die strahlendste Leuchte war, daher genug Lernstoff um die Ohren hatte, meine Hasenbetreuung auch nicht immer so funktionierte, wie Mama, sicher auch die Hasen, von mir erwarteten, kamen wir überein, alle Hasen am Bauernmarkt in Gmunden zu verkaufen.

Mit einem kleinen Handwagerl, vom Dorfmeister ausgeborgt,

führte ich meine Hasenzucht nach Gmunden. Mama begleitete mich, damit ich beim Verkaufen *net glei üban Tisch zogn wia*. Wurde ich dann aber trotzdem, weil mir einfach die Erfahrung beim Preisverhandeln fehlte. Obendrein gab es auf diesem Bauernmarkt ein Überangebot. Hasen, Hasen, überall hoppelten in kleinen Käfigen Hasen herum. Bald jedes dritte Standl verkaufte Kaninchen zum Züchten oder für den Sonntagsbraten.

Mama meinte, für unsere Hasen hätte ich mehr bekommen müssen. Ein hartes Geschäftsleben. Ein bisschen brachte es immerhin ein. Mein erstes selbstverdientes Geld.

Ei, ei – ein Ei

Basteln mit ausgeblasenen Eiern.

Zwanzig bis dreißig Eier auszublasen grenzte an Schwerstarbeit. Ich, damals noch recht schwach auf der Lunge, pustete und blies was das Zeug hielt und fühlte, wie sich das Wangenfleisch fast vom Knochen löste, weil es in den Ohren bereits knackste. Vom Pusten und Blasen fiel ich beinahe in Ohnmacht, denn die hartnäckige Dotterhaut ließ sich einfach nicht durch das gestochene Ei befördern. Nach dieser gewaltvollen Eierausblaserei wusste ich auch, warum aus mir nie ein Trompeter werden würde. Um zu vermeiden, dass meine Wangen eines Tages wie lasche Hamsterbacken wackelten, wie weit abhängende Sattaschen links und rechts vom Gesicht schlotterten. Wie ich es bei den Tubaspielern beobachtete, wenn sie nicht gerade durch ihr Blechmonstrum bliesen. Und wenn sie drauflos tröteten, verschwanden ihre Schweinsäuglein hinter rotgeäderten Pausbacken, sodass Kopf und Hals eine Einheit bildeten. Das konnte nicht gesund sein und sah grässlich aus. Kein Bild für Götter, ein dankbares Opfer für Cartoonisten, wenn sie Blasmusikanten karikierten.

Aber wenn ich mit Eiern basteln wollte, musste das Innere schon mal raus aus der Hülle. Viele Eier sind des Bastlers Tod. So auch bei mir, weil mindestens ein Drittel der Eier durch die Pusterei sprichwörtlich unter meiner Hand zerbrach. Eine kräftige Eierspeise für alle war die Belohnung fürs Eierausblasen.

Warum ich so viele Eier benötigte? Ich wollte ein Eierdorf bauen, unserem Kinderdorf nachempfunden. Nachdem ich durch meine bisherigen Bastelerfolge Mamas vollstes Vertrauen besaß, bekam ich auch so viele Eier, wie Häuser in unserem Kinderdorf standen.

Es gelang mir vortrefflich. Als Osterdekoration konnte ich unser (Eier)Dorf präsentieren. Auf einer Sperrholzplatte legte ich mit einem Sand-und-Kleber-Gemisch die Dorfstraße an. Die Wiesen – mit Kleister bestrichene Flächen – bestreute ich mit geschnittener grüner Osterwolle (diese gefärbten, zerknitterten Papierfäden). Die Häuser entstanden aus den ausgeblasenen Eiern. Jedes mit einem Dach, mit ausgebrochener, geöffneter Eierschalen-Haustür, aufgemalten Fenstern und Hausnummernschildern. Bäume aus Karton und Osterwolle standen dort, wo sie auch in natura ihren Platz hatten. Mein erstes Modell. Sollte ich vielleicht Modellbauer werden?

Damit nicht genug. Der Bastelvirus war vollends ausgebrochen und hatte mich infiziert. Ich baute nun aus ausgeblasenen Eiern Fische, Vögel, Käfer, Flieger und Hubschrauber für ein Ostermobile.

In dieser Zeit spielte ich in einem Kinderorchester Ziehharmonika. Die Musiklehrerin verehrte ich, weil sie eine Ähnlichkeit mit meiner Großtante Anna hatte und dazu noch schlohweiße Haare. Natürlich wurde auch sie in meine Osterbastel-Geschenkliste mit einbezogen.

Vier kunstvoll gestaltete Eier – eine Henne, ein Gockelhahn, ein Chinese und ein Clown – auf kleine Kartonsockel gesteckt, würden sie bestimmt erfreuen. Das taten sie auch. Gut sichtbar in einer Glasvitrine stellte sie meine Bastelkunst zur Schau. Um ihren Musikschülern und deren Eltern zu zeigen, wie sehr sie beliebt war, dass sie sogar solch schöne Basteleien erhielt. Worauf ich sehr stolz war, weil sie immer erwähnte, dass sie dieses Geschenk vom Wolfi aus dem SOS-Kinderdorf erhalten hatte. Ehrenwort, ich wollte mich bei ihr nie einschleimen. Ich mochte sie einfach. Sie war wie eine gütige Oma zu mir und sie spielte obendrein hervorragend Klavier.

Ziemlich bald musste ich von ihr allerdings erfahren, dass mein Kunstwerk, die vier bemalten und beklebten Eier, im Müll landete. Weil es in ihrem Haus eines Tages schrecklich nach faulen Eiern stank.

Ich hatte für sie vier hartgekochte Eier verwendet. Weil ich mir dachte, die Musiklehrerin sollte doppelte Freude an meinem Geschenk haben. Wenn Ostern vorbei war, könnte sie meine Kunstwerke verspeisen. Die Musiklehrerin ließ sie jedoch wochenlang im Glaskasten stehen, bis sie zum Himmel stanken!

Murmelzeit

Wer schlich da am Ostersonntag frühmorgens mit einem prallen Stoffsack durch das Dorf? Er würde doch nicht die vom Osterhasen versteckten Nester vor unserem Haus ausräumen! Die wir nach der Heiligen Messe suchen durften. Doch nein, er streute – wie der Sämann auf dem alten Österreichischen Schilling – kleine bunte Kugeln in die Wiesen.

Da schau..., unser Dorfleiter warf die von uns so begehrten Murmeln aus Ton oder Glas in die Wiesen. Ein Ritual, das er jährlich wiederholte und von dem wir wussten: am Nachmittag gibts mehr davon. Weil er dann wieder, frisch bewaffnet mit einem Sack Kugeln, einen Kinderschwarm hinter sich herlaufen hatte, wenn er diese bunten Murmeln auswarf.

Wertvolle Murmeln – von uns *Lehmi*, *Gläsi* oder *Eisi* genannt. Wie Geld, wie eine Währung für regen Tauschhandel von Waren einer Art, nämlich wiederum Murmeln. Das Spiel, wofür wir diese bunten Kugeln benötigten, hieß einfach *Kuglspuin*. Bei jeder Gelegenheit – am Schulhof, Schönwetter vorausgesetzt – war *Kuglspuin* der schönste Zeitvertreib im Frühjahr. Der kiesbestreute Schulhof war dafür ideal geeignet. Benötigt wurde lediglich eine ebene und halbwegs glatte Fläche, etwa drei bis vier Meter lang. In der Breite genügte meist ein Meter. Den Kies auf diesem Streifen schoben wir mit Schuhen und Händen beiseite. Kein Steinchen, kein Hindernis durfte im Wege liegen. Nahe dem Ende dieser Wurfpiste setzte einer von uns den Schuhabsatz an und bohrte eine kleine, kreisrunde Mulde in die Erde. Noch gründlich ausgeputzt und fertig war die Piste fürs *Kuglspuin* – ideal für fünf, sechs Kinder.

Vis-a-vis der Mulde standen wir nun und warfen, von einer gezogenen Grenzlinie aus, je eine Murmel über die lange Entfernung. So nahe wie möglich an das kleine Loch in der Erde, im Idealfall direkt hinein. Wessen *Lehmi* der Mulde am Nähesten lag, der durfte beginnen. Mit abgewinkeltem Zeigefinger versuchte er, seine Murmel in das Loch zu schieben. Gelang ihm das, schob er eine weitere Murmel hinein. Misslang ihm das, kam jener an die Reihe, dessen Kugel die zweitnächste beim Loch war. Die *Lehmis*, die so in die kleine Mulde befördert wurden, durfte man behalten. *Kuglspuin* – ein Spiel, bei dem man murmelreich werden konnte.

Glaskugeln und Eisenkugeln liefen durch ihr Eigengewicht – je schwerer, desto besser – und waren kontrollierter zu werfen. Was bei den leichten Lehmkugeln nie der Fall war. Der Tauschwert war dementsprechend. Für zehn *Lehmis* bekam man eine kleine *Gläsi* (Glaskugel). Sie war genauso groß wie eine Lehmkugel. Für zwanzig *Lehmis* gab es eine doppelt große *Gläsi*. Um gar eine kleine *Eisi* zu bekommen, mussten dafür fünfzig *Lehmis* den Besitzer wechseln. Und eine große *Eisi* erhielt man überhaupt erst für hundert *Lehmis*. Sicher, die Murmeln gab es natürlich alle zu kaufen. Aber, wer von uns besaß schon soviel Geld. Andererseits machte das Gewinnen dieser bunten Murmeln beim *Kuglspuin* den wahren Reiz aus. Glücklich war ich mit meinem prall gefüllten Stoffsackerl voller *Lehmis, Gläsis* und *Eisis*. Wie tragisch war für mich ein Tag, wenn ich bei einem riskanten Spieleinsatz eine *Gläsi* oder gar eine *Eisi* verlor ...*a so a Kas – i woa ma sou sicher, dass i mit meiner Glücks-Eisi gwinn... und jetzt hob i sie valorn...*

Murmeln waren mein erster schwer verdienter Besitz, mit großem Risiko erkämpft, denn es gab verdammt gute *Kuglspuila*.

Sonnenklar, dass auch ich mit viel Geschrei dem Dorfleiter hinterher rannte, wenn er am Ostersonntag diesen Murmelschatz über die Wiesen warf und ich mich wie ein Geier darauf stürzte. Verbissen um jede Murmel raufte.

Muttertag

Es sollte etwas Besonderes sein, was ich meiner Mama zum Muttertag basteln wollte. Das einfachste Geschenk war der übliche Strauß Wiesenblumen, am Muttertag artig überreicht. Dazu ein blutrotes Herz, auf ein Blatt Papier gemalt, das auf einem Stück Karton klebte. Wie bei einem Adventkalender konnte die Mutter ein Herzerlfenster öffnen und einen Danke-liebste-Mama-Spruch lesen.

Ich aber bastelte aus Karton ein großes Muttertagsherz, mindestens fünf Zentimeter dick. So wie heute die Bonboniereherzen produziert werden, in denen die verschiedensten kunstvoll verzierten Schokostücke stecken. Bonboniereschachteln kannte ich zwar aus den Konditorauslagen, aber keine in Herzform. Und hätte es welche gegeben – ich konnte sie ohnehin nicht kaufen. Obendrein wollte ich Mama mit einem ganz persönlichen Geschenk überraschen. Mit etwas Wertvollerem, nicht mit so einer unpersönlichen Schokoladenschachtel.

Mein Kartonherz, mühevoll mit einer stumpfen Schere aus einem zerlegten Schuhkarton herausgeschnitten. Die Kontur der Herzform (für Vorderteil und Rückseite) drückte ich vorher mit einem Bleistift und einem Stück Pauspapier auf die Kartonteile. In den Herz-Vorderteil schnitt ich ein doppelflügeliges Fenster. Nur durch oftmaliges Auf-und-Zumachen ließ sich das widerspenstige Herzfenster endlich leichter öffnen. Der Streifen für den Herzkorpus war wesentlich leichter zu schneiden. Allerdings musste ich den steifen Kartonstreifen erst kräftig weichklopfen, damit er sich in Herzform biegen ließ. *Wia kann i nur so deppat sein und so oan stoakn Pappndeckl nehma...* Ich fand am Dachboden leider keinen dünneren Karton. Jetzt war mein Herzwerk aber schon so weit gediehen, dass ich an ein Aufgeben nicht mehr denken wollte. Obendrein, die Zeit war knapp.

Auf die sichtbare Herzinnenseite malte ich als Kulisse den Traunsee mit Traunstein, davor unser Haus. Über den Traunstein schrieb ich in einem Bogen mit verschnörkelten Buchstaben: *Für meine Mama!* Weil ich wusste, dass ihr die Gegend so sehr gefiel und der Satz in Bogenform edler klang und – bis auf das Herz – auch nicht so kitschig war. Einfach ehrlich und schwungvoll: für meine Mama!

Zuletzt noch mit einem Tixoband die Teile zusammengeklebt, den Boden im Herzinneren mit etwas Moos ausgelegt, um eine Heimat im Kleinen zu zaubern. Wenn das Herzfenster geöffnet wurde, sah man sozusagen über Mooshügel direkt in das Salzkammergut. Auf den Traunsee, den Traunstein und ein bisschen auf die Schlafende Griechin.

Mit Wasserfarbe wollte ich das Herz blutrot einfärben. Doch diese verdammte Farbe hielt nur auf den Kartonflächen, nicht jedoch auf den mit Klebeband verdeckten Flächen. Gefleckt wie eine Pinzgauer Kuh – nur eben in rot und rosa – sah mein Herz aus. Schrecklich. Meine ganze Mühe umsonst. Dieses Fleckenherz konnte ich niemals meiner Mama zum Muttertag überreichen. Sie war mindestens ein einwandfreies, tiefrot strahlendes Herz wert.

In meiner Verzweiflung griff ich zur teuren Ölfarbe in den Tuben, die ich von der Hawaii-Tante zu Weihnachten bekam, mit denen ich jedoch sehr sparsam umgehen sollte. Ich spachtelte verzweifelt die Hälfte des Tubeninhaltes *flaming red* auf mein Kartonherz.

Ja, jetzt leuchtete und glänzte es gleichmäßig rot. Nur die Farbe, diese verdammte Ölfarbe, wollte einfach nicht trocknen.

Mit treuherzigem Blick und fleckigroten Fingern legte ich mein feuchtes Herzwerk behutsam in die Hände meiner Mutter. Nach dem Frühstück. Sie saß noch auf ihrem, von uns Kindern geschmückten, Ehrenplatz. Als wir der Reihe nach Gedichte aufsagten, Blumen und Gebasteltes überreichten.

Muasst aufpassn Mama, weil die Foab is no net austrickat. I woaß a net wiaso, weu des Heaz hob i scho seit drei Togn featig, oba es farblt oiwei no ab.

Wochenlang lag mein Herz in Mutters Zimmer auf dem Fensterbrett und schmachtete in der Sonne, um endlich farbtrocken zu werden. Natürlich freute sich Mama über mein Kunstwerk, weniger jedoch darüber, dass ich *sovü teire Öifoab vabraucht hob.*

Unser Einser-Haus, auch *Haus Jugendrotkreuz* genannt, bekam den Namen deshalb, weil es aus Spenden, die Jugendliche für das Rote Kreuz sammelten, errichtet werden konnte. Engagierte Burschen und Mädchen machten es sich auch jährlich zur Aufgabe, am Muttertag unsere Mama mit Geld- und Warenspenden zu überraschen. Das war für sie natürlich eine sehr große Hilfe. Alle möglichen Anschaffungen waren immer wieder notwendig. Küchengeschirr, Haushaltserleichterungen – zum Beispiel ein Bügeleisen, weil das alte schon längst kaputtgebügelt war, bei soviel wöchentlicher Bügelwäsche. Bei den gespendeten Wäschestücken waren immer Sachen dabei, die einem von uns passten. Spielzeug, wenn auch gebraucht, war für uns Kinder natürlich am Interessantesten. In Schachteln verpackt stand die gute Ware im Wohnzimmer. Nachdem sich die Gäste nach Kuchen-und-Kaffee-Bewirtung wieder verabschiedeten, bestürmten wir Mama sofort und baten sie, uns die Schätze zu zeigen, die in den Kartons steckten.

Ein Traktor mit Anhänger (den wünschte ich mir zu Weihnachten, ich bekam ihn auch). Ein komplettes Kasperltheater mit Kulissen und Figuren. Jahrelang schenkte es uns Kindern unendlichen Spaß. Wir spielten eigene Stücke, dachten uns dafür Geschichten aus. Als unsere Mama nach 27 Jahren als SOS-Kinderdorfmutter das Haus verließ, weil sie ihre wohlverdiente Pension antrat, kam ich noch ein letztes Mal in unser Haus. Das Kasperltheater, längst ausgedient, lag verstaubt am Dachboden. Nur die kunstvoll modellierten Köpfe der Figuren waren noch vorhanden. Ich nahm sie mit – als Andenken an eine wunderschöne Kasperltheater-Zeit. Diese Puppenköpfe – sie stehen heute bei mir auf einem Setzkasten – als sichtbare Erinnerung an schöne, aber auch schaurige Theaterstücke im Einser-Haus. Kasperl, Gretl, Polizist, Tod und Teufel, Prinz und Prinzessin...

In einer dieser Schachteln entdeckte ich einmal eine Art Weltraumwaffe, eher so ein kurzes Gewehr, wie es Marsmenschen bei ihren galaktischen Kämpfen verwendeten. Ich nannte diese Fantasiewaffe einfach Weltraum-MP. Nach stundenlangem Bitten und Betteln meinerseits, händigte mir Mama diese Weltraum-MP schweren Herzens aus. Damit ich endlich Ruhe gab. Das war mein Trick, um Dinge oder Zusagen von ihr zu erhalten: solange bitten und betteln, bis ich ihr damit auf die Nerven ging. Es funktionierte hin und wieder. So auch bei der Weltraum-MP, meiner neuen Wunderwaffe. Wenn sie (aber auch ich) jemals geahnt hätte, was ich damit anstellen würde. Die Weltraum-MP wäre – für niemanden erreichbar – auf ewig verschwunden.

Meine Weltraum-MP-Wunderwaffe: ein breites, unhandliches Blechding, mit einem Blechschlüssel zum Aufziehen. Der Abzugshahn setzte lautstark eine knatternde Kanonade frei. Gleichzeitig sprühte aus dem Blechlauf ein Strahl Feuerfunken. Die Weltraum-MP war jedoch keineswegs gefährlich sondern nur knatternd, lärmend laut. Auch ein Grund mehr, warum die Mutter dieses lästige Ding außer Haus haben wollte und es mir daher überließ. Ihre rigorose Anweisung: knattern durfte ich damit nur außer Haus, *vo-mia-aus* bei unseren Cowboy- und Indianerspielen. *Oba i sag das glei: wann i des Klumpat oamoi im Haus knattan hea, is weg – füa imma.*

Wir bekamen – irgendwann in den frühen Sechzigern – zwei Eseln ins Dorf. Soweit ich mich erinnere, war einer der Esel von der Ebenseer Faschingsgilde und einer von einem Zirkus. Ich denke, es ist für meine Erzählung nicht unbedingt wichtig. Wichtig war nur, wir hatten zwei Eseln im Dorf. Ein größerer, brauner und ein kleinerer, grauer. Der graue Esel fristete bei uns im SOS-Kinderdorf ein zwar sicher glückliches, aber eher kurzes Leben. Eines Jahres, als wir Kinder unsere Sommerferien wie üblich in Caldonazzo verbrachten, strangulierte sich der, ich muss schon sagen dumme Esel, weil er angekettet und grasfressend solange um einen Baum ging, bis er anstand und nicht mehr weiterkonnte. Statt wieder zurückzugehen, um die Kette zu lockern, zerrte und zog er noch mehr daran, solange bis er an Erschöpfung starb. Tragisch. Das Dorf war im Sommer nahezu unbewohnt, die beiden Esel irgendwo am Waldesrand an langen Ketten angepflockt. Der Dorfmeister, der sich in unserer Abwesenheit um sie kümmerte, war auch nicht immer in unmittelbarer Nähe. Die beiden Esel waren ja an und für sich gutmütige, genügsame und bequeme Viecher. An der Kette hängend, fraßen sie kreisrund alles Grüne kurz und klein. Das dauerte zwar seine Zeit, aber es ersparte das Rasenmähen.

Grünflächen und Sträucher im nahen Wald gab es genug. Sie durften nur nicht in der Nähe der Hausgärten angepflockt werden, denn sonst wurden die Mütter derjenigen Gärten fuchtig, weil so ein Esel eben keinen Unterschied zwischen Gras und Salatblättern oder knackigen gelben Rüben machte. Vielmehr hatte es so ein Esel sehr wohl auf saftige Gartengewächse abgesehen. Manchmal sah man auch eine Mutter mit dem Besen in den Garten stürmen, um einen der frechen Esel zu vertreiben.

Es gab zwei Buben, die sich freiwillig um die Eselbetreuung kümmerten. Mit viel Liebe und Zuwendung, was unsere beiden Esel mit sichtbarem Wohlgefallen genossen. Wir alle sammelten hartes Brot für sie und brachten es den beiden zum Stall, hinterm Haus 12, nahe dem Wald.

Als wir Kinder von Caldonazzo zurückkamen und erfuhren, dass der graue Esel sein Lebenslicht eigenwillig und durch unsägliche Dummheit ausgehaucht hatte, waren wir doch sehr, sehr traurig. Wir hatten uns schon so an das tägliche *Iah-Iah-Iah* Duett der beiden Esel gewöhnt. Wenn sie es sich morgendlich zuriefen.

Ab jetzt klang es nur mehr einsam und traurig, das einseitige *Iah-Iah-Iah* des braunen Esels. Keine Antwort. Auch ein von uns nachgeahmtes *Iah-Iah-Iah* nahm er nicht an. Bekümmert stand er, iahte und wartete auf seinen grauen Freund. Ich hatte auch das Gefühl, dass er seit dem Tode seines Gefährten störrischer war. Unser Esel war nicht mehr so freundlich wie früher. Sicher fehlte ihm die Gesellschaft eines gleichwertigen Genossen. Esel gab es zwar genug bei uns bzw. wurde schnell einer von uns *...du stura, bleda Esl...* genannt. Dieser *blede Esl* war jedoch nicht als Gefährte unseres braunen Esels geeignet. Dazu war er eben zu blöd. Esel ist nicht gleich Esel.

Angekettet musste er ohnehin immer sein, denn das Dorf war nicht eingezäunt. Es gab aber Momente, wo sich der Esel plötzlich losriss. Wenn er umgepflockt wurde, weil er seinen Graskreis schon kahlgefressen hatte. Plötzlich und ohne Grund bäumte er sich auf und breschte mit einem *Iah-Iah-Iah* Kampfesruf durch das Dorf und verschwand im Wald. Schlimmer noch. Er schaffte es sogar einmal bis nach Gmunden.

Mitten in der Stadt stand er, unser armer brauner Esel. Völlig verschreckt, störrisch und stur ließ er weder Autos noch die Straßenbahn an sich vorbei. Die Gendarmerie musste ausrücken und unsere Eselhüter nach Gmunden fahren, damit sie den schreckhaften Esel von den Gleisen der Straßenbahn lockten. Nur mit gutem Zureden, saftigen gelben Rüben und knusprig hartem Brot, ließ er sich überzeugen und nach Hause führen.

Der Esel wurde auch in unsere Indianerkämpfe mit einbezogen. Die Eselhüter verstanden es meisterhaft, mit dem störrischen Vieh umzugehen. Sie konnten sogar auf ihm reiten, ohne dass er sie abwarf. Bei manchen Wanderungen, die wir mit dem Dorfleiter unternahmen, durfte auch unser Esel mitmarschieren. Was ihm sicher viel Spaß bereitete, weil diese Ausflüge ohne Murren, ohne Störrigkeit seitens des Esels abliefen. Sicher liebte auch er die Abwechslung, das wohlschmeckende Futtergras auf fremden Wiesen.

An einem sonnigen Junitag zog der Esel wieder mit einem Höllentempo in Richtung Blaslbauer. Durch meine alleinige Schuld. Ich gestehe es hier und jetzt (reumütig) nach über vierzig Jahren. Eigentlich war meine Weltraum-MP schuld an seinem katapulthaften Aufbäumen und Ab-durch-die-Mitte. Weil ich ihm heimlich (und plötzlich) meine Wunderwaffe direkt vor die Schnauze hielt und abdrückte.

Ratatah-ratatah-ratatah…!

Mehr brauchte er nicht. Mit einem Satz sprang der Esel los, alle Hindernisse überwindend, und verschwand im Wald. Wir Kinder mit Geschrei hinterher. Ihn aufzuhalten und einzufangen war zwecklos. Zu gefährlich. Wir sahen ihn wieder, als er aus dem Wald heraus und auf die Futterwiese des Blaslbauern zugaloppierte. Dort grasten an die zehn Kühe friedlich, eingegrenzt von einem elektrischen Weidezaun. In seiner Panik durchbrach der Esel diese Stromhürde und steuerte direkt auf die gemütlichen Euterviecher zu. Jetzt waren auch sie aufgescheucht und machten es dem Esel nach, der ohne anzuhalten am gegenüberliegenden Ende des Weidezaunes den Draht sprengte und davonstob. Die muntergewordene Meute Kühe hinter ihm her.

Bleich ward mein Gesicht, mit einem flupp rutschte mein Herz in die Hose. Was hatte ich bloß angestellt. Niemand nahm zwar meine Attacke gegen den Esel wahr – aber das jetzt! Der Esel voran Richtung Altmünster galoppierend, hinter ihm die Horde Kühe nachhetzend, verfolgt von einer wild kreischenden Kinderschar. *Höufts uns, da Esl is wieda auskumma…!*

Ich verdrückte mich in den Wald und vergrub hastig, mit einem schlechten Gewissen die unglücksbringende Weltraum-MP im Unterholz. Nie wieder im Leben wollte ich dieses Blechding in meinen Händen halten.

Die Viecherjagd ging Gott sei Dank glimpflich aus. Was hätte aber nicht alles passieren können! Irgendwann blieb der Esel stehen und begann unvermittelt zu grasen, was ihm auch die Kühe nachmachten. Außer einem demolierten Weidezaun war nichts zu Bruch gegangen. Esel wie Kühe ließen sich, nachdem sie sattgefressen waren, wieder in ihre Gehege führen.

Der Spuk war vorbei, sogar ohne Gendarmerie-Einsatz.

Drachensteigen

Die *Wunderwelt,* ein buntes Magazin mit vielen Bastelanleitungen, technischen Berichten und Märchen aus aller Welt. Kurz, mein Lieblingsmagazin.

Aufregende Geschichten über Menschenschicksale in aller Welt, Berichte über technische Errungenschaften, über Phänomene der Natur, die Rätselseite (Rätselkiste) sowie die lustigen

Abenteuer von Stubs & Staberl, Benjamin & Kasimir, Zwerg Bumsti, Petzi und von Willibald, dem Zauberlehrling. Für mich waren jedoch die Anleitungen vom Bastel-Onkel das Beste vom Besten.

Die Ausschneidebögen lösten unter uns bastelsüchtigen Kindern immer wieder heftige Streits und Kämpfe aus, weil sich jeder sofort auf diese stürzte, um sie umzusetzen. Letzten Endes wurden diese Ausschneideanleitungen unter Mamas strenger Aufsicht in friedlicher Zusammenarbeit fertiggestellt.

Bauernhäuser, Stadtvillen, Kapellen, Kirchen, Fabriken, Schlösser, Märchenkulissen... zusammengeklebt standen sie im Vitrinenschrank, wie bei einer Leistungsschau. Jedoch nie lange, denn immer gab es gebastelten Nachschub, der Platz benötigte.

Die *Wunderwelt,* meine bunte Abenteuerwelt. Spannend, lehrreich und alle vierzehn Tage ein neues Heft, das ich sehnsüchtig erwartete.

Ich besitze noch heute eine komplette Ausgabe von 1955. Vor Jahren fand ich sie auf einem Flohmarkt und zahlte dafür einen unverschämt hohen Preis. Sie war es mir wert. Diese zerschlissene 55er-Ausgabe ließ ich liebevoll zu einem Buch binden. Meine damals neunjährige Tochter Astrid malte einen lustigen Buchtitel mit Helden aus der *Wunderwelt.*

Die Zeit der Drachen.

Kaum waren wir Kinder aus dem Ferienlager Caldonazzo zurück, genossen wir die letzten Tage schulfreier Zeit, bevor Lernen, Hausaufgaben und die Angst vor schlechten Noten unseren Alltag bestimmten. Eine kostbare Zeit, die wir uns hauptsächlich mit Drachenbauen verschönten.

Es war ein unausgesprochener Wettbewerb, der unter uns Buben entbrannte. Jeder wollte den schönsten, größten und vor allem den am höchsten fliegenden Drachen besitzen. Als ich noch zu den Kleinen zählte, bewunderte ich die großen Buben, wenn sie mit einer abgespulten Rolle Spagat ihre Drachen aus

Zeitungspapier in die Höhe sausen ließen. Ein heftiger Sprint, war notwendig, damit sich die Drachen über den Bäumen in der Luft halten konnten. Dafür gab es nur eine einzige Laufstrecke, die lang genug war, um den Drachen in die Höhe zu katapultieren. Unser Dorf lag durch den umgrenzenden Wald in einem meist windstillen Winkel. Was eine höchst angenehme Lebensqualität bedeutete, für das Drachensteigen jedoch eine tödliche Falle war. Erst wenn so ein papierenes Flugobjekt die Windstill-Grenze oberhalb der Baumwipfel erreichte, gewann er an Aufwind und flog von selbst in schwindelnde Höhen – solange der Spagat reichte.

Diese Laufstrecke begann vorm Haus 3 und endete beim Kindergartenhaus. Einer der Buben (Freund & Helfer des Drachenbauers) stand mit dem Drachen in der Hand beim Dreier-Haus. Der Läufer (Drachenbesitzer) rollte den Spagat bis Höhe Sechser-Haus aus. Die Schnur wurde gespannt. Auf das Kommando *auslossn!* schubste der Freund & Helfer den Drachen in die Höhe damit er sofort bei angezogener Schnur (hoffentlich) in den Himmel schoss. Da hieß es Beine-unter-die-Arme-Nehmen und lossprinten was das Zeug hielt. Vorsichtig vorbei an den paar Bäumen, die im Weg standen. Denn oft verstrickte sich so ein mühevoll gebauter Papierdrachen im Geäst dieser Bäume. Darin hing er wie ein im Kampf Besiegter, wie ein Gefallener und fiel dennoch nicht auf die Erde. Traurig baumelten seine Papierfetzen, sein Gerippe an einem Rest der Schnur. Diese Bäume waren der Tod vieler Drachen, weil sie gar so störend in der Flugrichtung standen. So als gönnten sie uns den Drachensteigen-Spaß nicht. Hoch hinauf streckten diese gemeinen Bäume ihren kahlen Stamm. Nur ganz oben wuchs ihnen ein kleiner Kranz von Ästen. Wie bei einem Maibaum. Und gerade dort verfingen sich die Drachen und starben jämmerlich, ohne jemals die Freiheit unter den Wolken zu genießen. Alle waren wir dafür, dass man diese Bäume, die auf unserer Laufstrecke standen, endlich fällte. Wir hatten doch ohnehin rundum Wald.

Net amoi Drochnsteign kaunn ma do, wegn de bledn Bama!
Die *bledn Bama* blieben stehen, *wegen* der Entscheidung des Dorfleiters, die Schönheit unseres Dorfes zu unterstreichen. Bunte Häuser, Wiesen, Gärten, Sträucher und (eh nur) ein paar Bäume. Mittendurch, gewunden wie eine Riesenschlange, die Dorfstraße. Und viele fröhliche Menschen im kleinen SOS-Kinderdorf. Eingesäumt von einem gesunden Wald. Genauso war es. Alles stimmte. Nur die paar kahlen Bäume störten uns Drachenbauer.

In späteren Jahren durften wir auch auf der Wiese vom Blaslbauern oder beim Bauern-im-Feld unsere Drachen fliegen lassen. Damit war das leidliche Thema Drache-am-Baum endlich vergessen.
Ich wollte einen besonderen Drachen bauen, wofür ich in der Wunderwelt ein paar Anregungen fand. Mit viel Herumprobieren gelang mir ein Drachen, mit mehreren Querstreben auf dem Längsholz befestigt. Dadurch wurde die Segelfläche zwar größer, allerdings trudelte das papierene Ding wie wild und stürzte mit einem Karacho in die Wiese. In unserer Drachenfachsprache ausgedrückt, er *ackerte*. Erst durch eine Überlänge des mit Papiermaschen gebunden Schwanzes (dreimal so lang wie die Drachenhöhe) sowie zwei seitlichen Ausgleichsquasten (links und rechts an den äußersten Eckpunkten befestigt) konnte ich meinen Testdrachen zum ausgeglichenen Steigflug bringen. Zehn Ecken besaß das edle Stück. An vier Balanceschnüren, die zu einer Schlaufe verknotet waren, hakte ich einen kleinen Karabiner ein, an dem die Spule mit der Schnur hing.

Der erste wirklich gut fliegende Drachen war so groß wie ich. Ich muss zugeben, Mama unterstützte mich mit Material, indem sie mir die dünnen Holzleisten finanzierte, um ein stabiles Gerippe zu bauen. Wir verwendeten üblicherweise Äste von

Haselnuss-Stauden oder Weidenruten. Auch das Papier für das Belegen der Segelfläche war lediglich Zeitungspapier. Mama las immer das von ihr abonnierte Sonntagsblatt, eine Wochenzeitung aus ihrer Heimat, der Steiermark. Der Nachteil: diese Zeitungsblätter waren nur halb so groß, wie die der Oberösterreichischen Nachrichten. Also musste man ein Flickwerk aus mehreren Zeitungsblättern zusammenkleben, damit eine einzige Fläche zum Bekleben des Drachengerüstes zustande kam. Als Kleber verrührten wir Mehl mit Wasser, *da Möhpapp*, der schlecht trocknete und noch schlechter klebte. Manch ein Drachen verlor bereits in der Luft seine verklebten Zeitungsseiten und stürzte jämmerlich in die Tiefe. Erst als wir Trockenmilchpulver in den *Möhpapp* mit einmischten, waren die Klebestellen stabiler und dauerhaft. Trockenmilchpulver hatten wir genug im Hause, falls die Milch vom Bauern knapp wurde. Im dorfeigenem Geschäft bekamen wir es säckeweise.

Aber alles in allem waren diese Zeitungspapierdrachen viel zu schwer. Nachteile über Nachteile. Meiner Mutter gefiel wahrscheinlich mein Feuereifer, mit dem ich zu Werke ging. Denn als ich sie auch noch um Drachenpapier (ein spannfestes Seidenpapier) und den teuren Uhukleber in der gelben Tube anbettelte, erhörte sie meine Bitte (dank meines hartnäckigen Jammerns). Sicher mein Vorteil gegenüber anderen Drachenbastlern. Dafür waren meine Testversuche langwierig und frustrierend genug. Nun sollte ein gewaltiger Drachen die Ehre des Einser-Hauses sicherstellen. Mein schönster Drachen. Mit buntem Papier bespannte ich das Drachengerüst, rot-weiß-rot, wie die österreichische Fahne. In den mittleren Streifen, die weiße Fläche, malte ich mit schwarzer Farbe das SOS-Kinderdorf-Zeichen. Das Viereck (wie ein Fernsehbildschirm), die zwei Kinder (Bub, Mädchen) mit der Pflanze. Von der Zeitschrift *Kinderdorfbote* holte ich mir diese Vorlage und vergrößerte sie mit der Rasterhilfe auf das Drachenpapier.

Die Farbe schenkte mir der Dorfleiter, nachdem er mich bei

meinen Drachenversuchen beobachtete, mich zum Weitermachen motivierte und auch manche Tipps abgab. Als mein Kunstwerk fertig war, kam er mit seinem Fotoapparat. Ich musste mich vor unser Haus stellen, grinste in die Herbstsonne und zeigte stolz meinen Kinderdorfdrachen.

Auf der Wiese vom Blaslbauern war sein Jungfernflug. Der Wind zerrte wild und ungestüm an der Drachenschnur. Fast konnte ich meinen immer kleiner werdenen Drachen nicht mehr halten. Der Dorfleiter kam mit Spagatrollen und verteilte sie unter den Drachenerbauern.

Während des Drachenfluges verlängerten wir die Schnur. Letztendlich hing der Spagat wie ein schlecht gespanntes Stromkabel durch, so lang und schwer wurde sein Gewicht.

...dort weit oben am Himmel, im stürmischen Herbstwind segelte mein rot-weiß-roter Drachen. Zog das SOS-Kinderdorfzeichen, das Zeichen meines Zuhauses, seine majestätische Bahn.

Mein Gott, was war ich damals stolz auf meinen Drachen. Was war ich glücklich in meinem Dorf!

42 Der Feuerwehr-Firmpate

Ich durchlitt schon einmal dieses Erlebnis. Heftig im Kreis drehend, meinen Mageninhalt mit aller Kraft zu behalten versuchend. Damals auf dem Karussell vorm Fünfer-Haus. Als ich, dank Fliehkraft, im hohen Bogen durch die Luft gewirbelt wurde und mich dabei von oben bis unten ankotzte. Ein weiteres Mal passierte mir dieses Schicksal, als wir Kinder von einem Sponsor zum Rieder Volksfest eingeladen wurden. Einen Tag lang *durften* wir mit sämtlichen Autodroms, Ringelspielen und was es sonst noch an Vergnügungen gab, die einen wild im Kreis oder gar über Kopf schleuderten, fahren. Gratis natürlich.

Wir wurden nicht lange gefragt, sondern in einem Aufwasch abgefertigt. Ein netter Mann zog mit uns schüchterner Horde von einem Karussell zum nächsten. Nach seiner Anmeldung, *des san de vom Kinderdorf...* bekamen wir auf jeder Ringelspielanlage eine Freifahrt. Wir drehten angeschnallt Runde für Runde. Mein Problem war, dass nicht gefragt wurde, ob es auch jeder vertrug, dieses heftige Kreisen, im Höllentempo bergauf, über Kopf und wieder runter zu sausen. Die Fahrten waren ja gratis, also *mussten* wir alle auf die Sitzplätze... fertig... und ab!

Die Heimreise – unvergessen. Obendrein das Pech zu haben, in einer der hinteren Reihen zu sitzen, verstärkte meinen Brechreiz ungemein. Aber ich hielt durch, war standhaft bis zuletzt. Endlich – als der Bus vorm Dorf anhielt und ich bleich zum

Ausgang wankte, behielt ich sie allerdings nicht mehr in mir: die Frankfurter Würstl, den Senf, die Semmel, die Zuckerwatte, den Maiskolben, das Eis, den Kuchen, das Kracherl…

In einem kräftigen Strahl ergoss sich befreiend ein Mix aus allem aus mir. Aber – alles gratis.

Auch folgendes Ereignis bestätigt aufs Neue meine sensible Körperreaktion auf drehende oder schwankende Bewegungen.

»Weads segn, da Bischof gibt uns oin a Oahrfeign, des woaß i vo mein Bruada«, flüsterte einer der Firmlinge düster vor der Firmstunde in der Kirche. Während wir in den vordersten Reihen nahe dem Altar saßen. 1960 zu Pfingsten sollte ich im Salzburger Dom gefirmt werden. Mein Firmpate, eigentlich Zuckerbäckermeister, kam als Feuerwehrmann im typischen Feuerwehranzug, als es nach Salzburg ging. Diese Aufregung – wegen der Firmungszeremonie mit Bischof und Dom sowie wegen der Autofahrt nach Salzburg in einem Opel Kapitän.

Ich hatte ihn noch nie gesehen, meinen Firmpaten. Es hieß, drei Männer der Freiwilligen Feuerwehr Steyr würden für drei Kinderdorfkinder die *Firmgodn* abgeben. Das Zweier-Haus, Haus Florian, war nämlich von der Freiwilligen Feuerwehr Oberösterreich gestiftet. Nachdem zwei Buben aus diesem Haus – so wie ich – zur Zeit firmfähig waren, bekamen wir nun Feuerwehr-Firmpaten. Ich war zwar ein Einser-Häusler, jedoch noch ohne *Firmgod*. Daher »erbarmte« sich einer der Feuerwehrmänner meiner.

Am Sonntag in aller Früh kamen sie. Zwei Autos und vier Feuerwehrler. Ich steckte längst im Firmungsanzug (schwarz, mit hellgrauen Streifen) samt Krawatte. Diese Krawatte musste nicht extra gebunden werden. Mit einem Klipphaken ließ sie sich praktisch am Hemdkragen einhängen.

Ich wurde meinem Firmpaten vorgestellt, besser vorgeführt. Ein wortkarger, ernst dreinblickender Mann mit Schnauzbart musterte mich kritisch. So, als wäre er sich nicht sicher, ob ich schon zur Firmung reif sei. Weil er immer so ernst schaute, hatte ich Respekt vor ihm. Die Uniform, die Kappe, der breite Gürtel, wie ein Polizist.

Ehrfürchtig stieg ich gehorsam in den Opel Kapitän, eines der beiden Autos. Vorne saßen mein Firmpate und der vierte Mann, der das Auto auch steuerte. Die beiden anderen Firmlinge fuhren mit ihren Paten im zweiten Auto. Allein auf der Rückbank, rutschte ich im riesigen Opel Kapitän hin und her. Es war eine rasante Fahrt nach Salzburg, die allerseits wortkarg verlief. Gut, dass ich vor der Abfahrt noch schnell aufs Klo ging. Es war auch die einzige Frage meines Firmpaten, die er an mich stellte. Ob ich aufs Klo müsse, sie würden deswegen gerne Halt machen. *Nein* – stumm, aber deutlich mit den Kopf gewackelt – ich musste nicht. Aber ich müsste schon längst was anderes, nämlich kotzen. Die Aufregung, das große Auto, das Kurvenfahren und die ungewohnte Geschwindigkeit, ließen mein Frühstück den Retourweg antreten. Aufwärts. Zwar langsam aber unaufhaltsam.

Bei jeder Straßenbiegung – *woaah, is mia schleeecht* – dachte ich an Zitroneneis. Das half immer, wenn mir schlecht wurde. An das Zitroneneis von Caldonazzo zu denken, den säuerlichen Zitronengeschmack, damit mein Mageninhalt halbwegs unter Kontrolle war, vor allem im Magen blieb. *Imma fest Luft hoin*. Ich schnaufte, schluckte und würgte, sagte aber nichts.

Wie lange noch ging denn diese Höllenfahrt? Mit meinem Frühstück bereits knapp hinter der Zunge?

Salzburg, endlich!

Wir fuhren durch ein Häusermeer, durch enge Straßen und Gassen. Jetzt waren meine beiden Feuerwehrler bereits leicht nervös, denn die Fahrt dauerte doch länger, als sie vermuteten. Die lästige Parkplatzsuche war nicht einkalkuliert. Ich sah durch die Heckscheibe den Rest unseres kleinen Konvois, das zweite Auto, das dicht hinter uns fuhr.

Da – der Dom und endlich auch ein Parkplatz. Eingeparkt und raus aus dem Auto. Hektisch, wie ich in Notsituationen immer war, brachte ich die schwere Autotür von innen nicht auf. Eigentlich war ich ein Meister des Unterdrückens, wenn es mich vor Ekel reckte. Das hatte ich Jahre früher in Neder durchgemacht, auf diesem höllischen Pflegeplatz. Aber diese, mir wohl bekannte Situation – schlingerndes Hin und Her – verhalf meinem Frühstück zum freien Lauf. Genau in dem Moment, als mein Firmpate nervös meine Tür aufriss, um auch mich aus dem Opel Kapitän steigen zu lassen.

Spei-kotz-platsch... und noch einmal nachgekotzt. Voll auf seine Feuerwehrmontur, voll auf meinen Firmungsanzug. Meine Tränen rannen, vor Schreck, Übelkeit, vor allem aus Scham. Diese Sauerei! So knapp vor der *Firmungswatschn* des Salzburger Bischofs.

Schnellstens war einer der anderen Firmpaten mit Wasser im Schüsserl und feuchten Lappen aus einem nahen Kaffeehaus zur Stelle. War mir das peinlich. Damals bei der Erstkommunion pinkelte ich wegen der endlos dauernden Fotografiererei in die Hose und jetzt kotzte ich direkt vor dem Salzburger Dom meinem *Firmgod* und mir den Anzug voll. Was hatte Gott mit mir vor? Wollte er meine Bereitschaft zur Firmung auf diese Weise prüfen?

Natürlich kamen wir zu spät in den Dom. Hastig wurden wir drei Firmlinge von unseren Paten in eine Bankreihe geschoben. Dort, wo schon andere Buben in Anzug und Krawatte saßen. Achweh, mein Anzug! Er war fleckig und roch säuerlich nach frisch Erbrochenem. Hinter mir saß mein Pate und schnaufte hörbar. Vor Schande wollte ich mich am liebsten verkriechen, eine Maus sein und durch eine Mauerritze verschwinden können. Nichts bekam ich mit, weder von der Messe, noch vom Drumherum. Wir mussten uns im Halbkreis aufstellen – hinter jedem Firmling sein Pate – als der Bischof mit Mütze einen jeden von uns mit murmelnden Worten ein Kreuz mit Chrisam-

Öl auf die Stirn malte und mit drei Fingern die Wange berührte. Ganz sachte, die sogenannte *Firmungswatschn*. Nun war ich gefirmt. Der unsichtbare Gott und viele sichtbare Menschen waren Zeuge der Heiligen Zeremonie.

Alle wieder raus aus der dunklen Kirche, um am frühsommerlichen Feiertag befreiend aufzuatmen. Es begann ein Gedränge und Geschiebe, weil alle die Ersten sein wollten. Auf der Salzburger Festung und im Gerangel um die besten Sitzplätze in den Gasthöfen und Restaurants. Unsere Feuerwehr-Firmpaten ließen es gemächlich angehen, was mir sehr recht war, weil mein Magen immer noch rumorte und den verbliebenen Frühstücksrest noch abgeben wollte. Nix da – an Zitroneneis gedacht und runtergeschluckt. Nicht noch so eine Blamage.

An einem Seiteneingang des Domes sollten wir uns aufstellen. Für das Erinnerungsfoto, erste Reihe Firmlinge, zweite Reihe Firmpaten. Zuvor noch ein Firmabzeichen auf unsere Firmungsanzüge gesteckt – wie bei den Pferden, wenn sie in einer Disziplin gewannen. Diese Abzeichen, eine weiße Blume mit Heiligenschein, mit zwei dranhängenden weißen Schleifen. Ich glaube, ein Bildchen vom Bischof (oder ein Heiliger) war auf einer der Schleifen aufgedruckt. Der vierte Feuerwehrler besorgte sie, steckte sie uns Firmlingen an den Revers und übernahm auch das Fotografieren. Er bat uns, vor einem Gittertor Aufstellung zu nehmen und in die Kamera zu lächeln. Dorthin, wo *das Vogi* rauskam. Alle grinsten wir dem Fotografen zu. Nur mein Firmpate sah ernst zur Seite. War er gar böse auf mich, weil ich ihm die Feuerwehr-Uniform ankotzte? Er tat mir leid und meine Schuldgefühle verstärkten sich zusehends.

Verunsichert ließ ich nun die folgenden Unternehmungen über mich ergehen. Den Besuch auf der Salzburger Festung, das Mittagessen in einem Gasthaus, die Fahrt zum Schloss Hellbrunn mit den lustigen Wasserspielen. Abschließend gabs noch eine Jause, für uns Firmlinge Kuchen und Kakao, dann ging es wieder ab nach Hause. Dieses Mal saß ich jedoch vorne. Mit zwei ineinandergesteckten Papiertüten in der Hand. Mundgerecht bereit – vorsichtshalber – man konnte ja nie wissen. Mein Firmpate meinte, vorne würde mir nicht so leicht schlecht werden. Er selbst nahm auf der Rückbank des Opel Kapitän Platz. Wieder hinter mir und asthmatisch atmend.

Herrjeh, die Firmungsuhr! Sollte ich denn keine bekommen? Weil ich meinen Paten ankotzte?

Er war nicht böse auf mich und meine Firmungsuhr bekam ich zu Hause, von ihm persönlich um mein Handgelenk gebunden. Eine Uhr mit siebzehn Rubin-Steinen, auf der Rückseite waren verheißungsvolle Wörter eingraviert: incabloc, waterproof, stainless steel. Sie leuchtete in der Nacht und hatte ein braunes Lederband.

Erst jetzt mit der Armbanduhr war ich ein kompletter, echter Firmling. Artig bedankte ich mich für alles. Dass er mein Firmpate war, für die tolle Uhr und den schönen Tag. So wie sie kamen, verschwanden die vier Feuerwehrler wieder. Wir drei Firmlinge standen aufgereiht beim Dorfeingang und winkten ihnen nach. Meine Firmung – das einzige Mal, dass ich meinen Firmpaten sah.

Aber die Firmungsuhr erinnerte mich an ihn. Wenn ich sie am Handgelenk trug. Sonntags wie feiertags und nur für den Kirchgang. Nach dem Mittagessen musste sie abgegeben werden. Mama sammelte von allen Firmungsuhrbesitzern unseres Hauses die Handwecker gnadenlos ein. Schrecklich, wäre ein wertvolles Stück etwa beim Indianerspiel zu Bruch gegangen. In Mamas Schatulle waren unsere Firmungsuhren bestens verstaut. Später, im Jugendhaus, wären wir sicher glücklich, wenn die Uhr noch tickte.

Der ultimative Uhren-Wertvergleich mit anderen Gefirmten konnte also nur vor und nach der Heiligen Messe durchgeführt werden. *Wos deine hot bloß siebzehn Stoana und koa Datum – a billigs Klumpat. Do schau mei Uah an, wos de ollas hot. Mit deina kaunnst di eipockn gehn...*

Mir gefiel meine Uhr. Mehr als die Zeit brauchte sie ja nicht zu zeigen – der Ursinn jeder Uhr. Datum musste sie nicht unbedingt haben. Ich wusste ohnehin, welcher Tag gerade war. Zu sehr war ich in die täglichen schulischen Verpflichtungen eingebunden. Zu genau wusste ich, an welchem Tag meine Stunde schlug. Wenn es zu Prüfungsarbeiten kam, zur Verteilung der Noten dafür sowie das schicksalsschwere Ergebnis daheim mit einer Unterschrift bestätigen zu lassen.

Während den Sonntagsmessen konnte ich sichtlich spüren, wie langsam die Zeit dahinschlich. Da half ein Alle-Augenblicke-auf-die-Uhr-Gucken nicht, um die Predigt kürzer erscheinen zu lassen. Wie schnell jedoch die Zeit verflog – von Nach-der-Messe bis zum Uhr-Abgeben. Die Zeit verrann eben unterschiedlich. Obwohl die Zeiger geduldig, immer gleich schnell (oder langsam) ihre Kreise zogen. Tik-tak-tik-tak, das ist der Zeit Taktik – relativ langsam schnell.

Damals wie heute – ich war nie ein Uhrenfreak. Ich besitze nur geschenkte Werbeuhren. Hin und wieder überwinde ich mich, eine zu tragen. Ich kenne auch so meine Zeiten.

Meine Firmungsuhr? Jahre später zerlegte ich sie, um die siebzehn Rubine zu zählen. Eine Menge Schräubchen und Metallteile blieben beim Zusammenbau übrig – die Firmungsuhr hauchte ihr kurzes Leben aus.

Jedes Jahr zu Weihnachten schickte mir mein Feuerwehr-Firmpate, der eigentlich Zuckerbäcker war, einen kleinen Laib Kletzenbrot. Ich schrieb ihm fromme Neujahrswünsche und bedankte mich für sein Weihnachtsgebäck.

Lieber Firmpate.
Herzlichen Dank für das gute Kletzenbrot.
Alles Gute im Neuen Jahr wünscht Dir
Dein dankbares Firmpatenkind...

Immer wieder all die Jahre. Meine Dankeskarte, mehr nicht.

43 Old Shatterhand, der Markensammler

Karl May wurde mein Freund, mein Idol, mein Held. Eigentlich weniger Karl May, vielmehr seine heldenhaften Figuren, die rund um den Erdball, ob in der Wüste, in Sibirien, in Europa oder in Nord- und Südamerika ihre abenteuerlichsten Erlebnisse durchmachten.

Heinzi, aber auch Emil, brachten mich dazu, Karl May-Bücher zu lesen. Ich fraß mich förmlich durch die Geschichten. Denn die Winnetou-Bände belebten unsere Indianerkämpfe im Dorf. Fast wortgetreu übernahmen wir Dialoge, um unseren Abenteuern die rechte Spannung zu geben. Fast jeder wollte den edlen, langhaarigen Winnetou mimen oder Old Shatterhands kräftige Schmetterhand austeilen. Mir gefiel eigentlich die Rolle des unverwundbaren Old Shatterhand. Leider war meine Rechte (ich, als Linkshänder) alles andere als eine Schmetterhand. Daher versuchte ich mich im Spurenlesen, am ausgeklügelten Pläneschmieden. Um die Gefahren der Prärie auszuloten, das Herannahen feindlicher Indianer intuitiv zu spüren. Alles genau nach Buch. Winnetou, der Edle. Von Band eins bis drei, bis zu seinem heldenhaften Ende, in den Armen Old Shatterhands.

Als zehnjähriger Knirps hatte ich weder die Kraft noch die Ausdauer der großen Buben. War deswegen oft mit anderen meines Stammes ihr Gefangener. Bewacht von den gegnerischen Indianern fristete ich bange Stunden in deren gut versteckter Buschhütte, nahe dem Kinderdorf. Gefesselt an

Händen und Füßen, ihren drohenden Foltergebärden ausgeliefert. *Wann unsa großa Heiptling kummt, wea ma euch foitan, eich de Haut in Stroafn oziagn. Und dann, wanns in de ewign Jogdgründe neigehts, seids auf ewig unsare Sklavn... Howgh.*

Unser Häuptling war ein schwacher Indianer. Wir waren zwar zahlenmäßig mehr Krieger, kamen aber nie gegen den Stamm der Großen an. Eines Sonntag nachmittags sperrten sie uns in den Rohbau des 13er Hauses. Über eine wackelige Leiter jagten sie uns in den Halbstock und zogen diese letztendlich vom Mauervorsprung weg. Ein Entkommen ohne Hals- und Beinbruch war unmöglich. Da ging es viele Meter tief in den Keller. So weit nicht so schlimm. Ungut wurde die Angelegenheit erst, als sie uns zu befreien vergaßen. Erst als die Mütter bereits in der Dunkelheit ihre Kinder suchten, wagten wir es zaghaft, uns zu melden. Der Dorfleiter kam ebenfalls und schimpfte und brummte uns strafweise Dorfreinigungsarbeiten auf, weil wir im Rohbau herumkrochen. Wie leicht hätte etwas passieren können. Dabei konnten wir gar nichts dafür. Waren wir doch nur Gefangene vom Stamm der großen Buben. Die aber kamen ungerügt davon.

Das sollte sich jedoch ändern. Die Jahre zogen ins Land und die Großen verschwanden ins Jugendhaus nach Egerdach. Jetzt waren wir die Anführer, die Starken. Aus mir schmächtigem Jungen wurde ein zäher, mit allen-Wassern-gewaschener und kampferprobter Krieger. Die *unheilbringenden* Waffen: Steinschleuder, Pfeil und Bogen (Pfeile mit Nagelspitzen) sowie das stets bei sich getragene Buschmesser (Taschenfeitel). Damit waren wir gegen jeden Feind gerüstet.

Die blauen Flecken, die geschwollenen Augen, die blutigen Lippen, die Hautabschürfungen, die verstauchten Gelenke – alles normale Verletzungen, die wir nach Hause schleppten. Lädiert, aber unendlich glücklich: *Ma, dena haum mas wieda gebm...*

Sie entlockten den Müttern manchen spitzen Schreckensruf, zumindest eine sorgenvoll gerunzelte Stirn. Ansonsten mischten sie sich in die Indianerkämpfe nicht ein. Sollten wir unsere Kriege draußen vorm Haus abhalten. Im Haus jedoch hatte Frieden zu herrschen. Kam es doch vor, dass Buben oder Mädchen aus einem Haus bei den Gegnerischen waren. Ja, auch die Mädchen waren mit dabei – jede Kriegerin konnte gebraucht werden, um die großen Schlachten um was-weiß-ich zu schlagen. Eigentlich ging es ja um nichts, außer um alles, die Ehre. Und wenn es zu arg wurde, musste sogar der Dorfleiter Einhalt gebieten, bevor sich ein paar Hitzköpfe glatt die Birne einklopfen wollten. Denn ernst zu nehmen waren unsere Kämpfe allemal.

Wenn ein Kampf vorbei war, wurde feierlich Friede geschlossen. Mit der Friedenspfeife, bei uns die allseits beliebte Liane. Das Lianenrauchen war als Zeremonie das Zeichen des immerwährenden Friedenhaltens, eine Woche lang. Bis einer von uns Kriegern oder von den Gegnern eine unverzeihliche Schandtat beging. Unseren beschlossenen Frieden zerstörte. Dann prallten wieder zwei unerbittliche Heere aufeinander, um anschließend mit schmerzenden Gelenken und Wunden den gewohnten Frieden zu schließen.

Unsere Winnetouspiele waren klar strukturiert. Jeden Samstag wurde die Kriegserklärung ausgesprochen, anschließend erbittert gekämpft, bis sich am Sonntag die Sonne im Westen verabschiedete. Dann erst schritten wir zur Friedenserklärung mit Lianenrauchen.

Die ausgedörrte Liane, ein Zaubergewächs. Den Glimmstängel, die Zigarette, ersetzend. Doch sie schmeckte erbärmlich rauchig und säuerlich. Reizte sämtliche Gesichtsorgane bis hin zur Lunge. Ich war ohnehin kein Inhalierer, sondern nur ein Paffer. Eine daumendicke, etwa zehn Zentimeter lange Liane abgeschnitten und in Brand gesteckt war bereits ein Kraftakt für die Lunge. Diese dankte es mit heftigem Hustenreiz, weil ich an der Liane kräftig saugen musste und sich die Glut ausbreiten konnte. Damit der Stängel nicht verlosch, musste er ohne abzusetzen zu Ende gepafft werden. Rauch eingesaugt und sofort wieder ausgeblasen – meine armen Lungenflügerl.

Mit Heinzi, meinem rothäutigen Kampfesbruder, gelang mir eines sonnigen Herbsttages ein fetter Fang. Zwei feindliche Indianer konnten wir in unsere Gewalt bringen. Wir banden sie hinter dem Zehner-Haus im angrenzenden Wald an einen Baum. Um sie zu foltern, wie es uns genauso passiert wäre, hätten sie uns besiegt. Eine Lichtung erlaubte uns ein kleines Feuerchen vor den Gefangenen zu entfachen. Um ihnen ein bisschen Angst einzujagen. Doch die Zwei zeigten sich, trotz ihrer misslichen Position, siegesgewiss. Verhöhnten und beschimpften uns. *Woats nua, wonn de Unsan kumman...*
Wir beiden tapferen Krieger waren uns einig. Diese Besiegten mussten sogleich sterben. *Eich wea mas zoagn, uns zu vaorschn...* Um sie ordentlich weichzuklopfen warfen wir auf das Feuerchen Gras und Laub, damit es richtig zu rauchen begann. Mit Kartonresten fächerten wir ihnen den Qualm ins Gesicht. Zuwenig Rauch? Also noch mehr Gras und Laub, bis der zum Marterpfahl umfunktionierte Baumstamm samt Gefangener in dicken, beißenden Rauchschwaden verschwand.
Jetzt erst, nachdem wir ihnen das Lebenselement Luft entzogen, sie zu Husten und Keuchen begannen, ergaben sie sich.
Aus...aaauuss! Hüüffeee mia dastickn...! Mia ergebm uns...! Hüüffee... so höufts uns weaa...!
Es half ihnen wer. Von völlig unfairer, unerwarteter Seite. Die Mutter vom Haus 10 kam mit einem Besen angerannt und vertrieb uns (Heinzi und mich) mit einer deftigen Schimpftirade. *Imma miassn si de Erwoxanen eimischn.* Anscheinend beobachtete sie von ihrem Küchenfenster aus unser wirkungsvolles Marterprogramm. Feuer, Rauch und Hilfeschreie waren nicht zu übersehen, nicht zu überhören. *Wos isn des – jessas, do brennts*

jo... Sie befreite *unsere* Gefangenen (die sich natürlich schadenfroh über uns lustig machten) und meldete den Vorfall dem Dorfleiter. Dieser zeigte zwar Verständnis, was unser Indianerspiel betraf, nachdem die beiden Geräucherten keinerlei Schaden abbekamen. Er verbot uns aber – bei größter Strafandrohung – nochmals ein Feuer im Wald zu entfachen. *Seids ihr denn von allen guten Geistern verlassen, wie könnts ihr zwei bloß ein Lagerfeuer anzünden...mitten im Wald!!!*

Aber wir wollten doch nur... wegen der Gefangenen... eh nur ein ganz kleines Feuer... und so...

Papier mit Zacken

Zwischen den Indianerschlachten, vor allem in den feuchten, kalten Jahreszeiten – wenn das Wetter einem zuraunte besser im Haus zu bleiben – blieb ich im Hause. Liebend gern, weil ich mein Hobby, das Briefmarkensammeln voll auslebte. Ich begann eigentlich schon damit, als ich von meiner Tante Hannah aus Hawaii kartonweise die Briefmarken zugeschickt bekam. Mein Bruder Alf beschäftigte sich schon früher mit Briefmarken, als mir noch jegliches Gefühl für diese kleinen, gezackten Papierfuzerln fehlte. *Wiast segn, de san oamoi gaunz vü weat...!*

Menschen sind Herdentiere. Genauso prägte uns Kinder dieser Herdendrang. Begann jemand mit irgendeiner Sache, die gefiel, machten es ihm sofort alle nach. Das Briefmarkensammeln gehörte mit Sicherheit dazu. Die Erwartung, einmal im Glück zu schwelgen, eine der ganz, ganz wertvollen Marken zu besitzen – die Blaue Mauritius etwa – trieb unsere Sammlersucht ins Unermessliche. Ein Sammeln und Tauschen von Briefmarken aus allen Ländern dieser Welt beherrschte uns phasenweise. So wie ich das Glück hatte, seltene Briefmarken aus

Amerika zu bekommen (und diese gleich schachtelweise). Sie machten mich zu einem gefragten Sammlerpartner. Gemeinsam mit Heinzi zog ich einen lukrativen Markentauschhandel auf.

Immer wenn heiße Markenfracht aus Hawaii kam, war ich stundenlang beschäftigt, diese vom Trägerpapier abzulösen. Das Badezimmer durfte ich tagsüber in Beschlag nehmen. Die drei Waschbecken mit heißem Wasser gefüllt und hinein mit den Papierschnipseln. Innerhalb von Minuten lösten sich die Marken vom ehemaligen Kuvertpapier. Vorsichtig und mit der Bildseite, klatschte ich die bunten Marken auf die glatte Fliesenwand, damit sie abtropfen konnten, sozusagen vorgetrocknet wurden. Nach Verlassen des Badezimmers verschloss ich mit einer Kombizange von außen die Badezimmertür. Damit kein Unbefugter in mein heiliges Markenreich eindrang. Nachdem es einmal geschah, dass jemand die Tür aufriss, in das Badezimmer stürmte und meine – fast getrockneten – Briefmarken durch die Luft wirbelten und sich leider auch durch das offene Badfenster vertschüssten. *Du Trottl, du deppata – siachst du net, dass do Markn pickn...!* Der *Trottl* sah es nicht. Wie sollte er auch wissen, dass ich gerade mit der Pinzette beschäftigt war, vorsichtig die zartgezackte Beute von den Fliesen abzulösen. Seither blieb das Badezimmer verschlossen, solange meine Marken auf der Fliesenwand vor sich hintrockneten.

Als nächstes behandelte ich in der Küche die Restfeuchte. Auf der Herdplatte, die ich auf minimalste Temperatur einschaltete. Mit der Pinzette drehte und wendete ich die Marken, wie ein Wiener Schnitzel im heißen Öl, auf der warmen Kochplatte. Erst die Bildseite, dann die Rückseite und wieder die Vorderseite. Marke für Marke. Behutsam, damit sie sich nicht wölbten. Zuletzt presste ich sie über Nacht zwischen Bücherseiten.

Meine Sammlerwut richtete sich zuerst auf Marken von *Österreich vor 1945*. Laut Michelkatalog, die Bibel aller Briefmarkensammler. Heinzi besaß eine mindestens sieben Jahre alte Ausgabe. Was aber für den Zeitraum *vor 1945* unerheblich war.

Durch meine nie versiegende Quelle aus Hawaii erhielt ich als Tauschware eine wahre Briefmarkenflut. Einen Reichtum, weniger im Wert einzelner Marken, jedoch an Menge. Ein Briefmarkenhändler in Gmunden, nahe dem Esplanadenkino wurde mein Tauschpartner. Mindestens einmal wöchentlich öffnete ich die quietschende Tür zu seinem winzigen Laden und präsentierte ihm meine stets wachsende Sammlung. Er beriet mich, welche Marke ich bei ihm unbedingt eintauschen sollte, welche auf ewig wertlos waren, aber auch welche Marken im Wert steigen würden. Denn es gab bei älteren Marken viele mit Druckfehlern, die im Michelkatalog genauestens dokumentiert wurden. Welch glücklicher Besitzer, der eine solch *missgestaltete* Marke besaß. Denn sie zählten oft zu den wertvollsten.

Dieser Briefmarkenhändler war eine seltsame Figur. Auf engstem Raum stand das Verkaufspult, belegt mit einer Glasplatte, worunter abertausende Marken zu bewundern lagen. In Klarsichtplastik eingeschweißte dicke Kuverts mit einer bunten Vielfalt an Marken: *500 Stück berühmte Menschen, 1.000 Tiere aus aller Welt, 1.500 Motive aus Übersee...*

Hinter dem Pult war knapp Platz für einen Drehsessel, auf dem er sitzend fast sämtliche Geschäftstätigkeiten ausübte. Dahinter befanden sich Regale, voll mit Alben und Michelkatalogen für Marken aus aller Welt. Spezielle Lampen beleuchteten einen seitlich stehenden Tisch, darauf einen kleinen schrägen Sockel, der mit dunklem Stoff bezogen war. Zur Begutachtung der Tauschware. Mit verschiedenen Lupen konnte er lädierte Zackenränder, Bildfehler oder Beschädigungen an den Marken schonungslos ausmachen. Wie ein Chirurg hantierte er unter einer Lupe mit dünnen Stoffhandschuhen und seinem Operationsbesteck, der Pinzette.

Gnadenlos war sein Urteil. *Die is kaputt, da kannst schaun...* hob den Stoffsockel mit der Marke zu mir auf das Pult und drückte mir eine zweite Lupe in die Hand. *Da...* und zeigte mit der Pinzettenspitze auf einen winzigen Kratzer, der über das Motiv lief. Nichts blieb ihm verborgen. Brutal wurde aus einem verheißungsvollen Fund eine Gewissheit, die ich enttäuscht in mein Album steckte. Oder er ließ die Marke mit einer wortlosen Aufforderung, meine Zustimmung erwartend, seitlich in den Papierkorb herabflatternd verschwinden. So schnell konnte der Traum einer wertvollen Rarität zerplatzen.

Jede seltene Marke, die ich aus Hawaii bekam, begutachtete und kontrollierte er minutenlang mit der Lupe, verglich sie mit den Daten in einem der Kataloge. Ich stand immer atemlos vor seinem Pult und hoffte, eines Tages einen Volltreffer zu landen. Mit einem wertvollen Stück aus Übersee.

War aber leider nie der Fall. Immer wenn der Markenhändler aufseufzte und mir prüfend in die Augen sah, wusste ich: auch dieses Mal wieder nicht. Oder er war so schlau und täuschte nur so eine Enttäuschung vor. Ob er mich jemals übern Tisch zog, konnte ich nie feststellen. Zumindest hatte ich nicht das Gefühl, nachdem er mir öfters ein paar Marken, außer der vereinbarten Tauschware, schenkte. Deren Wert, laut Michelkatalog, nicht unbedeutend war. So um die fünf bis zehn Schillinge pro Marke. Das war schon ein gewaltiger Wert, zumindest für mich. Vor allem, wenn es dazu schön gestaltete Marken waren. Marken mit Heller- und Kronenwerten.

Einmal schenkte er mir eine ganze Reihe von Hitlermarken, manche mit Aufdruck *Winterhilfe* und ähnlicher Worte. Völlig wertlos, was ich ihm eines Tages auch vorwurfsvoll sagte. Ab diesem Tag gab er mir nur noch die ausverhandelte Tauschware und keine Gratismarke mehr dazu.

Im Sommer 1963 musste auch Heinzi ins Lehrlingshaus nach Innsbruck. Ich verlor nun nicht nur meinen besten Freund und Indianerkämpfer, sondern auch einen wertvollen Markentauschpartner. Damals in diesem Herbst, muss ich gestehen, hing ich ziemlich ziellos und traurig herum. Erlebte ich mit Heinzi doch soviele und aufregende Abenteuer. Unsere Baumstumpfhäuser, die Steinsprengungen, die Indianerkämpfe und zuletzt das Markensammeln...

Es würde alles anders werden. Ich war nun mal jünger als Heinzi und konnte frühestens in einem Jahr nach Innsbruck übersiedeln. Wer weiß, was sich noch alles ergab. Vielleicht würde ich gar in die Hinterbrühl kommen.

Als ich durch emsiges Sammeln und Tauschen die für mich leistbaren Marken von *Österreich vor 1945* in einem vollen Album präsentieren konnte, fiel mir die Sammlung meines Bruders in die Hände. Vielmehr überließ er mir schon 1962 (als er nach Innsbruck übersiedelte) seine Marken, damit ich die angefangenen Markensätze vervollständigen konnte. Mit seinem gewohnten Besitzerhinweis *...schau, do host Österreich nach neinzehnfünfaviazg. Oba woaßt eh, mia zwoa san Briada, oiso ghean de Markn mia und dia. Moch du jetzt weita...*

Und ich sammelte und sammelte. Jahrelang. Meine Markenquelle aus Hawaii schien nicht zu versiegen. Sicher war das Porto für das Packerl teurer als deren Markeninhalt. Für mich aber besaßen diese Marken einen unschätzbaren Wert. Obendrein war es exotische Post aus einem traumhaft schönen und fernen Land, das ich sicher eines Tages besuchen würde.

Ich bearbeitete meine wertvolle Ware, die jedes Mal tausende Flugkilometer hinter sich hatte, in bewährter Art. Marken vom Trägerpapier ablösen, Badezimmer beschlagnahmen, Fliesen mit den nassen Papierfuzerln bekleben. Warten, bis ich sie halbtrocken von den Fliesen kletzeln konnte, um die Endtrocknung auf der handwarmen Herdplatte durchzuführen.

Der österreichische Trachtensatz lag mir besonders am Herzen. Ich hatte, bis auf die Zehn-Schilling-Marke, den kompletten Satz. Niemand im Dorf besaß diese seltene Marke. Auch wenn ihr postalischer Wert lediglich zehn Schilling hieß, sie war laut Katalog an die zweihundert Schilling wert. Sie durch Zufall oder beim Tauschen zu ergattern – schier unmöglich. Das wusste jeder von uns Markensammlern. Diese Marke fand man nicht so irgendwie, aufgeklebt auf Briefen oder Paketen. Die konnte man nur beim Briefmarkenhändler kaufen. Oder durch Eintausch gleichwertiger Markenware erstehen. Sicher, ich hätte meine bereits gesammelten Marken dafür tauschen können. Aber bloß für eine Marke sämtliche Marken hergeben? Niemals!

Dafür bekam ich SIE an meinem Geburtstag. Mama wusste, dass mir diese Marke alles bedeutete. Sie zu besitzen, war das Schönste, Tollste, das Unglaublichste für einen Markensammler. Mit diesem Geschenk bereitete sie mir eine sagenhafte Freude. Sofort sprach es sich im Dorf herum, dass ich die begehrteste, unerreichbarste aller Marken besaß, die Zehn-Schilling-Marke vom Trachtensatz.

Mein wertvollstes Papierfuzerl mit Zackenrand, das (natürlich) heute bei meinem Bruder in Berlin in einem *unserer* Alben ein leider verstecktes Markendasein fristet. Von wegen ...*woasst eh, mia zwoa Briada und Briafmarknsammlung...* usw.

Der Dorfleiter war von unserer Markensammlerei höchst angetan. Sicher auch, weil unsere Indianerkämpfe in diesem Zeitraum praktisch zum Erliegen kamen, ein bisschen Frieden und Ruhe ins Dorf einkehrte und keine Pflastermengen für die aufgeschundenen Gelenke verbraucht wurden. Bei sovielen Kindern wäre an einem heftigen Indianerkampftag ein kleines Lazarettzelt (mit Jod- und Pflastervorräten) sicher durchgehend aufgesucht worden.

Briefmarkensammeln war daher sicher ein erzieherisch angenehmer Nebeneffekt, von unseren Müttern und dem Dorfleiter liebend gern gesehen. Abgesehen von der notwendigen Zeit und Muse, die wir dafür aufwendeten, band der Tauschhandel Freund wie Feind noch enger an das Gedeihen einer stetig wachsenden Markensammlung.

Die Menge meiner amerikanischen Tauschmarken erlaubte

mir eines Tages sogar nach Motiven zu sammeln. Tiere und Pflanzen aus aller Welt. Berühmte Persönlichkeiten, Marken mit Landschaften, Gebirgsketten, Gewässern. Ganze Sätze mit Gebäuden, mit Maschinen, mit Erfindungen. Mit Sportarten, Olympischen Spielen, Kunstwerken, Gemälden und Künstlern...

Für die Vitrine im Wohnzimmer stellte ich eine Markenausstellung zusammen. Mama sponserte das notwendige Dekomaterial wie Markenkleber, Farbkarton und Buntstifte. Die Marken klebte ich auf schwarze Kartonplatten. Themenbezogen: Blumenmotive, Schmetterlinge, berühmte Köpfe... umrahmte jede Marke mit einer weißen Linie. Jedes Kartonblatt bekam eine Überschrift *...die schönsten Alpenblumen Österreichs, geniale Menschen und ihre Erfindungen...* Aus Magazinen und Zeitungen ließ ich mich für Gestaltungsformen inspirieren. Lernte dabei, treffende Titel zu schaffen. Das erste Hineinschnuppern in meinen (noch nicht erahnten) Beruf als Grafiker? Es bereitete mir unendlichen Spaß, aus meinem Markenschatz zu schöpfen, mir Texte einfallen zu lassen, die Marken in verschiedenen Anordnungen auf den Kartonplatten zu formieren.

Als unser Dorfleiter bei seinem üblichen Hausbesuch die von mir zusammengestellten Marken in der Vitrine sah, ermunterte er mich, bei einer Markenschau im großen Stil mitzuwirken. Ein Ausstellungswettbewerb sollte es werden, konnten wir im Rundschreiben lesen, das von Haus zu Haus ging. Alle Markensammler sollten mitmachen. Das Material für die Markentafeln war vom Dorfleiter abzuholen. Wahrscheinlich wollte er jeden einzelnen Sammler persönlich motivieren, ein bisschen unter Kontrolle haben, damit das wertvolle Dekomaterial nicht nutzlos vergeudet wurde.

Große schwarze Kartonplatten sollten mit Markenmotiven beklebt und gestaltet werden. Aber wer wollte, konnte auch nur die Markenschätze in seinen Alben präsentieren. Dabei mitzumachen war einzig und allein wichtig.

Ich erging mich in einem Gestaltungsrausch, vergaß dabei

Schule und Lernen, sehr zum Missfallen meiner Mama ...*jo Himmlblauasee, d'Schui derfst deswegn oba net vagessn...* Dabei würde ich sie so liebend gerne vergessen, die öde Schule.

Alles hatte sein Ende. So auch die Vorbereitung zur Markenausstellung, zum Wettbewerb. Nachdem ich fast jeden Tag beim Dorfleiter antanzte, damit er mir mehr von diesen schwarzen Kartons für meine Motivauswahlen abgab, wurde ich ihm schon bald unheimlich. Rechtzeitig zum Tag X fertiggestellt, brachte ich meine Schaustücke zum Kindergarten, wo sie in Augenhöhe der Wand entlang und in der Raummitte platziert wurden.

Meine Motivzusammenstellungen konnte ich nun erstmalig in einer Reihe nochmals kritisch betrachten. Ob sich eh keine Fehler eingeschlichen hätten. Ein Rechtschreibfehler, oder ein vergessener Buchstabe – peinlich wäre es gewesen. Wenn man so stundenlang an einer Textzeile mit weißer Farbe herummalte, konnte es schon passieren, dass die Konzentration nachließ. Aber die Tafeln waren fehlerlos und nichts war an der Motivwahl auszusetzen.

Voll war er, der Kindergarten. Mit Besuchern, die sich ohnehin das Dorf anschauen wollten. Mit Markenfreunden, die kritisch unsere Leistungsschau wortwörtlich unter die Lupe nahmen. Weil in der Salzkammergut-Zeitung zur Markenschau in das SOS-Kinderdorf eingeladen wurde. Wir Sammler saßen mit unseren Alben – jeder hinter einem kleinen Tischchen – gaben gerne Auskunft oder fachsimpelten mit den Interessierten über dieses und jenes aus der so vielfältigen Markenwelt.

Den ersten Preis sollte ich bekommen. Vom Dorfleiter überreicht. Ein großes, dickes Sammelalbum und ein Startkapital von zehn Schilling für erneuten Markeneinkauf. Mit hochrotem Kopf, wegen der klatschenden Besucher, nahm ich den Gewinn entgegen. Stotterte ein halblautes *da... da... danke* und verkrümelte mich wieder auf meinen Platz.

Wumm! Ich – und gewonnen. Das rann runter wie Libella, mein Lieblingskracherl.

Ich bekam auch das erste Mal offenen Neid zu spüren. *Du mit deine bledn Markn. Bei sovü amerikanische is des koa Kunst, dassd gwinnst.*

Dass ich mir wochenlang das Hirn über originelle Gestaltungen und Texte zermarterte, übersah dieser wohl. Auch als ich ihn – fast entschuldigend – aufbauen wollte, dass er ja eh Zweiter wurde, kam nur ein abfälliges *Einiraunza bleda...*

Ein schlechter Verlierer.

44 Kuahmist, bleda

Unsere Mutter brachte neben ihrer unendlichen Liebe und Fürsorge für uns auch einige sinnvolle steirisch-bäuerliche Arbeitsweisen mit ins Einser-Haus.

Wie auf einem Bauernhof sollte unser Garten so lang wie möglich bestes Gemüse liefern. Aufwändige Gartenpflege war daher das Um und Auf, die einzige Garantie für ein hoffentlich ausgezeichnetes Erntejahr. Vorausgesetzt das Wetter spielte dabei mit ...*weu des Gemüse, überhaupt di Paradeiser vom Woifsgruaba* (Gemüsehändler im Ort) *is a nix mehr weat, wia vahungat des ois ausschaut...und so teia – Himmlblauasee!*

Rund ums Haus wurden von ihr Blumenbeete angelegt und Ziersträucher eingepflanzt. Sogar ein kleiner Alpengarten mit einem Findling fand seinen Platz in der Nähe des Hauses. Mama bearbeitete unseren Dorfmeister, der zwar genervt die Augen verdrehte, aber alles so arrangierte, wie sie es sich vorstellte. Schließlich waren wir das erste Haus, das Besucher zu Gesicht bekamen, spazierten sie durch das SOS-Kinderdorf. Sie wollte eben ein besonders sauberes Haus mit hübsch arrangiertem Drumherum mit ihrer Kinderschar bewohnen.

Ich wette, es war jedes Mal ein erschöpftes Lächeln, das der Dorfmeister unserer Mama genervt entgegenbrachte. Nachdem er meistens überfordert mit seinem Werkzeugkasten durch das Dorf huschte, war ihm jede Störung seines gewohnten Arbeitsablaufes zuwider. Mama besaß jedoch die charmante Gabe, jeden ihrer Wünsche bei ihm so überzeugend argumentiert einzufordern, dass ihm nichts anderes übrig blieb, als sie sofort zu erfüllen. Wenn auch etwas widerwillig, mit säuerlich-freundlichem Blick seinerseits. *So sans hoit heit, de Fraun...*

Ich erinnere mich an einen Herbsttag. Sie mähte mit einer Sense – natürlich vom Dorfmeister charmant ausgeliehen – geschickt wie ein Bauer das Gras links vorm Haus. Ein wild wachsendes Allerlei, das sie in ihrem Ordnungssinn störte. Obendrein gewannen wir dadurch mehr Spielfläche vorm Haus. Sie wollte ihre Kinder lieber in sichtbarer Nähe um sich haben, vor allem die kleineren.

Mitten in dieser Wiese, am leichten Abhang, lag nun der Haufen vertrocknetes Gras. Von ihr abgemäht, von uns hilfsbereit zusammengetragen. Bei ihr daheim verbrannte man im Herbst solch überschüssig Abgemähtes. Rundum sollten wir uns aufstellen und mit den Rechen aufpassen, dass das Feuer sich nicht ausbreiten konnte.

Angezündet begannen die Flammen harmlos zu greifen und züngelten sich am sonnengetrockneten Gras empor. Und ehe wir uns versahen, loderte es flammend hoch und griff gefährlich um sich. Fraß sich in die nicht freigelegten Flächen vor, dort wo das Gras noch hoch stand. Hektisch begannen wir nun mit den Rechen, mit nassen Fetzen und Wasser, dem Feuer Herr zu werden. Gott sei Dank, knapp an einem Buschbrand vorbei, konnten wir das Flächenfeuer löschen. In Folge wurde nie wieder ein Herbstfeuer entfacht.

»...du Neegaa, du bleedaa...!«, schrie ich wutentbrannt. Hasserfüllt und wie von Sinnen.

An einem lauen Samstagnachmittag, Ende September 1962.

Flatsch-platsch...

Schon flogen faustgroße Kuhmistbrocken gefährlich in meine Richtung. Ich duckte mich blitzschnell, gewohnt nach Indianerart. Der stinkende Kuhdung landete aufklatschend und sternförmig versprühend auf der Hauswand, links vom Wohnzimmerfenster. Wie die misslungene Landung einer Rakete, die auf der Mondoberfläche zerschellt.

Was war passiert? Nichts, gar nichts. Und doch so viel.

Eigentlich sollten wir frei haben und im Dorf herumtollen dürfen. Sollten wir. Wäre Mama nicht auf die (alljährliche) läppische Idee gekommen ...*heit moch ma den Goatn wintafest*.

Dazu brauchte sie kräftige Männerhand-Hilfe. Uns, Emil und mich. Was uns jedoch sowas Von-gegen-den-Strich ging. Wären uns diese Gartenarbeiten statt Teilnahme am Schulunterricht aufgetragen worden – ich wette, wir hätten uns förmlich darum gerissen. So aber musste es ausgerechnet an einem freien Samstag passieren, dass wir mit Spaten im Garten wie die Wühlmäuse umackerten, lustlos darin herumstocherten. Noch dazu bei diesem schönen Wetter.

Wos sei muass, muass sei! Soweit Mamas botanisch-logischer Kommentar, ohne auf unsere Freiheitsbedürfnisse einzugehen. Während die anderen im Dorf fröhlich umherschwirrten, uns hin und wieder beim Graben mitleidsvoll (schadenfroh) kurz zusahen und wieder verschwanden. Ich denke, hätten wir nicht so hautnah das unbeschwerte Treiben unserer Freunde miterlebt, wäre unser Gartendienst erheblich leichter zu ertragen gewesen. So aber...

Ein Wort ergab das andere. Emil war sauer, ich war sauer und nirgends ein Opfer, an dem man sich abreagieren konnte.

Spitznamen waren bei uns (wie überall) schon immer eine Form der intimsten Kennzeichnung. Ein Kurzname, ein Synonym für *persönlichste* Eigenart, ausgedrückt mit einem Spitznamen. Entweder aus dem Namen verballhornt abgeleitet oder auf ein Schicksal hinweisend, das einem widerfuhr. Der Spitzname war grundsätzlich liebenswert gemeint, von dem der ihn aussprach, wenn er einen Freund damit betitelte. Aber er war grundsätzlich hämisch ausgesprochen, um einen damit im

Innersten seiner Seele zu treffen. Zu verletzen. Ein Grund für unzählige Rangeleien und Kämpfe im Haus wie im Dorf. Auf dem Weg zur Schule, zur Kirche und wieder nach Hause. Während der Schulpausen. Eigentlich immer, überall und jederzeit.

Die Eiersusi – unser Franzi. Er wurde erwischt, weil er bei einem Bauern Eier stahl und sie an Ort und Stelle aussaugte. Der Bauer erwischte ihn. Beim Davonlaufen schüttete er sich das Gelbschlatzige über Hemd und Hose. Dem Franzi wurde auch die Liebe zu einer Susi in seiner Klasse nachgesagt. Was seiner Meinung nach nicht stimmte. Deshalb und gerade deswegen wurde er von uns *Eiersusi* genannt. Damit es ihn richtig traf, wenn wir ihn ärgern wollten. Ein einfaches, klares Quälprinzip: *Eiersusi*.

Für jeden gab es einen treffend schmerzhaften Spitznamen. Auch ich war in den ersten Jahren beim Ausruf *Petra-Petra* sofort hochrot angelaufen und wutgewaltig auf den Ausrufer losgedonnert.

Besonders mit Renate, die ich immer sehr mochte, trieben alle ein grausames Spiel, mit dem Namen *Eto*. Eto hieß die Marke eines Suppengewürzes. Auf dessen Verpackung eine Kuh mit rötlichen Augen freundlich lächelte. Nachdem Renate oft weinte und deswegen immer rote Augen bekam, genügte nur ein hämisch-grinsend ausgesprochenes *Eto* und sie rannte einem wütend nach, um sich mit Faustschlägen am Eto-Sager zu rächen. Mir tat Renate deswegen oft leid, weil ich wusste, dass Emil sich liebend gern dieser *Eto*-Ansage bediente. Um ehrlich zu sein – hin und wieder, wenn sie mich sehr nervte, rutschte auch mir ein *Eto* über die Lippen. Dies war jedoch sehr, sehr selten, so gut wie nie. Fast.

Mein leidlicher Spitzname. Wie schon erwähnt, in frühen Jahren riefen sie mir *Petra-Petra* nach. Später, mit zehn-zwölf Jahren tauchte plötzlich *Wuffi* auf. Von Wolfi zu Woifi und von Woifi zu *Wuffi*. Aus *Wuffi* wurde im Laufe der Zeit *Wuffzig* und daraus plötzlich *(Wuff)Ziege*. *Ziege* deswegen, weil ich einmal erzählte, dass ich früher (in Neder) in einem Ziegenstall eingesperrt war und ich Ziegen deswegen mochte. Wieder war es Emil, der sich köstlich über blöde Spitznamen lustig machte. Ab nun hieß ich bei ihm *Ziege*, was ich grundsätzlich hasste. Es war auch nur Emil, der mich so nannte. Alle anderen riefen mich unverändert *Wuffi* oder *Wuffzig*. Dieser Spitzname gefiel mir eigentlich, weil er für mich eine Ähnlichkeit mit *vif* hatte. Und für vif wollte ich auch von allen gehalten werden. Nie jedoch für eine Ziege, mit der ich doch in keiner Weise etwas gemein hatte. Weder im Aussehen, noch in meiner Art. Aber genau damit traf mich Emil effektiv. Mit *Ziege, Ziege, ätschi-pätsch…*

Ziege war auch das ausschlaggebende Wort, das eine Ladung Kuhmist auf die Hauswand klatschen ließ.
Total sauer und angefressen, wegen der befohlenen Gartenarbeit, schaufelten Emil und ich im Garten unterhalb des Hauses. Verteilten Kuhmist über die aufgegrabenen Beete und mischten ihn unter das Erdreich, um der fleißigen Gartenerde Nährstoffe für die Ernte im nächsten Jahr zuzuführen. Während unsere Mutter mit einer Scheibtruhe den stinkenden Mist vom Blaslbauern herankarrte, begannen wir eine verbale Rangelei, die sich urplötzlich zu einem bösartigen Streit zwischen uns beiden Grabenden hochschaukelte. Aus Frust wegen des verlorenen freien Tages, kramten wir in vergangenen Streitthemen.
Ein Reizwort genügte. Das mir von Emil höhnisch zugegrinste *Ziege…!* Nur *Ziege*.
Das wars dann. Es folgte was kommen musste: mein *und du… du Neegaa, du bleedaa…!*
Seine geworfenen Kuhmistbrocken klatschten auf die Hauswand, die vom Dorfmeister knapp eine Woche vorher frisch gestrichen wurde. Strahlend weiß, wie ein mit Persil gewaschenes Leintuch. Wie man es auf den Waschmittelpackungen samt lachender Hausfrau bewundern konnte.

Dass im Moment des fliegenden Kuhdrecks Mama mit ihrer quietschenden Scheibtruhe voll Kuhmist um die Hausecke bog, war schlichtweg einfach Pech. Denn mehr brauchten wir nicht. Emil, einer der ohnehin sofort jähzornig alles hin oder um sich warf, beschuldigte mich, ich hätte ihn mit *Neegaa, bleedaa* betitelt. Ich kam gar nicht dazu, mich zu rechtfertigen, wegen der *Ziege*. Was war schon ein *Ziege* gegen *Neegaa, bleedaa*. *Ziege* war im Mamas Augen kein Schimpfwort. *Neegaa, bleedaa* hingegen schon. Also musste ich mich den restlichen freien Samstag in den Keller begeben und durfte erst zum Abendessen wieder raus. Ob Emil eine Strafe ausfasste, bekam ich schon nicht mehr mit, weil ich nun selbst – ob der ungerechten Behandlung – wütend im hohen Bogen meinen Spaten in die Wiese warf und erhobenen Hauptes beleidigt in Richtung Keller marschierte. Insgeheim aber lachte ich mir ins Fäustchen, weil mein Gartendienst somit beendet war.

Allerdings, das strafweise Im-Keller-stehen-Müssen, rief in mir wieder Erinnerungen an den Pflegeplatz in Neder wach. Wohlbekannte Ängste krochen mir unter die Haut, drangen in meine Seele. Es war doch wirklich seltsam. Wie oft war ich im Keller, bastelte an irgendwas herum, putzte die Schuhe oder holte Sachen herauf. Nie bekam ich dabei ein Gefühl von Beklemmung.

Jetzt aber, als ich zur Strafe da hinunter musste, kroch plötzlich eine unheimliche Angst in mir hoch. Schatten von Gegenständen wuchsen zu gewaltigen Monstern heran. Drohten mich zu erwürgen. Ich bekam regelrecht Panik und konnte nichts dagegen tun. Zitternd verkroch mich in die letzte Ecke und presste die Augen zu.

So wollte ich sterben. Vor Angst und mit geschlossenen Augen dahinscheiden. Alle sollten wissen, dass ich unschuldig hier im Keller eingesperrt war. Ich fand einen Stift und ein Stück Karton. Darauf sollte mein Abschiedsbrief geschrieben stehen.

Die Nachwelt musste erfahren, welches Unrecht an mir verbrochen wurde. Der blöde Emil fing nämlich an. Sein *Ziege* war Anlass für mein *Neegaa, bleedaa*. Er bekam sicher keine Strafe, aber ich musste hier im finsteren Keller sitzen und würde wegen Ungerechtigkeitsschmerz sterben.

Aber bloß durch diesen Schmerz zu sterben gelang nicht. Trotz Luftanhalten und mit den Händen Nase wie Mund zupressen. Ersticken wollte ich nicht, das sah sicher grauslich aus. Ich wollte heldenhaft ins Jenseits gleiten – wie Winnetou durch einen hinterhältigen Schuss – tödlich getroffen von einer ungerechten Anschuldigung. Filmgerecht vor dem Haufen Koks, den Kopf leicht von ein paar Kohlestücken erhoben, wollte ich liegen. Und dann sollten sie kommen und die Nicht-mehr-gut-zu-machende-Tragik sehen. In der einen Hand den Bleistift, in der anderen meine Abschiedszeilen auf dem Kartonstreifen.

Oder mich von der steilen Treppe stürzen? Ich probierte es aus und ließ mich mit dem Kopf voran die Betonstufen hinunterkollern. *Aua, des tuat jo weh!* Frustriert und mit ein paar Schrammen setzte ich mich vor den Kohlehaufen, spielte mit den Koksstücken, türmte sie zu einer Pyramide auf...

Der Tag neigte sich bereits und es wurde stockfinster. Stumm horchte ich auf die verschiedensten Geräusche, die man nur hört, wenn man so wie ich, stundenlang im Keller herumhockte. Hörte dumpf durch die Kellertür, wie sich das Haus mit Stimmen füllte, weil die anderen Kinder vom Spielen langsam eintrudelten.

Bevor ich mein Kellergefängnis verlassen durfte, zerriss ich meinen Abschiedskarton in kleinste Teile, steckte die Schnipsel in meine Hosentasche. Niemand sollte je erfahren, dass ich vor Kummer und Angst so nahe dem Tode war.

Wortlos und ohne meiner Mutter ins Gesicht zu schauen, ging ich auf mein Zimmer. Ich zog mich aus, schlüpfte in meinen Pyjama, wusch mich und putzte die Zähne. Die Kartonschnipsel ließ ich durch die Klospülung verschwinden.

Trotzig (und hungrig) legte ich mich ins Bett, denn auf das Abendessen konnte ich liebend gern verzichten. Nach so einer ungerechten Behandlung – an diesem schönen Tag.

Ich drehte mich zur Wand und verkroch mich unter meiner Tuchent. *Des is a so a himmlschreiade Ungerechtigkeit is des...* Den Kopf bohrte ich tief in den Polster und trocknete damit meine Tränen unbändiger Wut.

Am kommenden Morgen war mein Frust verraucht und ich hatte Hunger wie zehn N.... Die Sonne lachte und ein strahlender Sonntag lud zum Kirchgang ein. Nur Emil, der falsche Hund, würde meine Rache noch zu spüren bekommen.

Weu amoi daklesch i eahm bei wos ...und dann spuits Granada...!

Er allein war schuld an gestern.

45 Zieh-harmoni-ka

Mein Bruder lernte Ziehharmonika spielen. Gerade noch ein paar Monate, bevor er im Sommer 1962 ins Lehrlingshaus nach Innsbruck übersiedelte. Eigentlich wollte er Gitarre lernen, aber nachdem eine Ziehharmonika ins Haus kam, musste er sich mit Tasten und Bassknöpfen abmühen. Die Blasbalgfalten kräftig auseinanderziehen und zusammendrücken.

Eine Musiklehrerin aus Altmünster, die bisher im Kindergartensaal Unterrichtsstunden gab, suchte sich aus den Buben und Mädchen unseres Dorfes musikalische Talente, um ein kleines Orchester auf die Beine zu stellen.

Mein Bruder. So wie ich ihn kannte – einer, der alles andere spielen wollte als irgendwelche Märsche oder Klassisches.

Er wollte einfach nur Gitarre lernen, um die Hits von Elvis Presley nachzuspielen. Genauso rocken und die Hüften schwingen. Singen konnte er, spielen zwar noch nicht so recht, aber sein Geklimper klang bereits nach erkennbaren Melodien.

Da saß er (mein Bruder), mit anderen Kindern hinterm Kindergartenhaus, lässig eine Gitarre in der Hand. Eine alte, abgeschundene *Klampfn*. Sie wurde wie eine Friedenspfeife rundum gereicht. Wer sich zu Spielen getraute, schlug ein paar frisch gelernte Akkorde auf dem verstimmten Instrument an. Je mehr einer beherrschte, desto mehr stieg sein Ansehen bei den Mädchen. Mein Bruder übte heimlich verbissen Elvis-Songs, um Eindruck zu schinden, damit sie ihn anhimmelten. Und sie flogen auf ihn, weil er ein hübscher Junge war. Aber vor allem, weil er so schön singen konnte.

Mein Bruder – mein großes Vorbild.

Ja, das wollte ich auch. Gitarre lernen und so singen können. Für Mädchen begann auch ich mich bereits zaghaft zu interessieren. Vielleicht fiel eine ab für mich, eine von seinem Anhimmel-Schwarm. Als mein Bruder weg war, wollte ich in seine Fußstapfen treten. Auch Gitarre lernen und Mädchen schwach machen. Ihre Augen vor Wonne verdrehen lassen.

Aber *nix da*. Gitarre wollten ohnehin alle spielen (wegen Elvis, Hüftschwung, Mädchen und so). Gesucht wurden von der Musiklehrerin jedoch nur Ziehharmonika-Spieler.

Ziehharmonikas gab es zuviele im Dorf. Weil fast niemand auf diesem unhandlich-sperrigen Musikkasten in die Tasten hauen wollte. Auf einer *Klampfn* (sprich Gitarre) konnten mit zwei, drei Griffen die meisten Schlager begleitet werden, vorausgesetzt der Spieler beherrschte es, mit seinen Stimmbändern umzugehen. Eine Gitarre, lässig wie ein Gewehr geschultert, sah aus, als wäre Old Shatterhand mit seinem Henrystutzen unterwegs, kurz vorm Anlegen zum gezielten Schuss. Genauso konnte man die Gitarre abschwingen, ein paar Akkorde anschlagen und schon summten einem Mädchen anhimmelnd sanft-äugig zu. *Nix woa so lässig, wia mit oana Klampfn spuin…*

Selbiges mit der Ziehquetschn überm Bauch? Unmöglich!

Allein schon die Schlepperei mit dem unhandlichen Gewicht vorm Brustkorb. Ich sah damit wie ein Hamster aus, der sich mit dem Wintervorrat für drei Jahre vollgefressen hatte.

Und dazu noch singen… *jo wia und wosn?*

Die Schlager, die wir aus dem Radio nachsangen, waren nur mit Gitarre zu begleiten. Unseren Sing-Sang zur *Klampfn* beurteilten die Mädchen unerbittlich. Nur die Stimme, welche dem Schlager-Original am nächsten kam, gewann. Den ganz bewussten tiefen In-die-Augen-Blick oder gar den ersten Kuss, im nahen Wald. Vorheriges heimliches Händchenhalten inkludiert.

Ja, solche Wünsche erregten auch mich plötzlich. Mit elf-zwölf Jahren wurde ich über Nacht musik-narrisch. Begann die Hits der Schlagerparaden nachzuträllern, wobei ich das *Marina* von Rocco Granata – damals Ende der Fünfziger in Caldonazzo live miterlebt – längst intus hatte.
Auf meiner Ranch bin ich König und *Siebentausend Rinder* von Peter Hinnen. Die Jodler schaffte ich in seiner Stimmlage.
Die *Zuckerpuppe* und *Pigalle-Mausefalle* mit Spaßvogel Bill Ramsey, mit dem ich vierzehn Jahre später in Wien im Schwarzenberg-Palais im Rahmen einer Milchgala gemeinsam auftrat.
Gus Backus mit *Da sprach der alte Häuptling der Indianer,* der *Sauerkraut-Polka* und seinem *Mann im Mond.*
Mit meiner kindlich-hohen Stimme gelang mir eine Überstimme zu *Lady Sunshine und Mister Moon* von Conny Froboess.
Von Conny Francis *Die Liebe ist ein seltsames Spiel,* der Lieblingssong meines ersten Schwarms.
Von Ivo Robic *Mit siebzehn fängt das Leben erst an.* Obwohl ich erst zwölf war, geriet ich in verflixt-gewaltige Liebesaffären.
Ronny mit *Oh my Darling* und *Kein Gold in Blue River.* Ronny, der mein Fernweh nach Amerikas Prärien, Winnetou und Old Shatterhand noch mehr festigte.
Mein absolutes Vorbild aber war der ewige Seemannsheld, Freddy Quinn, mit seinen Hits *Brennend heißer Wüstensand, Melodie der Nacht, Es kommt der Tag, La Paloma, Junge, komm bald wieder...*
Bald jedoch sollte sich sich mein Musikgeschmack über Nacht ändern. Als ich im Radio das Duo Esther & Abi Ofarim mit ihren zarten Songs zum ersten Mal hörte. Ich war von diesen, teilweise fremdklingenden, israelischen Melodien und Rhythmen wie elektrisiert. Schmiss alles, was ich bis dato als absolute Hits empfand, über den Haufen. Ich wurde über Jahre ein glühender Fan dieser beiden. Esther & Abi Ofarim – *Viva la feria...*

Alle Songs lernte ich vorm Radio – innig mitsingend, dabei die Texte flink mitschreibend. Um mit meinen Sangeskünsten aufzutrumpfen, einen Spitzenplatz bei der gleichaltrigen Weiblichkeit zu ergattern. Wollte singend mitbestimmen, welchem der Mädchen ich gefallen sollte.

Leider musste ich mich noch nach meinem Bruder richten, der mit der abgetakelten Gitarre schon halbwegs umgehen konnte. Doch er wollte – einem 14-jährigen Halbstarken entsprechend – nur amerikanischen Elvis-Käse und Cliff Richard-Songs trällern.

Hin und wieder erbarmte er sich meiner beginnenden Pubertät. Ließ sich gnädig herab und ich durfte *deitsche Schnuizn* von Peter Kraus mitjaulen. Ja, mit dieser Gemeinschafts*klampfn* klangen diese *Schnuizn* geradezu unheimlich fantastisch.

Jetzt aber war mein Bruder dahin. Weg mit ihm das lässige Gitarreklimpern, das auch mir erste, ganz heiße Blicke einer Auserwählten schenkte. Alles, was so zart, so vielversprechend begann, ging den Bach runter. Nur weil ich nicht Gitarre spielen konnte. Und auch nicht durfte, denn mein erhoffter Gitarreunterricht wurde nicht bewilligt. Wie gesagt, *nix da.*

Ausgesprochen vom Dorfleiter. Entweder ich lernte fürs Kinderorchester die Ziehquetschn oder gar kein Instrument. Murren und Aufbegehren meinerseits half so gut wie nichts. Auch nicht Mamas Motivation ...*mei schau, a so a neiches Instrument und wia se des schee anhuacht.*

Aus der Traum vom Shatterhand-Gitarrespiel. Die Quetschn blieb im Einser-Haus. Jetzt schleppte ich jede Woche das Ungetüm zur Musikstunde. Erst zum Kindergartensaal im Dorf. Weil wir Ziehharmonika-Schüler dort die Grundgriffe erlernen mussten. Rechte Hand auf die Tastenseite – Tonleiterübungen, einfache Melodien. Alle Stücke wurden vom Blatt gespielt. Wenn das so halbwegs klappte, kam die linke Hand ins Spiel – die Knopferlseite, der Bass. Wesentlich schwieriger, dieses Zusammenspiel von Tasten und Bassknopferl drücken. Mir fiel es nicht schwer, ich hatte den Dreh bald raus.

Zum Muttertag durften wir uns bei einem Konzert solistisch präsentieren. Natürlich verspielte ich mich zitternd vor Aufregung. Mit knallroter Birne konnte ich nicht mal im Erdboden versinken, weil mir die Ziehharmonika im Wege war. Ich, der Einzige, der nach einem Fehler das Stück von Neuem beginnen musste. Plus aufseufzendem Augenrollen der Frau Musiklehrerin.

Vaflixta Himml, warum grod bei mia. Dabei spielte ich die Generalprobe einwandfrei vom Blatt. Aber es war schon immer so. Bei Proben spielte ich wie der Teufel, jedoch bei Aufführungen wuchs ein innerer Klumpen in Halsgegend, ich bekam Herzklopfen, Fingerzittern und schmiss meinen Auftritt. Mit teuflischer Garantie.

Auch viele Jahre später – immer wieder. Ich schiebe es einfach auf meine verworrene Herkunft, was solls. Heute muss ich nicht mehr auftreten. Schon gar nicht mit einer Ziehharmonika.

Als die Auswahl fürs Kinderorchester endgültig feststand – ich mit dabei – ging es eigentlich erst richtig los. Mit dem Lernen und Proben der Orchesterstücke, Märsche, Walzer und Polonaisen. Meine Spielkunst für den Orchestereinsatz wurde allerdings halbiert. War ich denn wirklich so schlecht? Keineswegs. Die Musiklehrerin mochte mich sogar besonders. Weil ich ein so braver Orchester-Bub war (oder weil ich ihr einmal zu Ostern vier gebastelte Eier überreichte?). Jedenfalls durfte ich als Einziger bei den Proben in ihrem bequemen Lehnstuhl sitzen. Aber einer von uns musste die Bässe spielen, sozusagen die Basstuba ersetzen. Auf mich fiel die Wahl und so durfte ich nur noch die Bass-Seite meiner Ziehharmonika, die Knopferln drücken *humpta-humpta-humpta-taa* in C-Dur, G-Dur, F-Dur...

Dadurch war mein Unterricht voll für die Katz, das viele Geld für meine Musikstunden beim Fenster rausgeschmissen. Bloß ein halber Quetschnspieler sein! Ich lernte nur mit der linken Hand die Basstubaläufe auf der Ziehharmonika. Gut, ich war Linkshänder, das kam mir dabei sehr entgegen – aber ich konnte keine Basstuba blasen und keine Quetschn mit der rechten Hand spielen.

Falls mir durch einen Schicksalsschlag jemals eine Hand abfallen würde, bitte lieber Herrgott, die rechte. Mit der linken könnte ich die Basstuba spielen. Auf der Ziehquetschn.

Orchesterprobe war einmal pro Woche. Zwei-drei Stunden nachmittags. Sie waren sehr ernst zu nehmen, gingen an diesem Tag allemal vor. Herumtollen, Indianerspielen und sonst was konnte ich vergessen. Zur Probe mussten wir *(Zieh)Harmoniker* unsere Quetschn nach Altmünster, ins Haus der Musiklehrerin schleppen. Ein später Vorteil: meine unbändige Kraft, in der linken wie rechten Hand, kommt von damals. Nicht vom Knopferldrücken, sondern vom Schleppen der Quetschn nach Altmünster und retour.

Waren Orchesterauftritte angesagt, wurden auch schon mal am Samstag oder Sonntag zusätzliche Stunden geprobt. Also auch doppeltes Quetschnschleppen.

Konzerte gaben wir regelmäßig im Kinderdorf. Vor Weihnachten, zum Muttertag. Wenn ein Fest oder gar eine berühmte Persönlichkeit im Dorf angesagt war.

Unser Kinderorchester hatte einen ganz gewissen Sound, wenn wir aufgeigten. Von wegen Geigen – lediglich ein einziger Geiger zog seinen Bogen über die Saiten. Neun Quetschnspieler bestritten die satte Fülle des Orchesters, sie ersetzten die ersten und zweiten Geiger, Klarinetten, Saxophone, Trompeten und Posaunen. Ein Harmoniumspieler wimmerte kräftig tretend den Klang der Oboe und des Fagotts. Trommel, Pauke, Tschinellen und Triangel, die gabs im Original und wurden von zwei Buben hingebungsvoll bearbeitet. Zuletzt griff die Musiklehrerin donnernd in die Klaviertasten. Oftmals nur einhändig, weil sie uns mit linker Hand, mit Kopf samt weißer Mähne heftig dirigierend, den Rhythmus eintrichterte. Damit wir nicht aus dem Takt kamen und das von uns maltrātiert-gespielte Werk nach dem klang, wonach es klingen sollte.

Doch wir kamen umwerfend an. Gemessen am frenetischen Applaus der Zuhörer. Auch wenn es nur die Buben, die Mädchen und Mütter aus unserem Dorf waren – ein Heimvorteil sozusagen – die sich die Hände wegen unserer *musikalischen Einmaligkeit* wundklatschten. Schade, dass davon keine Tonbandaufnahmen existieren.

Unser absoluter Höhepunkt aber sollte ein eigenes Konzert in der ehrwürdigen Kurstadt Gmunden sein. Im Musikpavillon. Während der Hochsaison, wo es auf der Esplanade von Kurgästen nur so wimmelte. Wenn sich Menschenmassen dichtgedrängt durch die schattenspendende Kastanienallee schoben. Baumelnde Fotoapparate vor dicken Kurgästebäuchen, Handtaschen in schweißfeuchten Damenhändchen, eisbekleckerte Kinderfinger abwehrend in die Sonne gestreckt. Und ein Stimmengewirr, übertönt von signaltutenden Schiffen, die naheliegende Ankerplätze anliefen. Von schwirrenden Möwen umgeben, die kunstvoll-bizarre Schleifen flogen. Auf und nieder, knapp über die Köpfe der neugierigen, der schlendernden Menschen hinweg.

Mitten drin saßen wir schüchternen Orchesterspieler, geschützt durch den nostalgischen Glaspavillon. Neugierig bestaunt von hunderten sensationsgierigen Augenpaaren. Eine übergroße Tafel begründete unser abwartendes Dasitzen:

Kurkonzert!

Es spielen Kinder des SOS-Kinderdorfes Altmünster.

Dieses Esplanadenkonzert sollte unser lokaler Durchbruch werden. Wir Kinderdörfler durften in gewohnter Originalbesetzung, mit umgehängten Ziehquetschn, aufgeigen.

Unser Konzert – ein voller Erfolg.

Und ging doch fast in die Hose. In meine.

Wir spielten dank unserer Dirigentin, Konzertmanagerin und Musiklehrerin in einer Person, wie die himmlischen Engerln. Gefühlvoll andächtig, von pianissimo bis fortissimo, von adagio bis prestissimo, von pizzicato bis vibrato...

Mozarts *Kleine Nachtmusik* (allegro), den *Brucker Lagermarsch*, einen Nico Dostal-Marsch (ich glaube aus *Die Ungarische Hochzeit*), die *Fächerpolonaise* von Carl Michael Ziehrer, *Rosen aus dem Süden* von Johann Strauß...

Die Musiklehrerin dirigierte sich Muskeln an ihren linken Arm, während die rechte Hand gnadenlos das Klavier bearbeitete, als wäre es ein sturer Ochse, den es anzutreiben galt. Dank ihrer taktvollen Führung durch den Noten-Dschungel auf unseren Notenpulten, begannen wir jedes Stück recht- und gleichzeitig. Schafften es auch, gemeinsam mit dem Finale zu enden.

Zwo-drei-vier – los ging es – *humpta-humpta-humpta-taa...* durch ganze, halbe, viertel, achtel, sechzehntel Noten. Pausennoten inkludiert.

Warum das Konzert fast in meine Hose ging?

Wie gesagt, die Menschen waren schlichtweg baff von soviel Musik- und Taktgefühl unsererseits. *Mei de bravn Kinda... und wia liab de spuin kennan...* Begeisterter Applaus war der wohlverdiente Lohn, der unsere Rücken runterrann wie Honig. Zugaben ohne Ende machten ihn noch dünnflüssiger, denn in diesem Glaskobel entwickelte sich wegen direkter Sonnenbestrahlung eine Äquatorhitze, die mein Hemd nass-klebrig an den Rücken klatschte.

Wir beherrschten bis dato nur diese paar Werke. Nachdem aber der dichtgedrängte Zuhörerkreis ständig wechselte, stellte sich unser Konzert wie eine gigantische Darbietung unzähliger Werke dar. So spielten wir presto ermattend weiter und wären, von Hitze und Durst geplagt, bald vom Sessel gekippt. Ein barmherziger Geschäftsmann erkannte unsere missliche Lage und spendierte eine Kiste Limonade sowie eine Obststeige voll praller, dunkelroter Kirschen.

Eine wohlverdiente Pause – das Kracherl in den ausgedörrten Schlund geschüttet, die süßen Früchte nachgeworfen und sich der Kerne im Weitspuckbewerb (hinter dem Pavillon) entledigt.

Nun, frisch gestärkt – *zwo-drei-vier* – und weitergespielt.

Kracherl und Kirschen in trauter Verdauung taten ihr Übriges, beim Takthalten, beim kraftvollen Auseinanderziehen und Zusammendrücken der Quetschen. Irgendwann hielt ich es nicht mehr aus und erflehte sehnlichst vom Herrgott und von Frau Musiklehrerin eine Pause herbei.

Endlich, endlich, endlich – vielleicht sah sie meine verkniffene Grimasse, meine aus den Augenhöhlen tretenden Irishalter. Vielleicht drückte es sie selbst. Ich, nur rausgeflitzt aus dem Glaskobel und ins nächste Klo.

Uaahhh, des woa knopp...

46 Erste Zigarette, erstes Open Air

Pssst... huachts amoi. Do... do... vorn im Woid. I hob wos raschln gheat. Do is wea – schnö, machts de Tschick aus!
Mein Bruder, Franzi und ich ließen wie auf Kommando unsere Glimmstängel fallen, traten sie hastig aus. Wortlos eilten wir im Schnellschritt weiter. An dem kleinen Wäldchen vorbei, in dem mein Bruder hinter den Bäumen jemanden vermutete.

Knapp vorm Gasthaus Felleiten entschied er, dass wir uns *oan Kaugummi besoagn soitn, weu sunst riacht ma, dass ma graucht ham.*

Am 6. Jänner 1962, dem Heiligen-Drei-Könige-Tag, wurde mein Bruder von seinem Firmpaten eingeladen. In sein schönes Haus nach Gmunden, zu einem Fernsehnachmittag mit Gugelhupf und Kakao. Sein Firmpate war ein ganz lieber Mensch, vor allem, weil er bei seinen Einladungen auch seines Firmlings Bruder, nämlich mich, und sogar den Franzi mit einbezog.

Überhaupt – zum *Fernsehschaun* wurden wir eingeladen. Damals ein noch sehr elitäres Vergnügen, das wir Auserwählten genießen durften. Nur Begüterte besaßen diese flimmernde Kiste, holten sich damit alles Mögliche und Unmögliche, Schönes und Schreckliches, was in dieser Welt passierte, ins kuschelige Zuhause. Zum Beispiel, sich bei einem Krimi schaurig eine Gänsehaut holen. Oder bei einem traurigen Heimatfilm *is Wasser ausm Gsicht wischn.*

So erinnere ich mich an einen spannenden Fernsehnachmittag, Ende August 1960, als wir bei den Olympischen Sommerspielen in Rom dabei sein durften. Via Fernsehkastl bei Alfs Firmpaten.

An jenem bewussten Drei-Könige-Tag war es wieder einmal soweit. Fesch angezogen, *gschniegelt und putzt,* mit üblichen Benimmregeln zugeschüttet sowie der Aufforderung von Mama, dem Firmpaten liebe Grüße auszurichten, starteten wir drei (Scheinheiligen) gleich nach dem Mittagessen frohgemut nach Gmunden. Den Schotterweg beim Gasthaus Felleiten vorbei, einbiegend in die Stöckelpflasterstraße in Richtung Pensionat (die Stätte unserer abendlichen Mai-Andachtsmessen).

Ein unfassbares Glück widerfuhr uns. Eigentlich mir, denn ich fand fünf Schillinge auf der Straße, in einer Eisscholle leicht eingeschmolzen. Wahnsinn! Ja, meine Karl May-Bücher belesenen Adleraugen machten sich bezahlt. Sie hatten kapiert, worauf es beim Spurenlesen ankam.

Fünf Schillinge – ein ganzer Fünfer! Soviel sah ich noch nie in meiner Hand. Welch ein reiches Gewicht. Wahrscheinlich verlor ihn ein Zecher, weil ich die Münze in der Nähe des Gasthauses aufhob. Körperwarm fiel der Fünfer dem Verlierer sicher unbemerkt aus seiner Tasche. Deswegen vergrub er sich auch im schmelzenden Eis. Ich fand ihn, den Silberschatz.

Doch nicht genug des Glücks. Auch dem Franzi war es hold. Etwas weniger, denn er fand etwas später fünfzig Groschen. Wir besaßen nun plötzlich fünfeinhalb Schillinge und hatten noch einen feinen Fernsehnachmittag samt leckerer Kuchenstücke vor uns.

Beschwingten Schrittes eilten wir in Richtung Gmunden. *Wos moch ma damit,* eine gute Frage. Eigentlich war ja ich der Finder des Hauptglücks, nur leider von uns Dreien der Jüngste. Obendrein passierte mein Fund auf dem Weg zum *Firmpatn vo mia,* laut Bruder. Also wurde der Fund gerecht dreigeteilt, sprich, mein Bruder beschloss, dass *mia uns davo Zigarettn kaufn wean*. Nachher, beim Nach-Hause-Gehen. Zigaretten und Zünder *...a poa Dreier-Tschick um fünf-fuchzig...* würden sich locker ausgehen.

Beim Firmpaten genossen wir sämtliche Freuden für Leib und Auge. Im Fernsehen lachten wir beim Theaterstück »Des Kaisers neue Kleider« herzlich mit. Doch längst schon keimte in mir der verbotene, brennende Gedanke *rauch i heit mei erste Zigarettn?* Wenngleich ich Lianenstängel ja schon paffte. Bei den Friedensverhandlungen nach unseren Indianerkämpfen. Aber heute würde es erstmals eine echte Zigarette, eine Austria Dreier, sein.

Am Nachhauseweg organisierte mein Bruder die Zigaretten. Noch in Gmunden erstand er in einer Kneipe die verbotene Ware. Mit *fian Papa a Packl Dreier und Zünda bitte* überzeugte er den Wirt. Franzi und ich warteten draußen. Weil, wenn drei Halbwüchsige (ich noch nicht einmal zwölf) *fian Papa* Zigaretten kaufen würden – eher unglaubwürdig.

Lässig wie Erwachsene, die Zigarette in den Fingern haltend, stapften wir in die winterliche Dunkelheit des späten Jännernachmittags. Ich weiß nicht mehr, ob ich einen Unterschied zwischen Liane und Zigarette auf der Zunge spürte. Rauch war Rauch und bekam mir nicht. Hustend und würgend verdammte ich die heftige Reaktion meiner armen, geplagten Lungenflügel. Mit einem *des wiast scho no lerna, Woiferl* machte mir mein Bruder zweifelhafte Hoffnungen. Eigentlich wollte ich es ja gar nicht lernen. Vielmehr wollte ich *mein* gefundenes Geld für ganz andere Sachen aufbrauchen, für Briefmarken und so. Aber jetzt war er dahin mein heißer Fünfer, zu Rauch und Asche geworden. Trotzdem, ich hielt tapfer mit und paffte, was das Zeug hielt.

Nun kamen wir mit unseren glimmenden Stängeln – wie drei Glühwürmchen – nahe zum Wäldchen, wo mein Bruder diese verdächtigen Geräusche vernahm. In unseliger Vorahnung verdrückten wir uns daher so schnell wie möglich nach Hause. Es war die Zeit, wo unsere Mama (meistens) mit zwei anderen Müttern den Weg zur Abendmesse einschlug. Da könnte es leicht sein, dass sie da hinterm Gebüsch... nicht auszudenken.

Alf hatte die glorreiche Idee, im Gasthaus Felleiten Kaugummi zu besorgen, um den Rauchgeruch zu verschleiern. Womit jedoch kaufen, das Geld war futsch.

Jetzt aber flott-flott, nach Hause mit uns. Falls die Geräusche im Wald doch die befürchtete Vorahnung – drei Mütter hinterm Busch – bedeuteten. Noch konnten wir es schaffen. Daheim Zahnpasta in unsere Mäuler gedrückt, intensiv die Mundhöhle ausgespült und schon wären die verräterischen Zigarettenspuren verwischt. Unschuldig wie drei Heilige würden wir Mama vom wunderschönen Nachmittag beim Firmpaten berichten. Schöne Grüße an sie von ihm ausrichten. So sollte es sein.

Es kam anders.

Noch während wir im Badezimmer der Zahnpastatube den letzten Rest raubten, hörten wir, wie die Haustür aufgerissen wurde und unsere Mutter in einem Unheil verkündendem Tempo die Treppen hoch stürmte. Verschreckt *wia waunn uns de Hendln des Brot wegpeckt hättn*, standen wir bedropst in einer Reihe. Mein Bruder, der Franzi und ich. Die Zahnpasta dick um die Lippen, geschminkt wie drei tragische Clowns. Mit einem *...du host graucht, du host graucht und du host a graucht...* bekamen wir jeder eine saftige Ohrfeige.

Klatsch und klatsch und klatsch!

Weg war sie. Runter die Treppe, raus aus dem Haus und rumms – fiel die Tür mit einem Knall ins Schloss. Unsere Mutter konnte nun beruhigt die Abendmesse besuchen. Mit der Gewissheit, dass wir rechtzeitig daheim waren und dass wir drei geraucht hätten.

Meine erste (und einzige), sicher wohlverdiente *Oahfeign*.

Am nächsten Morgen wurden die restlichen Zigaretten einge-

zogen und vernichtet. Die unausbleibliche Strafe folgte auf den Fuß. Wir drei Ertappten mussten hundertmal schreiben:
Ich darf nicht rauchen, weil Rauchen der Gesundheit schadet.

Radiohean

Wir besaßen ein altes Hornyphon-Radio. Das Charakteristische an diesem Gerät war ein braunes, kinderhandgroßes Sendersuchrad, mit dem durch Links- oder Rechtsdrehung die Sendestationen zu finden waren. Gleichzeitig wurde durch Auf- und Abwärtsbewegung dieses Suchrades die Lautstärke geregelt. Ein optisches Auge, genau oberhalb dieses Rades zeigte durch eine grünweiße, scharf begrenzte Linie, den optimalen Empfang an.

Oftmals passierte es, dass durch diesiges Wetter der Empfang schlechter war. Oder dass durch das Zu-nahe-am-Radio-Sitzen der Sender irritiert wurde. Das Gerät begann zu rauschen, Sprache und Musik wurden durch andere Sender vermischt oder verstummten überhaupt. Meistens gerade dann, wenns am Spannendsten wurde, wenn ein Lieblingshit lief.

Schleich die, du stöast scho wieda... Wieso i, i tua do goa nix... ein fast täglicher Disput unter uns konzentrierten Zuhörern.

Ich glaube, sie war jeden Freitag abends – *Die große Chance,* eine Ratesendung mit Maxi Böhm. Ein Muss-Termin für uns Kinder. Nichts war so spannend, wie diese paar Sekunden, in denen die Kanditaten die richtige Antwort wissen mussten. Tausend Schilling und mehr gab es zu gewinnen. Man stelle sich vor, tausend Schilling, damit war man reich, dachte ich mir insgeheim. Und erst der Höchstgewinn, fast zweitausend Schilling – unvorstellbarer Reichtum. Wieviele Briefmarken ich mir davon kaufen könnte!

Wenn am Wochenende die Schlagerparade lief, war in den ersten Jahren Schluss für uns Kleineren. Erst als ich mit Emil zu den Großen zählte, durften wir sie hören, die besten Hits und ihre wöchentliche Reihung. Aber nachher war Schluss und auch wir mussten ins Bett. Widerwillig, denn jetzt begannen erst die interessanten Sendungen. *Himmlblauasee, ins Bett mit eich, moagn is a no a Tog...* Murr-murr.

Nachdem Emil und ich uns nach dieser Kuhdreck-Wurfgeschichte wieder ausgesöhnt hatten, begann eine vorsichtige freundschaftliche Annäherung zwischen uns beiden.
Wir konnten uns nicht aussuchen, wer mit wem das Zimmer teilen sollte. Mein Bruder und auch Franzi waren ausgezogen und Emil sollte nun das mittlere Bett, das meines Bruders, übernehmen. Also war es sicher besser, sich mit ihm zu arrangieren. Eine Zweckgemeinschaft zu bilden, in der wir es Bett neben Bett aushielten. Wenn auch immer wieder all die Jahre heiße Kämpfe um Nichtiges entbrannten. Heute bin ich mir sicher, bei unserem erbitterten Reviergehabe ging es nur um eines: wer von uns beiden der Stärkere sei. Mental wie körperlich.
Emil als Winnetou und Indianer. Und ich Old Shatterhand, sein weißer Feind-Freund. Ich lernte über Emil die Karl May-Abenteuer kennen und er wurde von mir zum Markensammeln motiviert. Zwei unterschiedlichste Hobbys, jedoch mit einem gemeinsamen Nenner: die große, weite Welt zu erleben. In gelesenen Abenteuern sowie auf bunten, gezackten Papierfuzerln.

Noch eine Leidenschaft verband uns: *Radiohean* von Mitternacht bis in die Früh. Zumindest, bis einem die Augen zuklappten.
Eine Lösung, etwas Geniales musste uns einfallen, um unsere Aktion *Radiohean um Mittanocht* zu realisieren. Wenn wir vorsichtig und mit genügend Draht zu Werke gingen, konnte es

gelingen. Denn unser Radio befand sich im Wohnzimmer (Erdgeschoss) und *Radiobean* wollten wir im Schlafzimmer, im ersten Stock.

Im Achter-Haus gab es einen Radiobastler und Freund von meinem Freund Heinzi, der genauestens über die damalige Radiotechnik informiert war. Genau wusste, wie wir das bewerkstelligen konnten. Nachdem ich ihn ansprach, *sog amoi, du kennst di mit Radiosochn so guat aus. Kenntast du uns dabei net a wengal höufn?*
Er hieß ebenfalls Heinzi und erhielt von uns den Spitznamen Ratzeputz. Er half mir, führte mich sozusagen in die geheime Welt der Radioröhre ein, was ihn bald zu einem meiner besten Freunde machte. Kaputte Radios gab es im Dorf immer wieder. Meistens waren irgendwelche Röhren hinüber, sodass die Geräte ihren Geist aufgaben. Ein gefundenes Fressen für Ratzeputz, der diese Radioleichen sammelte, *ausboandlte* und mit den noch funktionierenden Teilen wieder alt-neue Radios zusammenbaute.

Einen Lautsprecher schenkte er mir (weil ich ein Freund von Heinzi war) und vier Bananenstecker. Dazu Draht, wie er bei Modelleisenbahnen zum Verkabeln verwendet wurde. Er erklärte mir auch, wo und wie der Lautsprecher anzustecken sei. Das Feine an der Sache: unsere Radiokiste besaß auf der Rückseite die Möglichkeit, einen zweiten Lautsprecher anzuschließen, dazu einen Kippschalter, um jeweils den einen oder anderen Lautsprecher zu aktivieren.

Das Kabel verlegten Emil und ich heimlich und mit viel Akribie. Von der Radiorückseite weg, beim Wohnzimmerfenster oben hinaus, rauf zum Balkon, durch die Balkontür hinein, am Gangboden entlang in unser Zimmer, unter meinem Bett bis unters Nachtkastl. Der Draht war für einen der nicht genau hinsah so gut wie unsichtbar. Natürlich war uns klar, dass diese Kabelstrippe nicht lange unentdeckt bleiben würde – aber einen Versuch war es wert.

Mit Bananensteckern, an- und absteckbar versehen, konnten wir den Lautsprecher tagsüber im Nachtkasterl verschwinden lassen. Das lose Kabel schoben wir weit unters Bett, dorthin, wo ein Besen beim Zusammenkehren selten hinkam. Damit das Radiolicht im Wohnzimmer uns bei Dunkelheit nicht verriet, stellten wir einen Karton in etwa Radiogröße vor die Front, von einem Zierpolster verdeckt gehalten.

Ein, auch aus heutiger Sicht, genialer Plan. Der leider nicht auf Anhieb gelang, denn der Lautsprecher musste sein Leben lassen. Durch meine Schuld – nein, eigentlich war ein kaputter Bananenstecker die Ursache. Warum der Lautsprecher trotzdem seinen Geist aufgab, ließ sich wie folgt erklären.

Weil das Klumpert wegen eines Kontaktfehlers nicht sofort spielte, schloss ich den Lautsprecher zum Testen direkt an die Steckdose an. Mit den zwei Bananensteckern.

Quiieek-und-Schnarr... brüllte der Lautsprecher, hüpfte kurz verzweifelt auf. Funken sprühten aus demselben sowie aus der Steckdose.

Waahh, hots mi jetzt oba gfetzt... dann Funkstille.

Ich roch zitternd an meinen brandigen Fingerspitzen. Die durchgeschmorte Sicherung – im Sicherungskasten hinter der Kellertür – war schnell ausgetauscht. Ein Vorrat an Sicherungen lag dort immer bereit. Jetzt ahnte ich, warum ein Radio und Lautsprecher so viele Röhren und andere Teile benötigten, damit Leben aus ihm kam. Aus der Steckdose kam eben nur Strom, volle 220 Volt sonst nichts.

Ein nochmaliges Bitten um einen Lautsprecher blieb mir bei Ratzeputz nicht erspart. Nachdem ich ihm das veschmorte Stück zurückgab. Ausnahmsweise bekam ich einen Ersatz (als Freund von Heinzi).

Unsere erste Musikübertragung im Freien. Heute würde sie Open Air-Konzert heißen.

Emil und ich durften dem genialen Radiobastler Ratzeputz assistieren, Musik aus dem Einser-Haus-Radio zu übertragen. Das Kabel vom Wohnzimmerfenster hinaus gab es bereits. Also legten wir (dort angeklemmt) eine Verlängerung unter Büschen und Sträuchern bis zum Fünfer-Haus hinunter. Wo diese Kinderspielgeräte standen. Darauf befestigten wir ein paar der ausrangierten Lautsprecher, jetzt alle mit unserem Radio verkabelt. Ratzeputz steckte noch einen selbstgebastelten Verstärker dazwischen ...*damits a uandlich tuscht...* und die Übertragung konnte beginnen.

Was wir so erfolgversprechend und mit viel Mühe aufbauten, wurde von Kunstbanausen zerschlagen, in Grund und Boden verdammt. Wie hieß doch dieser Gesetzespassus:

Erregung öffentlichen Ärgernisses.

Als wir testweise so richtig aufdrehten ...*ma, des klingt scho laut, oba goa net so schlecht...* wurde uns radikal abgedreht. Denn kaum dröhnten die ersten paar Takte Gekreische krächzend aus den überlasteten Lautsprecherboxen, schon wurden Haustüren aufgerissen. Mütter stürmten herbei und forderten erbost eine SOFORTIGE EINSTELLUNG dieses Krawalls.

Kaum begonnen – schon zu Ende, unser Open Air-Konzert.

Auch unser mitternächtliches *Radiohean* blieb nicht lange ungehört.

Wenn tagsüber der Geräuschpegel im Dorf von kämpfenden (Winnetou und Co.), schreienden Buben und Mädchen, dem kurzen Geplauder mancher Mütter, die sich hin und wieder vor ihren Häusern trafen sowie durch andere Geräusche (Vogelgezwitscher, Fahrradglocken, quietschende Roller und Dreiradler, selten ein Auto, noch seltener ein Rasenmäher) ausgefüllt war – in der Nacht herrschte zappendustere Stille. Es war so leise, dass wir alle aus unseren Betten gepurzelt wären, würde eine *Mülipitschn* (Milchkanne) aus einem Meter Höhe in die Wiese fallen. Vor Schreck und des Lärmes wegen.

Daher war unsere Nachtradio-Höraktion ein riskantes Unternehmen. Wie sollten wir ungestört, vor allem ungehört Radio hören, wenn rundum alles in kosmischer Stille versank?

Das Radiogerät Samstag abends, heimlich nach der Schlagerparade einschalten und auf extrem leise schalten, die Vorderfront mit Karton und Polster abdecken, den rückwärtigen Kippschalter auf *Lautsprecher 2* stellen, den Lautsprecher aus dem Nachtkasterl anstecken und endlich *Radiohean*. Alles geprobte Routine. Mit dem Kopfpolster dämpften wir zu laute Geräusche. Aber die nächtliche Stille ist eben stiller als unhörbar. Natürlich hörte man rhythmische Geräusche, die Bässe heftiger Musikstücke. Unsere Mama ließ ihre Schlafzimmertür auch meistens nur angelehnt. Vor allem, wenn ein Kind krank war.

Ob damals gerade wer von uns im Bett fieberte, ich weiß es nicht mehr. Ich weiß nur, dass der Eh-schon-so-leise-Schlagersänger plötzlich verstummte. Mitten im Lied. Wie wenn Gus Backus sang *...da sprach der alte Häuptling der Indianer, wild ist der We...* und Stille.

Der Ton war weg. Aus. Verschwunden.

Die Leitung war tot. Weil nichts mehr zu hören war, denn der Lautsprecher gab ansonsten ein leises Brummen von sich.

Am frühen Morgen wussten wir warum. Die Mutter drehte nachts einfach die Wohnzimmersicherung raus. Längst hatte sie unsere Kabelstrippe entdeckt, ließ uns in hämischer Sicherheit wiegen, um uns mitten im schönsten Hörgenuss den Saft abzudrehen.

...weu d'Nocht is zum Schlofn do und fia nix aundares...
...Himmlblauasee!

47 Pubertär-effusive Ausbrüche

Wir Einser-Häusler wurden stets mit neuen »Geschwistern« konfrontiert. Denn, immer wenn einer der großen Buben in das Jugendhaus nach Egerdach (Innsbruck) oder in die Hinterbrühl (bei Wien) übersiedelte, dauerte es nicht allzu lange, schon waren die Lücken (nach Orgelpfeifenbild) ausgefüllt.

Unser Haus war meistens mit acht oder neun lebhaften, aber stets liebenswürdigen kleinen bis großen Lausbuben und -mädchen gefüllt. Wobei die Buben immer in der Überzahl waren.

Von der ersten Einser-Haus-Mutter übernahm die *neue Mama* schon 1959, zwar noch als Tante, unser Haus. Aber bereits ab 30. März 1960 betreute sie als SOS-Kinderdorfmutter liebevoll und mit Engelsgeduld die *Einser-Häusler*.

Als Wilhelm und Hans im Sommer 1960 das Haus verließen – sie hatten unsere *neue Mama* nur ein paar Monate – kamen noch im selben Jahr Hannes und Felix zu uns, sodass sich unser Stand mit neun Kindern hielt.

Mein Bruder Alf und Franzi übersiedelten im Sommer 1962 nach Innsbruck. Dafür hielt im Oktober ein ganz lieber Bub, der Herbert, mit seinen neun Monaten ab sofort unsere Familie in Atem. Unser Jüngster, bei dem wir fast in Streit gerieten, wer ihm das Laufen beibringen durfte.

Als ich selbst im Herbst 1964 unser Haus für vier Jahre mit einem Internat in Hallstatt tauschte, nahm Hermine mit elf Monaten meinen Platz ein. Auch Martin zog bei uns ein – und wieder gab es ein Einser-Haus mit neun Kindern.

In den Siebzigern und bis Mitte der achtziger Jahre gesellten sich bei verschiedenen Wechsel nochmals zehn Kinder hinzu.

Insgesamt verbrachten 25 *Einser-Häusler* zum größten Teil ihre Kindheit im SOS-Kinderdorf, mit Sicherheit den schönsten Teil davon. Wobei unsere *neue Mama* davon 24 Kinder liebevoll unter ihrer fürsorgenden Obhut hatte.

Wir Buben und Mädchen in unterschiedlichen Altersstufen waren – wenn auch als Notgemeinschaft – ein fest verschworener, liebenswerter Haufen unterschiedlichster Charaktere, der unserer Mama manch unvorhergesehene Abenteuer bescherte. Sie immer wieder vor schier unlösbare Aufgaben stellte.

Durch die Anzahl der Kinder die im Dorf waren, hatten wir viele Möglichkeiten der selektiven Freunde-Wahl. Speziell bei den alljährlichen Zusammentreffen hunderter (später tausender) Kinder im Caldonazzoferienlager. Welch eine Auswahl an freundschaftlichen Knüpfpunkten. Die Selbstverständlichkeit, mit der wir Kinderdörfler untereinander Freunde fanden, machte uns sicherer, aber auch lauter und heftiger. Auch im Durchsetzen gegenüber anderen, auswärtigen Kindern. Bestimmt waren manche Eltern dadurch verunsichert. Zeigten sich uns gegenüber reserviert. Diese Unbeschwertheit, mit der wir Kinder vom SOS-Kinderdorf miteinander umgingen, irritierte sie. Ihre Kinder waren vielleicht nicht in dieser Art fröhlich, nicht so laut, sicher nicht so ungestüm fordernd. Ihre Kinder waren leiser, angepasster, auf kleinerem Raum zu leben gewohnt. Eine Familie mit ein-zwei Kindern, im Vergleich zu uns Orgelpfeifenhaufen von neun lebhaften Kindern.

Ein Haufen, der zusammenhielt, ging es um »Angriffe« von auswärts, zum Beispiel *de Oansa-Häusla, de deppatn...* oder *de bledn Einidrahra...* Kam uns ein Vorurteil ähnlicher Art oder gar schlimmer zu Ohren, so ließen wir uns dieses nicht bieten. Die Sager solch unflätiger Vermutungen wurden ausgeforscht, zur Rede gestellt, klar argumentierend mundtot gemacht. Keiner sollte es wagen, sich über das erste Haus im Dorf das Maul zu zerreißen. Ein Zusammenhalt, der von den anderen Familien im Dorf genauso geachtet, aber auch verteidigt wurde.

Es war einzigartig im SOS-Kinderdorf. Zu erleben, wie gut unser Dorf funktionierte, wieviele positive Gefühle wir innerhalb der Gemeinschaft erleben und auch ausleben konnten. Einfach unglaublich schön. Als Kind erlebte ich im SOS-Kinderdorf eine Welt, die plötzlich rundum passte. Die mir einen sicheren Halt in *meiner* Familie – dank *meiner Mama* – und ein wunderschönes Zuhause obendrein gab. Wie vielversprechend war jeder neue Tag, dem ich fröhlich entgegenfieberte (außer es stand mir eine Schularbeit bevor). Meine chaotische Welt, die ich vom schrecklichen Tiroler Pflegeplatz in meiner verängstigten Seele mitnahm, ordnete sich im SOS-Kinderdorf Altmünster. Zwar langsam, aber wie von selbst.

Ich war endlich angekommen. Ich, der eigentlich von Beginn an – wie jeder kleine Erdenbürger – Recht auf Glück und Familie haben sollte. Ich war gelandet. Mit mir selbst glücklich – ohne zu wissen warum. Weil man als Kind langsam verschwindende Ängste nicht so deuten, so artikulieren kann.

Als Kind lebte ich Kinderdorf pur. Kostete es aus, aß und trank ich von dieser schönen, stabilen Gewissheit. Als Erwachsener bekam ich die Bedeutung meiner wunderbaren Jahre im SOS-Kinderdorf nachhaltig und immer wieder zu spüren. Bis heute.

Vor allem ab 1960, als meine *neue Mama* in mein Leben trat, wurde aus mir zaghaftem Kinderdörfler ein überaus glücklicher Junge. Auch wenn ich nichts von den vielen materiellen Dingen mein Eigen nennen konnte, die alle anderen Kinder außerhalb des Kinderdorfes besaßen.

Wir Kinderdörfler wurden im Laufe der Jahre zu selbstständigen, verantwortungsvollen Buben und Mädchen erzogen. Wenn es auch nicht alle aus unseren Kreisen so sehen (wollen). Ich bin mir sicher, wir Kinder aus den Fünfzigern und Sechzigern – ich kann nur von dieser Zeit sprechen – hatten eine begnadet schöne, unbeschwerte und unendlich glückliche Zeit im SOS-Kinderdorf Altmünster.

Lumpazivagabundus

Wir waren keine leiblichen Geschwister, das wussten wir. Wir wussten auch, woher wir kamen, warum wir im SOS-Kinderdorf gelandet waren. Zumindest in groben Umrissen erzählte uns Mama, wenn wir danach fragten, die einzelnen Schicksale. Kindgerecht verständlich, sodass jeder für sich damit etwas anzufangen wusste. Diese Kinderschicksale waren in Wirklichkeit wesentlich trauriger, härter, brutaler. Aber Mama wusste genau, was sie wem und in welchem Alter sagen konnte.

Mia san olle Gschwista, oba koane leiblichn... so ein üblicher Spruch, wenn wir danach gefragt wurden. Kam die Sprache auf mich und meinen Bruder, so gaben wir ein *...mia zwoa san a leibliche Gschwista* zur Antwort. Das bedeutete einen noch viel stärkeren Zusammenhalt. *Gschwista sein, sogoa leibliche no dazua.* Das war wie Winnetous Blutsbrüderschaft mit seinem Freund Old Shatterhand. Mehr Innigkeit ging eigentlich nicht mehr, vertrug man sich. Und genauso nichts ging mehr, vertrug man sich nicht. Also, wie überall auf der Welt. Entweder man hielt es miteinander aus – oder eben nicht. Auch Freundschaften zwischen Buben und Mädchen waren dieser wechselvollen Freund- wie Feind-Empfindung unterworfen.

Mit Ausnahmen.

Dann, wenn plötzlich das Gefühl der ersten Zuneigung, eine Art *Erste Liebe* zuschlug...

Mich traf sie, diese *Erste Liebe*. Wie ein rohes Ei aus einer Steinschleuder abgefeuert. Traf mich jedoch hinterhältig, ohne die Möglichkeit einer Deckung. Sie schmerzte nicht wie ein Stein, auf die Birne geknallt. Nein, sie schmerzte langsam, leise drohend kommend. Nahm Besitz von mir. Mit Haut und Haar, in Gedanken, Worten und Werken. Befleckte mich, verriet mich durch mein allzu gewissenhaftes Wegwischen verräterischer Spuren.

Es begann... es begann... wie sollte es schon beginnen.
Es begann eigentlich gar nicht. Es passierte mir einfach. Im Herbst, nach Caldonazzo und noch schulfrei. Emil und ich waren jetzt die Großen im Haus. An einem Sonntag nach dem Mittagessen. Genauer gesagt, beim Tischabwischen, beim Sesselpolieren, beim Zusammenkehren unterm Esstisch. Alles meine zugeteilten Arbeiten – und dabei passierte es.

Brigitte drückte mir einen Zettel in die Hand, während sie das benützte Geschirr entgegen nahm, das ich ihr vom Esstisch auf die Durchreiche-Anrichte stellte. Ein kleiner unauffälliger Zettel, ein Fuzerl, nicht größer als drei Briefmarken nebeneinandergereiht. Wahrscheinlich herausgerissen aus einem Notizblock.

Weißt du, was Unwohlsein ist... stand drauf. Hingekritzelt mit ihrer schlampigen Handschrift. Ich las den Zettel erst, nachdem ich den Besen hinter der Kellertür auf das Nagelbrett hängte. Ich ging die Stufen in den Keller runter und las das auseinandergefaltete Zettelchen. Mit pochendem Herzen, mit dem leichten Anflug eines Schwindelgefühles. Ich wusste... ja, ich wusste... ich wusste es...

Ich wusste schon viel mehr, nur noch nichts von alledem Verbotenen. Das mit gesenktem Kopf und verhaltener Stimme von Erwachsenen erwähnt wurde, kam ich in deren Nähe. Dabei wusste ich schon so viel, ich Zwölfjähriger.

Vor Jahren sah ich einmal ein Hefterl mit Nackerten, das irgendwer in unser Haus schmuggelte. Heimlich sahen sich mein Bruder und Franzi wissbegierig die Seiten durch. Ich passte auf, wo sie das zerschlissene und abgegriffene Nackerten-

Magazin versteckten. Um im geeigneten Moment selbst hineinzugucken. Sah fast nackte sowie völlig entblößte Frauen in Posen dargestellt. In Betten am Rücken liegend, vor Baumstümpfen kniend, vor Spiegeln die seidene Wäsche hochhaltend. Immer wieder weißhäutige Rundungen, pralle Hintern und große runde Brüste, die schwer runterhingen wie reife Früchte des Verbotenen. Und ich sah Körperöffnungen, geheimnisvoll, oval-dunkel, behaart. Damals war ich etwa zehn Jahre alt, zu jung noch für… Aber ich wusste, dieses Hefterl war schweinisch und verboten, *weu die Weibsbuida da drin olle nockat woan.* Und sowas gehörte sich nicht. Deswegen musste man beichten, wenn man sich sowas ansah. Ich beichtete damals *des Anschaun vo nockate Weiba.* Die Buße: drei *Vater unser* und *Gegrüßet seist du Maria.*

Ich erspähte auch noch ein weiteres verbotenes Tun.

Mein bester Freund Heinzi deutete mir eines Tages geheimnisvoll – an einem dieser freien unbeschwerten Wochenendtagen. Dass ich ihm folgen solle, ganz nach Indianerart. Er wolle mir etwas Einmaliges zeigen. Gemeinsam pirschten wir uns im nahen Wald an ein kleine Lichtung, eher eine lichtere Stelle im Dickicht.

Da – vor einem Baum kniete einer von den großen Buben und stöhnte. Ich glaubte erst, er hätte sich verletzt, krümmte sich vor Schmerzen. Schon wollte ich Heinzi auffordern, ihm doch zu helfen. Er aber (psst-psst… den Finger auf den Mund) grinste nur…

Ich erschrak, als der Junge aufstöhnte, sich aufbäumte, wie ein Tier aufschrie. Mit einer Hand presste er seinen Pimmel – starr, steif und sooo groß. Eine weiße Flüssigkeit spritzte stoßweise auf den Baum, vor dem er kniete. *Uaahh…*

Der wixt si oan… und des is a koita Baua, wos do spritzt…

Heinzi, der Ältere, der Erfahrene, klärte mich auf.

Er sagte mir, dass dies natürlich sei, was der XXX da mache. Dass man als Junge in ein Alter kommt, wo man das eben machen muss. So mit zwölf-dreizehn Jahren ...*des bin i jo scho.* Ja, auch mir würde das nicht erspart bleiben. *Und wia is des bei de Madln...?* Bei den Mädchen wärs anders, die müssten bluten und das täte ihnen manchmal weh. *Und des bei uns Buam, tuat des a maunchmoi weh...?* Das würde ich schon sehen. Heinzi grinste.

Die Mutter dürfe es nur nie erfahren und nachdem ja da ein Saft wegspritze, war es einfacher, es im Wald, im Klo oder in der Badewanne zu machen. Er beobachtete den Jungen jetzt schon seit längerem. Er genoss es, zu wissen, was der Wichser nicht wusste. Dass er nämlich von Heinzi beobachtet wurde. Mir hatte er dieses Geheimnis anvertraut und gleichzeitig das Versprechen der Verschwiegenheit abverlangt. Ehrensache unter tapferen Indianern.

Als Zwölfjähriger war ich wie elektrisiert, nur durch dieses eine Mal heimlichen Zusehens. Bei einer Sache, die dem XXX so viel Spaß bereitete. Meine ersten Versuche des Sich-selbst-Findens fielen mit Brigittes verhängnisvoller Zettelchenübergabe zusammen. Ich war innerlich ohnehin aufgewühlt, durch meine selbstbefriedigenden Entdeckungsreisen. Durch ureigene Veränderungen, die sich plötzlich in meinem Kopf breit, an meinem Körper groß und steif machten.

So stand ich an diesem Sonntag im Keller, mit dem kleinen Fetzen Papier in der Hand, mit Brigittes Gekritzel.

Da kam sie auch schon zu mir in den Keller. Wie selbstverständlich, als müsste sie etwas holen. Ich wagte sie nicht anzusehen. Ich wusste, dass es etwas Verbotenes war, das sie mir sagen oder zeigen wollte. Ja, sie würde mir etwas zeigen, wenn ich in der Nacht zu ihr... sie würde wachbleiben, wenn ich...

Wenn ich, wenn alle anderen schliefen, heimlich zu ihr ins Zimmer, in ihr Bett (!), komme. Aber leise, sehr leise sein dabei.

Wegen Mama, wegen Renate und so...

Sie ging wieder hinauf. Ich sollte noch ein bisschen im Keller warten, später nachkommen, damit nichts auffiele.

Was sollte denn auffallen? Täglich gingen wir alleine oder mehrere von uns in den Keller. Etwas heraufholen, etwas hinuntertragen. Und doch es war diesmal anders. Als ich aus dem Keller kam, fiel eine Tür ins Schloss. Nicht nur die Kellertür. Auch die Tür meiner unbeschwerten Leichtigkeit, meiner naiven Unwissenheit. Es öffnete sich eine Tür zu neuen, geheimnisvolleren, vor allem atemberaubenden Ereignissen, die ich erst einmal in die Reihe kriegen musste.

Was heute schlicht und ergreifend als erotisch gilt, war damals strikt verboten. Heranwachsende Jugendliche wurden von Erwachsenen bestraft, von der Kirche zu (fast) ewiger Seelenpein verdammt. Wenn man nicht sofort das Verbotene beichtete. Und Besserung gelobte.

Es war nicht einfach, meine plötzlich ausschlagenden Triebe zu bändigen. Eigentlich wollte ich das ja gar nicht, sie bändigen. Ich war vielmehr fasziniert, vom neuen Glück, das mir zuteil wurde – wäre nicht das sofort folgende schlechte Gewissen gewesen, das (s)ich mir aufzwang. Weil es uns allen aufgezwungen wurde. Aber es hatte was an sich, das Geheimnisvolle, das Verbotene, das unbändig Wachsende in mir, an mir.

Der Sonntag Abend.

Unsere Mama ging mit anderen Müttern ins Kino. Sie sahen sich *Lumpazivagabundus* mit Hans Moser und Paul Hörbiger an. Die anderen Kinder waren schon im Bett, zumindest schon im Zimmer. Nur Brigitte blieb bei mir im Wohnzimmer. Wir hörten Radio. Sie klärte mich über das *Unwohlsein* auf. Erzählte, was an ihr dabei passiere, dass sie jetzt eine Frau werde (die kleine Frühreife mit ihren zehn Jahren) und Kinder kriegen könne. Ich verstand von alledem nichts, außer, dass es etwas wahnsinnig Aufregendes sein musste. Genauso wie mein Mannwerden (mit zwölf Jahren).

Ein Herz-bis-zum-Hals-Klopfen versetzte mich an diesem Abend in einen spannungsgeladenen Dauerzustand. Ich verstand nur nicht, was an diesen körperlichen Veränderungen verboten sein sollte. Ich hatte mir meine Veränderung, meine Gefühle und körperlichen Erregungen ja nicht ausgesucht. Sie passierten mir plötzlich. Wie über Nacht. Ohne eine plausible Erklärung dafür zu erhalten. Zu Mama wagte ich mich schon gar nicht mit meinen vielen, peinlichen Fragen. So fiel ich genauso in die Falle von *Verbotenes tun*, deswegen *sündig denken und leben*.

Die Nacht kam. Alle im Haus schliefen längst. Nur ich nicht. Es muss so um zwölf-eins gewesen sein. Ich wurde aktiv. Schon am Nachmittag, als niemand im Haus war, probierte ich, wie ich ungehört von meinem Zimmer in das mittlere Zimmer gelangen konnte. In beiden Zimmern lag ein Holzboden, der leicht knarrte. Am Gang war es besser, der Linoleumboden war spiegelglatt. Von Winnetou und Old Shatterhand (danke Karl May) lernte ich das völlig lautlose Anschleichen, las es immer wieder in allen möglichen Abenteuern.

Den Kopfpolster am Boden, legte ich mich mit dem Oberkörper drauf und robbte vorsichtig aus meinem Zimmer, über den Gang ins Mädchenzimmer. Kein Knacksen des Holzes mehr, kein Laut. Das müsste funktionieren.

So gelang es mir auch. Ich glitt völlig lautlos auf dem Kopfpolster aus meinem Zimmer hinaus, zu Brigittes Bett. Einzig mein Herz pochte so laut und wild, als würde es das ganze Dorf aufwecken wollen. Dort verharrte ich starr wie ein Indianer, um zu lauschen, ob nicht doch wer munter würde. Nichts. Stille. Nur das regelmäßige Atmen von Renate im Bett an der Fensterwand sowie ein leicht verrotztes Schnarchen von Herbert im Gitterbett.

Eine Hand von Brigitte berührte mich, den am Boden liegend

verharrenden und vor Erregung zitternden Wolfi-Indianer. Vorsichtig – gaanz voorsiichtiig – kroch ich in ihr Bett. Herzschläge dröhnten in meinem Kopf *...mei, was moch i do – Himml, wos moch i bloß do...*

Nichts machte ich. Ich lag zitternd wie Espenlaub neben Brigitte, spürte ihre Körperwärme, ihre weichen, bereits fraulichen Rundungen. Ich wagte mich nicht zu bewegen. Starr wie ein Toter lag ich in Brigittes Bett. Eine Hand von ihr fuhr mir leicht über die Wange (mein Gott, wie sehe ich das alles wieder vor mir), befühlte meinen zitternden Körper, streichelte sich unter meine Pyjamajacke. Auch ich berührte sie jetzt, spürte ihre Körperwärme durch den Nachthemdstoff. Vorsichtig schob ich meine Hand unter ihr Hemd und ließ sie auf einer ihrer Brüste liegen. Zitternd, bebend *...maahh ...wuuiih!*

Ich wagte mich nicht zu bewegen. Ich lag da und dachte an nichts und an alles. An Gott, der doch alles sieht, an den Teufel, die Hölle... Wenn jetzt Mama heraufkäme, wäre ich verloren. Kurze Panikszenarien überfielen mich, verschwanden wieder. Brigitte nahm meine Hand und drückte sie zwischen ihre Beine. Auf den weichen kleinen Hügel. Dort wo ihr bereits Haare wuchsen. Ich ließ sie liegen und bewegte mich weiterhin nicht. Jetzt fuhr sie mit einer Hand unter meine Hose und befühlte mein Geschlecht. Ich bekam eine Erektion und schämte mich dafür, wollte ihr die Hand wegziehen. Sie jedoch beließ sie dort und drückte nur leicht. Mehr nicht. Ich hatte Angst, dass ich ihr Bett vollmachen würde. Vor Schreck verschwand meine Erektion wieder (Gott sei Dank). Sie umarmte mich und drückte mir einen Schmatz auf die Wange, auf den Mund.

Sämtliche Bewegungen vollzogen wir im Zeitlupentempo. Damit auch das Rascheln der Bettwäsche fast nicht wahrzunehmen war. Nach ein paar Minuten des absoluten Verharrens in inniger Umarmung löste ich mich von ihr und trat meinen Rückweg an. Wieder vorsichtig raus aus Brigittes Bett, runter auf meinen Kopfpolster und wieder *gaanz voorsiichtiig* raus

aus dem Zimmer, über den Gang zurück und in mein Bett.
Waaahhh, i stiab...

Am nächsten Morgen wagte ich es nicht, Brigitte in die Augen zu gucken. Mein schlechtes Gewissen hätte man mir von allen Poren meiner Haut abriechen können. Ich fühlte mich, als schmeckte, als roch alles an mir nach Brigitte.

Wenn die Mutter das jemals erfuhr. Meine Mama, die soviel von mir hielt, die ich so mochte. Was mach ich, ja was mach ich bloß...

Meine Gefühle fuhren Achterbahn mit mir, spielten sich mit meinem schlechten Gewissen. Als ich Brigitte Tage später in die Augen zu blicken wagte, wusste ich woran sie dachte. Sie war mit ihren Gedanken ebenso dort. Ich konnte es ihr ansehen: die Nacht, das Bett, ihre Hände, meine Hände, unser enges Zusammenliegen... Zwei Kinder, die aufregende Geheimnisse entdecken. Verstecken.

Nächte dieser Art passierten immer öfter. Welch Segen, Fluch, Sucht. Ich bekam zuwenig Schlaf, weil ich nach Anschleicherei und Bettbesuchen nie sofort einschlafen konnte. Auch mein aufgestautes Verlangen – von dem Heinzi nur grinsend meinte, dass es auch mir nicht erspart bliebe – machte sich allnächtlich mit aller Wucht bemerkbar. Ich wollte dieses auch ganz allein für mich ausleben.

Damit umzugehen, mit mir ins *Reine* zu kommen, war mir schlichtweg unmöglich. Bei sovielen höllischen Konsequenzen. Denn wer es zu oft trieb, zuviel Hand an sich selbst legte, würde langsam verblöden, ein weiches Rückgrat bekommen oder gar blind werden. Und wenn er es dazu noch mit einem Mädchen treibe, käme er garantiert in die Hölle. Trotz Beichte. Also war ich fällig, ich Sündiger. Für die Hölle. Vor allem weil ich immer wieder rückfällig wurde. Ein Wiederholungstäter sozusagen. Also mehrfache Höllenqualen.

Andererseits dachte ich in meiner kindlichen Fantasie, Gott

liebt die Menschen, trotz ihrer begangenen Sünden – so wie wir es im Religionsunterricht eingetrichtert bekamen. Ich musste nur ehrlich bereuen. Das tat ich. Jedes Mal, wenn ich von Brigitte kam und anschließend in mein Bett schlüpfte. Wenn ich und er (mein neuer Freund) vor lauter Schwäche stark wurden. Unter meiner Tuchent, im Klo, in der Badewanne. Immer wieder. Ich beichtete alle meine Schandtaten und fasste meine üblichen drei *Vater unser* samt *Gegrüßet seist du Maria* aus, wenn wir in der Schule in Zweierreihen zum Beichten marschierten. Dass ich *Unkeuschheit* getrieben hätte. Alleine, aber auch zu zweit, mit der Brigitte. Ich Trottel sagte dem Pfarrer *...mit der Brigitte,* als er mich fragte, mit wem bei *zu zweit*. Wenn der bloß nichts meiner Mutter erzählen würde. Aber er durfte ja nicht. Wegen des Beichtgeheimnisses. Ha-ha... Aber wer weiß, Pfarrer sind auch nur Menschen. Sündige.

Was trieb ich denn schon? Außer meine Triebe und das weibliche Wesen ein bisschen kennenzulernen. Ein bisschen Befummeln, ein bisschen Bussigeben und sich an ein warmes, weiches Mädchen drücken. Glauben, dass das zum Leben gehöre.
Lieber Herrgott, hob Erboamen mit mia, i tuas eh nimma...
Tat es trotzdem immer wieder. Weils so schön, so aufregend wunderbar und aufwühlend war. Und weil ich die Brigitte mochte. Damals als zwölfjähriger glücklicher, verzweifelter Bub.

Meine erste Liebe.
Mein Gewissen plagte mich immer mehr. Fast gewöhnte ich mich an diesen Zustand, was Verbotenes tun und deswegen ein schlechter Mensch sein. Je öfter ich im Bett von Brigitte lag – es passierte übrigens nie mehr als ein bloßes Berühren und Befühlen – desto stärker war mein Bedürfnis nach Beendigung meiner nächtlichen Schleichtouren. Ich wusste, irgendwann mussten diese auffallen, würde mein schändliches Treiben ans

Tageslicht gezerrt werden. Alle würden sie mit dem Finger auf mich zeigen. Selbst Gott würde mich verdammen. Bei soviel Sündigen. Das ging ja auf keine Kuhhaut mehr. Und ich würde von der Mama verstoßen werden. Es ihr zu beichten war inzwischen längst zu spät. Zuviel passierte bereits.

Es kam mir wer zuvor. Renate.
Eines Sonntags nach der Messe, beim Nach-Hause-Gehen, kam sie zu mir und offenbarte mir, dass sie schon die längste Zeit wüsste, dass ich zu Brigitte ins Bett käme und dass sie das jetzt der Mama sagen würde.
Ohgott-ohgott... alles aus...
Ich befürchtete es. Jetzt kam es ans Tageslicht. Und die gerechte Strafe würde nun folgen.
Zuerst stritt ich natürlich alles ab. Dann bat ich sie, flehte sie förmlich an, es *um Himmls Wuin nua net da Mama dazöhn...*
Renate drohte mir an ...*oba nua, waunnst...*
...sie hielt dicht, mir zuliebe.
Danke, danke, danke – liebe Renate...

48 Besuch aus Hawaii

Ich?... Ja, du!
Der Dorfleiter meinte mich, winkte mich aus der Loge zu sich hin. Denn sie seien gekommen. Meine Paten aus Hawaii.
Woos? Vo Hawaii? Warum grod hiatzand...!
Verflixt noch mal. Ich saß im Zirkus Rebernigg, in vorderster Reihe, auf einem Logenplatz und freute mich auf eine tolle Vorstellung. Es war der 2. Juni 1963, ein sonniger Pfingstsonntag Nachmittag, ein paar Tage vor meinem Geburtstag.

Alle saßen wir in Logen, auf Logenplätzen. Der Zirkus Rebernigg lud sämtliche Kinder des SOS-Kinderdorfes gratis zu einer Nachmittagsvorstellung ein. Am Rande von Gmunden, wo der Zirkus sein Quartier bezogen hatte. Das imposante Zelt war schon von weitem zu sehen.

Geschlossen, wie bei einer Prozession, pilgerten wir, für die Vorstellung sauber herausgeputzt, zum Zirkuszelt. Große Kinder, die kleinen an der Hand, Mädchen, Buben, Mütter. Allen voran der Dorfleiter. Eingefangen von der Zirkusatmosphäre, saßen wir staunend in den Logen. Das riesige Zelt füllte sich mit Zuschauern. Schon vorher bewunderten wir exotische Tiere. Erschraken beim Fauchen der Tiger und Löwen, die gereizt und schwanzpeitschend durch ihre engen Käfige streiften. Clowns neckten die hereinströmenden Leute mit allerlei Gspaßettln, führten sie auf ihre Sitzplätze. Das würde ein aufregender Nachmittag werden. Genüsslich räkelte ich mich in Vorfreude auf dem bequemen Sessel.

Meine Paten aus Honolulu, aus Hawaii... hieß es. Die seien hier. In Altmünster, sogar schon im SOS-Kinderdorf.

Da musste ich nun tatsächlich wieder raus aus dem Zirkuszelt, sollte meinen wunderschönen Sitzplatz aufgeben, würde gewiss die Vorstellung verpassen. Ich bekam einen hochroten Kopf vor Aufregung und Enttäuschung zugleich, als mich der Dorfleiter durch die engen Reihen aus dem Zelt geleitete. Die anderen Kinder, die Wortfetzen aufschnappten, meinen hastigen Aufbruch mitbekamen, tuschelten. Als wäre es was Schlimmes ...*in Wolfi seine Patn aus Hawaii san kumman...*

Sie lebten in Honolulu, in der Kahala Avenue, meine Paten. Für mich klang es einfacher zu sagen *meine Paten aus Hawaii.* Hawaii klang für mich flotter, exotischer. *Honolulu* brachte ich immer mit Lulu-Machen in Verbindung, gefiel mir also weniger gut.

Jetzt waren sie hier in Österreich, in Altmünster. Völlig unangemeldet und ich verpasste wegen ihnen meine erste Zirkusvorstellung. Dass sie eine Weltreise unternahmen, wusste ich zwar. Denn ich bekam von ihnen aus sämtlichen Ländern, die sie besuchten, Briefe oder Postkarten zugesendet. Eine Weltreise. So gut sollte es mir auch einmal gehen, dass ich mir die leisten könne. Vielleicht doch, eines Tages, wenn ich erwachsen war.

Erst mal in das Kinderdorf fahren. Der Dorfmeister, der die Nachricht dem Dorfleiter überbrachte, führte uns gemeinsam ins Dorf zurück.

Da standen sie auch schon. Und meine Enttäuschung wuchs. Einerseits, weil ich den Zirkus Rebernigg abschreiben konnte. Andererseits, weil sich mir gegenüber zwei völlig unauffällige Stadtmenschen als Paten vorstellten. Meine Tante Hannah, keine aufregende Hawaii-Schönheit, wie ich sie vom Weihnachtsfoto her kannte. Keine Blume im Haar, kein wallendes Hawaiikostüm, keine braungebrannte Figur. Alle beide nur unauffällig städtisch gekleidet. Anscheinend bemerkten sie meine Enttäuschung, als ihnen der Dorfleiter berichtete, dass er mich aus einer Zirkusvorstellung herausholen musste. Mir Enttäuschungen anzumerken war einfach, denn ich konnte mich in solchen Situationen nie verstellen. Mit einem Schlag verwandelte sich meine sonnige Miene in eine frostige.

Wie schnell wurde ich jedoch für den entgangenen Zirkustrara entschädigt. Der Dorfleiter nahm sich persönlich der hohen Gäste aus Hawaii an. Er kutschierte uns, meine Tante Hannah, ihren Mann (der sich immer im Hintergrund hielt) und mich. Ja, ich durfte mitfahren, saß hinten bei meiner (noch so unbekannten) Tante Hannah, die sich als eine sehr warmherzige Frau entpuppte. Ein wirklich lieber Mensch. Vor allem gefiel mir ihr englisches Deutsch. Sie war eine geborene Wienerin, die vor dem Krieg mit ihrem Mann nach Amerika flüchtete. Ihre witzige Aussprache erinnerte mich irgendwie an das gesungene Deutsch von Gus Backus, Cliff Richard und Elvis Presley, dieses gesungene *err*. Nicht niederzuschreiben, aber man kennt es *...wie geeit es dirr in the eS-Ou-eS Kindärrdorrff...* Herrlich, mir gefiel das und dachte *...thanks, sehrr gout, luiebe Tanteei Hannah.* Ich musste selbst aufpassen, dass mir dieses *err* nicht spaßhalber rausrutschte, als ich artig ihre Fragen beantwortete.

Wir fuhren nach Bad Ischl zur bekannten Konditorei Zauner. Ich durfte mich an feinsten Tortenstücken sattessen. Dazu mein Lieblingsgetränk Kakao. Diesmal sollte es sogar heiße Schokolade sein (bei dem heißen Wetter). Ich wünschte sie mir – wenn auch zaghaft – bekam sie, mit einem leicht ermahnenden Blick vom Dorfleiter. Anschließend spazierten wir durch den Kaiserpark. Währenddessen ununterbrochen Fragen über Fragen an mich gerichtet.

Wieder zurück nach Gmunden. Ein Kurzbesuch im Schloss Ort. Auf der Esplanade bummelten wir noch eine Weile. Und wieder Fragen, Fragen, Fragen... Tante Hannah wollte alles und das sofort von mir wissen. *Oaahh...*

Zuletzt kaufte meine Tante Hannah Tortenstücke, für jedes Kind in unserem Hause und eines für Mama. Ich durfte sie auswählen. Zuletzt bekam ich noch eine richtig große Tüte gemischtes Eis. Wahrlich ein Feiertag für mich. Vergessen war der Zirkus, die Clowns, die Tiger und Löwen.

Daheim waren inzwischen alle vom Zirkus Rebernigg wieder zurück. Meine Mama war sichtlich aufgeregt – bei so einem seltenen Besuch vom anderen Ende der Welt. Für die Kinder wars natürlich prima, weil es für jedes ein Tortenstück mit Saft gab. Es war wirklich eine sehr herzliche Stimmung. Mama verstand sich auf Anhieb mit meiner Patentante Hannah. Sicher war die sprachliche Verständigung mit ein Grund. Müssten wir englisch mit ihnen sprechen, wären wir stumm vor ihnen gesessen. Niemand von uns konnte Englisch, vielleicht Emil ein bisschen. Und der Dorfleiter. Doch dieser war inzwischen verschwunden, um den hohen Hawaiigästen ein akzeptables Hotelzimmer in Gmunden zu organisieren. Der Besuch blieb auch noch zum Abendessen. Anschließend führte der Dorfleiter die beiden ins Hotel, ich durfte wieder mitfahren. Beim Nach-Hause-Fahren ermahnte er mich, immer schön bescheiden und höflich zu sein, schön laut und deutlich zu antworten, wenn ich etwas gefragt werde und nicht nur irgendwas in meinen (nicht vorhandenen) Bart zu murmeln. *Wenn das so einfach wäre – was die so alles von mir wissen wollte. Von mir, der Erwachsenen gegenüber immer so schüchtern war. Ich kannte sie doch gar nicht, bloß das Wenige aus den Briefen und Paketen, die sie mir immer schickte.* Ich versprach ihm jedoch, mich zu bessern.

Der Dorfleiter holte die Gäste aus Hawaii auch am nächsten Morgen vom Hotel ab und brachte sie ins Dorf. Etwas überdreht spielte ich den aufgeweckten Jungen. Das gefiel mir jedoch überhaupt nicht. Ich fiel wieder in meine natürliche, schüchterne Art zurück. So war ich nun mal. Bemühte mich aber, schön laut und deutlich zu antworten, wenn ich etwas gefragt wurde.

Wir, meine Paten, der Dorfleiter und ich, saßen im Büro des

Dorfleiters. Zu Mittag mussten die Gäste aus Hawaii in Attnang Puchheim in einen Schnellzug nach Wien steigen. Erstmals seit ihrer Flucht aus Österreich, damals vor Kriegsbeginn, fuhr meine Tante Hannah wieder in ihre Heimatstadt Wien.

Nachdem sie wusste, dass ich bald Geburtstag habe, wollte sie mich mit einem Geschenk überraschen. Ich sollte mir was wünschen. Na mehr brauchte ich nicht! Ich, der eh so schüchtern war, sollte sich in diesem Moment für ein Geschenk entscheiden. Hätte sie mich doch schon gestern abends gefragt, ich hätte die ganze Nacht darüber nachdenken können, die Für und Wider aller meiner Wünsche abwägen, vor allem von verschiedensten Geschenkevarianten träumen können. Aber so, jetzt...?

Ich wusste einfach nicht, was ich sagen sollte. Saß nur stumm da und glotzte meine so liebe Tante Hannah aus Hawaii, die mir unbedingt eine Freude machen wollte, verzweifelt an. Alle drangen auf mich ein, der Dorfleiter, auch der so schweigsame Ehemann und natürlich meine Tante. Sie wollten unbedingt wissen, was ich mir denn wünsche. Ich stotterte was herum von *...i hob jo eh ois wos i brauch...* und so ähnlich. Aber man hat doch immer einen besonderen Wunsch, meinte der Dorfleiter (danke, lieber Dorfleiter). Es formte sich plötzlich ein Wunsch in mir. Ein unheimlich schöner und teurer. Nein, das durfte ich mir nie wünschen. Ich dachte an die gestrigen Worte des Dorfleiters *...immer schön bescheiden sein...*

Ich saß plötzlich nur noch stumm vor mich hinstarrend und ein Angstgefühl kroch meinen Körper hoch. Tränen drangen unkontrolliert aus meinen Augen. Ich war hilflos. Alle wollten von mir, dass ich mir endlich etwas wünschte und ich brachte kein Wort heraus. Meine liebe, liebe Tante Hannah kam mir zu Hilfe. Sie bat die beiden anderen, sie mit mir allein im Zimmer zu lassen. Sie nahm den Block, der vor ihr am Schreibtisch lag, griff sich einen Kugelschreiber und begann zu zeichnen. Strichmännchen-Kinder, eines nach dem anderen. Währenddessen erklärte sie mir in ihrem lustigen Englisch-Deutsch, dass das meine Geschwister vom Haus seien... die Mutter entstand aus der Kugelschreibermine, mit Rock und wallendem Haar... und dass alle darauf warten, was ich als Geschenk nach Hause bringen würde...

A Radl... a Foahradl... flüsterte ich plötzlich. Sie grinste und meinte, sie verstünde mich nicht recht.

Ein Radl... ein... ein Fahrradl... klang ich bereits sicherer.

Erleichtert lächelnd meinte sie, dass das ein sehr guter Wunsch wäre. Zeichnete ein Fahrrad, mit Speichen, Sattel, Lenker und Pedalen und mich noch dazu auf den Sattel. Fertig war ihre Zeichnung.

Poaahh... jetzant wora draust. Mei Wunsch. A Radl...

Meine Paten aus Hawaii waren wieder verschwunden. Der Dorfleiter und ich begleiteten sie zum Bahnhof. Wir standen am Bahnsteig und winkten ihnen nach, bis sie sich als Punkt in der Ferne auflösten. Weg waren sie. Wie ein exotischer Wirbelwind tauchten sie in meinem Leben auf und genauso verschwanden sie wieder. Zwei Tage, die meine Zukunft so sehr verändern würden. Damals ahnte ich es noch nicht.

Mein Fahrrad.

Ich bekam es genau eine Woche nach meinem Geburtstag. Persönlich durfte ich es vom Sportgeschäft in Gmunden abholen. Ein Traum in Chrom und blitzblau glänzend. Genauso funkelten meine Augen, als ich *mein* Fahrrad von Gmunden nach Hause schob. Ja, nach Hause schob. Ich wagte es nicht, damit zu fahren. Ich wollte daheim in Ruhe die Bedienungsanleitung durchlesen, die hilfreichen Tipps des Verkäufers ausprobieren. Denn es war ein Drei-Gang-Super-Sport-Rad. Ich war wie verrückt vor Freude und konnte mich an dem glitzernden Fahrrad nicht sattsehen. Am liebsten hätte ich es abends neben mein Bett gestellt.

Der Brief an meine Tante Hannah aus Hawaii war dementsprechend rührend vor Dankesworten. Wegen dieses wunderschönen Rades. Ich schrieb von den Vorzügen dieses tollen Gefährts, versprach, daheim immer brav zu sein und das Unmögliche, ab jetzt ein guter Schüler zu werden. Ihr zuliebe, um zu zeigen, wie dankbar und glücklich sie mich mit diesem atemberaubenden Geburtstagsgeschenk machte.

Und – Wunder, oh Wunder – ich wurde ein guter Schüler. Still und unauffällig. Eigentlich begann meine positive Wendung ja schon mit elf-zwölf Jahren. Nach dem schlimmen Schuljahr mit dem Lehrer in der fünften Klasse. Daran aber war mein neuer Lehrer nicht unbeteiligt. Diesen nämlich mochte ich sehr. Vielleicht, weil er mich und meine kindlich-kreativen Ideen verstand. Sicher aber, weil er ein fröhlicher und gerechter Lehrer war.

Mit dem Gangrad kam auch schon der erste Ärger.

Nachdem ich in den folgenden Tagen im Dorf damit meine Runden zog, die technischen Feinheiten aus dem Rad kitzelte, das Schalten der Gänge lernte, suchte ich mehr Platz, längere Straßen, um dieses neue Gefühl der rasenden Freiheit auszukosten. Dieses Wunderrad fuhr wie der Teufel, ließ sich von mir wie Butter lenken. Die Gänge klackten lässig in ihre Position, genauso wie ich es ihnen befahl. Wenn ich in die Pedale stieg, bäumte es sich wild und freudig erregt auf. Ein Pferd edelster Rasse würde Old Shatterhand urteilen.

Die übliche Radrunde im Dorf: vom Einser-Haus, die Straße runter, eine enge Kurve nach rechts, dann geradeaus, vorm Kindergarten links einbiegend beim Gemeindehaus vorbei, weiterhin links, wieder geradeaus ein leichter Anstieg, am Neuner-, Achter-, Siebener- und Sechser-Haus vorbeiziehend, bis zu der Straße in Vierer-Haus-Nähe. Noch die Schleife mit Schwung (fliegende Kieselsteine) nehmend und wieder zurück bis zu unserem Haus.

Eine Strecke, die mir bald zum Hals raus hing. Außerdem spielten dauernd Kinder auf der Straße, also durfte ich ohnehin teilweise nur im Schritttempo herumkurven.

Wie wärs? Ein kleiner Abstecher, ein bisschen raus aus dem Dorf? Rechtzeitig zurück würde es niemandem auffallen. Die Mama um Erlaubnis fragen? Lieber nicht...

Raus aus dem Dorf, mit Schwung und rein in die erste Kurve.

Jaaahhh... das war ein Sausen, ein Dröhnen um meine Ohren. Wind kam auf. Fahrtwind. Genauso würde sich Old Shatterhand fühlen auf seinem edlen Hatatitla, wenn er die weite Prärie galoppierend bezwang. Jetzt verstand ich den Rausch der Geschwindigkeit. Den dritten Gang reingelegt und mit Schuss die Straße hinunter nach Altmünster. Dieses Rad fuhr sich phänomenal. Das Ticken der Gangautomatik klang wie eine liebliche, ja sehnsuchtsvolle Aufforderung *...fahr mich, tritt mich, sause mit mir in die Welt hinein...* Ich kam dieser Aufforderung ungefragt nach, erfüllte meinem Rad diesen Wunsch und trat wie ein Wütender in die Pedale. In Richtung unbändige Freiheit...

Und vergaß dabei die Zeit.

Natürlich kam ich um Stunden zu spät. Zu spät, um mein unerlaubtes Verschwinden unentdeckt sein zu lassen. Auch deswegen, weil das Abendessen längst vorbei war.

Nachdem ich zuerst nach Altmünster fuhr und weil es so flott lief, weiter nach Traunkirchen radelte. Jetzt war ich ja fast schon in Ebensee, also stieg ich nochmals auf die Tube sozusagen, die paar Kilometer weiter, die Tunnels durch bis nach Ebensee. Retour ging es dann nicht mehr so schnell, weil Gegenwind war und mir die Puste ausging. Aber ein kleiner Abstecher nach Gmunden war noch drin. Mit hängender Zunge und strammen Waden trat ich noch einmal ordentlich in die Pedale, um den Berg zum Bahnhof von Gmunden zu bewältigen. Geschafft. Jetzt nur noch die lange Gerade am Bahndamm entlang und das kleine Hügerl bei der Lawog-Siedlung. Da war ich schon wieder. Daheim.

In meiner Euphorie über Geschwindigkeitsrausch und Faszination der Gangradtechnik vergaß ich eben die Welt um mich. Die Zeit und dass ich mich einfach aus dem Dorf verdrückte, ohne Bescheid zu sagen. Sowie die Gefahren, die auf den Straßen lauerten. Was hätte mir alles passieren können, so als völlig unerfahrener, frisch dreizehnjähriger Jungradfahrer.

Das Donnerwetter von Mama war berechtigt. Nachdem ich seit Stunden verschwunden war. Niemand wusste wohin. Nur ein Nachbarkind sah mich in einem Höllentempo aus dem Dorf radeln. Wirklich, was hätte alles passieren können. Die Ängste meiner Mama waren berechtigt. ...*Himmlblauasee, no dazua wou de Leit heit mit de Autos eh so wüd umadumrasn...*

Sie drohte mir an, ein Nummernschloss an mein Rad zu hängen, um mich und meine pedaltretende Ausreißfreude unter Kontrolle zu bekommen. Bitte, bitte liebe Mama, alles andere, nur das nicht. Lieber schreibe ich hundertmal: *Ich darf mit dem Fahrrad nicht unerlaubt...*

Sicher verstand sie meine unendliche Freude an diesem supertollen Gangrad. Meinen ungestümen Drang dieses edle Gefährt natürlich auch ordentlich einzufahren. Es war nur ihre Sorge um mich, dass mir Unerfahrenem ein Unglück passiere, ein Unfall gar, die sie auf die Palme trieb ...*Himmlblauasee...*

Ich kam dieses Mal ohne Strafe davon. Musste aber versprechen, es nie-nie-wieder-zu-tun und zukünftig vorher immer zu fragen, wenn ich aus dem Dorf fahren wollte.

Im Dorf gab es zwei andere Buben aus dem Zehner-Haus, die ähnliche Fahrräder besaßen. Es war naheliegend, dass wir bald zu dritt durch das Dorf kreisten. Wie Geier im Landeanflug zogen wir unsere Runden, die Dorfstraße rauf und runter oder quer durch die Wiesen. Saßen zusammen und diskutierten Vor- und Nachteile verschiedener Gangradtypen, testeten den

Lenker in verschiedenen Stellungen oder wir putzten am Rad herum, damit es glänzte und funkelte.

Fast täglich spielten wir das beliebte *Klingldecklfoahn*. Ein alter Klingeldeckel (dieser Metalldeckel, der das Klingeln am Fahrrad ermöglicht) wurde in die Straßenmitte gelegt. Mit Vorder- wie Hinterrad versuchte man nun, den Metalldeckel so knapp anzufahren, dass er mit einem Sprung (wie beim Flohhüpfen) auf die gewünschte Straßenseite sprang. Landete er auf der Wiese, so hatte man gewonnen. *Klingldecklfoahn* war ein herrliches Geschicklichkeitsspiel.

Auch bei den Erster-Mai-Feiern wurden im Dorf Wettbewerbe im *Klingldecklfoahn* oder auch im *Langsamfahren* (wer als Letzter durchs Ziel kam, war der Sieger) abgehalten.

Hin und wieder durften wir drei mit den Fahrrädern das Dorf verlassen. Ich erinnere mich noch an eine tolle Radtour zum Vorderen Langbathsee. Die Straße entlang durch Ebensee, hinauf in Richtung See: ein schweißtreibender Kraftakt. Diese durchgehend und ohne abzusteigen zu bezwingen, war einfach nicht zu schaffen. Hinunter rasten wir natürlich was der Drahtesel hergab.

Radfahren wurde meine neue Leidenschaft. Freiwillig fuhr ich einkaufen, besorgte unserer Mama blitzschnell alle gewünschten Dinge für Familie und Haus, soweit sie mit dem Rad zu transportieren waren. Das letzte Jahr in die Schule – nur noch mit dem Rad. Damit machte mir das Lernen noch mehr Spaß.

Auch meine wöchentlichen Musikstunden wurden um eine lästige Schlepperei erleichtert. Die Ziehharmonika, auf den Gepäckträger geschnallt und schon radelte ich, mit einer Hand das unhandliche Stück im Koffer hinter mir haltend, zur Musiklehrerin. Dass dieser Balanceakt nicht lange gutging, war vorherzusehen. Obendrein lag auf dem letzten Stück des Weges gefährlich rutschiger Kies.

Eines Tages geschah das vorhersehbare Unglück. Ich war

natürlich wieder einmal zu spät dran. Allein mit dem Rad wäre es locker zu schaffen gewesen. Aufgesessen, dritter Gang rein und ab mit Gebraus. Vom Dorf bis zur Musiklehrerin – mit dem Gangrad waren es keine zehn Minuten. Jedoch mit dem Ziehharmonikakoffer hinterm Rücken, dazu einhändig fahren und lenken, dauerte es mindestens doppelt so lang.

Den letzten, steilen Weg mit Kiesstreuung noch hinunter fahren. Aufpassen, die letzte scharfe Rechtskurve und...

Rrrraatsch, knarx, holter-di-polter...

Der Fliehkraft folgend löste sich der schwere Musikkoffer aus der Verankerung, entglitt meiner Hand und schlitterte wie ein Luftkissenboot über den Kiesweg. Geradeaus den steilen Weg hinunter, überschlug sich wahrscheinlich mehrmals.

Diese verdammte Ziehharmonika! Sie flog aus dem Kasten und purzelte ungeschützt den Hang hinunter. Was ich jedoch nicht mehr sah, sondern nur vermutete.

Denn ich lag selbst schon auf der Straße. Hingeschleudert, mit spitzen Steinen in den Handflächen und Knien. Höllisch brannten die aufgerissenen Wunden. Jedoch noch tragischer war, dass mein Rad Schrammen abbekam. Mein schönes, heißgeliebtes Rad. Ich war verzweifelt. Wütend.

Kruziteifl eini no amoi...!

Als der Schock vorbei war, kam langsam ziehend der Schmerz.

Aaahh... vadaummte Scheißee... tuat des weehh...!

Die Musiklehrerin verpflasterte meine Wunden. An Proben, wenn auch nur die Knopferlseite meiner Ziehharmonika zu drücken, war an diesem Tag nicht mehr zu denken. Das Instrument jedoch war spielbereit und hatte außer ein paar Kratzer und Abschürfungen nichts abbekommen. Aber mein blitzblaues, chromglitzerndes Drei-Gang-Rad, das bekam ein paar hässliche, weithin sichtbare Schrammen ab!

Meine Ziehharmonika im Koffer musste ich nach diesem Sturz wieder händisch zur Probe schleppen. Ein Grund mehr, dass ich mir schwor, nie wieder so eine *Ziehquetschn* in die Hand zu nehmen.

Eigentlich schade. Aber solch unschöne Erlebnisse prägten zeitlebens meine Aversion gegen Ziehharmonikas.

49 Der Lehrer Moser

Schulschluss 1961.

Endlich war die schlimme Zeit mit dem Quälgeist-Lehrer aus der fünften Klasse vorüber. Interessant war auch, dass nicht nur ich, sondern mehrere Kinder aus unserem Dorf ihre liebe Not mit dieser Lehrperson hatten.

Das konnte man Jahre später an unseren Zeugnisnoten nachlesen. Denn unsere Mama verglich die Noten aller Schuljahre ihrer Schützlinge. Dafür schrieb sie sämtliche Benotungen pro Jahr und Schüler in ein eigenes Heft. Eine Statistik, an der der alarmierende Absturz bei allen Kindern in der fünften Klasse abzulesen war.

Herbst 1961.

Gott sei Dank ein anderer Lehrer. In der sechsten Klasse lief es für mich schon wesentlich besser. Ich erinnere mich noch, wie er mit Begeisterung die Arbeiten eines seiner früheren Schüler vorlas. Wie er dessen Aufsätze lobte, vielleicht auch, weil dieser Schüler aus dem SOS-Kinderdorf kam. Darauf war ich besonders stolz, denn dieser Schüler war unser Hans aus dem Einser-Haus, aus meinem Haus. Hans konnte traumhaft spannende Aufsätze schreiben.

In den letzten zwei Schuljahren mauserte ich mich zum vorbildlichen, sogar mustergültigen Schüler. Was war passiert, ein

Wunder? Für mich schon. Doch diese positive Veränderung passierte nicht über Nacht, sondern über Jahre.

Viele Faktoren spielten mit. In erster Linie natürlich die liebevolle aber doch konsequente Erziehung meiner Mama. Sie verstand es, mich zu führen. Wusste um meine Schwächen, meine unerklärliche innere Unruhe, obwohl ich nach außen hin ein (immer mehr) ausgeglichener und vor allem fröhlicher Junge wurde. Sicher spielte auch die mit unbändiger Wucht in mein junges Leben eintretende Pubertät eine markante Rolle. Die heimlichen nächtlichen Befummelungen von Brigitte und mir verstärkten meine Nervosität zusehends. Weil sich mein schlechtes Gewissen sichtbar in meinem Gesicht spiegelte. War das in Folge der Weg zum mustergültigen Schüler? Fast möchte ich es glauben. Wenn ich schon nächtlich ein *gaanz Schlimmer* war, so müsste ich wohl tagsüber ein *gaanz Braver* werden. Wenn auch mit hochrotem Kopf.

Meine Stärken zu fördern war sicher nicht notwendig. Vielmehr musste ich eher in meinem kreativen Tun gebremst werden. Weil mich jede neue Herausforderung so in Beschlag nahm, dass ich alles andere herum vergaß.

Besonders meine letzten zwei Jahre im SOS-Kinderdorf Altmünster kamen meiner Traumvorstellung eines glücklichen Zuhauses nahe. Jetzt, als Ältester vom Einser-Haus, hatte ich Privilegien. Durfte länger aufbleiben, durfte im Bett noch bis 22 Uhr lesen. Durfte mit dem Rad in die Schule fahren. Ich hatte aber auch meine Verpflichtungen, denen ich jedoch (meistens) ohne Murren nachkam. Meine Dienstleistungen im Einser-Haus bestanden aus dem täglichen Tischabwischen, Sesselpolieren, Zusammenkehren und Badezimmerputzen. Wöchentlich fuhr ich mit dem Rad nach Altmünster, um die Einkäufe beim Hisch-Fleischhauer, Wolfsgruber-Gemüsehändler und Hufnagel-Feinkostmarkt zu tätigen. Beim Fleischhauer fielen meistens ein Stück Leberkäse oder ein paar Wurstradln ab (wie für einen artigen Hund, der ein Kunststück vorführte). Aber diese paar Scheiben Wurst waren ein freundliches Grüß-Gott allemal wert. Obendrein hatte ich Heimvorteil. Bei so oftmaligem Einkaufen kannte man mein fröhliches Gesicht bereits. Allerdings war der Fleischhauer der Einzige, bei dem etwas gratis abfiel. Bei den anderen half mein breites Grinsen nicht, die waren knausrig.

Für jedes Geschäft gab es ein kleines Notizbücherl. Ich ließ das Gekaufte und den Preis dafür eintragen. Am Monatsende fuhr Mama dann in die Geschäfte und bezahlte. Ich denke, die Geschäftsleute von Altmünster und Gmunden verdienten im Laufe der Jahre gar nicht so schlecht an den Kindern, Müttern und Tanten, eben an allen, die im SOS-Kinderdorf lebten.

Ich mochte ihn, den Lehrer Moser. In den letzten beiden Jahren sollte er für meine schulischen Erfolge zuständig sein, vorausgesetzt, ich gab ihm die Chance dazu. Doch diese bekam er von mir liebend gern. Denn er war ein warmherziger Mensch und guter Lehrer, den alle in der Klasse mochten.

Für mich wurde er wie ein Vater, wie ich ihn in diesen beiden Jahren gerne gehabt hätte. Es war das erste Mal, dass ich mir bewusst eine Vaterfigur suchte. Der Dorfleiter war sicher nett und fürsorglich. Dennoch hatte ich vor ihm nicht unbedingt Angst, eher Spundus, Respekt. Sicher hatte es mit dem Erlebnis zu tun, das er mir gleich zu Beginn seiner Amtszeit bescherte. Damals, als ich ihn kniend um Vergebung anflehte, mich nicht zu schlagen, während sein Bambusröhrchen haarscharf an mir vorbeiknallte. Wegen meiner schlechten Noten, den schlimmen Eintragungen in meinem Mitteilungsheft (meine Tadelseite). Daher wurde der Dorfleiter für mich nie einer, den ich mir als *meinen Vater* vorstellen wollte. Obendrein, wer teilt seinen Vater schon gern mit über hundert anderen Kindern.

Eine Mutter besaß ich, meine Mama im Einser-Haus. Aber manches Mal machte es mich wirklich traurig, keinen Vater mit Stolz als meinen zu wissen. Besonders schwer war es, wenn die

Klassenkameraden von ihren Vätern erzählten. Sie in den Himmel hoben, was die nicht alles könnten, schafften, seien…

Der Lehrer Moser wurde von mir heimlich als Vater auserkoren. *Einer, der nie nach Hause kam, nie über Nacht blieb, weil er immer auswärtig zu tun hatte.* Doch tagsüber war ich bei ihm – in der Schule. Mein Lehrer Moser, so weiß ich heute, war wesentlich daran beteiligt, dass ich in der Schule immer besser wurde. Denn ihn freute meine rege Mitarbeit. Er half mir über meine Lernschwächen hinweg.

Meine Mama wunderte sich über meine steten Lernerfolge, konnte mich plötzlich loben und war stolz auf mich. Wobei sicher die Knochenarbeit an ihr hängenblieb – mich anzuhalten, zu kontrollieren. Mich fast täglich in den Lernfächern von Erdkunde bis Naturlehre abzuprüfen. Meine endlosen Stunden des ewigen Büffelns.

Zuletzt der Dorfleiter, schlichtweg begeistert war er von mir. Sicher dachte er, seine damalige Bambusröhrchen-Drohgebärde hätte bei mir *den Knopf aufgehen lassen.*

Um ehrlich zu sein, alle drei dürfen sich eine wohlverdiente Scheibe abschneiden, an meiner Bekehrung zum mustergültigen Schüler. Natürlich auch ich darf mir eine abschneiden, denn ohne meinen Willen, meiner Mitarbeit wäre das Projekt *braver Wolfi* nie gelungen.

Letzten Endes wurde aus mir im Laufe vieler SOS-Kinderdorfjahre, trotz triestem Elternhaus und schrecklichem Pflegeplatz, ein überaus glücklicher, fröhlicher und fleißiger Junge.

Als ich älter wurde beschäftigten mich auch Geschehnisse, wie sie in der Welt passierten, immer stärker.

Meine erste Begegnung mit *außerdörflichem* Weltgeschehen ereignete sich schon Ende Mai 1958, als unterhalb des Kinderdorfes Soldaten des Österreichischen Bundesheeres im Wald ihr Lager aufschlugen. Wir Kinder vom Dorf standen förmlich Kopf vor Aufregung, als die Jungmänner aufmarschierten und ihr Zeltlager aufbauten. Sofort nach Schule und erledigten Hausaufgaben liefen wir zum Soldatenlager hinunter, standen fasziniert außerhalb des abgesperrten Bereiches und beobachteten jeden Handgriff der Soldaten. Zum Abschluss des Manövers wurde eine Feldmesse – in diesem Falle eine Waldmesse – abgehalten, zu der man auch die Bevölkerung eingeladen hatte. Anschließend durften wir Kinder die Soldaten *ausfratschln*, uns die Jeeps und allerhand anderes Militärzeug vorführen lassen.

Mich interessierten vor allem die Jeeps, jene von den Amerikanern hinterlassenen Autos, die sie nicht mehr mit in die USA nahmen, als 1955 der letzte Soldat österreichischen Boden verließ. Ich durfte sogar in einem Jeep sitzen. Und als ich noch ein Stück Schokolade von einem der Soldaten erhielt war meine Achtung vor unseren zackigen Landbeschützern gewaltig. Zackig deswegen, weil die Marschlieder, die sie sangen, mindestens genauso klangen, wie unsere in Caldonazzo. Wenn wir zur Kirche marschierten. Meinte zumindest mein Bruder, der schon in Caldonazzo war. Ich sollte selbst bald mitmarschieren, da es für mich im Juli 1958 das erste Mal hieß: auf nach Caldonazzo. Das Jahr zuvor lag ich nämlich mit Röteln im Krankenhaus Gmunden.

Als Nikita Chruschtschow 1960 bei einer UNO-Versammlung mit seinem Schuh auf den Tisch schlug, fanden wir Kinder das irgendwie lustig, weil da ein Glatzkopf seinen Schuh auszog und wie ein unartiges Kind damit herumklopfte. Gesehen hatte ich es ja nicht, aber von den Erwachsenen schnappte ich das Geschehene auf, während sie mit düsteren Mienen den Vorfall diskutierten. In der Schule erfuhren wir von den Lehrern, wie gefährlich die Welt am Rande eines Krieges stand. Auf dem Schulweg debattierten wir Kinder daraufhin großgoschert-naiv über Panzer, Düsenjäger, Kriegsschiffe und Kanonen, welche die Amerikaner gegen die Russen einsetzen würden. Denn die Amerikaner seien unsere Freunde. Überhaupt, mit John F.

Kennedy als Präsident hätten die Russen ohnehin nichts zu lachen.

Im August 1961 teilte eine hässliche Mauer Berlin in Ost und West. Die Menschen waren schockiert. Weil sie hinnehmen mussten, dass – ihrer Meinung nach – nicht einmal ein Präsident aus Amerika etwas dagegen ausrichten konnte. Als Elfjähriger stellte ich mir vor, wie es wäre, wenn eine hohe Mauer mitten durch unser Dorf gezogen würde. Schrecklich, mein bester Freund Heinzi wäre hinter der Mauer. Wir könnten uns nie wieder treffen, Zauberpulver mischen, Steine sprengen oder feindliche Indianer bekämpfen.

Die Berliner Mauer zog sich wie ein Faden durch mein Leben. Als ich in den siebziger Jahren oftmals diese Mauer passieren musste, für Auftritte oder um meinen Bruder in Berlin zu besuchen. In den Achtzigern, als wir mit der Popgruppe Blue Danube im *Palast der Republik* auftraten. 1989 konnte ich gemeinsam mit meinem Bruder den Fall der Berliner Mauer hautnah miterleben. Auch wir standen mit Hammer und Meißel und klopften zur Erinnerung Betonstücke aus dem hässlichen Bollwerk einer menschenerpressenden Diktatur.

Jedoch als Ende Oktober 1962 die Kubakrise ausgelöst wurde und alle von einem Atomkrieg sprachen, bekam ich erstmals furchtbare Angst jetzt wirklich sterben zu müssen. Wegen der blöden Russen und Amis. Nur weil die sich nicht vernünftig verständigen konnten, sollte die Menschheit durch Atombomben zugrunde gehen. Wir hatten in der Schule vom schrecklichen Atombombenabwurf auf Hiroshima und Nagasaki im Jahr 1945 gehört. Die Amerikaner waren die Bombenwerfer. Die Mörder. Damals im Krieg, als dabei über zweihunderttausend unschuldige Männer, Frauen und Kinder innerhalb einer Sekunde umkamen. Durch die furchtbaren Atomstrahlen, die einen bei lebendigem Leib zerstören, gingen Jahre später immer noch

unendlich viele Menschen jämmerlich zugrunde. *Ich war doch erst zwölf Jahre alt und sollte schon wieder sterben...?*
Warum? Ich war noch nicht einmal erwachsen. Die Mama, mein Bruder, die anderen Kinder, das SOS-Kinderdorf – alle, alles vernichtet? Wir hatten doch niemandem etwas getan! Überhaupt, wir Österreicher waren doch neutral und keiner dürfe uns etwas antun. Doch Atomstrahlen kümmern sich nicht um Grenzen. *Sie sind genauso grenzenlos wie die Dummheit der Menschen.* Leider, so sei es eben, erklärte es uns die Mama. Aber das würde Gott doch nie zulassen, oder doch? Von der Schule aus gingen wir in die Kirche, um für den Frieden in der Welt zu beten. Dieses Mal betete ich aufrichtig und innig mit.

Ab Juni 1963 verband die Russen und Amis wenigstens ein heißer Draht, *das Rote Telefon,* um solche Missverständnisse (?) zukünftig zu verhindern.

An meinem Geburtstag im Juni 1990 flogen mein Bruder und ich (gemäß unseres Weltreise-Gelübdes) nach Moskau, um die Hauptstadt einer zerbröckelnden Weltmacht zu besichtigen. Wir standen im Nowodewitschi-Friedhof vor dem Chruschtschow Grabmal. Mit der Kindheitserinnerung, dass dieser Mann beinahe den dritten Weltkrieg ausgelöst hätte.

Am 23. September 1963 geschah ein Bombenanschlag auf die Ebenseer Saline. Ein Mensch kam dabei ums Leben und zwei weitere wurden schwerstens verletzt, als sie die Sprengladungen entschärfen wollten. Auch eine Gondel der Feuerkogel-Seilbahn wäre durch gelegte Bomben in die Tiefe gestürzt, hätte man diese nicht rechtzeitig entdeckt und entschärft. Das bekannte Löwen-Denkmal, das zwischen Traunkirchen und Ebensee stand, wurde von den Attentätern ebenfalls in die Luft gesprengt. Wochenlang waren diese furchtbaren Anschläge Tagesgespräch. Es hieß, Südtiroler oder Italiener, die sie *Bumser* nannten, seien die Täter, die angeblich schon zwei Jahre zuvor das Andreas Hofer-Denkmal auf dem Berg Isel in die Luft sprengten.

Heute noch, wenn ich in der Gegend bin und einen Blick auf den Löwen zwischen Traunkirchen und Ebensee werfe (wegen des dichten Tunnelnetzes nicht mehr so leicht möglich), denke ich an diesen Tag, fällt mir die damalige Vermutung *...des woan bestimmt de Bumsa do aus Südtirol...* ein.

Wie die gesamte Weltbevölkerung, so traf auch mich Dreizehnjährigen der Schock, als John F. Kennedy in Dallas ermordet wurde. *Der Kennedy,* mein großes Idol. Männer wie er, wie Hermann Gmeiner oder mein Lehrer Moser, waren meine absoluten Vorbilder.

Etwas in der Art, was diese Menschen darstellten, wollte ich einmal werden. Wobei mir der Lehrer Moser am nähesten erschien, weil ich nie ein Präsident oder ein SOS-Kinderdorfgründer sein wollte. Lehrer allerdings auch nicht. Aber ich wollte etwas Besonderes werden, wollte Sinnvolles für die Welt tun. Es gab ja noch andere interessante Berufe.

Architekt oder Möbelgestalter. Diesen Floh setzte mir meine Tante Hannah aus Hawaii ins Ohr. Sie stellte sich vor, dass ich ein berühmter Architekt, ein Maler oder ein Designer werden würde. Ich musste mich erst schlau machen, was ein Designer denn eigentlich sei. Ein Planer, ein Gestalter. Ein Mensch, der seine Ideen skizzierte, auf dem Zeichentisch entwarf und sie dann bauen ließ.

Das Attentat auf Kennedy passierte am 22. November 1963, einem Freitag. Hinterrücks wurde er im offenen Auto erschossen. Am Tag darauf fuhr ich, wie jeden Samstag, nach Altmünster, um den wöchentlichen Einkauf zu erledigen. Als ich mit meinem Rad vollbepackt wieder nach Hause strampelte, erklangen plötzlich von allen Seiten Kanonenschüsse. *Jetz is da Kriag ausbrochn, weus den Kennedy daschossn haum.* Wie ein Verrückter radelte ich – nur schnell, schnell nach Hause. Wer weiß, ob ich es noch schaffen würde...

In meiner Panik raste ich eine Schotterstraße entlang, bog zu rasant in eine Kurve ...*uiihhh vui zschnö*... und drückte beide Bremsen. Schon flog ich aus dem Sattel. Das Eingekaufte purzelte auf die Straße.

Vaflixt-vahunzte Schottastroßn...

Daheim war, bis auf die schreckliche Tatsache, dass der Kennedy ermordet worden war, alles wie gewohnt. Die Schießerei? Bei größeren Bauernhochzeiten war es üblich, dass die Freunde der Brautleute ein gewaltiges Böllerschießen veranstalteten. Von Bauernhof zu Bauernhof.

Dezember 1963.

Im Unterrichtsfach Musikerziehung (früher hieß das Fach *Singen*) schrieb der Lehrer einen kleinen Vers auf die Schultafel:
Eins, zwei, drei – mit schwerem Schritt,
aus dem Wald der Niklaus tritt.
Seinen Sack voll guten Gaben,
sollen die braven Kinder haben.

Daraus sollten wir als Prüfungsarbeit ein Lied komponieren. Aus dem Kopf heraus und ohne Instrument. Sich eine passende Melodie einfallen lassen, vor sich hinsummen und die Noten dafür in vorgedruckte Notenblätter eintragen. Ein Gesumme und Gebrumme entstand zwischen nervösen, hilflosen Seufzern. Noten wurden prinzipiell mit Bleistift geschrieben, damit der musikalische Genius in uns nicht durch eine falsch gesetzte Note irritiert wurde. Die Möglichkeit einer Korrektur war erlaubt. Was auch bald zu hören war, denn ein heftiges Radieren auf den Notenblättern ließ manchen Summer verstummen. Gab es doch in unserer Klasse kaum ein musikalisches Talent. Nur wenige konnten eine Musiknote (mit und ohne Fähnchen) von einem Fliegenschiss unterscheiden. Und der Violinschlüssel war sicher der Schlüssel zum Geigenkasten.

Dieses Mal hatte ich es leichter, da ich durch den Musikunterricht und mein Ziehharmonikaspielen mit Noten, Pausen, Bass- und Violinschlüssel umzugehen wusste. Auch eine Melodie zu finden war nicht schwer. Als die Stunde der Wahrheit kam und der Lehrer einige der Notenwerke am Harmonium vorspielte, krümmten wir uns vor Lachen, wegen der chaotisch-tragischen Notenläufe mancher Tonkünstler. Als er mein Werk in die Hand nahm, holte er mich zum Harmonium hin und forderte mich auf, meine Notentat selbst vorzutragen. Der Lehrer Moser wusste nämlich, dass ich Ziehquetsche lernte. Ich setzte mich vor die Tasten und begann zaghaft meinen Song zu spielen. Plötzlich wurde es mucksmäuschenstill und alle hörten zu. Er bat mich, mein Werk noch einmal zu spielen, aber nicht so zaghaft – und den Text mitzusingen. Kaum verklang der letzte Ton, begannen alle zu klatschen und zu pfeifen. War mir das peinlich! Heiß schoss mir das Blut in die Birne, knallrot und verlegen vor soviel Applaus.

1984 produzierte ich mit dieser Melodie einen Werbejingle für einen der größten deutschen Reiseveranstalter.

Würde mein vielgeliebter und verehrter Lehrer Moser noch leben, er hätte gelächelt und mir zugezwinkert. So wie damals beim Harmonium, als mir die Röte der Verlegenheit ins Gesicht schoss.

Was ist... was hast du da... einen Brief?
Komm... an die Tafel mit dir... und nimm den Brief mit!
Der Brief war eine Wucht, der Ausbund an Verbotenem, an Schlechtigkeit, an Schweinischem, das wussten wir. Der Junge, der diesen Brief mit in die Schule brachte, riss eine Farbe auf und stolperte zaghaft zur Tafel. In seiner Hand das verräterische Teufelswerk.

Im Grunde genommen war es bloß ein heftiger Liebesbrief, den der Junge daheim auf dem Bauernhof seiner Eltern fand.

Angeblich ein Bekennerschreiben einer verliebten Magd an ihren Auserwählten. Geschrieben mit einem unlöschbaren Tintenstift auf beigem Linienpapier. Eine schöne Handschrift mit noch viel schöneren Worten und Ausdrücken, die uns Buben heftige Fantasien in die unwissenden, lernfähigen Hirne katapultierte. Denn vom Akt der zwei Liebenden handelte das Geschriebene. Deftige Beschreibungen ihrer Geschlechtsteile und des himmlischen Vollzuges. Soweit wussten wir schon Bescheid. Aber so pulsierend und so schweinisch (ein damaliges Lieblingswort des Religionslehrers) beschrieben?

Während der Pause starrten wir auf das neutrale Papier mit den so herrlich schändlichen Zeilen. Was ich las, fraß sich förmlich eine Schneise in mein bisheriges Sexualwissen, warf das winzige Wissen darüber glatt über den Haufen und ließ heftige Sehnsüchte in mir aufkeimen. *Waahh...*

Der Liebesbrief-Schüler musste zur Strafe nachsitzen. Nicht weil er den Brief bei sich hatte, sondern weil er den Unterricht mit diesem Brief störte und an der Tafel eine Niete war. Das schweinische Schreiben musste er wieder dorthin legen, wo er es fand.

Wir aber hatten daheim zu tun, denn im Brief war von der Länge des Pimmels die Sprache. Also maßen wir heimlich mit dem Lineal nach. Einer gab am nächsten Tag in der Klasse an, sein Zwanzig-Zentimeter-Lineal hätte leider nicht gereicht. *Seiner* sei noch etwa zehn Zentimeter drübergestanden. Das glaubte natürlich niemand. Dieser Angeber! Aber wer weiß, wenn es doch stimmte?

1964 war es an der Zeit, an meine berufliche Zukunft zu denken. Was wollte ich eigentlich werden? So wie meine Tante Hannah aus Hawaii es sich wünschte, ein berühmter Mann? Wie könnte man eine Berühmtheit werden, so ohne Geld ohne irgendwas. Meine Mama und ihre treffende Aussage: *du host a gsundes Hian und zwoa gschickte Händ. Mach wos draus, weu des is dei gaunzes Kapital...* immer wieder höre ich diese Worte.

Sie wollte nicht, dass ich in eines der Jugendhäuser des SOS-

Kinderdorfes übersiedeln sollte. Denn dort sei nicht das rechte Umfeld für mich. Meine Talente gingen gewiss verloren (wenn ich bloß wüsste, welche). Irgendwas musste an mir dran gewesen sein, weil sich Mama und der Dorfleiter für mich, den sensiblen Buben, so sehr einsetzten, damit ich weiterhin im Dorf bleiben durfte. Man würde schon was finden, wo ich meine Talente voll entfalten könnte.

In Hallstatt gab es die Bundesfachschule für Holzbearbeitung. Eine berühmte Schule mit verschiedenen Ausbildungsrichtungen und einem dazugehörigen Internat. Ähnlich dem Pensionat am Rande von Gmunden, wo die Töchter begüterter Eltern zur Schule gehen durften. Also etwas ganz Elitäres, wie die besten Lehranstalten in England und Amerika.

Diese tolle Schule in Hallstatt sollte ich besuchen, wurde befunden und entschieden. Ich, das jahrelang nervöse Sorgenkind Wolfi. Doch diese Zeit war längst vorbei, vergessen, überstanden und abgeschlossen. Jetzt war ich ein fröhlicher, wegen meines pubertären Pickelgesichtes zur Zeit weniger glücklicher Vierzehnjähriger. Ja, ich würde diese Schule besuchen. Vorausgesetzt, ich bestand die Aufnahmeprüfung. Denn diese war sehr streng, weil es jedes Jahr viel zu viele Anmeldungen gab.

Anfang des Jahres 1964 fuhr der Dorfleiter mit mir nach Hallstatt. Der Schuldirektor zeigte uns persönlich den gesamten Schulkomplex sowie das Internat. Staunend und befangen ging ich hinter Direktor und Dorfleiter in große Räume, wo Bildhauer an ihren Werken herumklopften, Tischler an ihren Möbelstücken schliffen und bohrten. In einem Zeichensaal standen Burschen gebückt über große Zeichenbretter und hantierten mit langen Linealen und Tuschezeichnern. Ich gab einem Professor im weißen Mantel höflich die Hand, bekam rote Farbe im Gesicht und stotterte meinen Namen, als ich ihm vorgestellt wurde. Geistesabwesend wandte er sich bald einem der Zeichnenden zu. *Des fangt jo guat on, imma kriag i an rotn Schädl...*

Beim Nach-Hause-Weg erklärte mir der Dorfleiter, was für

eine große Chance es für mich sei, diese Schule besuchen zu dürfen. Ich wäre der Erste vom SOS-Kinderdorf, der eine solche Chance hätte. Für mich hieße das Ziel für die nächsten vier Jahre: lernen, lernen und nochmals lernen...

Ich versank noch mehr im Autositz, kam ins Schwitzen und dachte an die schwere Aufnahmeprüfung. Die musste ich einfach schaffen. Obendrein offenbarte mir der Dorfleiter, dass ich ausnahmsweise und als Einziger erst nach den Caldonazzoferien, eine Woche vor Beginn der Schule, in Hallstatt die Aufnahmeprüfung machen müsste. Das auch noch, ich ganz allein vor einer Prüfungskommission!

Er nahm mir das Versprechen ab, dass ich mich voll auf diese Schule konzentrieren würde. Immer wieder erklärte er, wie wichtig für mich, wie selten diese Gelegenheit wäre. Dass er stolz sei, wenn ein Bub aus seinem Dorf diese Bundesfachschule für Holzbearbeitung in Hallstatt absolviere. Dass er mich dabei voll unterstützen würde.

Als bald darauf in unserer Schule in Altmünster ein Berufsberater auftauchte, erzählte ich von dieser Schule in Hallstatt. Dass ich die, positiver Aufnahmeprüfungsbescheid vorausgesetzt, besuchen würde. Der Lehrer Moser wollte Genaueres wissen und so musste ich vor allen in der Klasse von meinem Besuch in Hallstatt berichten – wie immer mit hochrotem Kopf. In der Pause meinte einer zu mir *zeast muasst übahaupt amoi de Aufnahmeprüfung damocha...*

Jetzt wusste ich es: die schaffe ich.

Hundertprozentig!

Der Zufall wollte es, dass wir von der Schule aus für einen Tag nach Obertraun fuhren. Um mit der Seilbahn auf den Krippenstein zu gondeln und die Dachstein-Riesenhöhlen zu besichtigen.

Als wir mit dem Zug an Hallstatt vorbeifuhren, zeigte ich dem Lehrer das große Gebäude, nahe am See gelegen. Ja, da... dort drüben, wo sich das große Doppelhaus ganz nahe im Wasser drin spiegelt, da ist sie, *meine Bundesfachschule für Holzbearbeitung in Hallstatt.*

Er, der Lehrer Moser, lächelte, legte seine Hand auf meine Schulter, drückte sie leicht. Ich grinste und ein Gefühl unendlichen Stolzes durchströmte mich.

50 ...und wieder nach Caldonazzo

Das letzte Mal, dass ich als Kind meine Ferien in Caldonazzo verbrachte. Nie wieder war ich so unbeschwert in den Urlaub abgetaucht wie damals.

Die Ferien in Caldonazzo wurden für mich ja schon seit 1960 sehr vergnüglich. Es liefen nur die ersten beiden Jahre nicht so besonders gut. Ab den Sechzigern kamen mit uns Altmünsterern andere Erzieher nach Caldonazzo. Keine *Schleifertypen* mehr, die unbedingt meinten, aus uns eine urwalderprobte Rangertruppe bilden zu müssen. Mittlerweile gestalteten sich auch die Erziehungsmethoden als wesentlich menschlicher. *Gsunde Watschn, Kopfnüsse* und andere Züchtigungsrituale zur Erreichung gefügiger Kinderdörfler sollten endgültig der Vergangenheit angehören.

Das Caldonazzoferienlager wurde (m)ein sechswöchiges Paradies. Rückblickend wage ich zu behaupten, dass unser Dorfleiter wesentlich dazu beitrug, nachdem er ab den sechziger Jahren selbst im Lager anwesend war. Sozusagen als der Feriendorfleiter der Altmünsterer. Somit war uns ein unbeschwertes Caldonazzofeeling sicher.

Ich lernte Schwimmen. Wenn ich auch kein schneller Krauler war, so immerhin ein Schwimmer mit unendlicher Ausdauer.

Die vielen Wandertage und strapaziösen Bergtouren machten mich zu einem widerstandsfähigen Bergfex. Bei meiner späteren Bundesheerzeit konnte ich dank meiner jahrelangen Caldonazzoerfahrung, und auch dank der SOS-Kinderdorferziehung viele Vorteile (Wochenenddienstfrei, Überzeitscheine, Heimschläfergenehmigung) für mich rausschinden, wenn es die Ordnung (Bettenbau, Spind und Kleidung) sowie die Kraft und Ausdauer bei Orientierungsläufen mit komplettem Sturmgepäck betraf. Ich gehörte *immer* zu den Ersten, die im Ziel auftauchten – manchmal sogar noch das Weichei unserer Gruppe auf dem Rücken durch das Tor in die Kaserne schleppte. Weil eben nur die gesamte Mannschaft siegen konnte. Was machte man nicht alles, nur um dieser Kasernen-Öde zu entfliehen.

In Caldonazzo lernte ich auch, wie man nur mit Sonnenkraft und der Linse einer Taschenlampe in ein paar Minuten einen Liter Wasser zum Kochen brachte. Ob ich das heute noch schaffe? Beim nächsten heißen Sommertag werde ich es wissen.

Meine Pflichtschulausbildung hatte ich hinter mich gebracht. Es waren manch harte Jahre, begonnen mit Angst und Unsicherheit, mit Tränen der Rebellion sowie Phasen der folgsamen Fügung, die mich letztendlich zum angepassten Streber formten, der ich nun plötzlich war. Wollte ich das überhaupt sein?

Ich, der Baumstumpfdorf-Erbauer, Esel-Erschrecker, lianenrauchende Indianer-Shatterhand, Steine-Sprengmeister, Karl-May-Abenteuerfresser, Leuchtraketen-Erfinder, Drachen-Konstrukteur, Briefmarken-Sammler und -Aussteller, Ölbilder-Maler, notorische Orakelbefrager, rasende Dreigang-Fahrradler, Meister der geräuschlosen, mitternächtlichen Liebesfummelei. Ohne weitere Folgen, außer hin und wieder fleckige Leintücher. Und ein endlos schlechtes Gewissen, dessen ich mich mit regelmäßigem Beichten entledigte.

Wollte ich also wirklich das sein, was ich still und heimlich wurde – ein angepasster Musterfurz? Ja!

Ja, nochmals ja!

Es blieb mir bei dieser jahrelangen liebevollen Erziehung und

Fürsorge doch nicht anderes übrig. Ich erfüllte sogar die geforderten Lernziele, damit ich zur Zufriedenheit aller (meiner mit eingeschlossen) ein mustergültiger Kinderdörfler, *a gaunz liaba Bua* wurde. Ein glücklicher dazu.

Ich sollte erst in Hallstatt, in der Phase der zweiten Pubertät, mächtige Probleme bekommen. Die nahtlos in die siebziger Jahre überflossen, als mich eine frühzeitige Midlife-Crisis permanent hin- und herbeutelte. Meine Seele, mein Herz, selbst mein Körper nicht mehr wusste, wohin, warum und überhaupt. Oder gar in den Achtzigern und Neunzigern, als mich Affären und Businessjäger wie einen zum Abschuss frei gegebenen Hasen vor sich hertrieben – in meiner selbstgewählten Freiheit als Geschiedener und Vater von zwei süßen Töchtern sowie als kreativer Freelancer-Unternehmer.

Jetzt aber, mit meinen vierzehn Jahren, stand mir im Juli 1964 erstmals eine Hürde außerhalb des SOS-Kinderdorfes bevor, die Aufnahmeprüfung in Hallstatt.

Aber erstmal waren sechs fantastische Wochen unbeschwerte Ferien- und Abenteuerzeit in Caldonazzo *durchzustehen*.

Ein wunderbares Gefühl, eine längst gewohnte und doch immer wieder von Neuem aufregende Situation: die Nacht, in der wir in das Ferienlager nach Caldonazzo fuhren. Die zwei Autobusse, die uns Kinderdörfler um Mitternacht nach Attnang Puchheim brachten. Mit viel Hektik, Gedränge und Geschiebe, hinein mit uns Altmünsterern in den Zug und los ging sie – *ratammtatamm-ratammtatamm* – die Reise nach Caldonazzo.

Dieses Mal würde ich als Zeltführer die Kleinen übernehmen. Der Dorfleiter wählte mich dazu aus und Emil sollte mir als Hilfe zur Seite stehen. Wir führten ein mustergültiges Zelt, auch wenn ich mit Emil immer wieder in Clinch geriet. Streitthemen entwickelten sich aus den nebensächlichsten Dingen. Wir waren wie zwei machthungrige Raubkatzen, die ein letztes Mal ihre nervenden Revierkämpfe im Sommercamp austrugen.

Doch Caldonazzo und das Lager waren groß genug für uns zwei sturen Böcke. Man konnte sich großzügig aus dem Weg gehen.

Nicht jedoch wenn wir im gemeinsamen Zelt lagen. Daher war es nur eine Frage der Zeit, dass es wegen einer, wie üblich halblustigen Pflanzerei zwischen uns krachte. Schon lagen sich Zeltführer und Hilfszeltführer in den Haaren, wälzten sich bei Sonnenuntergang zwischen den Zelten. Peinlich – ich in Vorbildfunktion als amtierender Zeltführer.

Es sollte mein letzter Fight mit Emil sein. Im folgenden Jahr wäre er im SOS-Jugendhaus in Innsbruck und ich in Hallstatt *(die bestandene Aufnahmeprüfung vorausgesetzt)*. Das wäre doch weit genug auseinander. Nicht auszudenken, ich müsste ebenfalls nach Innsbruck übersiedeln.

Heute, nach so vielen Jahren, ist unser damaliger Machtkampf längst vergeben und vergessen. Nur diese eine letzte Rauferei, behauptet Emil noch immer, hätte er gewonnen. Soll er seine Freude daran haben und den Sieg, auch nach so vielen Jahren, für sich beanspruchen. Er sei ihm vergönnt.

Jedoch wir vertrugen uns, wenn es um die Betreuung unserer jüngsten Altmünsterer ging. Wir lehrten ihnen das Schwimmen, sofern sie es nicht ohnehin schon konnten. Ein paar Wasserscheue waren immer dabei. Ich dachte an meine ersten beiden Jahre in Caldonazzo, als ich Nichtschwimmer, der das Wasser wie eine Hauskatze fürchtete, ins tiefe Wasser geworfen wurde. Vor Angst zu strampeln begann und dadurch schwimmen lernte. Wie human es doch jetzt im Ferienlager zuging. Ich half den kleinen Wasserscheuen mit grenzenloser Ausdauer. Nach den sechs Wochen schwammen alle Buben unserer Gruppe.

Die Wandertage waren manchmal eine mühsame Sache, weil nicht unbedingt jeder der Kleinen dorthin wollte, wo wir hinwanderten. Ich musste oftmals eine wahre Engelsgeduld aufbringen, um die Kleinen zu motivieren. Leider hatten wir ein paar rechte Mistsäcke in der Gruppe, die es verstanden, alle Augenblicke in den Büschen zu verschwinden oder kilometerweit hinten nachzuwatscheln.

War ich nicht auch so in diesem Alter? Fast nicht vorstellbar.

Der Weinberg, von uns liebevoll *Monte Vino* genannt, war ein beliebtes Wanderziel. Durch die steilen Weingärten schlängelte sich der Wanderweg, mit einem traumhaften Panoramablick über den Caldonazzosee und die gigantische Gebirgswelt.

Auf dem Bergkamm angekommen, stürzten sich die Kinder sofort zum Brunnen, nahe der Kirche der winzigen Ortschaft Tenna. So, als galt es diesen leerzusaufen, hingen die kleinen Altmünsterer wie ein Bienenschwarm am Wasserauslass.

Doch das eigentliche Ziel dieser Wanderung war die etwas höher gelegene Burg. Eine längst zur Ruine verfallene Festung aus dem ersten Weltkrieg. Geschützt in einer Mulde lag die mehrstöckige, zum Teil zerbombte Front. Das einzig Sichtbare an diesem Bollwerk. Denn der Rest war völlig verwachsen und mit Strauchwerk überwuchert. Dadurch noch gefährlicher, denn unsere Kleinen kraxelten auf und in diesem brüchigen Mauerwerk wie Bergziegen herum. Durch das teilweise Fehlen der Zwischendecken konnte man leicht über meterhohe Klippen in die Tiefe stürzen.

Wie die Schäfer trieben Emil und ich unsere kleine Herde vor der Festung zusammen. Immer darauf achtend, dass sie vollständig um uns versammelt war. Wusste ich doch selbst, wie herrlich man in diesen dunklen Gewölben herumstreunen konnte. Andere gehörig erschrecken, wenn sie sich im Dunkeln flüsternd die feuchtnassen Betonwände entlangtasteten. Wie gnadenlos einen der Schreck erstarren ließ, spürte man im Finstern plötzlich eine kalte Hand an der Gurgel. *Hu-hu…!*

Jahre zuvor konnte ich mit Heinzi die geheimnisvollen Gänge erforschen. Angeblich sollte unter den Burggewölben ein Geheimgang existieren, der hunderte Meter weiter, unterhalb des Weinberges endete. Der Ausstieg war vom Lager aus zu erkennen. Zumindest wurde uns dieses Märchen immer wieder aufgetischt. Das Gegenteil ließ sich nie beweisen.

Erst als sich die Ruinen-Erforschungsaufregung legte, waren unsere Buben bereit, Holz für das Lagerfeuer zu sammeln.

Das Mittagessen.

Wurst, Fleisch oder goldgelber Käse aus der Dose, auf einem Ast aufgespießt, überm Feuer langsam brutzelnd gebräunt bis leicht verkohlt. Dazu ein paar Scheiben Brot, ebenfalls überm Feuer steinähnlich gehärtet. Klares Wasser aus der am Hosengürtel mitgeschleppten Plastikflasche rundete das Mahl ab. Die Buben waren selig, wenn sie sich ihr Essen selbst gestalten durften. Wir zeigten ihnen, beim Übers-Feuer-Halten, dass nur *leicht Angebratenes* noch immer am Besten schmeckte.

Egal, wohin uns die Wanderungen führten, das Ziel war immer das mittägliche Lagerfeuer für das Anbrutzeln der Dosenfleisch-Mahlzeit. Fast würde ich meinen, jedem Kinderdörfler ist während der Ferienzeit die Lagerfeuersucht nachträglich in seine Gene geimpft worden. Als Kind war auch mir jedes Wanderziel völlig unwichtig. Nicht aber das Lagerfeuer zum Fleisch-, Wurst- und Käsebrutzeln. So weiß ich noch heute jeden Rastplatz, wo unsere Essensfeuer gierig die fetttriefenden Happen einbräunten. Ob in Lavarone, nahe dem winzigen See. Ob in Pergine beim aufgelassenen Bergwerk, nahe dem Castello di Pergine. Ob im Valscura-Tal, auf dem Monte Pizzo, auf dem Monte Vetriolo...

Nach dem Essen hielten wir im Schatten Mittagsruhe und dösten einem unbeschwerten Nachmittag entgegen.

Siesta à la Caldonazzo.

Hin und wieder schloss sich unser Dorfleiter, mit Kamera und Objektiv behängt, der Wandergruppe an. Dadurch wurde uns das Zusammensuchen der Knirpse erheblich erleichtert, wenn wir zu abendlicher Stunde heimwärts trotteten. Ein Sack Flöhe war leichter zu hüten als die paar Gschrappn. Ich vierzehnjähriger Zeltführer erreichte dabei zwar zeitweise die Autorität eines Erwachsenen, aber noch lange nicht den Respekt eines Dorfleiters.

Ich erinnere mich an meine einzige freiwillige wettsportliche Tätigkeit. Denn Sport im Sinne von Superleistung interessierte mich ohnehin nur in einer Disziplin: *im Fedaboispuin.*

Der Hansi, der Rudi, der Helmut und ich. Wir waren so gut wie unschlagbar. Wir, die gefürchteten Vier. Das Jahr über trainierten wir im Kinderdorf, um unsere Schläge zu perfektionieren. Es hätte zum Sieg, zum Erhalt des begehrten Wimpels gereicht. Leider nur fast, denn Helmut, der Trottel, hatte *unseren Sieg* glatt geschmissen.

Mein Gott könnte man meinen, *was ist schon ein Wimpel.* Doch für uns war dieser Wimpel das Göttliche, das absolut Höchste an Ehre, die Olympische Medaille, der Oscar für sportliche Wahnsinnsleistungen.

Es geschah an einem Festtag, als viele Mütter das erste Mal dem Ferienlager in Caldonazzo ihren Besuch abstatteten. Auch unsere, die Einser-Haus-Mama, war neugierig, wie sich ihre Knirpse in Caldonazzo so machten. Stolz führten wir sie zum See, durchs Lager, in unser Altmünsterer-Dorf. Zeigten ihr, wo wir schliefen. Und dass uns noch nichts von den mitgebrachten Siebensachen fehlte (aufatmen ihrerseits).

Am Mütterbesuchstag fand dieses teuflische Federball-Endspiel statt. Der einzige noch mögliche Sieg der Altmünsterer. In keiner Sportart waren wir bis jetzt zu einem Wimpel gekommen. Dabei bastelten unsere Altmünsterer Mädchen diesen Federballwimpel besonders liebevoll, weil auch sie der Überzeugung waren, dass wir diesen gewinnen würden.

War aber dann doch nicht so. Leider. Ich weiß heute nicht mehr, wer diesen *unseren Wimpel* auf dem Siegesstockerl entgegennahm. Weil wir vier Gefürchteten, als unschlagbar geltenden Federballspieler, uns völlig aufgelöst und heulend im Gras hin und her wanden, uns gegenseitig bemitleideten...

...weu da Hömut, dea Trottl, so deppat gspuit hot und mia deswegn valoarn haum!

Mia miassn auf Exazizien gehn...!
Ja, Exerzitien waren angesagt. Drei endlos lange Einkehrtage und Nächte für Halbwüchsige, wie ich einer war. Für mich, der ohnehin ein diffiziles Verhältnis zur Kirche und deren Prediger hatte, versuchte beim Dorfleiter ein Veto einzulegen – wegen Zeltführer sein, deswegen unabkömmlich und so...

Zeltführer hin oder her, auch ich wurde zur Teilnahme verdonnert. *Poaahh, drei Tog in da Kiachn umadumsitzn...* das würde lähmend werden. Emil, der (schadenfroh grinsende) Hilfszeltführer, würde – laut Dorfleiter – unsere Schützlinge während meiner Abwesenheit im Alleingang spielend betreuen.

Andere Pubertäre meines Alters, ältere Burschen aus dem Jugendhaus Egerdach, die ihren Urlaub in Caldonazzo verbrachten und zuletzt ich, latschten mit unserem Rucksack (Trainingsanzug, Unterwäsche, Hemd, Hose, Waschzeug, Schreibzeug...) sowie mit einer gerollten Schlafdecke unterm Arm, zum Camp. Nahe Bosentino, hinter einer Kapelle und rundum dichter Wald.

Ein paar Kegelzelte standen für uns zur Übernachtung bereit. Trinkwasser spendete ein kleines Rinnsal, das einer Felsspalte entlockt wurde und ein Steinbecken füllte.

Das WC... ja, wo war das WC eigentlich? Im Wald versteckt. Nahe einem Abhang war ein primitives Holzgeländer in die Erde gepflockt. Pinkeln konnten wir ohnehin überall im Wald. Aber groß aufs Häusl?

Das seien Einkehrtage mit Fastenfaktor. Denn soviel würde es ohnehin nicht zu Essen geben. Und wer unbedingt scheißen müsse, solle seinen Hintern auf das Holzgeländer bemühen und runterkacken. Sinnvoll sei es, sich dabei anzuhalten. Man könne leicht den Abhang runterrutschen, hinein in die ganze Schei... he-he-he...

Hier nahe Bosentino, in der kleinen Waldkapelle, passierte meine erste offizielle Aufklärung durch einen jungen Priester.

Nach Katzenwäsche im Steinbecken und kargem Frühstück verbrachten wir den Vormittag in der dunklen, kühlen Kapelle.

Täglich Vorträge über das Universum, den Sinn des Lebens, den werdenden Mann, die werdende Frau. Über Lerne-dich-selbst-lieben, über die Liebe zwischen Mann und Frau und schließlich über die Liebe zu Gott... mit anschließenden Schweigestunden in absoluter Stille zur inneren Einkehr. Je stiller es war, desto lauter pochten meine Gedanken, brüllte mich mein Gewissen nieder ...*warum bist du so, wiast bist ...warum wixt du jede Nocht ...warum heast net auf mitn umadumfummln mit da Brigitte ...na woat nua, bis di dakleschn, du Depp ...warum reißt da net oane do vom Loga auf... do warat eh di Dings gaunz schoaf auf di...*

Endlich Mittagessen (karg wie das Frühstück). Mittagsruhe im Schatten. Nachmittags in Gottes freier Natur weltlichen Worten lauschend sowie in der kühlen Dunkelheit der Kapelle schweigend verharrend und in sich verschwindend.

Das Abendmahl (karg wie das Mittagessen). Eine kleine Abendandacht, ein Nachtgebet – und Zapfenstreich. Erschöpft von soviel körperstarrem Innehalten, machte mein Geist schlapp und verabschiedete sich für die restliche Einkehrzeit.

Drei Tage lang, entweder beten oder schweigen und nachdenken über Sünde, Triebe, Gebote, Verbote. Über Liebe, Leben, Gott und Tod... zwischendurch was Karges essen.

Ich wusste es: es würde lähmend werden.

Geschadet haben mir die Einkehrtage keineswegs, geholfen allerdings auch nicht. Ich habe weiterhin mit mir... mit der Brigitte... mit der... mit der... aber *leider* nie mit der...

1964 – war das ein heißer Caldonazzosommer.
Ich erlag nicht nur meinen ungestümen Trieben, trotz dreitägiger Einkehr, sondern auch den supergeilen Songs der Beatles. Die Beatles, meine Lieblingsband. Ich wollte so sein wie George von den vier faszinierenden Pilzköpfen.

Und jetzt:
Einkehrtage für alle!
Mit Beatles-Songs zur innerlichen Erbauung.

51 *Aufnahmeprüfung*

Als wir 1964 von Caldonazzo nach Hause fuhren, hatten wir, wie immer all die Jahre, ein paar Stunden Aufenthalt in Innsbruck. Auch dieses Mal besuchte mich meine Großtante Anna.

Ich freute mich sehr, sie wieder zu umarmen, in ihre gütigen, und doch so traurigen Augen zu schauen. Was hatten mein Bruder und ich ihr nicht alles zu verdanken. Sie brachte letztendlich den Stein ins Rollen, dass wir ab 21. November 1956 diesen furchtbaren Pflegeplatz in Neder, diese unmenschliche Pflegemutter nicht länger ertragen mussten.

Da stand sie wieder am Bahnsteig, Tränen der Freude in den Augen und hielt mich liebend fest. Ich erzählte ihr von der Schule in Hallstatt, die ich hoffentlich schaffen würde. Denn dann könnte ich (zwar schon als Jugendlicher) noch weitere vier Sommer nach Caldonazzo fahren. Als Betreuer bei den Altmünsterern. Der Dorfleiter offerierte mir diese Möglichkeit.

Mein Bruder war schon seit Jahren vom SOS-Kinderdorf Altmünster weg, kam zuerst nach Egerdach, später übersiedelte er in das SOS-Jugendhaus in der Hinterbrühl. Die Großtante hatte ihn schon seit Jahren nicht mehr gesehen, meinen großen Bruder Alf.

Und wieder – ein weißes, winkendes Taschentuch, das immer kleiner wurde. Meine liebe, liebe Großtante Anna. Wir fuhren aus dem Bahnhof Innsbruck, nach Hause in das SOS-Kinderdorf

Altmünster. Ein Jahr würde vergehen, bis ich sie wieder in die Arme nehmen konnte.

Daheim musste ich mich für die Aufnahmeprüfung in Hallstatt vorbereiten. Was natürlich eine enorme Überwindung kostete. Nach sechs Wochen hauptsächlichem Nichtstun in Caldonazzo.

Die Zeit arbeitete gegen mich, der Prüfungstermin rückte unerbittlich näher. Also überwand ich mich, täglich ein bis zwei Stunden, in meiner schulischen Vergangenheit zu stöbern. Was soviel hieß wie, ich kramte meine alten Hefte hervor und versuchte mich darin zurechtzufinden. Las ein bisschen Geschichte, Geografie, Naturlehre und Naturgeschichte durch. In Deutsch brauchte ich mir keine Sorgen zu machen, aber in Mathe war es einfach zwecklos. Ob ich jemals ein Rechentalent sein würde? Zuvor bekäme das Jahr ein dreizehntes Monat.

Mama stand mit mir in der Garderobe, zupfte nervös an meinem Anzug herum. Ich war abreisebereit. Ein kleiner, schwarzer Aktenkoffer, gefüllt mit Notizblock, Kugelschreiber, Bleistiften. Dazu ein Apfel und ein Wurstbrot für die Jause.

Die vergangene Nacht schlief ich lange nicht ein, wachte immer wieder auf, um in der Früh fast zu verschlafen. Aufgeregt und überdreht stand ich herum, alles Mögliche schoss mir durch den Kopf.

Nun war es wirklich soweit... ich verlasse jetzt meine Heimat, mein Zuhause, meine Mama... wenn auch nur für einen Tag, denn am Abend wäre ich schon wieder daheim... mit der Gewissheit: Prüfung geschafft oder nicht... doch die musste mir einfach gelingen.

Vier Jahre in Hallstatt... wie streng werden die Lehrer, die Professoren sein... vier Jahre im Internat... werde ich überhaupt Freunde finden... ich Kinderdörfler, der nichts besitzt, außer einem Dreigang-Fahrrad... werde ich die Schule schaffen... und was mache ich anschließend?

Mama und ich, wir warteten auf den Dorfleiter, der mit mir nach Hallstatt fuhr. Mein unruhiger Blick auf die Uhr, *hoffentlich kummta net zspät, weu mia foahn mindestens a Stund bis noch Hoistott.*

Er tauchte rechtzeitig auf. Schon stand er mit dem Auto vorm Haus. Meine Mama nahm mich in die Arme und wünschte mir alles, alles Gute zur Prüfung. Sagte mir, dass sie an mich glaubte und dass ich es bestimmt schaffen würde.

Ich wollte antworten, wollte mich bei ihr für die vielen Jahre bedanken, die sie mit mir durchmachte. Wollte ihr versichern, dass ich mich weiterhin bemühen würde, die Aufnahmeprüfung und überhaupt... Letztendlich brachte ich nur ein Gestammel hervor und plötzlich drückte es mir Tränen in die Augen.

Verdammt – ich pickeliger, pubertärer, sensibler Vierzehnjähriger bekam einen Gefühlsausbruch und begann doch glatt zu heulen. Vor Übermüdung, Aufregung und Prüfungsangst. Und vor Rührung, als ich in die Augen meiner Mama sah.

Sie drückte mich an sich und schob mich sanft zur Tür hinaus. Als wir losfuhren, sah ich sie am Gangfenster stehen und uns nachwinken.

Schweigend verlief die Fahrt nach Hallstatt. Je näher wir kamen, umso mehr wuchs meine Nervosität. Der Dorfleiter bemerkte natürlich meine Aufregung und versuchte mich zu beruhigen, abzulenken. Die Prüfung würde sicher nicht so schwierig sein, andere kämen ja auch durch. Ich mit meinem guten Zeugnis, ein Kinderspiel...

In Hallstatt angekommen, erfuhr ich, dass noch ein zweiter Anwärter, ein Junge aus Heiligenblut mit mir die Aufnahmeprüfung zu absolvieren hätte.

Na immerhin war ich nicht mehr allein im großen Lehrsaal.

Unmengen an Tests waren auszufüllen, ein Thema war zeichnerisch auf Papier zu bringen und ein Aufsatz zu schreiben. Sämtliche Arbeiten wurden auf Zeit gestoppt.

Mittagspause.

Eine Stunde saß ich nun mit dem Heiligenbluter Jungen vor der Schule. Er erzählte aus seiner Heimat, von seiner Familie. Ich berichtete vom SOS-Kinderdorf. Er wollte wissen, wo meine Eltern seien. Ich wusste nur von meinem Vater, von der Mutter war mir nichts bekannt. Mir wurde wieder richtig bewusst, dass *meine wahre Mama* im SOS-Kinderdorf, im Einser-Haus sei.

Nachmittags waren wir fertig. Unser Hirn, unser Können und unsere Talente durchleuchtet. Anschließend erhielten wir auch schon den Bescheid, dass wir – der Junge aus Heiligenblut und ich, der Kinderdörfler – in die Schule aufgenommen wurden.

Paahh... geschafft! Ich war dabei!

Voll Stolz fuhr ich nach Hause. Dieses Mal mit dem Zug, denn der Dorfleiter konnte nicht so lange warten, bis die Prüfung beendet war. Bevor er sich am Vormittag – mit Wünschen zum positiven Abschluss – von mir verabschiedete, steckte er mir noch etwas Geld für die Heimreise zu.

Da saß ich nun. Vorerst im Linienschiff, das mich vom Ort Hallstatt, zum Bahnhof, ans gegenüberliegende Ende des Hallstätter Sees brachte.

Und nun im Zug nach Altmünster. Ein Gefühl des Triumphes, der totalen Zufriedenheit begleitete mich die gesamte Heimreise. Ich wusste, diese Strecke würde ich noch oft im Zug verbringen. Zweimal im Monat, vier Jahre lang. An die hundert Mal Altmünster – Hallstatt und retour. Die Feiertage mit eingerechnet, die Ferien ausgenommen.

Daheim angekommen, konnte ich meiner Mutter von meiner Aufnahme berichten. *Mei, des freit mi – oba i hob mas eh glei docht, dassdas damochst...*

Bis zum Schulbeginn in Hallstatt hatte ich noch ein paar Tage Zeit. Ich räumte meine Habseligkeiten zusammen. Leerte meine Spielzeugladen aus, machte sie für ein anderes Kind frei. Mein Bett, meinen Kasten und mein Nachtkästchen behielt ich noch, denn ich sollte alle vierzehn Tage mit der schmutzigen Wäsche nach Hause kommen und frische Wäsche wieder in die Schule mitnehmen. Alles, was ich in der Schule zu gebrauchen meinte, verstaute ich in meinem kleinen Koffer. Viel war es nicht.

Der Tag des Abschieds. Diesmal war ich wesentlich gelassener. Obendrein sollte ich in zwei Wochen ja wieder zu Hause sein. Meine Mutter wünschte mir viel, viel Glück und lang anhaltenden Lerneifer.

Ich war schon gespannt, wer mit mir in der Klasse sein würde, nachdem Schüler aus ganz Österreich die Schule besuchten.

Eine weitere Neuigkeit freute mich besonders. Der Franzi vom Vierer-Haus kam in eine Höhere Schule nach Linz und würde ebenfalls alle vierzehn Tage daheim sein. Natürlich machten wir uns für die kommenden Monate sofort gemeinsame Treffen im Dorf aus.

Eigentlich könnte mich meine Mutter nach Hallstatt fahren. Den Führerschein hatte sie schon in der Tasche, jedoch leider noch kein Auto. Erst ein paar Monate später konnte sie sich einen gebrauchten Puch 500 leisten.

Mir wäre es lieber gewesen, als mit dem Dorfleiter wieder eine anstrengende Frage- und Antwortstunde im Auto zu verbringen. In Hallstatt stieg ich mit meinem kleinen Köfferchen aus. Und mit einem riesigen Seesack auf dem Rücken, prall gefüllt mit Ermahnungen, Ratschlägen, Bitten, Hinweisen, Versprechen – und Bettwäsche.

Weg war ich. Von meiner Mama und meiner Heimat, dem SOS-Kinderdorf Altmünster.

Wieder fiel eine unsichtbare Tür unhörbar ins Schloss.

Ich war auf dem langen Weg durch eine weitere Epoche meines Lebens...

52 Was wäre, wenn...

Kein Mensch kann aus seiner sozialen Haut schlüpfen, kann ihr entfliehen. So das Ergebnis von Psychospezialisten.

Laut Forschung prägen (angeblich) vorrangig die ersten Lebensjahre den Rest eines Menschenlebens. Ob dieses – von absolut glücklich bis entsetzlich unglücklich – verlaufen wird. Mit allen schönen, allen schrecklichen Konsequenzen.

So hätte mein Lebenslauf ab dem Sechsten-Sechsten-Fünfzig eigentlich ein tragischer werden müssen. Bei solch verantwortungslosen Eltern, diesem unmenschlichen Pflegeplatz, dieser grausamen Pflegemutter.

Wäre da nicht die Großtante Anna gewesen, die sich immer um uns zwei Buben kümmerte. Auf deren hartnäckiges Bitten und Drängen die Missstände auf unserem Pflegeplatz den Behörden überhaupt erst bekannt wurden.

Wäre da nicht mein großer Bruder Alf gewesen, der mir in den schlimmsten Stunden zur Seite stand.

Wäre nicht Hermann Gmeiner, der uns mit seinen SOS-Kinderdörfern in wirklich letzter Sekunde rettete.

Wären nicht der Dorfleiter, die Tante Hannah aus Hawaii, die Musiklehrerin, mein Lieblingslehrer Moser, meine Geschwister im Einser-Haus, mein bester Freund Heinzi, die vielen anderen Freunde und Kinder aus dem SOS-Kinderdorf Altmünster, die Abenteuer in Caldonazzo gewesen, die mein Leben so bunt, so aufregend und verboten schön machten.

Wäre aber vor allem nicht unsere Mama im SOS-Kinderdorf gewesen, die meinem Bruder und mir unendliche Liebe und Zuwendung über all die Jahre schenkte. Die unsere Krisen mit durchmachte, mithalf unsere seelischen Wunden verheilen zu lassen. Die uns mit ihrer Engelsgeduld Leben-Lernen beibrachte. Dass wir heute das sind, was wir sind: erfolgreiche, glückliche und zufriedene Menschen.

2002 Mama:
Längst in Pension, feiert meine SOS-Kinderdorfmutter ihren 75er.

Ich legte meine erste Lebensjahre-Schicksalshaut ab. Hatte mich meiner angeborenen *Elternhaut* liebend gern entledigt (nur die Talente-Gene meines Vaters nahm ich mit) und schlüpfte in eine völlig neue, neutrale aber kerngesunde Haut, unter die Schutzhülle des SOS-Kinderdorfes. Ein, ebenfalls von Menschenhand geschaffenes, aber wesentlich strapazfähigeres Seelennetz.

Wie einen Tarnanzug warf ich mir dieses Netz über. Lebe mit ihm bis heute recht glücklich, auch wenn ich es schon einige Male flicken musste.

Der Zahn der Zeit, die unausbleibliche Vergänglichkeit.

Meinen biologischen Eltern bin ich nicht mehr böse. Warum auch?

Mein Vater ist längst verstorben. An Krebs. Ein grausames Geschwür (vermutlich infolge seiner Lebens- und Arbeitsweise) bereitete ihm ein schlimmes Ende.

An drei Tagen sah ich meinen schwerkranken Vater. Als er bereits künstlich ernährt werden musste, jede Stunde eine Morphium-Spritze verabreicht bekam. Wie leid er mir damals tat, mein armer Vater.

1975 Großtante Anna: Dank ihrer Initiative kamen wir in das SOS-Kinderdorf Altmünster.

Wenigstens konnte ich an 39 Tagen einen gesunden, vitalen und fröhlichen Vater erleben. Bei meinen Besuchen nach den Ferien in Caldonazzo. Ein ganz klein bisschen an seinem Leben teilhaben, seine Talente bewundern. Seine Karriereträume erfahren – wie sein Leben hätte verlaufen sollen. Und wie doch für ihn alles anders gekommen war.

Unbeschwerte Tage erlebte ich damals in seinem Atelier im Sulzgassl, in Solbad Hall. Als ich ihm in den sechziger Jahren bei seinen künstlerischen Arbeiten helfen durfte.

Bei der Großtante Anna übernachtete ich jedes Mal. Im selben Bett, in dem ich gezeugt wurde.

Insgesamt waren es 42 intensive Tage, die ich mit meinem Vater (auf Raten) verbrachte. Leider viel zuwenig.

Die leibliche Mutter (wie ich sie nenne) sah ich genau viermal in meinem Leben für ein paar lächerliche Stunden.

Das erste Mal überfiel sie mich, den pubertären Jungen mit Pickelgesicht, förmlich in der Bundesfachschule in Hallstatt.

In den Achtzigern, bei den drei späteren Treffen wollte ich lediglich etwas über meine *Mutter* erfahren. Außer schlechter Worte über meinen verstorbenen Vater, erfuhr ich nichts Nennenswertes über sie. Die paar Stunden, die ich mit ihr insgesamt verbrachte, hätte ich mir ersparen können.

Die leibliche Mutter, ob ich ihr böse bin? Nein.

Ich kenne sie nicht, diese fremde Frau.

Nichts von ihr.

53 *Wie es weitergeht...*

Da gingen sie, die neuen Fachschüler. Vierzehnjährige, adrett gekleidet. Nette, freundliche Burschen, die in kleinen Gruppen die Seestraße von Hallstatt entlangflanierten. Ich war mittendrin, einer der sogenannten Frischlinge, die neugierig und mit einer schlaksigen Lässigkeit die Häuserzeile entlangschlenderten.

Wie Schwalbennester klebten diese Holz- und Steinhäuser in den Felsen. Hingen fast über und drohten abzustürzen. So kam es mir zumindest vor.

Wie eng, wie schmal die Straßen, die Gassen, wie klein die Häuser, wie winzig die Eingänge waren. Dazu der geheimnisvolle Hallstätter See. Mystisch...

Bedrohlich machte sich unvermittelt eine enge Häuserschlucht vor uns auf. Ein paar Autos quälten sich im Schritttempo hindurch, zum nahen kleinen Dorfplatz mit dem Hotel *Grüner Baum*.

Tiefe Einkerbungen, Kratzspuren und Farbreste links wie rechts an den Häusern zeigten, dass hier LKW ihre Spuren erbarmungslos in die Wände ritzten. Die es jedoch unbekümmert hinnahmen, keinen Millimeter zurückwichen. Als würden sie beweisen wollen, dass sie bereits Jahrhunderte, ja Jahrtausende schon hier standen. Als noch schmale Fuhrwerke durch diese dunkle Gasse geschoben, gezogen wurden...

Ich ging diese Straße erst ein einziges Mal. Knapp vor einer Woche, als ich die Aufnahmeprüfung machte.

Gemma zum Schiffsanlegeplatz... meinte einer, der sich gern als Führender unserer Gruppe hervortat.

Gehorsam trotteten wir anderen hinterher...

Ab jetzt darf sich der geschätzte Leser gedulden,
denn meine nächsten Abenteuer muss ich erst
zu Papier bringen...

54 Nachwort

Euch, meinen beiden lieben Töchtern Marion und Astrid, widme ich dieses Buch. Euch, die ihr so wenig von meiner Kindheit wisst. Selbst ich brauchte Jahre dazu, um sie zu akzeptieren, zu bewältigen.

Um mich von den schlimmen Ereignissen zu lösen und vor allem, um die schönen Erinnerungen an die SOS-Kinderdorfzeit in Altmünster zu bewahren, schrieb ich dieses Buch. Licht auf das Dunkle meiner Vergangenheit wird manche meiner Eigenheiten erklären. Ob ihr sie jetzt besser versteht, leichter akzeptiert – ich wünsche es euch (und mir).

Ich will mich nicht (mehr) ändern, außer stiller, leiser zu werden. Um noch besser in mich hineinzuhören. Mein Leben, meine Bestimmung zu verstehen. Denn rundherum ist noch immer zuviel Lärm. Um nichts.

Ein Jahr des Suchens gönnte ich mir, um diese Seiten zu füllen. Ich wollte erst anderes schreiben... ließ es aber liegen.
Weil ich meine Wurzeln finden wollte, mein gelebtes Leben verstehen will. Aus dem auch euer Leben entstand – ein Teil immerhin.

55 Danke...

...danke, danke!

All jenen, die mich während der Zeit, als ich mich schreibenderweise (an diesem Buch) in meiner Vergangenheit vergrub, unterstützten... aufbauten... motivierten...

Vor allem dir, liebe Eva. Meine Geliebte, meine Muse, meine Frau. Die sich der schwierigsten Aufgabe annahm, meine Texte zu lesen und zu korrigieren. Zu recherchieren und lektorisch in mein Werk einzugreifen. Wenn auch nicht immer mit meiner Zustimmung. Letztendlich hattest du Recht mit dem Streichen oder Hinzufügen. Danke dir dafür.

Dir, liebe Mama. Für die Freude, die ich jedes Mal empfinde, wenn ich mit dir über die Vergangenheit, unsere gemeinsamen Erlebnisse im SOS-Kinderdorf plaudern kann. Möge uns der liebe Herrgott noch viele solcher Gelegenheiten schenken. Auch für die Bilderauswahl aus deinen Fotoalben. Danke dir dafür.

Euch, Alex und Gabi, ihr lieben und langjährigen Freunde, dass ihr euch – als kritische Testleser – ebenfalls durch die Seiten durchgearbeitet habt. Danke euch dafür.

Dir, lieber Hansheinz, für deine Erzählungen und Berichte aus deiner Tätigkeit als Generalsekretär von SOS-Kinderdorf International. Als einer der engsten Mitarbeiter von Hermann Gmeiner, dem Gründer der SOS-Kinderdörfer. Danke dir dafür.

Und allen anderen, die dank meines Erlebten durch dieses Buch wieder lebendig wurden.

Wer behauptet,

das Leben sei gerecht,

der hat es sich

zurechtgerichtet.

Wolfgang Weiss